신료 중심의 사서

고려사절요
高麗史節要

책임편찬 김종서

에디터 이남철 배용구

- 전 7권 중 1권 -

▸ 1대 태조 ▸ 2대 혜종 ▸ 3대 정종
▸ 4대 광종 ▸ 5대 경종 ▸ 6대 성종
▸ 7대 목종 ▸ 8대 현종 ▸ 9대 덕종
▸ 10대 정종(2년)

고려사절요 (전7권 중 1권)

초판 인쇄 2023년 10월 15일
초판 발행 2023년 10월 30일

편찬책임 김종서
에디터 이남철 배용구
펴낸이 정유지
펴낸곳 NEXEN MEDIA

출력 푸른솔 / 이상훈 02-2274-2488 / 5488
제작 인쇄 진광인쇄
제본 혜성제본 / 02-2273-3562 / 3572

우편번호 04559
주소 서울시 중구 마른내로 102
전화 070_7868_8799
팩스 02 _ 886_5442
영업 010_6338_8799

등록 제2019-000141호
ISBN 979-11-90583-74-9-03910
ⓒ 2023, 넥센미디어

※ 값은 뒤표지에 표시되어 있습니다.
※ 잘못된 책은 구입처에서 교환해 드립니다.

서언

『고려사절요』는 고려 34대에 걸친 역대 왕들의 주요한 일들과 행적들이 기록되어 있는데, 국가의 치란흥망에 관계된 기사로서 귀감이 될 수 있는 기사, 왕이 직접 참여한 제사, 외국의 사신 관련 기사, 천재지변에 관한 기사, 왕의 수렵 활동, 관료의 임명과 파면 관련 내용, 정책에 받아들여진 상소문 등 군주에게 교훈을 주기 위한 내용들이 상세하게 기록되었다.

권수에는 김종서가 고려 역대 왕의 사적을 빠짐없이 기록하였다는 「진고려사절요전」과 4가지 기준을 정해 편찬하였다는 「고려사절요 범례」, 편찬에 참여한 김종서, 정인지, 신숙주, 박팽년, 양성지 등 28명의 기록을 담은 「수사관修史官」이 수록되었다.

1452년(문종 2년)에 김종서 등이 왕명을 받고 『고려사』를 저본으로 내용을 축약하여 5개월 만에 찬수한 편년체 역사서이다.

세종이 1449년(세종 31년) 2월에 지춘추관사 김종서에게 『고려사』를 다시 교정하여 편찬하기를 명하였다. 이에 김종서 등은 1451년(문종 1년) 8월에 139권 75책의 『고려사』를 완성하였다. 그러나 『고려사』의 분량이 너무 방대하고 산만한 부분들이 많아 5개월 뒤인 1452년(문종 2년) 2월에 『고려사』를 요약하여 35권 35책의 『고려사절요高麗史節要』를 간행하게 되었다.

금속활자본(초주갑인자)으로 된 1권1책(권20)이다. 이 책의 크기는 세로 34.0cm, 가로 21.4cm이고, 광곽匡郭의 크기는 세로 25.0cm, 가로 16.8cm이다. 제책은 오침안 선장본五針眼線裝本이고 제첨제와 권수제는 『고려사절요高麗史節要』이다. 변란은 사주단변四周單邊이고, 본문에는 계선이 있다. 행자수는 10행 19자이고, 주는 쌍행이며 어미의 형태는 상하내향흑어미上下內向黑魚尾이다.

『고려사절요』는 『고려사』보다 내용에 있어서 소략하다. 그러나 『고려사』에서 찾을 수 없는 기록도 있으며,『고려사』가 세가世家·지志·열전列傳으로 나누어 기술됨으로써 연월의 기록이 누락된 것이 많은 데 비해, 연·월순으로 기술되었으므로 사료적 가치가 높다고 하겠다. 특히, 정치적 사건의 추이를 이해하는 데는『고려사』보다 월등히 좋은 자료이다.

그리고 역대 역사가들이 썼던 사론을 모두 실었으므로 사학사상을 연구하는 사학사 연구에 있어서 귀중한 사서이다. 이처럼『고려사절요』는『고려사』를 보완해 주는 중요성을 가지고 있다.

『고려사절요』의 편찬자 18인은 모두『고려사』를 편찬한 사람들이고, 편찬 시기가 5개월의 차이밖에 없으므로, 이에 나타나는 역사관도『고려사』의 그것과 거의 일치한다.

『고려사절요』는『고려사』와 마찬가지로 찬자들의 사론을 써넣지 않았다. 그러나『고려사절요』는 후대의 군주로 하여금 정치에 참조하게 하려는 목적으로 편찬되었기 때문에, 교훈적 성격이『고려사』에 비해 강하게 반영되었다.

즉, 고려시대 실록에 수록되었던 고려시대 사신史臣의 사론,『국사』에 실렸던 이제현의 사론, 정도전·정총 등이『고려국사』에 써넣었던 사론 등 총 108편의 사론을 실었다. 이는『고려사』에서 세가에만 34편을 실은 것에 비해 대단히 많은 사론을 실은 것이다.

한편,『고려사』는 수사의 주체가 군주이기 때문에 군주 중심의 경향이 강하고,『고려사절요』는 그 주체가 신료臣僚이기 때문에 신료 중심의 사서적 성격을 띤다.

1452년(문종 2년) 김종서가 편찬한『고려사절요』는『고려사』와 달리 편년체로 기록되었다.『고려사절요』는『고려사』에 비해 내용이 풍부하지는 못하지만,『고려사』에 없는 사실들을 많이 수록하고 있다. 이는 편찬 당시 고려의 실록과 사초 등 관련 기록들을 널리 참고하였기 때문이다.

편년체 역사서인『고려사절요』는 고려시대의 정치·경제·사회·문화 전반을 연구하는 데에 중요한 정보를 제공해주는 사료이다.『고려사』에 기록되어 있지 않은 내용들을 다수 수록하고 있다.

『고려사절요』전7권을 출간하면서
에디터 이남철

왕대별 보기

1대 태조 (918 - 943)
2대 혜종 (943 - 945)
3대 정종 (945 - 949)
4대 광종 (949 - 975)
5대 경종 (975 - 981)
6대 성종 (981 - 997)
7대 목종 (997 - 1009)
8대 현종 (1009 - 1031)
9대 덕종 (1031 - 1034)
10대 정종 (1034 - 1046)
11대 문종 (1046 - 1083)
12대 순종 (1083 - 1083)
13대 선종 (1083 - 1094)
14대 헌종 (1094 - 1095)
15대 숙종 (1095 - 1105)
16대 예종 (1105 - 1122)
17대 인종 (1122 - 1146)

18대 의종 (1146 - 1170)
19대 명종 (1170 - 1197)
20대 신종 (1197 - 1204)
21대 희종 (1204 - 1211)
22대 강종 (1211 - 1213)
23대 고종 (1213 - 1259)
24대 원종 (1259 - 1274)
25대 충렬왕 (1274 - 1308)
26대 충선왕 (1298, 1308-1313)
27대 충숙왕 (1313 - 1330, 1332-1339)
28대 충혜왕 (1330 - 1332, 1339-1344)
29대 충목왕 (1344 - 1348)
30대 충정왕 (1348 - 1351)
31대 공민왕 (1351 - 1374)
32대 우왕 (1374 - 1388)
33대 창왕 (1388 - 1389)
34대 공양왕 (1389 - 1392)

※ **고딕체**는 1권에 수록된 왕대별 보기입니다.

『고려사절요』를 올리는 전箋

　　대광보국숭록대부 의정부우의정 영집현전 경연사 감춘추관사 세자부大匡輔國崇祿大夫 議政府右議政 領集賢殿 經筵事 監春秋館事 世子傅 신 김종서金宗瑞 등은 삼가 새로 찬술한 『고려사절요』를 정서淨書하여 올립니다. 신 김종서 등은 진실로 황송하여 머리를 조아리고 또 조아리면서 아뢰옵니다.
　　가만히 생각하건대, 편년체編年體는 『춘추좌씨전春秋左氏傳』에 근본을 두고, 기전체紀傳體는 사마천司馬遷의 『사기史記』에서부터 비롯되었는데, 반고班固의 〈『한서漢書』〉 이후로는 역사를 기록하는 자들이 모두 사마천의 『사기』를 근본으로 서술하여 누구도 어기지 않았던 것은 그 규모가 크고 넓기에 서술이 두루 갖추어질 수 있었기 때문이었습니다. 그러나 번잡하게 길어서 궁구하기가 어렵다고 하는 근심을 면할 수가 없으니, 이것이 사가史家들은 〈편년체와 기전체가〉 각기 장·단점이 있기 때문에 어느 한 쪽을 버릴 수가 없다고 하는 것입니다. 생각하건대, 고려는 당唐 말기에 일어나 뛰어난 무예로써 흉악한 무리들을 베고, 관대함으로써 뭇사람들의 마음을 얻었으며, 마침내 대업大業을 이루어 후손後昆에게 전하였습니다. 무릇 교사郊社를 세우고 〈통치의〉 법도를 정하였으며, 학교를 일으키고 과거제를 시행하기에 이르렀고, 중서성中書省을 설치하여 기무를 총괄하니 통치體統에 체계가 있게 되었고, 안렴사按廉使를 파견하여 주현을 감찰하니 탐악하고 부패한 자들이 감히 마음대로 굴지 못하였습니다. 부위제府衛制는 병사들이 농사에 의지하여 살게 하는 법도를 얻은 것이요, 전시과田柴科는 관리들이 대대로 녹봉祿俸을 받게 하려는 뜻이 있었으며, 형정刑政이 거행되고 품식品式이 갖추어지니 중외中外가 편안寧謐하고 백성들의 살림살이가 넉넉하여, 태평한 다스림이 성하였다고 할 만 하였습니다. 중엽 이후로는 〈왕이 그 책무의〉 부담을 이기지 못하여 안으로는 폐행嬖幸들에 의해서 미혹하여지고,

밖으로는 권신權臣과 간신姦臣들에 의해서 휘둘리게 되었으며, 강성한 적들이 번갈아 침입하여 창과 방패가 번뜩였습니다[爛鬘]. 쇠락함은 가짜 왕씨가 왕위를 도둑질하는 데에까지 이르러 왕씨王氏의 제사가 끊어져 대대로 이어지지[血食] 못하게 되었습니다. 공양왕恭讓王이 반정返正을 하였으나, 끝내 어리석음과 나약함으로 인해 스스로 망하기에 이르렀습니다. 대개 하늘[天]이 참된 군주를 낳아서 우리 백성들을 평안하게 한 것이지 진실로 사람의 힘으로 한 것이 아닙니다.

태조太祖 강헌대왕康獻大王께서 처음으로 보신輔臣들에게 고려의 역사를 모아 정리하도록 명하셨고, 태종太宗 공정대왕恭定大王께서 다시 오류를 바로잡으라고 명하셨으나, 끝내 잘 진행되지 못하였습니다. 세종世宗 장헌대왕莊憲大王께서는 신성한 자질로써 문명의 교화를 밝히시었고, 신 등에게 요속僚屬들을 선별하고 관청을 설치하여 편수하라고 명하시면서 이르시기를, "먼저 전체적인 역사를 편수하고, 그 다음에 편년체로 하라."라고 하셨습니다. 신 등은 두려워 떨면서 〈그 뜻을〉 받듦에 감히 조금도 게을리 하지 못하였습니다. 불행하게도 책이 아직 진어進御되지 않았는데 문득 군신群臣들을 버리셨으니, 주상전하께서 선왕의 뜻을 공경히 받들어 신 등에게 일을 끝마치도록 명하셨습니다.

돌아보건대, 일찍이 선왕으로부터 명을 받았을 때에 감히 황루荒陋함을 들어 굳이 사양하지 못하고, 해를 넘긴 신미년1451 가을에서야 책이 완성되었습니다. 이에 다시 세상을 교화시키는 데에 관계되는 사적事跡들과 삼가 본보기로 삼을 만한 제도들을 가려 모아서 번잡한 것은 깎아내어 간략하게 하고, 연월일을 표시하여 기록함으로써 상고詳考하고 열람하기에 편하도록 만들었습니다. 그런 후에야 475년 동안의 32명 왕들의 일이 남김없이 포괄되고, 상세한 내용과 간략한 내용이 모두 기록되니, 사가史家의 체재體裁가 비로소 대강이나마 갖추어진 듯합니다. 비록 문장이 비루하고 속되며 기술한 체계가 정교하지는 않지만, 선행善行을 권장하고 악행惡行을 징계함에 있어서는 다스리는 법도에 작은 도움이나마 있을 것입니다. 한가하고 조용한 여가餘暇에 틈틈이 살펴보시어, 옛 일을 상고詳考하는 훌륭한 덕에 힘쓰시고, 세상을 다스리는 큰 계책大猷을 갖추셔서 이 백성들로 하여금 모두가 그 은덕을 받게 하신다면, 감당할 수 없을 만큼 심히 다행이겠습니다.

새로 찬술한 『고려사절요』 35권을 삼가 전箋을 붙여 올리오니, 지극히 감격스러운 마음을 추스를 길이 없습니다. 신 김종서 등은 너무나도 황송하여 머리를 조아리고 또 조아리면서 삼가 아룁니다.

경태景泰 3년(1452년) 2월 일. 대광보국숭록대부 의정부우의정 영집현전 경연사 감춘추관사 세자부 신 김종서 등이 삼가 전箋을 올리옵니다.

『고려사절요』범례

1. 이제 편찬함에 있어 그 대강과 요체를 취하는 데에 힘쓰되, 다스려짐과 어지러움, 흥함과 망함에 관계되어 경계가 될 만한 일은 모두 살펴서 기록하고, 그 나머지는 이미 정사正史에 있으므로 생략한다.
1. '종宗'이라고 일컫거나 '폐하陛下'·'태자太子'라고 부르는 것들은 비록 참람僭濫하고 분수 넘치는 것이지만, 옛 일을 따라 그대로 곧장 씀으로써 그 실상을 보존하였다. 조회朝會와 제사祭祀는 일상적인 일이지만, 변고가 있으면 기록하였고 왕이 친히 제사 지냈으면 기록하였다. 사원寺院으로 행차하거나 보살계菩薩戒를 받고 도량道場을 베푸는 등 당시 임금들의 일상적인 일들은 기록하기에 그 번잡함을 감당할 수가 없으니, 각각의 왕마다 처음 보이는 것을 기록하고 특별한 일이 있는 것을 기록하였다. 반승飯僧한 수가 십만 명에 이르러 거금을 허비한 경우는 반드시 기록하였다. 상국上國의 사신이 오고 간 일이 비록 빈번할지라도 반드시 기록한 것은 중화中夏를 높임이다. 재이가 실제로 증험證驗된 것이 비록 작더라도 반드시 기록한 것은 하늘의 견책을 근신함이다. 들로 나가 잔치를 벌여 즐긴 일이 비록 여러 번이더라도 반드시 기록한 것은, 방일하게 즐기는 것을 경계함이다. 대신大臣의 임면과 어진 선비들이 관직에 나아가고 물러난 자초지종을 다 기록하였으며, 문장이나 소疏 중에서 당시에 실행된 것과 사안에 있어서 중요한 것들도 또한 모두 기록함으로써, 상고할 수 있게 대비하였다.
1. 신우辛禑는 〈한漢나라〉 왕망王莽의 예에 의거하여 기년紀年은 세지 않고 다만 60갑자甲子만을 기록하였으니, 참람하게 도적질 한 죄를 바로잡기 위해서이다.
1. 『자치통감資治通鑑』에서 〈왕망 직후의〉 기년은 뒤를 이어 즉위한 〈광무제光武帝를 기준으로〉 정하였다. 이제 이에 의거하여 공양왕恭讓王 원년 10월 이전은 비록 신창辛昌이 재위하고 있었지만 곧 공양왕 원년으로 기년을 삼았다.

수사관(修史官)

대광 보국숭록대부 의정부우의정 영집현전 경연사 감춘추관사 세자부 신 김종서金宗瑞
정헌대부 공조판서 집현전대제학 지경연 춘추관사 겸 성균대사성 신 정인지鄭麟趾
자헌대부 의정부우참찬 집현전제학 지춘추관사 세자우빈객 신 허익許翊
가선대부 예문관제학 동지춘추관사 세자좌부빈객 신 이선제李先齊
가선대부 이조참판 수문전제학 동지경연 춘추관사 신 이계전李季甸
통정대부 집현전부제학 지제교 세자좌보덕 겸 춘추관편수관 신 신석조辛碩祖
중직대부 집현전직제학 지제교 세자우보덕 겸 춘추관기주관 지승문원사 신 신숙주申叔舟
중훈대부 집현전직제학 지제교 경연시독관 겸 춘추관기주관 신 박팽년朴彭年
봉정대부 직집현전지제교 세자좌필선 겸 좌중호 춘추관기주관 신 김예몽金禮蒙
봉렬대부 수예문관직제학 겸 춘추관기주관 신 김맹헌金孟獻
조봉대부 집현전응교 지제교 세자좌문학 겸 춘추관기주관 신 양성지梁誠之
통덕랑 집현전교리 지제교 경연부검토관 겸 춘추관기주관 신 이예李芮
통선랑 이조정랑 겸 춘추관기주관 신 김지경金之慶
통선랑 성균직강 겸 춘추관기주관 신 김윤복金閏福
봉직랑 수성균직강 겸 동부유학교수관 춘추관기주관 신 김한계金漢啓
봉직랑 집현전부교리 지제교 세자우문학 겸 춘추관기사관 신 류성원柳誠源
봉훈랑 집현전부교리 지제교 세자좌사경 겸 춘추관기사관 신 이극감李克堪
봉훈랑 승문원교리 지제교 겸 춘추관기사관 신 윤기견尹起畎
봉훈랑 행공조좌랑 겸 춘추관기사관 신 박원정朴元貞
승의랑 성균주부 겸 춘추관기사관承 신 김질金礩
승훈랑 성균주부 겸 중부유학교수관 춘추관기사관 신 홍약치洪若治

승훈랑 행사섬주부 겸 춘추관기사관 신 이효장李孝長
승훈랑 행사온주부 겸 춘추관기사관 신 이익李翊
선무랑 행예문봉교 겸 춘추관기사관 신 전효우全孝宇
무공랑 예문봉교 겸 춘추관기사관 신 이윤인李尹仁
계공랑 행예문대교 겸 춘추관기사관 신 김용金勇
계공랑 행예문검열 겸 춘추관기사관 신 한서봉韓瑞鳳
통사랑 행예문검열 겸 춘추관기사관 신 윤자영尹子榮

- 상세목차(전 7권 중 1권) -

1대 태조太祖

❖ 태조 1년(918년)

918년 6월 15일 / 권1 / 왕이 고려를 개국하고 즉위하다 / 78
918년 6월 16일 / 권1 / 왕이 즉위 조서를 반포하다 / 84
918년 6월 / 권1 / 왕이 누명을 쓴 청주인들을 풀어주다 / 85
918년 6월 / 권1 / 태평을 순군낭중으로 삼다 / 85
918년 6월 / 권1 / 모반을 꾀한 환선길 일당을 처형하다 / 85
918년 6월 / 권1 / 김행도 등의 인사이동을 단행하다 / 86
918년 6월 / 권1 / 박질영을 시중으로 삼다 / 87
918년 6월 / 권1 / 궁예의 측근 종간과 은부를 처형하다 / 87
918년 6월 / 권1 / 은사 박유가 알현하다 / 87
918년 6월 / 권1 / 능범에게 창고의 곡식을 조사하게 하다 / 88
918년 6월 / 권1 / 관제를 개정하다 / 88
918년 6월 / 권1 / 능윤이 상서로운 풀을 바치다 / 88
918년 6월 / 권1 / 모반을 꾀한 이흔암을 처형하다 / 88
918년 7월 / 권1 / 백성들의 조세 부담을 줄여주다 / 89
918년 7월 / 권1 / 열평을 광평시랑에 임명하다 / 90
918년 7월 / 권1 / 청주인들을 통제하다 / 90
918년 7월 / 권1 / 직예를 광평시랑에 임명하다 / 91
918년 8월 / 권1 / 견훤이 교빙하지 않음을 신하들과 논의하다 / 91
918년 8월 / 권1 / 골암성의 윤선이 내부하다 / 92
918년 8월 / 권1 / 노비가 된 양민들을 속환하다 / 92

918년 8월 / 권1 / 각종 민생안정책을 시행하다 / 92
918년 8월 / 권1 / 공신을 책봉하다 / 93
918년 8월 / 권1 / 견훤의 즉위 축하 사신을 영접하다 / 93
918년 8월 / 권1 / 훤식을 내봉경에 임명하다 / 94
918년 8월 / 권1 / 웅주 등이 배반하니 김행도를 보내 방비하다 / 94
918년 8월 / 권1 / 유문률을 광평낭중에 임명하다 / 94
918년 9월 / 권1 / 모반을 꾀한 임춘길 등을 처형하다 / 94
918년 9월 / 권1 / 배현경 등의 반대로 청주인 현률을 병부낭중에 임명하다 / 94
918년 9월 / 권1 / 구진을 나주도대행대시중에 임명하다 / 95
918년 9월 / 권1 / 상주의 아자개가 내부하다 / 95
918년 9월 / 권1 / 왕식렴 등을 보내 평양을 재건하다 / 95
918년 9월 / 권1 / 유척량을 광평시랑에 임명하다 / 96
918년 10월 / 권1 / 능률과 직예에게 관직을 제수하다 / 96
918년 10월 / 권1 / 청주인 진선 등이 모반을 꾀하다가 처형되다 / 96
918년 11월 / 권1 / 팔관회를 개설하고 상례로 삼다 / 96

❖ **태조 2년**(919년)

919년 1월 / 권1 / 도읍을 정하고 정비하다 / 98
919년 3월 / 권1 / 양경의 불교 시설을 개창 및 보수하다 / 98
919년 3월 / 권1 / 태조의 선대 3대에게 시호를 추증하다 / 99
919년 8월 / 권1 / 왕이 청주에 행차하여 민심을 위무하다 / 99
919년 8월 / 권1 / 예산현을 설치하고 홍유 등을 보내 정비하다 / 99
919년 9월 / 권1 / 오월국에서 추언규가 내투하다 / 100
919년 10월 / 권1 / 평양에 성을 쌓다 / 100
919년 / 권1 / 용강현에 성을 쌓다 / 100

❖ **태조 3년**(920년)

920년 1월 / 권1 / 신라가 비로소 사신을 보내다 / 101

920년 1월 / 권1 / 강주의 윤웅이 귀부하니 사신을 보내 위유하다 / 101

920년 3월 / 권1 / 유금필을 파견하여 골암진을 지키게 하다 / 101

920년 9월 / 권1 / 견훤이 선물을 보내다 / 102

920년 9월 / 권1 / 함종과 안북에 성을 쌓다 / 102

920년 10월 / 권1 / 신라를 두고 견훤과 마찰을 빚기 시작하다 / 102

920년 / 권1 / 왕이 북계 지역을 순행하고 오다 / 102

❖ **태조 4년**(921년)

921년 2월 / 권1 / 흑수의 고자라 등이 내투하다 / 103

921년 2월 / 권1 / 신라를 침략하는 달고적을 견권이 차단하다 / 103

921년 4월 / 권1 / 흑수의 아어간이 내투하다 / 103

921년 9월 / 권1 / 찬행을 파견하여 변방민들을 위무하다 / 103

921년 10월 / 권1 / 대흥사를 창건하고 이언을 모시다 / 104

921년 10월 / 권1 / 왕이 서경에 행차하다 / 104

921년 12월 / 권1 / 왕자 무를 정윤으로 책봉하다 / 104

921년 / 권1 / 귀부해 온 후백제인들을 포상하다 / 104

921년 / 권1 / 운남현에 성을 쌓다 / 104

❖ **태조 5년**(922년)

922년 2월 / 권1 / 거란이 낙타 등을 선물하다 / 105

922년 4월 / 권1 / 개경에 일월사를 창건하다 / 105

922년 6월 / 권1 / 하지현의 원봉이 내투하다 / 105

922년 7월 / 권1 / 명주의 순식이 내투하다 / 105

922년 11월 / 권1 / 진보성의 홍술이 항복을 청하다 / 106

922년 / 권1 / 서경에 질영 등의 가족과 군현 양가 자제들을 이주시키다 / 106

922년 / 권1 / 왕이 서경에 행차하여 관료를 배치하다 / 106

922년 / 권1 / 서경에 재성을 쌓기 시작하다 / 106

922년 / 권1 / 왕이 아선성 백성들의 거주지를 정하다 / 106

❖ 태조 6년(923년)

923년 3월 / 권1 / 하지현을 순주로 승격하고 원봉을 원윤에 임명하다 / 107

923년 3월 / 권1 / 명지성의 성달 등이 내부하다 / 107

923년 4월 / 권1 / 유금필이 북번을 초유하여 큰 성과를 거두다 / 107

923년 6월 / 권1 / 오월국의 박암이 내투하다 / 107

923년 8월 / 권1 / 벽진군의 양문이 투항해 오다 / 108

923년 11월 / 권1 / 진보성의 홍술이 갑옷을 헌상하다 / 108

❖ 태조 7년(924년)

924년 7월 / 권1 / 견훤이 조물군을 공격하나 실패하다 / 109

924년 9월 / 권1 / 신라왕이 서거하고 새 왕이 즉위하다 / 109

924년 / 권1 / 외제석원 등을 창건하다 / 109

❖ 태조 8년(925년)

925년 3월 / 권1 / 발해국이 투탁해 올 징조가 나타나다 / 110

925년 3월 / 권1 / 왕이 서경에 행차하다 / 110

925년 9월 / 권1 / 매조성의 능현이 항복을 청하다 / 110

925년 10월 / 권1 / 고울부의 능문이 내투하다 / 110

925년 10월 / 권1 / 유금필을 보내 연산진과 임존군에서 승리하다 / 111

925년 10월 / 권1 / 왕이 조물군에 행차하여 견훤과 전투를 벌이다가 화친을 맺다 / 111

925년 11월 / 권1 / 탐라가 토산물을 바치다 / 111

925년 12월 / 권1 / 거란이 발해를 멸망시키자 세자 대광현 등이 내투하다 / 111

❖ 태조 9년(926년)

926년 4월 / 권1 / 볼모의 사망으로 후백제와 갈등이 고조되다 / 113

926년 12월 / 권1 / 왕이 서경에 행차하여 순찰하고 돌아오다 / 113

926년 / 권1 / 장빈을 당에 파견하다 / 113

❖ 태조 10년(927년)

927년 1월 / 권1 / 왕이 용주를 정벌하여 항복시키다 / 114

927년 1월 / 권1 / 견훤이 볼모 왕신의 시신을 보내오다 / 114

927년 3월 / 권1 / 왕이 운주성과 근품성을 함락시키다 / 114

927년 4월 / 권1 / 영창 등을 파견하여 강주 등을 공략하다 / 114

927년 4월 / 권1 / 왕이 웅주를 공격하나 실패하다 / 115

927년 7월 / 권1 / 재충 등을 파견하여 대량성을 함락시키다 / 115

927년 8월 / 권1 / 왕이 고사갈이성을 지나가자 성주 흥달이 귀부하다 / 115

927년 8월 / 권1 / 배산성을 보수하고 방어를 강화하다 / 115

927년 8월 / 권1 / 명주의 순식이 아들을 보내 숙위시키다 / 115

927년 9월 / 권1 / 견훤이 경주를 함락시키고 태조를 공산에서 패배시키다 / 115

927년 10월 / 권1 / 견훤이 벽진군 등을 공략하다 / 117

927년 11월 / 권1 / 견훤이 벽진군을 공격하여 색상을 죽이다 / 117

927년 12월 / 권1 / 견훤이 서신을 보내 위협하다 / 117

927년 / 권1 / 임언을 당에 보내다 / 118

❖ **태조 11년**(928년)

928년 1월 / 권1 / 견훤에게 답신을 보내 위협하다 / 119

928년 1월 / 권1 / 명주의 순식이 내조하다 / 121

928년 1월 / 권1 / 김상 등이 강주를 구원하려다 패하다 / 122

928년 2월 / 권1 / 염상 등을 보내 안북부에 성을 쌓고 방어를 강화하다 / 122

928년 4월 / 권1 / 왕이 탕정군에 행차하다 / 122

928년 4월 / 권1 / 옥산에 성을 쌓고 방어를 강화하다 / 122

928년 5월 / 권1 / 강주가 견훤의 습격을 받아 패하다 / 122

928년 6월 1일 / 권1 / 벽진군에 지진이 일어나다 / 122

928년 6월 / 권1 / 진경이 사망하다 / 123

928년 7월 / 권1 / 왕이 삼년성 공략에 실패하고 유금필의 구원을 받다 / 123

928년 8월 / 권1 / 죽령 일대에서 후백제군과 충돌하다 / 123

928년 8월 / 권1 / 왕이 충주에 행차했다가 돌아오다 / 123

928년 8월 / 권1 / 승려 홍경이 당에서 대장경을 가지고 개경에 오다 / 123
928년 9월 / 권1 / 권신이 사망하다 / 124
928년 9월 / 권1 / 발해인 은계종 등이 알현하다 / 124
928년 11월 / 권1 / 견훤에게 항복한 오어곡 주둔 장수의 가족을 처형하다 / 124
928년 / 권1 / 왕이 순행하여 통덕진을 개축하다 / 124

❖ **태조 12년**(929년)

929년 3월 / 권1 / 안정진과 영청현에 성을 쌓다 / 125
929년 4월 / 권1 / 왕이 서경에 행차하여 주진들을 순행하고 오다 / 125
929년 6월 / 권1 / 장필을 대상에 임명하다 / 125
929년 6월 / 권1 / 왕이 천축국의 삼장법사 마후라를 영접하다 / 125
929년 7월 / 권1 / 왕이 기주에 행차하여 주진들을 순행하고 오다 / 126
929년 7월 / 권1 / 견훤이 의성부를 침공하여 성주 홍술을 죽이고 순주를 치다 / 126
929년 9월 / 권1 / 왕이 강주에 행차하다 / 126
929년 9월 / 권1 / 안수진과 흥덕진에 성을 쌓고 방어를 강화하다 / 126
929년 10월 / 권1 / 후백제의 염흔이 내투하다 / 126
929년 10월 / 권1 / 고사갈이성의 성주 흥달이 사망하다 / 126
929년 12월 / 권1 / 왕이 포위된 고창군을 구원하기 위해 진군하다 / 127

❖ **태조 13년**(930년)

930년 1월 / 권1 / 재암성의 선필이 내투하다 / 128
930년 1월 / 권1 / 왕이 고창군 전투에서 승리하고 안동부로 삼다 / 128
930년 2월 / 권1 / 신라의 동쪽 110여 성이 투항해 오다 / 129
930년 2월 / 권1 / 신광진에 성을 쌓았고, 남미질부성과 북미질부성이 투항해 오다 / 129
930년 5월 29일 / 권1 / 왕이 서경에 행차했다 / 가 돌아오다 / 129
930년 8월 / 권1 / 왕이 행차하여 천안부를 설치하다 / 129
930년 8월 / 권1 / 안수진에 성을 쌓고 방어를 강화하다 / 129
930년 8월 / 권1 / 왕이 청주에 행차하여 나성을 쌓다 / 130

930년 8월 / 권1 / 울릉도에서 사신을 보내다 / 130

930년 9월 / 권1 / 개지변에서 사신을 보내 투항하겠다 / 고 요청하다 / 130

930년 12월 / 권1 / 왕이 서경에 행차하여 학교를 창설하다 / 130

930년 / 권1 / 연주에 성을 쌓다 / 130

❖ **태조 14년**(931년)

931년 2월 9일 / 권1 / 신라가 귀순할 뜻을 알려오다 / 131

931년 3월 / 권1 / 왕이 신라를 방문하고 돌아오다 / 131

931년 3월 / 권1 / 유금필이 참소를 당하여 곡도로 귀양가다 / 132

931년 8월 / 권1 / 사신을 보내 신라의 왕과 관리 등에게 선물을 전하다 / 132

931년 11월 / 권1 / 왕이 서경에 행차하여 주진들을 순행하고 오다 / 132

931년 / 권1 / 안북부와 강덕진을 설치하고 북번인을 경계하도록 지시하다 / 132

❖ **태조 15년**(932년)

932년 4월 / 권1 / 서경 민가에서 암탉이 변하여 수탉이 되다 / 133

932년 5월 3일 / 권1 / 서경에 큰 바람이 부니 왕이 신하들을 신칙하다 / 133

932년 6월 / 권1 / 후백제의 공직이 투항해 오다 / 134

932년 7월 / 권1 / 왕이 일모산성을 정벌하고 태자에게 북변을 순행시키다 / 134

932년 9월 / 권1 / 후백제가 예성강 일대를 침공하다 / 134

932년 10월 / 권1 / 후백제가 대우도를 침공하니 유금필이 방어를 자청하다 / 134

932년 11월 / 권1 / 최응이 사망하다 / 135

932년 / 권1 / 일모산성을 함락시키다 / 136

932년 / 권1 / 왕중유를 후당에 헌방물사로 파견하다 / 136

❖ **태조 16년**(933년)

933년 3월 / 권1 / 후당이 태조와 왕비를 책봉하니 고려가 후당의 연호를 쓰다 / 137

933년 5월 / 권1 / 유금필이 후백제군을 격파하고 신라를 구원하다 / 137

933년 / 권1 / 병금관을 설치하다 / 138

❖ 태조 17년(934년)

934년 1월 / 권1 / 왕이 서경에 행차하여 북방을 순행하다 / 139

934년 5월 / 권1 / 왕이 예산진에 행차하여 신하들을 신칙하는 조서를 내리다 / 139

934년 9월 20일 / 권1 / 노인성이 나타나다 / 140

934년 9월 / 권1 / 왕이 운주를 함락시키니 웅진 일대가 항복하다 / 141

934년 / 권1 / 통해진에 성을 쌓고 방어를 강화하다 / 141

934년 / 권1 / 서경이 가뭄과 메뚜기떼의 피해를 입다 / 141

❖ 태조 18년(935년)

935년 3월 / 권1 / 견훤이 아들 신검에 의해 유폐되다 / 142

935년 4월 / 권1 / 유금필이 나주를 수복하고 돌아오다 / 142

935년 6월 / 권1 / 견훤이 탈출하여 고려로 망명하다 / 143

935년 9월 / 권1 / 왕이 서경에 행차하여 황주와 해주를 순행하고 오다 / 143

935년 10월 / 권1 / 신라가 고려에 항복하다 / 143

935년 / 권1 / 형순을 후당에 파견하다 / 145

935년 / 권1 / 이물과 숙주에 성을 쌓다 / 145

❖ 태조 19년(936년)

936년 2월 / 권1 / 견훤의 사위 박영규가 투항을 요청하다 / 146

936년 6월 / 권1 / 견훤이 아들 신검을 토벌해달라고 요청하니 선발대를 파견하다 / 147

936년 9월 / 권1 / 왕이 후백제를 정벌하여 멸망시키다 / 147

936년 9월 / 권1 / 왕이 후백제를 정벌하고 돌아와 정계와 계백료서를 반포하다 / 149

936년 12월 / 권1 / 배현경이 사망하다 / 149

936년 / 권1 / 개태사 등 여러 절을 창건하다 / 149

❖ 태조 20년(937년)

937년 5월 / 권1 / 김부가 천사옥대를 왕에게 바치다 / 150

937년 / 권1 / 순주에 성을 쌓다 / 151

937년 / 권1 / 후진에 하등극사를 파견하다 / 151

❖ **태조 21년**(938년)

938년 3월 / 권1 / 왕이 서천축의 승려를 영접하다 / 152

938년 7월 / 권1 / 이총언이 사망하다 / 152

938년 7월 / 권1 / 후진의 연호를 시행하다 / 153

938년 7월 / 권1 / 서경에 나성을 쌓다 / 153

938년 12월 / 권1 / 탐라국이 내조하다 / 153

938년 / 권1 / 양암과 용강 및 평원에 성을 쌓다 / 153

❖ **태조 22년**(939년)

939년 3월 / 권1 / 공직이 사망하다 / 154

939년 / 권1 / 후진이 왕을 개부의동삼사 검교태사로 책봉하다 / 155

939년 / 권1 / 대안에 성을 쌓다 / 155

❖ **태조 23년**(940년)

940년 3월 / 권1 / 경주를 대도독부로 바꾸고 여러 주군의 명칭을 바꾸다 / 156

940년 7월 / 권1 / 왕사 충담이 사망하니 왕이 비문을 짓다 / 156

940년 12월 / 권1 / 개태사가 완공되니 왕이 소문을 짓다 / 156

940년 / 권1 / 역분전을 설정하다 / 156

940년 / 권1 / 공신당을 설치하여 삼한공신의 초상을 봉안하다 / 157

940년 / 권1 / 볼모로 보냈던 왕인적을 후진이 돌려보내다 / 157

❖ **태조 24년**(941년)

941년 4월 / 권1 / 유금필이 사망하다 / 158

941년 / 권1 / 후진에 헌방물사를 파견하다 / 158

❖ **태조 25년**(942년)

942년 10월 / 권1 / 거란이 보낸 사신을 유배하고 낙타를 죽게 하다 / 159

❖ **태조 26년**(943년)

943년 4월 / 권1 / 왕이 박술희에게 훈요를 전하다 / 161

943년 5월 / 권1 / 왕이 편찮아지다 / 164

943년 5월 20일 / 권1 / 왕이 서거하다 / 164

2대 혜종惠宗

❖ **혜종 1년**(944년)

944년 / 권2 / 후진에 사신을 파견하여 왕위 계승을 알리다 / 169

944년 12월 / 권2 / 최언위의 졸기 / 169

❖ **혜종 2년**(945년)

945년 / 권2 / 후진에서 사신을 파견하여 혜종을 책봉하다 / 170

945년 / 권2 / 왕규가 왕요와 왕소를 참소하다 / 170

945년 / 권2 / 왕규가 반란을 일으켰으나 실패하다 / 171

945년 9월 / 권2 / 혜종이 훙서하다 / 172

945년 9월 16일 / 권2 / 왕규가 대광 박술희를 죽이다 / 172

945년 / 권2 / 왕규를 처형하다 / 173

3대 정종定宗

❖ **정종定宗 즉위년**(945년)

945년 9월 16일 / 왕규가 대광 박술희를 죽이다 / 175

❖ **정종 1년**(946년)

946년 1월 / 권2 / 왕을 깨우치는 소리가 허공에서 들리다 / 176

946년 / 권2 / 천고가 울려 사면하다 / 176

946년 / 권2 / 왕이 불사리를 개국사에 봉안하다 / 176

❖ **정종 2년**(947년)

947년 / 권2 / 덕창진과 서경 왕성 등을 쌓다 / 177

947년 / 권2 / 덕성진에 성을 쌓다 / 177

947년 / 권2 / 거란의 침입에 대비하여 광군사를 설치하다 / 177

❖ 정종 3년(948년)

948년 9월 / 권2 / 동여진 소무개 등이 바친 방물을 받다 / 178

948년 9월 / 권2 / 후한 연호를 사용하기 시작하다 / 178

❖ 정종 4년(949년)

949년 1월 / 권2 / 왕식렴의 졸기 / 179

949년 3월 13일 / 권2 / 정종이 훙서하다 / 179

949년 8월 / 권2 / 개국에 공로가 있는 자들에게 쌀을 하사하다 / 180

949년 8월 / 권2 / 주현에서 바칠 세공의 액수를 정하다 / 180

4대 광종光宗

❖ 광종 즉위년(949년)

949년 8월 / 권2 / 개국에 공로가 있는 자들에게 쌀을 하사하다 / 182

949년 8월 / 권2 / 주현에서 바칠 세공의 액수를 정하다 / 182

❖ 광종 1년(950년)

950년 1월 / 권2 / 왕이 재앙을 물리치고자 『정관정요』를 읽다 / 183

950년 1월 / 권2 / 장청진에 성을 쌓다 / 183

950년 / 권2 / 위화진에 성을 쌓다 / 183

❖ 광종 2년(951년)

951년 10월 / 권2 / 서경 중흥사 9층탑에 화재가 나다 / 184

951년 12월 / 권2 / 후주의 연호를 사용하기 시작하다 / 184

951년 / 권2 / 대봉은사를 창건하여 태조의 원당으로 삼다 / 184

❖ 광종 3년(952년)

952년 / 권2 / 안삭진에 성을 쌓다 / 185

952년 / 권2 / 광평시랑 서봉을 보내 후주에 방물을 바치다 / 185

❖ 광종 4년(953년)

953년 10월 / 권2 / 경주 황룡사 9층탑에 화재가 나다 / 186

953년 / 권2 / 후주에서 사신을 보내와 광종을 책봉하다 / 186

❖ **광종 5년**(954년)

954년 / 권2 / 숭선사를 창건하여 모후의 명복을 빌다 / 187

❖ **광종 6년**(955년)

955년 / 권2 / 후주에 사신을 보내 방물을 바치고 즉위를 하례하다 / 187

❖ **광종 7년**(956년)

956년 / 권2 / 임진현에서 흰 꿩을 바치다 / 188

956년 / 권2 / 후주에서 왕을 가책하고 관복을 중국 제도에 따르게 하다 / 188

956년 / 권2 / 노비를 조사하여 시비를 가리다 / 188

❖ **광종 8년**(957년)

957년 1월 / 권2 / 왕이 구정에서 활쏘기를 관람하다 / 189

❖ **광종 9년**(958년)

958년 5월 / 권2 / 쌍기의 건의를 받아들여 과거를 실시하다 / 190

958년 5월 / 권2 / 검은 학이 함덕전에 군집하다 / 190

958년 / 권2 / 후주에서 비단을 가지고 와서 동으로 바꾸어가다 / 190

❖ **광종 10년**(959년)

959년 / 권2 / 후주에 방물을 바치다 / 191

959년 / 권2 / 후주에 사신을 보내다 / 191

959년 / 권2 / 후주에서 좌효위대장군 대교를 보내오다 / 191

959년 / 권2 / 후주에 사신을 보내 동과 수정을 바치다 / 191

959년 / 권2 / 쌍기의 아버지 쌍철이 왔기에 좌승으로 삼다 / 191

❖ **광종 11년**(960년)

960년 3월 / 권2 / 최광범 등이 급제하다 / 192

960년 3월 / 권2 / 백관의 공복을 정하다 / 192

960년 3월 / 권2 / 개경을 황도로, 서경을 서도로 명하다 / 192

960년 3월 / 권2 / 가주와 척주에 성을 쌓다 / 192

960년 3월 / 권2 / 참소하는 풍조가 만연하며 왕의 시기가 심해지다 / 193

❖ **광종 12년**(961년)

961년 4월 / 권2 / 큰 홍수가 나서 인가가 잠기다 / 194

961년 / 권2 / 수영궁궐도감을 설치하고 왕육의 집으로 이어하다 / 194

961년 / 권2 / 왕거 등이 급제하다 / 194

❖ **광종 13년**(962년)

962년 / 권2 / 송에 사신을 보내 방물을 바치다 / 195

❖ **광종 14년**(963년)

963년 6월 / 권2 / 환궁하면서 군신의 화합을 당부하는 조서를 내리다 / 195

963년 7월 / 권2 / 귀법사를 창건하고 제위보를 설치하다 / 195

963년 12월 / 권2 / 송의 연호를 사용하기 시작하다 / 196

963년 12월 / 권2 / 송의 책명사 일행이 난파하다 / 196

❖ **광종 15년**(964년)

964년 3월 / 권2 / 김책 등이 급제하니 연회를 베풀다 / 197

964년 8월 / 권2 / 박수경의 졸기 / 197

❖ **광종 16년**(965년)

965년 2월 / 권2 / 왕주를 정윤으로 세우다 / 199

965년 2월 / 권2 / 송에 방물을 바치다 / 199

965년 7월 / 권2 / 서필의 졸기 / 199

❖ **광종 17년**(966년)

966년 / 권2 / 최거업 등이 급제하다 / 201

❖ **광종 18년**(967년)

967년 / 권2 / 낙릉군에 성을 쌓다 / 201

❖ **광종 19년**(968년)

968년 5월 / 권2 / 위화진에 성을 쌓다 / 201

968년 / 권2 / 홍화사 등을 창건하고 재회를 베풀다 / 201

❖ 광종 20년(969년)

969년 11월 / 권2 / 왕욱이 죽다 / 202

969년 11월 / 권2 / 영삭진에 성을 쌓다 / 202

❖ 광종 21년(970년)

970년 / 권2 / 안삭진에 성을 쌓다 / 202

970년 / 권2 / 귀법사에 행차하다 / 202

❖ 광종 22년(971년)

971년 12월 / 권2 / 지진이 일어나다 / 202

❖ 광종 23년(972년)

972년 2월 / 권2 / 지진이 일어나다 / 203

972년 8월 / 권2 / 사면하다 / 203

972년 / 권2 / 양연 등이 급제하다 / 203

972년 / 권2 / 송에 방물을 바치니 왕과 사신에게 식읍을 내려주다 / 203

❖ 광종 24년(973년)

973년 2월 / 권2 / 백사유 등이 급제하다 / 204

973년 / 권2 / 장평진 등에 성을 쌓다 / 204

❖ 광종 25년(974년)

974년 3월 / 권2 / 한인경 등이 급제하다 / 204

974년 / 권2 / 서경의 거사 연가가 반역을 꾀하다 죽임당하다 / 204

❖ 광종 26년(975년)

975년 5월 / 권2 / 광종이 훙서하다 / 205

5대 경종景宗

❖ 경종 즉위년(975년)

975년 10월 / 권2 / 김부를 상보로 삼고 식읍을 더해주다 / 207

975년 10월 / 권2 / 6대의 조상에 존호를 올리다 / 207

❖ 경종 1년(976년)

976년 2월 / 권2 / 문무 양반의 묘제를 정하다 / 208

976년 11월 / 권2 / 송에서 사신을 보내 경종을 책봉하다 / 208

976년 11월 / 권2 / 송에 사신을 보내 즉위를 하례하다 / 208

976년 11월 / 권2 / 부엉이가 대낮에 하늘 가득히 날며 울다 / 208

976년 11월 / 권2 / 집정 왕선을 외방으로 내치다 / 209

976년 11월 / 권2 / 순질과 신질을 좌우집정으로 삼고 내사령을 겸하게 하다 / 209

976년 11월 / 권2 / 직관과 산관의 전시과를 처음 정하다 / 209

976년 / 권2 / 김행성을 송의 국자감에 입학시키다 / 209

❖ 경종 2년(977년)

977년 3월 / 권2 / 왕이 진사시를 주관하고 고응 등에게 급제를 하사하다 / 210

977년 3월 / 권2 / 개국공신 등에게 훈전을 지급하다 / 210

977년 3월 / 권2 / 송에 사신을 보내 준마와 갑옷 등을 바치다 / 210

❖ 경종 3년(978년)

978년 4월 / 권2 / 정승 김부가 사망하다 / 211

978년 4월 / 권2 / 송에서 사신을 보내 예방하다 / 211

❖ 경종 4년(979년)

979년 3월 / 권2 / 원징연 등이 급제하다 / 211

979년 6월 / 권2 / 송에서 왕을 가책하다 / 211

979년 / 권2 / 발해인 수만 명이 투탁하다 / 211

979년 / 권2 / 청새진에 성을 쌓다 / 212

❖ 경종 5년(980년)

980년 4월 / 권2 / 쌀과 베의 이자를 정하다 / 212

980년 / 권2 / 최지몽이 역모를 예견하여 관작을 올려주다 / 212

❖ 경종 6년(981년)

981년 6월 / 권2 / 왕이 병들다 / 213

981년 7월 / 권2 / 경종이 훙서하다 / 213

6대 성종成宗

❖ **성종 즉위년**(981년)

981년 8월 / 권2 / 사면령을 내리고 요역을 면제하다 / 217

981년 11월 / 권2 / 대종을 추존하다 / 217

❖ **성종 1년**(982년)

982년 3월 / 권2 / 백관의 칭호를 고쳐 내사문하성 등이라 하다 / 218

982년 4월 / 권2 / 10세 이상 남자에게 모자를 쓰게 하다 / 218

982년 6월 / 권2 / 최승로가 시무 28조를 올리다 / 218

982년 10월 / 권2 / 원금 이상의 이자를 받지 못하도록 하다 / 237

982년 12월 / 권2 / 부모 기일의 휴가 규정을 정하다 / 237

982년 / 권2 / 송에 사신을 보내 왕위 계승을 알리다 / 237

982년 / 권2 / 왕의 생일을 천춘절이라고 하다 / 238

❖ **성종 2년**(983년)

983년 1월 / 권2 / 원구에서 풍작을 기원하고 적전을 갈다 / 239

983년 1월 / 권2 / 천덕전에서 군신에게 연회를 베풀다 / 239

983년 1월 / 권2 / 최승로를 문하시랑평장사로 삼다 / 239

983년 2월 / 권2 / 12목을 설치하고 금유와 조장을 폐지하다 / 239

983년 3월 / 권2 / 송에서 사신을 보내 성종을 책봉하다 / 240

983년 3월 / 권2 / 원윤 이상 관리에게 말 1필씩을 하사하다 / 240

983년 5월 / 권2 / 병관어사 서희 등을 임명하다 / 240

983년 5월 / 권2 / 최행언 등이 급제하다 / 240

983년 5월 / 권2 / 3성, 6조, 7시를 처음으로 설치하다 / 240

983년 6월 / 권2 / 광록경 설신우를 형관어사로 삼다 / 240

983년 7월 9일 / 권2 / 명복궁대부인 황보씨가 훙서하다 / 240

983년 9월 / 권2 / 좌승 이지백을 간의대부로 삼다 / 241

983년 10월 / 권2 / 주점 6곳을 설치하다 / 241

983년 11월 13일 / 권2 / 동지날이라 하여 백관의 하례를 받다 / 241

983년 12월 / 권2 / 천춘절을 천추절로 고치고 연회를 베풀다 / 241

983년 12월 / 권2 / 주, 부, 군, 현 향리의 직함을 고치다 / 241

983년 12월 / 권2 / 진사를 선발함에 왕이 복시를 친히 행하다 / 241

❖ **성종 3년**(984년)

984년 3월 / 권2 / 처음으로 우사를 지내다 / 242

984년 3월 / 권2 / 이종 등이 급제하다 / 242

984년 5월 / 권2 / 형관의 문기둥에 벼락이 치다 / 242

984년 5월 / 권2 / 군인의 복색을 정하다 / 242

984년 5월 / 권2 / 압록강가에 관성을 쌓는데 여진이 관리를 납치하다 / 242

984년 5월 / 권2 / 송에 방물을 바치다 / 243

❖ **성종 4년**(985년)

985년 5월 / 권2 / 송에서 성종을 가책하다 / 244

985년 5월 / 권2 / 진량 등이 급제하다 / 244

985년 5월 / 권2 / 송이 거란을 협공할 것을 제안하다 / 244

985년 10월 / 권2 / 집을 희사하여 절로 삼는 것을 금지하다 / 246

985년 / 권2 / 오복급가식을 새로 정하다 / 246

❖ **성종 5년**(986년)

986년 1월 / 권2 / 거란이 화친을 청하다 / 247

986년 3월 / 권2 / 최영린 등이 급제하다 / 247

986년 5월 / 권2 / 지방관들이 권농을 하도록 교서를 내리다 / 247

986년 7월 / 권2 / 교서를 내려 의창을 설치하게 하다 / 248

986년 7월 / 권2 / 교서를 내려 귀향을 원하는 학사를 돌려보내다 / 248

986년 7월 / 권2 / 도망친 노비를 숨겨둔 자를 처벌하는 규정을 정하다 / 249

986년 8월 / 권2 / 12목에 처자식을 데리고 부임할 수 있게 하다 / 249

986년 9월 / 권2 / 지방관을 경계하는 교서를 내리다 / 249

986년 / 권2 / 조서를 교서로 칭하다 / 249

986년 / 권2 / 최한, 왕림 등을 송에 보내 입학시키다 / 249

❖ 성종 6년(987년)

987년 1월 / 권2 / 2월부터 10월까지 산에 불을 놓지 못하게 하다 / 250

987년 3월 / 권2 / 최지몽의 졸기 / 250

987년 6월 / 권2 / 주군의 병기를 거두어 농기구를 주조하다 / 251

987년 7월 / 권2 / 방량된 노비가 주인을 욕하면 환천하게 하다 / 251

987년 8월 / 권2 / 중앙과 지방의 공문서식을 정하게 하다 / 252

987년 8월 / 권2 / 정우현 등이 급제하다 / 252

987년 8월 / 권2 / 12목에 경학박사와 의학박사를 두게 하다 / 252

987년 10월 / 권2 / 개경과 서경의 팔관회를 폐지하다 / 252

987년 11월 / 권2 / 경주를 동경유수로 고치다 / 252

987년 / 권2 / 5부의 방리를 정하다 / 252

❖ 성종 7년(988년)

988년 2월 / 권2 / 이양이 상소하여 왕의 친경을 청하다 / 253

988년 9월 / 권2 / 이위 등이 급제하다 / 253

988년 10월 / 권2 / 송에서 성종을 가책하다 / 254

988년 / 권2 / 황충이 덥치니 재부를 견감하다 / 254

988년 / 권2 / 최승로를 문하수시중으로 삼다 / 254

988년 / 권2 / 5묘를 정하다 / 254

❖ 성종 8년(989년)

989년 2월 / 권2 / 관원이 병에 걸리면 관청에서 의원을 보내 치료하게 하다 / 255

989년 3월 / 권2 / 동서북면 병마사를 두다 / 255

989년 4월 / 권2 / 학교와 교육을 강조하는 교서를 내리다 / 256

989년 4월 / 권2 / 처음으로 태묘를 짓기 시작하다 / 256

989년 4월 / 권2 / 관리 임명의 규정을 마련하다 / 256

989년 5월 / 권2 / 최승로의 졸기 / 257

989년 8월 / 권2 / 지방의 학생과 의생을 격려하다 / 257

989년 9월 16일 / 권2 / 혜성이 나타났으므로 근신하고 진휼하다 / 257

989년 12월 / 권2 / 태조 및 선왕의 기일을 준수하게 하다 / 258

989년 12월 / 권2 / 최득중 등이 급제하다 / 258

989년 12월 / 권2 / 송에 사신을 보내다 / 258

❖ 성종 9년(990년)

990년 6월 / 권2 / 송에서 성종을 가책하다 / 259

990년 7월 / 권2 / 육정육사지설과 자사육조지정을 반포하다 / 259

990년 9월 / 권2 / 효도를 강조하는 교서를 내리다 / 260

990년 9월 / 권2 / 서경을 순시한다 / 는 교서를 내리다 / 261

990년 10월 / 권2 / 서경에 행차하다 / 261

990년 10월 / 권2 / 좌우군영을 설치하다 / 262

990년 12월 / 권2 / 왕송을 책봉하여 개령군으로 삼다 / 262

990년 / 권2 / 서경에 수서원을 설치하고 서적을 보관하게 하다 / 262

990년 / 권2 / 송에 사신을 보내 사은하다 / 262

❖ 성종 10년(991년)

991년 2월 / 권2 / 여러 도에 안위사를 보내다 / 263

991년 윤2월 / 권2 / 처음으로 사직을 세우다 / 263

991년 윤2월 / 권2 / 최항 등이 급제하다 / 263

991년 4월 / 권2 / 한언공이 송에서 돌아와 대장경을 바치다 / 263

991년 7월 / 권2 / 가뭄이 들어 늙은이를 봉양하게 하다 / 264

991년 10월 / 권2 / 서경에 행차하다 / 264

991년 10월 / 권2 / 송의 추밀원의 제도에 따라 중추원을 설치하다 / 264

991년 10월 / 권2 / 압록강 바깥 여진을 쫓아내 백두산 바깥에 거주하게 하다 / 264

991년 10월 / 권2 / 송에 사신을 보내 대장경을 하사해준 데 대해 사례하다 / 264

❖ 성종 11년(992년)

992년 1월 / 권2 / 문무의 재능있는 자를 천거하게 하다 / 265

992년 5월 / 권2 / 5품 이상 경관에게 인재를 천거하게 하다 / 265

992년 6월 / 권2 / 송에서 성종을 가책하다 / 266

992년 7월 / 권2 / 왕욱을 사수현으로 유배보내다 / 266

992년 7월 / 권2 / 최한과 왕림이 송의 빈공과에 급제하고 귀국하다 / 267

992년 9월 / 권2 / 등주에서 특이한 이삭이 나오다 / 267

992년 11월 / 권2 / 주, 부, 군, 현, 관, 역, 나루터의 명칭을 바꾸다 / 267

992년 12월 / 권2 / 태묘가 완성되어 소목 위차를 논의하게 하다 / 267

992년 12월 / 권2 / 국자감을 세우고 전장을 지급하다 / 268

992년 12월 / 권2 / 태묘에 협제를 지내다 / 268

❖ 성종 12년(993년)

993년 2월 / 권2 / 상평창을 양경과 12목에 설치하다 / 269

993년 3월 / 권2 / 태묘의 제례 절차에 관해 교서를 내리다 / 269

993년 5월 / 권2 / 서북계 여진이 거란이 침입할 것이라고 보고하다 / 270

993년 8월 / 권2 / 이유현 등이 급제하다 / 270

993년 8월 / 권2 / 여진이 거란군이 이르렀다고 재차 보고하다 / 270

993년 10월 / 권2 / 거란이 침입하니 서희가 화평교섭을 하다 / 270

❖ 성종 13년(994년)

994년 2월 / 권2 / 소손녕이 압록강에 성을 쌓을 것을 제의하다 / 274

994년 2월 / 권2 / 거란의 연호를 사용하기 시작하다 / 275

994년 3월 / 권2 / 고아를 돌봐주도록 교서를 내리다 / 275

994년 4월 / 권2 / 태묘에 협제를 지내다 / 275

994년 4월 / 권2 / 시중 박양유를 거란에 보내 표문을 바치다 / 275

994년 6월 / 권2 / 송에 사신을 보내 거란과의 전쟁을 알리다 / 275
994년 8월 / 권2 / 왕이 친히 시험을 보고 최원신 등에게 급제를 하사하다 / 276
994년 / 권2 / 거란에서 사신을 보내와서 위무하고 효유하다 / 276
994년 / 권2 / 서희에게 명하여 여진을 축출하고 4곳에 성을 쌓게 하다 / 276
994년 / 권2 / 압강도구당을 설치하다 / 276
994년 / 권2 / 거란에 기악을 바치다 / 276

❖ **성종 14년**(995년)

995년 2월 / 권2 / 관원들에게 시부를 지어 바치도록 명하다 / 277
995년 2월 / 권2 / 거란에 방물을 바치다 / 277
995년 4월 / 권2 / 최량의 졸기 / 277
95년 5월 / 권2 / 교서를 내려 관제를 개정하다 / 278
995년 7월 / 권2 / 개성부와 10도의 행정구역을 정하다 / 278
995년 7월 / 권2 / 복시를 치러 이자림 등에게 급제를 하사하다 / 278
995년 7월 / 권2 / 서희에게 명하여 안의진과 흥화진에 성을 쌓다 / 279
995년 7월 / 권2 / 거란에 방물을 바치다 / 279
995년 7월 / 권2 / 사내아이를 보내 거란어를 익히도록 하다 / 279
995년 7월 / 권2 / 거란에 혼인을 청하다 / 279

❖ **성종 15년**(996년)

996년 3월 / 권2 / 거란이 성종을 책봉하다 / 280
996년 3월 / 권2 / 거란에 폐백을 들이다 / 280
996년 4월 / 권2 / 철전을 주조하다 / 280
996년 7월 / 권2 / 왕욱의 졸기 / 280
996년 7월 / 권2 / 관원이 상을 당했을 때 휴가 주는 법을 정하다 / 281
996년 12월 21일 / 권2 / 곽원 등이 급제하다 / 281
996년 / 권2 / 서희가 선주와 맹주에 성을 쌓다 / 281

❖ 성종 16년(997년)

997년 8월 3일 / 권2 / 동경에 행차하여 연회를 베풀다 / 282

997년 10월 27일 / 권2 / 성종이 훙거하다 / 282

7대 목종穆宗

❖ 목종 즉위년(997년)

997년 11월 / 권2 / 거란에 사신을 보내 왕위 계승을 알리다 / 285

997년 12월 / 권2 / 사면령을 내리고 구휼 조치를 취하다 / 285

997년 12월 / 권2 / 거란에서 사신을 보내 천추절을 하례하다 / 285

❖ 목종 1년(998년)

998년 1월 / 권2 / 주인걸 등이 급제하다 / 286

998년 3월 / 권2 / 70세 이상의 호장을 안일호장으로 삼다 / 286

998년 3월 / 권2 / 강주재 등이 급제하다 / 286

998년 4월 / 권2 / 태묘에 참배하고 성종을 합사하다 / 286

998년 4월 / 권2 / 왕의 생일을 장녕절이라고 하다 / 287

998년 4월 / 권2 / 거란에서 칙서를 내려 폐백을 돌려주다 / 287

998년 7월 / 권2 / 서희의 졸기 / 287

998년 7월 / 권2 / 서경을 호경으로 고치다 / 288

998년 12월 / 권2 / 문무양반과 군인의 전시과를 개정하다 / 289

998년 / 권2 / 김성적이 송의 과거에 급제하다 / 289

❖ 목종 2년(999년)

999년 7월 / 권2 / 진관사를 지어 태후의 원찰로 삼다 / 290

999년 10월 / 권2 / 호경에 행차하여 산천에 제사를 지내다 / 290

999년 10월 / 권2 / 거란에서 목종에게 상서령을 더하다 / 290

999년 10월 / 권2 / 일본국인 도요미도 등이 내투하다 / 291

999년 10월 / 권2 / 송에 사신을 보내 거란과의 전쟁을 알리다 / 291

❖ 목종 3년(1000년)

1000년 10월 / 권2 / 숭교사를 창건하여 원찰로 삼다 / 292

1000년 / 권2 / 송굉 등이 급제하다 / 292

1000년 / 권2 / 덕주에 성을 쌓다 / 292

❖ 목종 4년(1001년)

1001년 11월 / 권2 / 중원부에 행차하다 / 292

1001년 / 권2 / 장연현의 논이 함몰되어 못이 되다 / 293

1001년 / 권2 / 평로진에 성을 쌓다 / 293

❖ 목종 5년(1002년)

1002년 3월 / 권2 / 박원휘 등이 급제하다 / 293

1002년 4월 / 권2 / 태묘에 제사를 지내고 휘호를 가상하다 / 293

1002년 5월 / 권2 / 6위의 군영을 짓고 군사들의 요역을 면제하다 / 293

1002년 6월 / 권2 / 탐라에서 산에 구멍이 생기고 붉은 물이 뿜어져 나오다 / 293

1002년 7월 / 권2 / 교역에서 토산물을 사용하도록 교서를 내리다 / 293

❖ 목종 6년(1003년)

1003년 1월 / 권2 / 경외의 박사와 사장을 천거하도록 교서를 내리다 / 295

1003년 2월 / 권2 / 천재지변을 맞아 시정을 논하도록 교서를 내리다 / 295

1003년 / 권2 / 덕주 등의 성을 수리하다 / 296

1003년 / 권2 / 천추태후가 대량원군을 핍박하여 승려가 되게 하다 / 296

❖ 목종 7년(1004년)

1004년 3월 / 권2 / 과거의 법규를 개정하다 / 297

1004년 4월 / 권2 / 황주량 등이 급제하다 / 297

1004년 6월 / 권2 / 한언공의 졸기 / 297

1004년 11월 / 권2 / 호경에 행차하여 산천에 제사를 지내다 / 298

❖ 목종 8년(1005년)

1005년 1월 / 권2 / 동여진이 등주에 침범하다 / 299

1005년 3월 / 권2 / 외관의 관직을 정리하다 / 299

1005년 4월 / 권2 / 최충 등이 급제하다 / 299

1005년 / 권2 / 송 온주의 문사가 내투하다 / 299

❖ **목종 9년**(1006년)

1006년 2월 / 권2 / 흉년이 겹쳤다 / 하여 공부를 면제해주다 / 300

1006년 4월 / 권2 / 관원들에게 유능한 자를 천거하게 하다 / 300

1006년 6월 28일 / 권2 / 벼락이 치니 사면령을 내리고 조세를 경감하다 / 300

1006년 / 권2 / 혜성이 나타나다 / 301

1006년 / 권2 / 등주, 귀성, 용진진에 성을 쌓다 / 301

❖ **목종 10년**(1007년)

1007년 2월 / 권2 / 거란에서 목종을 가책하다 / 302

1007년 2월 / 권2 / 진관사에 9층탑을 창건하다 / 302

1007년 6월 / 권2 / 조원 등이 급제하다 / 302

1007년 7월 / 권2 / 경주 사람 융대를 처벌하다 / 302

1007년 10월 / 권2 / 호경에 행차하여 산천에 제사를 지내다 / 303

1007년 10월 / 권2 / 흥화진, 익령현, 울진현에 성을 쌓다 / 303

1007년 / 권2 / 호경에 지진이 일어나다 / 303

1007년 / 권2 / 탐라에서 상서로운 산이 솟아났다고 보고하다 / 303

❖ **목종 11년**(1008년)

1008년 3월 / 권2 / 손원선 등이 급제하다 / 304

1008년 10월 / 권2 / 호경에 행차하다 / 304

1008년 10월 / 권2 / 통주에 성을 쌓다 / 304

❖ **목종 12년**(1009년)

1009년 1월 14일 / 권2 / 숭교사에 행차하다 / 305

1009년 1월 16일 / 권2 / 목종이 훙서하다 / 305

8대 현종顯宗

❖ 현종 즉위년(1009년)

1009년 2월 4일 / 권2 / 중대성을 설치하다 / 314

1009년 2월 / 권2 / 거란에 사신을 보내 왕위 계승을 알리다 / 314

1009년 2월 / 권2 / 교방의 궁녀를 해산시키다 / 314

1009년 3월 / 권2 / 조모를 추존하여 신성왕태후라고 하다 / 314

1009년 3월 / 권2 / 문하시중 유윤부 등을 임명하다 / 315

1009년 3월 / 권2 / 과선을 만들어 동북쪽 해적을 방어하게 하다 / 315

1009년 4월 / 권2 / 거란에 사신을 보내 태후 생신을 하례하다 / 315

1009년 4월 / 권2 / 왕욱을 추존하여 안종이라고 하다 / 315

1009년 4월 / 권2 / 사면령을 내리고 진휼하며 공신을 포상하다 / 315

1009년 5월 / 권2 / 성종의 딸 김씨를 왕후로 들이다 / 316

1009년 5월 / 권2 / 사면령을 내리고 관원의 작을 올려주다 / 316

1009년 5월 / 권2 / 안창령 등이 급제하다 / 316

1009년 6월 / 권2 / 동북계에 황충이 덮치다 / 316

1009년 7월 / 권2 / 교서를 내려 신하들의 직언을 구하다 / 316

1009년 7월 / 권2 / 구정에 임어하여 구휼하다 / 316

1009년 7월 / 권2 / 한림학사 최항을 사부로 삼다 / 316

1009년 8월 / 권2 / 유방헌의 졸기 / 317

1009년 9월 / 권2 / 안개가 계속해서 이어지다 / 317

1009년 10월 / 권2 / 문하시랑평장사 위수여 등을 임명하다 / 317

1009년 12월 / 권2 / 안개가 이어지기에 반성하는 교서를 내리다 / 318

1009년 12월 / 권2 / 문무관의 상견례를 제정하다 / 318

❖ 현종 1년(1010년)

1010년 윤2월 / 권3 / 성종 이래로 폐지되었던 연등회를 다시 거행하다 / 319

1010년 4월 / 권3 / 왕이 태묘에서 제사를 지내다 / 319

1010년 4월 / 권3 / 서숭 등에게 급제를 주고, 시무책은 과목에서 제외하다 / 319
1010년 5월 / 권3 / 함부로 여진인을 죽인 죄로 하공진과 유종을 유배보내다 / 319
1010년 7월 / 권3 / 거란이 군사를 보내어 전왕의 죽음을 문책하다 / 320
1010년 7월 / 권3 / 덕주에 성을 쌓다 / 320
1010년 8월 / 권3 / 진적과 윤여를 거란에 파견하다 / 320
1010년 8월 / 권3 / 승려와 비구니가 술을 빚는 것을 금지하다 / 320
1010년 9월 / 권3 / 김연보 등을 거란 및 거란 동경에 보내어 우호를 다지다 / 320
1010년 10월 / 권3 / 강조와 안소광 등 6인으로 하여금 거란을 방비하게 하다 / 321
1010년 10월 8일 / 권3 / 거란이 군사를 일으키자 이예균, 왕동영을 보내어 화친을 청하다 / 321
1010년 11월 / 권3 / 동지절을 맞아 강주재를 거란에 보내다 / 321
1010년 11월 / 권3 / 거란의 임금이 친정을 통보하다 / 321
1010년 11월 / 권3 / 팔관회를 다시 설행하고, 왕이 거둥하여 연회를 관람하다 / 321
1010년 11월 16일 / 권3 / 거란이 흥화진을 포위하자 양규 등이 성을 굳게 지키다 / 322
1010년 11월 17일 / 권3 / 최사위 등이 거란에 맞서 싸웠으나 거듭 패하다 / 322
1010년 11월 / 권3 / 거란이 거듭 항복을 명하였으나 고려가 따르지 않자 진군을 시작하다 / 322
1010년 11월 24일 / 권3 / 강조가 방심하다가 거란군에게 대패하여 붙잡혔으나, 끝내 절의를 꺾지 않다 / 324
1010년 11월 / 권3 / 거란이 거듭 항복을 권하였으나, 양규 등이 받아들이지 않고 성을 굳게 지키다 / 325
1010년 12월 6일 / 권3 / 거란군이 곽주를 점령하자 조성유와 박섬이 도망가다 / 326
1010년 12월 8일 / 권3 / 화주에 주둔하던 지채문으로 하여금 서경을 구원하게 하다 / 326
1010년 12월 9일 / 권3 / 거란군이 서경의 중흥사 탑을 불태우다 / 326
1010년 12월 10일 / 권3 / 지채문이 거란에 항복하려던 노의 등을 죽이고 서경을 지키다가 달아나다 / 327

1010년 12월 16일 / 권3 / 양규가 통주와 곽주를 수복하고, 거란은 서경 공략에 실패하다 / 329

1010년 12월 19일 / 권3 / 서경의 신사에서 돌풍이 일어나 거란군을 휩쓸다 / 329

1010년 12월 27일 / 권3 / 달아났던 지채문이 개경으로 돌아오다 / 329

1010년 12월 28일 / 권3 / 강감찬의 권유로 왕이 지채문의 호종을 받아 남쪽으로 파천하다 / 329

1010년 12월 29일 / 권3 / 창화현의 이속들이 왕의 일행을 해하려 하였으나, 지채문이 물리치다 / 330

1010년 12월 30일 / 권3 / 하공진을 거란 진영에 보내어 강화를 요청하다 / 331

1010년 12월 / 권3 / 하공진과 유종을 복위시키다 / 332

❖ **현종 2년**(1011년)

1011년 1월 1일 / 권3 / 거란이 개경을 점령하다 / 333

1011년 1월 3일 / 권3 / 하공진, 고영기가 거란에 철군을 요청하러 갔다 / 가 억류당하다 / 333

1011년 1월 4일 / 권3 / 적도들과의 구별을 위해 호종하는 군사들의 관모에 표식을 달게 하다 / 334

1011년 1월 5일 / 권3 / 유종과 김응인이 왕을 속이고 달아났으나, 지채문은 성심껏 왕을 보필하다 / 334

1011년 1월 7일 / 권3 / 공주에서 김은부가 왕을 성심껏 모시다 / 335

1011년 1월 8일 / 권3 / 조용겸이 왕의 일행을 억류하려 하였으나, 지채문이 저지하다 / 335

1011년 1월 11일 / 권3 / 거란군이 철수하다 / 336

1011년 1월 13일 / 권3 / 왕이 나주에 도착하다 / 336

1011년 1월 16일 / 권3 / 송균언과 정열이 거란군의 철수를 아뢰는 서신을 가지고 오다 / 337

1011년 1월 17일 / 권3 / 김숙흥과 보량이 구주에서 거란군을 격파하다 / 337

1011년 1월 18일 / 권3 / 양규가 무로대와 이수에서 거란군을 격파하고 양민 포로들

을 되찾다 / 337

1011년 1월 21일 / 권3 / 왕이 환도하여 복룡현에 머물다 / 337

1011년 1월 22일 / 권3 / 양규가 여리참에서 거란군을 격파하고 양민 포로들을 되찾다 / 338

1011년 1월 26일 / 권3 / 왕이 전주에 머물다 / 338

1011년 1월 28일 / 권3 / 양규와 김숙흥이 거란의 대군에 맞서 싸우다가 전사하다 / 338

1011년 1월 29일 / 권3 / 정성이 압록강에서 거란군을 격파하고 여러 성을 수복하다 / 338

1011년 1월 / 권3 / 중대성을 중추원으로 고치다 / 338

1011년 1월 / 권3 / 도망갔던 박섬이 거란군 퇴각 후 다시 돌아와 사재경에 임명되다 / 339

1011년 2월 3일 / 권3 / 왕이 공주에 머물면서 김은부의 장녀를 왕비로 들이다 / 339

1011년 2월 13일 / 권3 / 왕이 청주에 머물다 / 339

1011년 2월 16일 / 권3 / 왕이 청주를 출발하여 도성에 도착하다 / 339

1011년 2월 / 권3 / 거란군에 항복한 유언경의 처자식을 유배보내다 / 339

1011년 2월 / 권3 / 감악신사에 대하여 감사하는 제사를 지내다 / 340

1011년 2월 / 권3 / 연등회를 설행하다 / 340

1011년 2월 / 권3 / 양규와 김숙흥을 추증하다 / 340

1011년 2월 / 권3 / 왕을 성심으로 호종한 공로로 지채문에게 토지를 하사하다 / 340

1011년 3월 / 권3 / 유진과 조지린, 최사위를 관직에 임명하다 / 341

1011년 4월 / 권3 / 탁사정을 우간의대부로 삼다 / 341

1011년 4월 / 권3 / 비를 기원하면서 제사를 지내고 억울한 옥사와 궁핍한 백성을 살피다 / 341

1011년 4월 / 권3 / 양규의 처에게 곡식을 하사하고, 그 아들을 교서랑에 임명하다 / 341

1011년 4월 / 권3 / 노정을 추증하다 / 342

1011년 4월 / 권3 / 전사한 채온겸, 신영한 등의 집에 부의를 보내다 / 342

1011년 4월 / 권3 / 전사한 자들의 유해를 수습하고 제사를 지내주게 하다 / 342

1011년 4월 / 권3 / 재상들에게 군신의 의리를 강조하는 교서를 내리다 / 342

1011년 4월 / 권3 / 송악에서 기우제를 지내자 큰 비가 내리다 / 343

1011년 4월 / 권3 / 왕첨을 거란에 보내어 철군에 대해 사례하다 / 343

1011년 4월 / 권3 / 사신을 접대하기 위해 영빈관과 회선관을 설치하다 / 343

1011년 5월 / 권3 / 동북여진이 토산물을 바치다 / 343

1011년 5월 / 권3 / 평양의 여러 신명들에게 훈호를 더하다 / 343

1011년 5월 / 권3 / 위수여가 치사를 요청하였으나, 허락하지 않다 / 343

1011년 7월 / 권3 / 최사위와 장연우, 채충순을 관직에 임명하다 / 343

1011년 7월 / 권3 / 도성에서 군사를 조직하였다가 적군에 패한 백행린을 제명하다 / 344

1011년 7월 / 권3 / 전사한 승려 법언을 수좌로 추증하다 / 344

1011년 8월 / 권3 / 파천 중 동요를 일으킨 조용겸 등을 제명하여 유배보내다 / 344

1011년 8월 / 권3 / 문인위와 장연우를 관직에 임명하다 / 344

1011년 8월 / 권3 / 강조의 당여인 탁사정 등을 유배보내다 / 346

1011년 8월 / 권3 / 전사한 김숙흥의 모친에게 곡식을 하사하다 / 345

1011년 8월 / 권3 / 최원신을 거란에 보내다 / 345

1011년 8월 / 권3 / 불우한 백성들에게 음식과 물품을 하사하다 / 345

1011년 8월 / 권3 / 최사위를 서경유수에 임명하다 / 345

1011년 8월 / 권3 / 송악성을 보수하다 / 345

1011년 8월 / 권3 / 서경에 황성을 쌓다 / 346

1011년 8월 / 권3 / 동여진이 경주를 침략하다 / 346

1011년 8월 / 권3 / 청하, 흥해 등 5개 지역에 성을 쌓다 / 346

1011년 9월 / 권3 / 조지린이 사망하다 / 346

1011년 9월 / 권3 / 탐라에 주기를 하사하다 / 346

1011년 10월 / 권3 / 유방을 참지정사 서경유수로 삼다 / 346

1011년 10월 / 권3 / 동지절을 맞아 김숭의를 거란에 보내다 / 346

1011년 10월 / 권3 / 궁궐을 수리하다 / 347

1011년 11월 / 권3 / 김은부를 거란에 보내어 생신을 하례하다 / 347

1011년 12월 / 권3 / 문인위를 참지정사에 임명하다 / 347

1011년 12월 / 권3 / 각 관청에 교서를 내려 궁핍한 백성들을 구휼하게 하다 / 347

1011년 12월 / 권3 / 주기의 건의에 따라 진사시의 시험방식을 정하다 / 347

1011년 12월 / 권3 / 하공진이 거란의 회유를 거부하며 절의를 지키다가 죽임을 당하다 / 347

❖ **현종 3년**(1012년)

1012년 1월 / 권3 / 승려의 복식을 정하게 하다 / 349

1012년 1월 / 권3 / 동경유수·절도사를 폐지하고 경주방어사·5도호·75도안무사를 설치하다 / 349

1012년 1월 / 권3 / 궁올산에 성을 쌓다 / 349

1012년 2월 / 권3 / 서북지역 백성들에게 양식과 종자를 지급하게 하다 / 349

1012년 2월 / 권3 / 여진이 토종말을 바치다 / 350

1012년 2월 / 권3 / 교서를 내려 상선을 줄이게 하다 / 350

1012년 2월 / 권3 / 위수여, 유진, 최사위 등을 관직에 임명하다 / 350

1012년 3월 3일 / 권3 / 경주에 지진이 일어나다 / 351

1012년 3월 / 권3 / 송인 왕복 등이 내투하다 / 351

1012년 3월 / 권3 / 왕정이 사망하다 / 351

1012년 3월 / 권3 / 각 도의 장인의 수를 감축하여 농업에 종사하게 하다 / 351

1012년 3월 / 권3 / 김은부가 귀국 도중 거란에 붙잡혀가다 / 352

1012년 4월 / 권3 / 비단부채의 매매를 금지하다 / 352

1012년 4월 / 권3 / 위수여가 사망하다 / 352

1012년 4월 / 권3 / 거란이 왕의 친조를 요구하다 / 352

1012년 5월 / 권3 / 동여진이 청하현 일대를 침략하자 문연 등으로 하여금 격퇴하게 하다 / 352

1012년 5월 / 권3 / 경주의 조유궁을 헐어 황룡사 탑을 수리하다 / 352

1012년 5월 / 권3 / 왕이 원릉을 배알하다 / 353

1012년 5월 / 권3 / 교서를 내려 서경의 백성들을 진휼하게 하다 / 353

1012년 6월 / 권3 / 용진진의 민가가 불에 타다 / 353

1012년 6월 / 권3 / 상참관의 알현 횟수를 줄이다 / 353

1012년 6월 / 권3 / 송인 섭거전 등이 내투하다 / 353

1012년 6월 / 권3 / 왕이 자신의 생일에 대하여 하례를 금하고 축수도량만을 허락하다 / 353

1012년 6월 / 권3 / 감찰어사 이인택을 면직시키다 / 354

1012년 6월 / 권3 / 가뭄으로 인하여 옥사를 살피고 산천에 제사를 지내다 / 354

1012년 6월 / 권3 / 왕이 친조하지 않으므로 거란 임금이 고려를 침공하겠다는 조서를 내리다 / 354

1012년 7월 / 권3 / 즉위 전에 왕을 보필한 언효와 효질에게 토지를 하사하다 / 354

1012년 8월 / 권3 / 일식이 일어나다 / 355

1012년 8월 / 권3 / 일본인 반다 등이 내투하다 / 355

1012년 8월 / 권3 / 탐라에서 배를 바치다 / 355

1012년 8월 / 권3 / 경주에 성을 쌓다 / 355

1012년 9월 / 권3 / 문유령을 거란 내원성으로 보내다 / 355

1012년 10월 / 권3 / 송인 육세영 등이 토산물을 바치다 / 355

1012년 윤10월 / 권3 / 여진의 모일라 등이 와서 화의를 간청하므로 허락하다 / 356

1012년 윤10월 / 권3 / 장영과 유징필을 거란에 파견하다 / 356

1012년 윤10월 / 권3 / 전왕을 다시 장례지내고 능호와 시호, 묘호를 고쳐 올리다 / 356

1012년 윤10월 / 권3 / 김은부가 거란으로부터 돌아오다 / 356

1012년 윤10월 / 권3 / 거란에서 한빈을 보내다 / 356

1012년 12월 14일 / 권3 / 경주에 지진이 일어나다 / 356

1012년 12월 / 권3 / 피폐해진 종묘에 임시로 나무 신주를 세우게 하다 / 356

1012년 12월 / 권3 / 거란에서 인진사가 오다 / 357

1012년 12월 / 권3 / 목멱사에 신상을 세우다 / 357

1012년 12월 / 권3 / 장주 등에 성을 쌓다 / 357

❖ **현종 4년**(1013년)

1013년 1월 / 권3 / 장계를 거란에 파견하다 / 358

1013년 1월 / 권3 / 송인 대익이 내투하자 수궁령으로 삼다 / 358

1013년 2월 20일 / 권3 / 경주에 지진이 일어나다 / 358

1013년 2월 / 권3 / 교서를 내려 천재지변을 멈추게 할 방도를 구하다 / 358

1013년 2월 / 권3 / 채충순을 거란에 파견하다 / 359

1013년 3월 / 권3 / 소나무와 잣나무의 벌목을 금지하다 / 359

1013년 3월 10일 / 권3 / 금주에 지진이 일어나다 / 359

1013년 3월 / 권3 / 거란이 사신을 보내어 흥화성 등 6개 성을 요구하다 / 359

1013년 4월 / 권3 / 장형을 서경유수로 삼다 / 359

1013년 5월 / 권3 / 거란이 연호를 바꾸다 / 359

1013년 5월 / 권3 / 여진이 거란군을 인도하여 국경을 침범하려 하자 김승위가 물리치다 / 359

1013년 5월 / 권3 / 경장태자의 딸을 왕비로 들이다 / 360

1013년 6월 / 권3 / 김작빈을 거란에 보내 개원을 하례하다 / 360

1013년 7월 / 권3 / 거란이 다시 사신을 보내어 6개 성을 요구하다 / 360

1013년 8월 / 권3 / 왕이 의릉을 배알하고 사면령을 내리다 / 360

1013년 9월 / 권3 / 임유간 등에게 급제를 주다 / 360

1013년 9월 / 권3 / 송능과 유손의 관계를 더하여 주다 / 360

1013년 9월 / 권3 / 최항과 김심언 등 6인을 관직에 임명하다 / 361

1013년 12월 1일 / 권3 / 일식이 일어나다 / 361

❖ **현종 5년**(1014년)

1014년 1월 25일 / 권3 / 혜성이 오거성에 나타나다 / 362

1014년 1월 / 권3 / 궁궐 수리가 완료되다 / 362

1014년 2월 / 권3 / 혜성이 대릉성으로 이동하다 / 362

1014년 2월 / 권3 / 철리국에서 사신을 보내 물품을 바치다 / 362

1014년 2월 / 권3 / 70세 이상의 백성들에게 자급을 더하여 주다 / 362

1014년 4월 / 권3 / 비수의 착용을 금지하다 / 363

1014년 4월 / 권3 / 왕이 제방에서 제사를 지내고 목종을 합사하다 / 363

1014년 4월 / 권3 / 유진과 최사위, 김심언을 관직에 임명하다 / 363

1014년 4월 / 권3 / 우현부 등에게 급제를 주다 / 363

1014년 5월 / 권3 / 전공지가 사망하다 / 363

1014년 6월 / 권3 / 타지에서 사망한 군인과 상인의 유해 처리방식을 정하다 / 363

1014년 6월 / 권3 / 폭락한 곡식의 가격을 조정하게 하다 / 364

1014년 6월 / 권3 / 거란에 억류된 진적, 이예균 등의 관직을 높여주다 / 364

1014년 7월 / 권3 / 강감찬의 요청으로 사직단을 수리하고 의전을 논의하게 하다 / 364

1014년 8월 / 권3 / 윤징고를 송에 보내어 다시 귀부할 뜻을 전하다 / 364

1014년 8월 / 권3 / 김심언을 서경유수로 삼다 / 365

1014년 9월 / 권3 / 거란이 또다시 6개 성을 요구하다 / 365

1014년 10월 / 권3 / 거란이 흥화진을 침략하자 정신용과 주연이 맞서 싸우다 / 365

1014년 11월 1일 / 권3 / 김훈과 최질 등이 궁궐에 난입하여 장연우와 황보유의를 유배보내다 / 365

1014년 11월 3일 / 권3 / 상참 이상의 무관은 문관을 겸하게 하고, 금오대와 도정서를 설치하다 / 366

1014년 11월 / 권3 / 승려들이 병사를 일으켰다는 소문이 돌자 경성의 경계를 강화하다 / 366

1014년 12월 / 권3 / 사면령을 내리고 각종 은전을 베풀다 / 366

❖ **현종 6년**(1015년)

1015년 1월 22일 / 권3 / 거란이 흥화진을 포위하고 통주를 침략하다 / 367

1015년 1월 / 권3 / 거란이 압록강에 성을 쌓자 공격하였으나 이기지 못하다 / 367

1015년 3월 / 권3 / 왕이 서경에 행차하다 / 367

1015년 3월 / 권3 / 연회를 틈타 김훈 등 무신 19인을 주살하다 / 367

1015년 3월 / 권3 / 거란이 용주를 침략하다 / 368

1015년 3월 / 권3 / 구두포에 침입한 여진을 격파하다 / 368

1015년 4월 / 권3 / 거란이 6개 성을 요구하며 보낸 야율행평을 억류하다 / 368

1015년 4월 / 권3 / 왕이 서경으로부터 돌아오다 / 368

1015년 5월 / 권3 / 김은부를 지중추사로 삼다 / 369

1015년 6월 1일 / 권3 / 일식이 일어나다 / 369

1015년 윤6월 / 권3 / 사수현을 사주로 승격시키다 / 369

1015년 윤6월 / 권3 / 송인 구양징이 내투하자 우습유에 임명하다 / 369

1015년 7월 / 권3 / 금오대를 혁파하고 사헌대를 설치하다 / 369

1015년 7월 / 권3 / 변방에서 공을 세운 군사들의 자급을 올려주다 / 369

1015년 8월 / 권3 / 유윤부가 사망하다 / 369

1015년 9월 12일 / 권3 / 거란이 통주를 공격하자 정신용 등이 맞서 싸우다 전사하다 / 370

1015년 9월 20일 / 권3 / 거란이 영주성을 공격하다 / 370

1015년 9월 / 권3 / 거란이 이송무를 보내어 6개 성을 요구하다 / 370

1015년 11월 / 권3 / 장연우가 사망하다 / 370

1015년 / 권3 / 거란이 선화진과 정원진을 점령하다 / 370

1015년 / 권3 / 곽원을 송에 보내어 거란의 침공을 알리다 / 371

❖ **현종 7년**(1016년)

1016년 1월 5일 / 권3 / 거란이 곽주를 침략하다 / 372

1016년 1월 9일 / 권3 / 거란에서 사신이 왔으나, 받아들이지 않다 / 372

1016년 1월 / 권3 / 정신용, 주연 등을 추증하고, 정균백을 관직에 임명하다 / 372

1016년 1월 / 권3 / 변경에서 공을 세운 진명 등의 작을 올려주다 / 373

1016년 1월 / 권3 / 남쪽의 백성들에게 양식과 종자를 지급하게 하다 / 373

1016년 1월 / 권3 / 고연적의 집에 부의를 보내다 / 373

1016년 1월 / 권3 / 포주 등 19개 현의 세금을 감면하다 / 373

1016년 1월 / 권3 / 태조를 현릉에 다시 장사지내다 / 373

1016년 1월 / 권3 / 곽원이 송의 협조를 얻지 못한채 돌아오다 / 374

1016년 2월 / 권3 / 전공을 세운 채굉 등의 작을 올려주다 / 374

1016년 2월 / 권3 / 거란인 왕미 등이 도망쳐 오다 / 375

1016년 2월 / 권3 / 연좌된 김훈의 가족들에 대한 처벌을 감경하다 / 375

1016년 2월 / 권3 / 태백성이 하늘을 가로지르다 / 375

1016년 2월 / 권3 / 전공을 세운 황호맹 등의 작을 올려주다 / 375

1016년 2월 / 권3 / 거란인 조은 등이 내투하다 / 375

1016년 5월 2일 / 권3 / 왕자 왕흠이 태어나다 / 375

1016년 5월 / 권3 / 재물을 빼돌린 관리는 제명하여 유배보내게 하다 / 376

1016년 5월 / 권3 / 거란인 마아 등이 내투하다 / 376

1016년 5월 / 권3 / 구주에서 모반을 일으킨 귤선과 영몽을 참수하다 / 376

1016년 5월 / 권3 / 거란인 요두 등이 내투하다 / 376

1016년 6월 / 권3 / 거란인 장렬 등이 내투하다 / 376

1016년 7월 / 권3 / 통주 전투에 참가했던 자들의 작을 올려주다 / 376

1016년 7월 / 권3 / 김현 등 14인에게 급제를 주다 / 377

1016년 7월 / 권3 / 이주헌을 상서우복야로 삼다 / 377

1016년 7월 / 권3 / 거란인 유도 등이 내투하다 / 377

1016년 7월 / 권3 / 황충의 피해가 발생하자 옥사를 신중히 처리하게 하다 / 377

1016년 8월 / 권3 / 거란인 주간 등이 내투하다 / 377

1016년 9월 / 권3 / 남쪽 지방에 황충과 가뭄 피해가 발생하자 상선을 줄이고 주악을 금지하다 / 377

1016년 9월 / 권3 / 거란인 나간 등이 내투하다 / 378

1016년 9월 / 권3 / 이주헌을 서경유수로 삼다 / 378

1016년 9월 / 권3 / 관내의 창고를 열어 기근이 든 강남지역을 구휼하다 / 378

1016년 9월 / 권3 / 거란인 봉대 등이 내투하다 / 378

1016년 10월 / 권3 / 남쪽 지방의 강도를 엄중히 추포하게 하다 / 378

1016년 11월 / 권3 / 정신용의 집에 토지를 하사하다 / 378

1016년 11월 / 권3 / 최항과 유방을 관직에 임명하다 / 379

1016년 11월 / 권3 / 여러 명산에서 눈을 빌다 / 379

1016년 11월 / 권3 / 거란인 광예아 등이 내투하다 / 379

1016년 12월 / 권3 / 강감찬의 토지를 군호에게 지급하다 / 379

1016년 12월 / 권3 / 거란인 슬불달 등이 내투하다 / 379

1016년 / 권3 / 송의 연호를 다시 사용하다 / 379

❖ **현종 8년**(1017년)

1017년 1월 / 권3 / 장형의 퇴직 요청을 받아들이다 / 380

1017년 1월 / 권3 / 방화 후 도적질을 하는 무리를 잡아들이도록 명하다 / 380

1017년 1월 / 권3 / 집을 절로 삼거나 부녀자가 출가하는 것을 재차 금하다 / 380

1017년 3월 / 권3 / 정배걸 등에게 급제를 주다 / 380

1017년 4월 / 권3 / 안종을 사주에서부터 건릉으로 이장하다 / 381

1017년 5월 / 권3 / 이공을 관직에 임명하다 / 381

1017년 5월 / 권3 / 김은부가 사망하다 / 381

1017년 6월 / 권3 / 배추벌레의 피해가 발생하다 / 381

1017년 7월 / 권3 / 거란인 광정 등이 내투하다 / 381

1017년 7월 / 권3 / 이용봉, 임술광 등의 향작을 올려주다 / 381

1017년 7월 / 권3 / 송인 임인복 등이 토산물을 바치다 / 382

1017년 7월 / 권3 / 경성의 빈민을 구휼하다 / 382

1017년 7월 / 권3 / 내조한 여진말갈의 목사에게 작위와 물품을 하사하다 / 382

1017년 7월 / 권3 / 거란인 매슬 등이 내투하다 / 382

1017년 7월 / 권3 / 서눌을 송에 보내다 / 382

1017년 7월 / 권3 / 안소광이 사망하다 / 382

1017년 8월 / 권3 / 거란인 과허이 등이 내투하다 / 382

1017년 8월 / 권3 / 건릉에 배알하다 / 383

1017년 8월 / 권3 / 동여진의 개다불 등이 내투하다 / 383

1017년 8월 / 권3 / 서여진인 개신이 거란 동경의 승려 도준을 잡아오다 / 383

1017년 8월 / 권3 / 견일, 홍광, 고의가 흥화진에서 거란군에 승리를 거두다 / 383

1017년 8월 / 권3 / 흑수말갈 아리불 등이 내투하다 / 383

1017년 9월 / 권3 / 거란인 군기와 여진인 고저 등이 내투하다 / 383

1017년 9월 / 권3 / 거란인 오두 등이 내투하다 / 383

1017년 9월 / 권3 / 선정전에서 병사들을 사열하다 / 384

1017년 9월 / 권3 / 가뭄과 황충의 피해가 발생하다 / 384

1017년 11월 5일 / 권3 / 태백성이 나타나다 / 384

1017년 12월 / 권3 / 채충순을 관직에 임명하다 / 384

1017년 12월 / 권3 / 현릉에 배알하다 / 384

1017년 12월 / 권3 / 고구려, 신라, 백제 왕들의 능묘를 보수하다 / 384

❖ **현종 9년**(1018년)

1018년 1월 / 권3 / 서경의 태조 진영에 제사를 지내다 / 385

1018년 1월 / 권3 / 서여진인 미알달 등이 물품을 바치다 / 385

1018년 1월 / 권3 / 정안국인 골수가 도망쳐오다 / 385

1018년 1월 / 권3 / 신하들이 정전으로 돌아가 상선을 복구할 것을 청하였으나, 허락하지 않다 / 385

1018년 1월 / 권3 / 동여진인 서율불과 서여진인 아주 등이 물품을 바치다 / 386

1018년 1월 / 권3 / 흥화진의 백성들에게 면포와 소금, 장을 지급하다 / 386

1018년 1월 / 권3 / 상선을 복구하라는 신하들의 요청을 받아들이다 / 386

1018년 2월 / 권3 / 해군과 노군의 군사들에게 물품을 하사하다 / 386

1018년 2월 / 권3 / 안무사를 혁파하다 / 386

1018년 2월 / 권3 / 서여진인 능거 등이 물품을 바치다 / 386

1018년 2월 / 권3 / 선화문에서 활쏘기를 검열하다 / 386
1018년 2월 / 권3 / 월령에 따라 옥사를 살피도록 명하다 / 387
1018년 2월 / 권3 / 동여진인 노어가 물품을 바치다 / 387
1018년 2월 / 권3 / 흥화진의 백성들에게 관청의 소를 빌려주다 / 387
1018년 2월 / 권3 / 박명금의 관계와 관직을 그의 아버지에게 대신 주다 / 387
1018년 2월 / 권3 / 산천의 신령들에게 훈호를 더해주다 / 387
1018년 2월 / 권3 / 서여진인 마문 등이 말을 바치다 / 388
1018년 2월 / 권3 / 거란인 장정 등이 내투하다 / 388
1018년 3월 / 권3 / 거란인 송광습 등이 내투하다 / 388
1018년 3월 / 권3 / 굶어죽은 자들의 시신을 묻어주도록 명하다 / 388
1018년 3월 / 권3 / 동여진인 아리고와 서여진인 능거 등이 물품을 바치다 / 388
1018년 4월 5일 / 권3 / 원정왕후 김씨가 훙서하다 / 388
1018년 4월 7일 / 권3 / 경성에 장역이 돌자 의원을 보내어 치료하게 하다 / 388
1018년 4월 / 권3 / 동여진인 구타라와 서여진인 거일 등이 물품을 하사하다 / 389
1018년 윤4월 / 권3 / 월령과 옥관령에 의거하여 옥사를 다스리게 하다 / 389
1018년 윤4월 / 권3 / 동여진의 아로대 등이 물품을 바치다 / 389
1018년 윤4월 / 권3 / 송인 왕숙자 등이 토산물을 바치다 / 390
1018년 윤4월 / 권3 / 개국사 탑을 수리하고 3천여 명을 승려로 삼다 / 390
1018년 5월 / 권3 / 거란인 사부가 내투하다 / 390
1018년 5월 / 권3 / 승려 십만 명에게 반승하다 / 390
1018년 5월 / 권3 / 동여진인 우나 등이 물품을 바치다 / 390
1018년 5월 / 권3 / 강감찬을 서경유수 내사시랑평장사로 삼다 / 390
1018년 5월 / 권3 / 강윤봉 등의 작을 올려주다 / 391
1018년 5월 / 권3 / 서북계에 배추벌레 피해가 발생하다 / 391
1018년 5월 / 권3 / 전공을 세운 군사들과 전사한 자들에게 포상과 부의를 하사하다 / 391
1018년 5월 / 권3 / 황정 등에게 급제를 주다 / 391

1018년 5월 / 권3 / 서여진인 타억 등이 물품을 바치다 / 391

1018년 6월 19일 / 권3 / 혜성이 나타나다 / 391

1018년 6월 / 권3 / 채충순을 이부상서 참지정사로 삼다 / 392

1018년 6월 / 권3 / 서북여진의 가을불 등이 물품을 바치다 / 392

1018년 6월 / 권3 / 현화사를 창건하다 / 392

1018년 6월 / 권3 / 동여진인 이골이와 서여진인 제모 등이 내조하다 / 392

1018년 6월 / 권3 / 전공을 세운 양악 등의 작을 올려주다 / 392

1018년 7월 17일 / 권3 / 왕자 왕형이 태어나다 / 392

1018년 7월 / 권3 / 동여진의 오두주 등이 물품을 바치다 / 392

1018년 8월 / 권3 / 전사한 자들의 유가족에게 물품을 하사하다 / 393

1018년 9월 / 권3 / 삼위군, 응양군, 공신 자손 등의 무예를 시험하다 / 393

1018년 9월 / 권3 / 김심언이 사망하다 / 393

1018년 9월 / 권3 / 내조한 동여진인 이우불의 향직을 올려주다 / 393

1018년 9월 / 권3 / 윤징고를 중추사로 삼다 / 393

1018년 9월 / 권3 / 사면령을 내리다 / 394

1018년 10월 / 권3 / 김노현이 사망하다 / 394

1018년 10월 / 권3 / 적을 사로잡은 여진의 목사 등에게 물품을 하사하다 / 394

1018년 10월 / 권3 / 강감찬을 서북면행영도통사로 삼다 / 394

1018년 10월 / 권3 / 동여진과 서여진의 추장 염지거, 이나 등이 물품을 바치다 / 394

1018년 10월 / 권3 / 원영을 거란에 보내어 화친을 청하다 / 394

1018년 11월 / 권3 / 정전으로 돌아가 상선을 복구하라는 신하들의 요청을 받아들이다 / 394

1018년 11월 / 권3 / 전보인을 상서좌복야로 삼다 / 395

1018년 11월 / 권3 / 우산국 백성들에게 농기구를 하사하다 / 395

1018년 12월 10일 / 권3 / 강감찬 등이 거란의 소손녕에게 맞서 대승을 거두다 / 395

1018년 12월 26일 / 권3 / 경성의 경계를 강화하다 / 395

1018년 12월 29일 / 권3 / 혜성이 나타나다 / 395

1018년 12월 / 권3 / 동북여진의 아차, 오을불 등이 물품을 바치다 / 396

1018년 12월 / 권3 / 거란인 왕수가 내투하다 / 396

1018년 12월 / 권3 / 태조의 재궁을 향림사에 안치하다 / 396

1018년 12월 / 권3 / 사면령을 내리고 미납된 조세를 감면하다 / 396

❖ **현종 10년**(1019년)

1019년 1월 2일 / 권3 / 거란군이 도성에 접근하자 강감찬이 경계를 강화하다 / 397

1019년 1월 3일 / 권3 / 경성 근처에서 소손녕의 척후병을 격파하다 / 397

1019년 1월 23일 / 권3 / 연주, 위주에서 강감찬이 거란군을 격파하다 / 397

1019년 1월 / 권3 / 동여진인 우나 등이 내조하다 / 398

1019년 2월 1일 / 권3 / 강감찬, 김종현 등이 귀주에서 거란군에 대승을 거두다 / 398

1019년 2월 6일 / 권3 / 강감찬 등에게 연회를 베풀고 포상하다 / 398

1019년 2월 / 권3 / 장수들에게 연회를 베풀어 노고를 치하하다 / 399

1019년 2월 / 권3 / 전보인이 사망하다 / 399

1019년 3월 / 권3 / 일식이 일어나다 / 399

1019년 3월 / 권3 / 문인위가 사망하다 / 399

1019년 3월 / 권3 / 전사한 유백부 등을 추증하고, 유가족에게 부의를 하사하다 / 399

1019년 3월 / 권3 / 철리국의 사신 아로대가 물품을 바치다 / 399

1019년 3월 / 권3 / 왕궁의 호위병들이 봄에 철갑옷을 입는 것을 금하다 / 400

1019년 4월 / 권3 / 수안현, 상산현 등의 백성들에게 식량과 종자를 지급하다 / 400

1019년 4월 / 권3 / 강감찬이 차사를 청하였으나, 허락하지 않다 / 400

1019년 4월 / 권3 / 해적선을 나포하여 일본인 포로들을 돌려보내다 / 400

1019년 5월 / 권3 / 장산현, 해안현 등의 조세를 감면하다 / 400

1019년 5월 / 권3 / 거란 동경의 오장공이 알현하러 오다 / 400

1019년 5월 / 권3 / 가뭄으로 인하여 죄수들을 풀어주다 / 401

1019년 5월 / 권3 / 철리국에 사신을 보내다 / 401

1019년 6월 / 권3 / 동여진인 나사불 등이 내조하다 / 401

1019년 6월 / 권3 / 곽원의 요청으로 진사시의 시험방식을 바꾸다 / 401

1019년 6월 / 권3 / 영평진에 성을 쌓다 / 401

1019년 7월 / 권3 / 이응보와 이원을 관직에 임명하다 / 401

1019년 7월 / 권3 / 송인 진문궤 등이 토산물을 바치다 / 401

1019년 7월 / 권3 / 서여진의 아라불 등이 말을 바치다 / 402

1019년 7월 / 권3 / 송인 우선 등이 물품을 바치다 / 402

1019년 7월 / 권3 / 거란과의 전투에서 공을 세운 자들의 관계와 관직을 올려주다 / 402

1019년 7월 / 권3 / 피난을 왔던 우산국의 백성들을 돌려보내다 / 402

1019년 7월 / 권3 / 신규 급제자들의 영친식을 정하다 / 402

1019년 8월 / 권3 / 신정을 맞아 최원신과 이수화를 송에 보내다 / 402

1019년 8월 / 권3 / 거란에서 동경가 오다 / 402

1019년 8월 / 권3 / 이인택을 거란 동경으로 보내다 / 403

1019년 8월 / 권3 / 유진이 사망하다 / 403

1019년 8월 / 권3 / 동여진의 모일라가 내조하다 / 403

1019년 9월 1일 / 권3 / 일식이 있을 것이라고 하였으나 구름에 가려 보이지 않다 / 403

1019년 9월 / 권3 / 양규와 김숙흥에게 공신녹권을 하사하다 / 403

1019년 11월 / 권3 / 강감찬에게 관직과 봉작을 하사하다 / 403

1019년 11월 / 권3 / 강남의 정호를 상산형, 이천현 등지로 옮기다 / 404

1019년 11월 / 권3 / 태조의 재궁을 다시 현릉에 안장하다 / 404

1019년 12월 1일 / 권3 / 왕자 왕서가 태어나다 / 404

1019년 12월 29일 / 권3 / 혜성이 나타나다 / 404

1019년 12월 / 권3 / 동흑수의 구돌라가 물품을 바치다 / 404

1019년 12월 / 권3 / 최사위, 강감찬, 유방, 채충순에게 공신호를 하사하다 / 404

1019년 12월 / 권3 / 현릉에 배알하다 / 404

❖ 현종 11년(1020년)

1020년 1월 / 권3 / 진함조를 관직에 임명하다 / 405

1020년 1월 / 권3 / 흑수말갈의 알시경 등이 토산물을 바치다 / 405

1020년 1월 / 권3 / 최항에게 공신호를 하사하다 / 405

1020년 1월 / 권3 / 서여진의 고두화가 토산물을 바치다 / 405

1020년 2월 / 권3 / 전사한 군인들의 집에 물품을 하사하다 / 405

1020년 2월 / 권3 / 동여진의 검불라 등이 말을 바치다 / 406

1020년 2월 / 권3 / 거란에 억류된 진적, 이예균 등의 유가족에게 물품과 봉작 및 관직을 하사하다 / 406

1020년 2월 / 권3 / 송인 회지 등이 토산물을 바치다 / 406

1020년 2월 / 권3 / 거란에 사신을 보내어 관계 복구를 요청하다 / 406

1020년 3월 / 권3 / 거란에서 사신이 오다 / 406

1020년 3월 / 권3 / 여진인 불나 등이 내조하다 / 407

1020년 3월 / 권3 / 전공을 세운 팽홍패 등의 자급을 올려주다 / 407

1020년 3월 / 권3 / 노부모를 봉양해야 하는 자들의 군역 부담을 면제 또는 경감시키다 / 407

1020년 3월 / 권3 / 정신용의 집에 곡식을 하사하다 / 407

1020년 4월 / 권3 / 왕자 왕흠을 연경군으로 봉하다 / 407

1020년 4월 / 권3 / 상참 이상의 문무관리들에게 물품을 하사하다 / 408

1020년 4월 / 권3 / 거란에 사신을 보내어 왕자 책봉을 알리다 / 408

1020년 4월 / 권3 / 동여진인 달로 등이 쌀을 바치다 / 408

1020년 5월 / 권3 / 유사가 노부모를 둔 변방 군인들의 군역을 면제해달라고 요청하다 / 408

1020년 5월 / 권3 / 이원현 등에게 급제를 주다 / 408

1020년 5월 / 권3 / 흑수말갈의 오두나 등이 토산물을 바치다 / 409

1020년 5월 / 권3 / 사신으로서 그릇된 행실을 했다는 이유로 최원신과 이수화를 유

배보내다 / 409

1020년 6월 / 권3 / 서북계에 황충의 피해가 발생하다 / 409

1020년 6월 / 권3 / 노집중을 거란 동경에 파견하다 / 409

1020년 6월 / 권3 / 불내국의 사가문이 토산물을 바치다 / 409

1020년 6월 / 권3 / 강감찬의 치사를 허락하다 / 409

1020년 7월 / 권3 / 가뭄으로 인하여 죄수들을 방면하다 / 409

1020년 8월 / 권3 / 현화사에 둔전을 하사하다 / 410

1020년 8월 / 권3 / 최치원을 내사령으로 추증하고 묘정에 배향하다 / 410

1020년 9월 / 권3 / 신하들에게 연회를 베풀어 주다 / 410

1020년 9월 / 권3 / 왕이 현화사에 행차하여 새로 주조한 종을 치다 / 410

1020년 / 권3 / 최제안과 김맹을 각각 거란과 송에 보내다 / 410

❖ 현종 12년(1021년)

1021년 1월 / 권3 / 흑수말갈의 아두타불 등이 물품을 바치다 / 411

1021년 2월 / 권3 / 거란이 요거신을 사신으로 보내다 / 411

1021년 2월 / 권3 / 안주 지역의 요역과 조세를 감면하다 / 411

1021년 2월 / 권3 / 인수문 바깥 민가가 불에 타다 / 411

1021년 2월 / 권3 / 동여진의 마저개 등이 내조하다 / 411

1021년 2월 / 권3 / 경성의 90세 이상 남녀에게 물품을 하사하다 / 412

1021년 3월 / 권3 / 유방과 주덕명을 관직에 임명하다 / 412

1021년 3월 / 권3 / 서여진의 모일라 등이 물품을 바치다 / 412

1021년 3월 / 권3 / 철리국에서 종전대로 귀부하기를 요청하다 / 412

1021년 3월 / 권3 / 거란 동경사가 내빙하다 / 412

1021년 5월 / 권3 / 고선사와 창림사의 금라가사와 불정골, 불아를 내전에 안치하다 / 412

1021년 6월 / 권3 / 승려들의 음주와 음악 연주를 금지하다 / 413

1021년 6월 / 권3 / 장형을 치사하게 하고, 주정을 관직에 임명하다 / 413

1021년 6월 / 권3 / 한조를 송에 보내다 / 413

1021년 7월 1일 / 권3 / 일식이 일어나다 / 413

1021년 7월 / 권3 / 탐라에서 물품을 바치다 / 413

1021년 7월 / 권3 / 동여진 흑수의 거울마두개가 오다 / 413

1021년 7월 / 권3 / 사찰의 양조 행위를 금지하다 / 413

1021년 8월 / 권3 / 김인위를 치사하게 하다 / 414

1021년 8월 / 권3 / 왕이 현화사 비의 전액을 쓰고, 주저에게 비문을 짓게 하다 / 414

1021년 8월 / 권3 / 왕자 왕흠에게 공신호를 내리고, 최사위와 최항을 관직에 임명하다 / 414

1021년 8월 / 권3 / 조패 등에게 급제를 주다 / 414

1021년 8월 / 권3 / 동여진의 실빈과 아리고가 내조하다 / 414

1021년 9월 / 권3 / 이공을 중추사로 삼다 / 414

1021년 9월 / 권3 / 흑수말갈의 소물개와 고지문이 토산물을 바치다 / 414

1021년 9월 / 권3 / 이공과 유종을 거란에 사신으로 보내다 / 415

1021년 10월 / 권3 / 이주헌을 관직에 임명하다 / 415

1021년 10월 / 권3 / 동여진과 서여진의 아로대, 아개 등이 내조하다 / 415

1021년 11월 / 권3 / 강민첨이 사망하다 / 415

1021년 12월 / 권3 / 윤징고가 사망하다 / 415

1021년 12월 / 권3 / 최사위의 시정 논의를 받아들이다 / 415

❖ **현종 13년**(1022년)

1022년 1월 / 권3 / 흑수의 사일라 등이 내조하다 / 416

1022년 1월 / 권3 / 설총을 홍유후로 추증하고 묘정에 배향하다 / 416

1022년 2월 / 권3 / 서여진의 저라가 토산물을 바치다 / 416

1022년 2월 / 권3 / 궁장으로 이속된 사주지역의 민전을 공전으로 보충하다 / 416

1022년 2월 / 권3 / 탐라에서 토산물을 바치다 / 417

1022년 2월 / 권3 / 김인유를 거란에 사신으로 보내다 / 417

1022년 2월 / 권3 / 거란인 맹류 등이 도망쳐오다 / 417

1022년 2월 / 권3 / 박충숙과 이경을 거란으로 파견하다 / 417

1022년 3월 / 권3 / 이가도를 동지중추사로 삼다 / 417

1022년 3월 / 권3 / 이주헌이 사망하다 / 417

1022년 4월 / 권3 / 거란이 사신을 보내어 왕을 책봉하다 / 417

1022년 4월 / 권3 / 주현 장리의 칭호를 정비하다 / 418

1022년 4월 / 권3 / 채충순을 관직에 임명하다 / 418

1022년 5월 / 권3 / 한조가 송 황제의 하사품을 가지고 돌아오다 / 418

1022년 5월 / 권3 / 연경군 왕흠을 왕태자로 책봉하다 / 418

1022년 5월 / 권3 / 흑수말갈인 소의 등이 내조하다 / 418

1022년 6월 30일 / 권3 / 연덕궁주 김씨가 사망하다 / 418

1022년 6월 / 권3 / 왕자 왕형과 왕서를 책봉하다 / 418

1022년 6월 / 권3 / 유방을 문하시랑평장사로 삼다 / 419

1022년 6월 / 권3 / 동궁에 관리를 배치하다 / 419

1022년 6월 30일 / 권3 / 연덕궁주 김씨가 사망하다 / 419

1022년 7월 / 권3 / 우산국의 피난민들을 예주 호적에 편입하다 / 419

1022년 7월 / 권3 / 동여진과 서여진의 아라대 등이 토산물을 바치다 / 419

1022년 8월 / 권3 / 거란에서 사신을 보내어 문후사 파견 방식을 알리다 / 419

1022년 8월 / 권3 / 송인 진상중 등이 토산물을 바치다 / 420

1022년 8월 / 권3 / 철리국의 나사가 토산물을 바치다 / 420

1022년 8월 / 권3 / 서눌의 딸을 왕비로 삼다 / 420

1022년 9월 / 권3 / 경성의 불우한 백성들에게 물품을 하사하다 / 420

1022년 9월 / 권3 / 거란에서 동경사가 오다 / 420

1022년 9월 / 권3 / 윤종원을 거란에 사신으로 보내다 / 420

1022년 9월 / 권3 / 곽원과 왕서를 거란으로 파견하다 / 420

1022년 9월 / 권3 / 거란인 수우매 등이 내투하다 / 421

1022년 10월 / 권3 / 연경궁주 김씨를 왕비로 책봉하다 / 421

1022년 10월 / 권3 / 서눌과 이가도, 주저, 이작인을 관직에 임명하다 / 421

1022년 11월 / 권3 / 사헌대에서 최사위와 박충숙을 탄핵하였으나, 받아들이지 않다 / 421

1022년 11월 / 권3 / 거란에서 동경사가 오다 / 421

1022년 12월 / 권3 / 거란인 불대 등이 내투하다 / 421

1022년 12월 / 권3 / 서여진인 어니저의 고모를 고향으로 돌려보내다 / 421

1022년 12월 / 권3 / 동여진인 사빈이 물품을 바치다 / 422

❖ **현종 14년(1023년)**

1023년 1월 / 권3 / 내전에서 연회를 베풀다 / 423

1023년 1월 / 권3 / 채충순과 서눌, 곽원, 유방을 관직에 임명하다 / 423

1023년 1월 / 권3 / 거란인 초복 등이 내투하다 / 423

1023년 1월 / 권3 / 진함조와 주덕명을 관직에 임명하다 / 423

1023년 1월 / 권3 / 흑수말갈의 오사불 등이 토산물을 바치다 / 424

1023년 2월 / 권3 / 이공을 서경유수로 삼다 / 424

1023년 2월 / 권3 / 최치원을 문창후로 추봉하다 / 424

1023년 2월 / 권3 / 동여진의 아로불과 서여진의 나알개가 내조하다 / 424

1023년 3월 / 권3 / 유징필을 거란에 파견하다 / 424

1023년 4월 / 권3 / 거란에서 사신을 보내어 태자 왕흠을 책봉하다 / 424

1023년 4월 / 권3 / 여진말갈의 군두 등이 말을 바치다 / 424

1023년 5월 13일 / 권3 / 금주에 지진이 일어나다 / 425

1023년 5월 / 권3 / 거란인 마허저 등이 내투하다 / 425

1023년 5월 / 권3 / 조회 의례에서 백관의 몸가짐을 엄중히 하게 하다 / 425

1023년 5월 / 권3 / 문무 참관들에게 연회를 베풀고 말을 하사하다 / 425

1023년 5월 / 권3 / 거란의 대세노 등이 내투하다 / 425

1023년 5월 / 권3 / 여진인 이우불이 내조하다 / 425

1023년 6월 / 권3 / 가뭄으로 인하여 죄수들을 방면하다 / 426

1023년 6월 / 권3 / 장교 등에게 급제를 주다 / 426

1023년 7월 / 권3 / 거란에서 사신을 보내어 왕의 생신을 하례하다 / 426

1023년 7월 / 권3 / 전언의 효행을 기려 관직을 올려주다 / 426

1023년 9월 / 권3 / 말갈의 아령주가 내조하다 / 426

1023년 윤9월 / 권3 / 거란의 사신이 내빙하다 / 426

1023년 윤9월 / 권3 / 거란에서 동경사가 오다 / 426

1023년 윤9월 / 권3 / 여러 주현의 의창을 함부로 사용하지 못하도록 명하다 / 427

1023년 11월 / 권3 / 흑수의 야힐라 등이 내조하다 / 427

1023년 11월 / 권3 / 송인 진억이 내투하다 / 427

1023년 12월 / 권3 / 재추와 상장군에게 연회를 베풀다 / 427

1023년 12월 / 권3 / 유방과 이공, 이원을 관직에 임명하다 / 427

❖ 현종 15년(1024년)

1024년 1월 / 권3 / 거란인 마사도 등이 내투하다 / 428

1024년 1월 / 권3 / 도병마사에서 서경과 경기의 부곡민을 농민으로 충원하도록 요청하다 / 428

1024년 1월 / 권3 / 경흥원주 김씨를 덕비로 책봉하다 / 428

1024년 3월 / 권3 / 이자연 등에게 급제를 주다 / 428

1024년 3월 / 권3 / 서여진인 고두로와 동여진인 슬불달 등이 내투하다 / 429

1024년 4월 / 권3 / 흑수말갈인 고도매 등이 토산물을 바치다 / 429

1024년 4월 / 권3 / 양규와 김숙흥에게 공신호를 하사하다 / 429

1024년 5월 1일 / 권3 / 일식이 예견되었으나, 일어나지 않다 / 429

1024년 5월 / 권3 / 왕이 비를 빌자 큰 비가 내리다 / 429

1024년 5월 / 권3 / 동여진인 아알나가 내조하다 / 429

1024년 5월 / 권3 / 주저가 사망하다 / 430

1024년 6월 / 권3 / 최항이 사망하다 / 430

1024년 7월 / 권3 / 거란이 사신을 보내어 왕의 생신을 하례하다 / 431

1024년 7월 / 권3 / 서여진인 도라와 동여진인 노을견 등이 말을 바치다 / 431

1024년 7월 / 권3 / 서눌을 서북면행영도통으로 삼다 / 431

1024년 7월 / 권3 / 탐라의 주물과 고몰 부자를 관직에 임명하다 / 431

1024년 9월 / 권3 / 김인위를 치사하게 하다 / 431

1024년 9월 / 권3 / 흑수말갈인 아리고가 오다 / 431

1024년 9월 / 권3 / 대식국의 열라자 등이 토산물을 바치다 / 431

1024년 10월 / 권3 / 거란이 이정륜을 보내다 / 432

1024년 11월 1일 / 권3 / 일식이 예견되었으나, 일어나지 않다 / 432

1024년 11월 / 권3 / 이공을 관직에 임명하다 / 432

1024년 11월 / 권3 / 상주에 지진이 일어나다 / 432

1024년 / 권3 / 경성에 5부와 방리를 정하다 / 432

❖ **현종 16년**(1025년)

1025년 1월 / 권3 / 여진인 야고가 등이 내조하다 / 433

1025년 1월 / 권3 / 유방과 채충순을 관직에 임명하다 / 433

1025년 1월 / 권3 / 피위종 등을 유배에서 풀어주다 / 433

1025년 1월 / 권3 / 내조한 여진인 모일라에게 관직을 제수하다 / 434

1025년 2월 / 권3 / 한식을 맞아 관리들에게 연회를 베풀다 / 434

1025년 3월 / 권3 / 모든 공사를 중지시키다 / 434

1025년 4월 20일 / 권3 / 영남도에 지진이 일어나다 / 434

1025년 4월 / 권3 / 가뭄으로 인하여 상선을 줄이고 명산에 기도를 올리다 / 434

1025년 4월 / 권3 / 사석에서의 예를 규찰하는 어사대의 격식을 완화하다 / 434

1025년 5월 / 권3 / 남해 용신을 사전에 올리도록 명하다 / 435

1025년 6월 / 권3 / 여러 관사로 하여금 월령에 따라 직무를 처리하도록 명하다 / 435

1025년 6월 / 권3 / 강민첨과 하공진의 아들들을 관직에 임명하도록 명하다 / 435

1025년 7월 / 권3 / 거란에서 사신을 보내어 왕의 생신을 하례하다 / 435

1025년 7월 / 권3 / 경주, 상주, 청주 등지에 지진이 일어나다 / 436

1025년 9월 / 권3 / 대식국의 하선라자 등이 토산물을 바치다 / 436

1025년 9월 / 권3 / 서민들이 용과 봉황 문양을 사용하는 것을 금하다 / 436

1025년 11월 1일 / 권3 / 일식이 예견되었으나, 일어나지 않다 / 436

1025년 11월 / 권3 / 보성군에서 산호수를 바치다 / 436

1025년 12월 / 권3 / 죄를 지어 직전을 몰수당한 관리들을 사면하다 / 436

1025년 / 권3 / 상음현에 성을 쌓다 / 436

❖ **현종 17년**(1026년)

1026년 1월 / 권3 / 이단을 어사대부로 삼다 / 437

1026년 1월 / 권3 / 동여진의 거려울 등이 오다 / 437

1026년 2월 / 권3 / 거란인 이지순이 내빙하다 / 437

1026년 2월 / 권3 / 순덕에 성을 쌓다 / 437

1026년 3월 / 권3 / 최황 등에게 급제를 주다 / 437

1026년 4월 / 권3 / 지채문을 우복야로 삼다 / 438

1026년 윤5월 / 권3 / 동여진과 서여진의 추장 등이 물품을 바치다 / 438

1026년 윤5월 / 권3 / 거란이 동북여진으로 가는 길을 빌려달라고 요청하였으나, 받아들이지 않다 / 438

1026년 6월 / 권3 / 이단과 황보유의를 관직에 임명하다 / 438

1026년 7월 4일 / 권3 / 경성에 홍수가 발생하다 / 438

1026년 7월 / 권3 / 거란에서 사신을 보내어 왕의 생신을 하례하다 / 438

1026년 8월 / 권3 / 송인 이문통 등이 토산물을 바치다 / 438

1026년 9월 7일 / 권3 / 서경에 홍수가 발생하다 / 439

1026년 9월 22일 / 권3 / 왕이 해주 신광사에 행차하다 / 439

1026년 10월 1일 / 권3 / 일식이 일어나다 / 439

1026년 10월 10일 / 권3 / 왕이 해주로부터 돌아오다 / 439

❖ **현종 18년**(1027년)

1027년 1월 / 권3 / 최사위와 채충순, 이공 등을 관직에 임명하다 / 440

1027년 1월 / 권3 / 동여진인 창부가 토산물을 바치다 / 440

1027년 1월 / 권3 / 유방의 치사 요청을 받아들이다 / 440

1027년 1월 / 권3 / 거란에서 사신을 보내다 / 440

1027년 2월 / 권3 / 태묘를 수리하고 신주를 안치하다 / 441

1027년 2월 / 권3 / 흑수말갈인 아골과 아가가 물품을 바치다 / 441

1027년 2월 / 권3 / 현덕진에 성을 쌓다 / 441

1027년 3월 / 권3 / 여진인 슬불달 등이 내조하다 / 441

1027년 4월 / 권3 / 왕이 태묘에서 제사를 지내다 / 441

1027년 5월 / 권3 / 가뭄으로 인하여 상선을 줄이고 옥사를 살피다 / 441

1027년 5월 / 권3 / 공주에 서리가 내리다 / 441

1027년 5월 / 권3 / 왕자 왕형과 왕서를 관직에 임명하다 / 442

1027년 6월 / 권3 / 양주를 금한 법령을 어긴 승려들을 처벌하다 / 442

1027년 6월 / 권3 / 사면을 받은 유품렴 등을 다시 관직에 임용하도록 명하다 / 442

1027년 6월 / 권3 / 탐라에서 물품을 바치다 / 442

1027년 6월 / 권3 / 동여진인 모일라 등이 내조하다 / 442

1027년 7월 / 권3 / 거란에서 사신을 보내어 왕의 생신을 하례하다 / 442

1027년 7월 / 권3 / 영광군에서 산호수를 바치다 / 443

1027년 8월 / 권3 / 거란에서 동경사가 오다 / 443

1027년 8월 / 권3 / 송인 이문통 등이 서책을 바치다 / 443

1027년 8월 / 권3 / 승려들의 복식을 규제하다 / 443

1027년 9월 / 권3 / 혜일중광사의 창건을 명하다 / 443

✣ 현종 19년(1028년)

1028년 1월 / 권3 / 여진인 만두 등이 내조하다 / 444

1028년 2월 / 권3 / 김가를 거란 동경으로 파견하다 / 444

1028년 2월 / 권3 / 승려와 비구니들이 역마로 재물을 실어나르는 행위를 금하다 / 444

1028년 2월 / 권3 / 김작빈을 거란에 파견하다 / 445

1028년 3월 / 권3 / 정재원 등에게 급제를 주다 / 445

1028년 3월 / 권3 / 거란의 사신이 내빙하다 / 445

1028년 3월 / 권3 / 동여진인 아골이 오다 / 445

1028년 5월 / 권3 / 여진이 평해군을 침공하다 / 445

1028년 윤6월 / 권3 / 북여진인 아홀 등이 귀부하다 / 445

1028년 7월 22일 / 권3 / 원성왕후 김씨가 훙서하다 / 445

1028년 7월 / 권3 / 동여진과 서여진의 이오불, 두로개 등이 토산물을 바치다 / 446

1028년 7월 / 권3 / 거란이 사신을 보내어 왕의 생신을 하례하다 / 446

1028년 7월 / 권3 / 동여진인 쾌발 등이 귀부하다 / 446

1028년 8월 / 권3 / 서북계에 황충의 피해가 발생하다 / 446

1028년 9월 / 권3 / 송인 이전 등이 토산물을 바치다 / 446

1028년 9월 / 권3 / 임복을 거란에 사신으로 보내다 / 446

1028년 9월 / 권3 / 고주를 봉화산 남쪽으로 옮기다 / 446

1028년 10월 / 권3 / 정장을 거란에 사신으로 보내다 / 446

1028년 10월 / 권3 / 동여진이 고성과 용진진을 침공하다 / 447

1028년 11월 / 권3 / 왕희걸과 이유량을 거란에 사신으로 보내다 / 447

1028년 12월 / 권3 / 동여진인 사일라 등이 말을 바치다 / 447

❖ **현종 20년**(1029년)

1029년 1월 3일 / 권3 / 천추태후 황보씨가 훙서하다 / 448

1029년 2월 / 권3 / 왕의 이름을 피휘하여 순씨를 손씨로 바꾸다 / 448

1029년 윤2월 / 권3 / 문신관료들에게 활쏘기를 연습하게 하다 / 448

1029년 윤2월 / 권3 / 동쪽 변경을 침략한 여진의 적선을 패퇴시키다 / 448

1029년 윤2월 / 권3 / 군사들이 청탁을 통해 정역에서 벗어나는 행위를 금하다 / 449

1029년 윤2월 / 권3 / 동여진과 서여진의 아홀, 사일 등이 물품을 바치다 / 449

1029년 3월 / 권3 / 명주를 침략한 동여진의 적선을 패퇴시키다 / 449

1029년 4월 / 권3 / 장경도량을 베풀고 반승을 시행하다 / 449

1029년 4월 / 권3 / 거란이 야율연녕 등을 보내어 내빙하다 / 449

1029년 4월 / 권3 / 거란인 조올이 가족과 함께 도망쳐오다 / 449

1029년 4월 / 권3 / 태묘의 제기를 늘리려다 / 가 예부의 반대로 그만두다 / 449

1029년 5월 / 권3 / 동여진이 동산현을 노략질하다 / 450

1029년 5월 / 권3 / 곽원의 건의에 따라 여진을 강경하게 진압하기로 하다 / 450

1029년 6월 / 권3 / 내조한 탐라의 세자에게 관직을 제수하다 / 450

1029년 6월 / 권3 / 용호군으로 하여금 황주의 도적떼를 잡아들이게 하다 / 450

1029년 6월 / 권3 / 대처승을 징발하여 중광사 공사에 동원하다 / 450

1029년 7월 / 권3 / 거란에서 사신을 보내어 왕의 생신을 하례하다 / 451

1029년 7월 / 권3 / 탐라에서 물품을 바치다 / 451

1029년 7월 / 권3 / 삭방도 여러 현의 조세를 감면하다 / 451

1029년 7월 / 권3 / 일본에 표류했던 탐라인 정일 등이 돌아오다 / 451

1029년 8월 1일 / 권3 / 일식이 일어나다 / 451

1029년 8월 17일 / 권3 / 왕이 서쪽 지역을 순행하다 / 451

1029년 8월 / 권3 / 동여진인 쾌발 등이 내투하다 / 452

1029년 8월 / 권3 / 송인 장문보 등이 토산물을 바치다 / 452

1029년 8월 / 권3 / 개경에 나성을 쌓다 / 452

1029년 9월 9일 / 권3 / 왕이 염주와 해주에 행차하다 / 452

1029년 9월 / 권3 / 발해의 후손 대연림이 흥요국을 세우다 / 452

1029년 9월 / 권3 / 궁원 소속 장호의 요역을 감면하도록 명하다 / 453

1029년 9월 / 권3 / 왕을 호종한 관료들에게 연회를 베풀어주다 / 453

1029년 10월 9일 / 권3 / 왕이 해주로부터 돌아오다 / 453

1029년 11월 / 권3 / 나성과 중광사 조성도감 관원들의 작을 올려주다 / 453

1029년 11월 / 권3 / 서눌과 이단을 관직에 임명하다 / 455

1029년 11월 / 권3 / 이가도에게 공신호와 왕씨 성을 하사하고, 장원을 지급하다 / 454

1029년 11월 / 권3 / 곽원이 사망하다 / 454

1029년 11월 / 권3 / 동여진인 구두 등이 내조하다 / 454

1029년 12월 / 권3 / 흥요국이 거란과 싸우면서 원조를 요청하였으나, 받아들이지 않다 / 454

1029년 12월 / 권3 / 유소를 기복시켜 흥요국의 보복에 대비하게 하다 / 455

❖ **현종 21년**(1030년)

1030년 1월 / 권3 / 동여진인 오을나 등이 말을 바치다 / 456

1030년 1월 / 권3 / 흥요국에서 사신을 보내어 군사를 요청하다 / 456

1030년 2월 / 권3 / 채충순, 이작인, 유소를 관직에 임명하다 / 456

1030년 2월 / 권3 / 동여진인 모일라가 말을 바치다 / 456

1030년 2월 / 권3 / 인주에 성을 쌓다 / 457

1030년 4월 / 권3 / 책력과 월식 예측에 오류가 있었으므로 술가들을 추국하게 하다 / 457

1030년 4월 / 권3 / 동여진인 만투 등이 군수품을 바치다 / 457

1030년 4월 / 권3 / 최유선 등에게 급제를 주다 / 457

1030년 4월 / 권3 / 철리국에서 물품을 바치며 책력을 요청하다 / 457

1030년 5월 / 권3 / 동여진인 소물개 등이 군수품을 바치다 / 458

1030년 5월 / 권3 / 거란인 대도 등이 내투하다 / 458

1030년 5월 / 권3 / 강감찬에게 문하시중을 더하여 주다 / 458

1030년 6월 / 권3 / 사면령을 내리고 세금을 감면하다 / 458

1030년 7월 / 권3 / 흥요국에서 사신을 보내어 원군을 요청하다 / 458

1030년 7월 / 권3 / 송인 노준 등이 토산물을 바치다 / 458

1030년 7월 / 권3 / 진함조가 사망하다 / 458

1030년 8월 / 권3 / 왕가도를 관직에 임명하다 / 459

1030년 9월 / 권3 / 탐라에서 물품을 바치다 / 459

1030년 9월 / 권3 / 흥요국이 멸망하다 / 459

1030년 9월 / 권3 / 거란에 사신을 보내어 동경 수복을 하례하다 / 459

1030년 9월 / 권3 / 거란이 사신을 다시 파견할 것을 요구하다 / 459

1030년 9월 / 권3 / 영덕진에 성을 쌓다 / 459

1030년 10월 / 권3 / 한조를 관직에 임명하다 / 460

1030년 10월 / 권3 / 거란인 해가와 발해의 유민들이 내투하다 / 460

1030년 11월 / 권3 / 서여진인 만두 등이 귀부하다 / 460

1030년 11월 / 권3 / 어사대에서 이작인을 탄핵하다 / 460

1030년 12월 / 권3 / 채충순의 사직 요청을 받아들이지 않다 / 460

1030년 12월 / 권3 / 서눌을 관직에 임명하다 / 460

1030년 12월 / 권3 / 김맹이 사망하다 / 461

1030년 12월 / 권3 / 최사위의 치사 요청을 받아들이지 않다 / 461

1030년 12월 / 권3 / 최제안과 황주량을 관직에 임명하다 / 461

1030년 12월 / 권3 / 동여진인 목사아골 등이 군수품을 바치다 / 461

❖ **현종 22년**(1031년)

1031년 1월 / 권3 / 동여진인 이오불이 군수품을 바치다 / 462

1031년 1월 / 권3 / 왕이 적전을 갈고 사면령을 내리다 / 462

1031년 1월 / 권3 / 채충순이 사직하다 / 462

1031년 2월 / 권3 / 상참 이상 관리들에게 연회를 베풀다 / 462

1031년 2월 / 권3 / 무예가 있는 문반을 장교로 임명하다 / 462

1031년 2월 / 권3 / 동여진인과 서여진인이 토산물을 바치다 / 463

1031년 3월 / 권3 / 여진인 사일라 등이 말을 바치다 / 463

1031년 3월 / 권3 / 거란과 발해 유민들이 내투하다 / 463

1031년 4월 28일 / 권3 / 왕의 몸이 편치 않다 / 463

1031년 4월 / 권3 / 이단을 참지정사로 삼다 / 463

1031년 5월 25일 / 권3 / 왕이 훙서하다 / 463

1031년 5월 / 권3 / 유소와 황보유의를 관직에 임명하다 / 464

1031년 5월 / 권3 / 최사위를 치사하게 하고, 이공을 관직에 임명하다 / 464

1031년 5월 / 권3 / 사면령을 내리고, 빌린 곡식의 이자를 면제하다 / 464

9대 덕종德宗

❖ 덕종 즉위년(1031년)

1031년 5월 28일 / 권3 / 새 왕과 신하들이 상복을 입다 / 466

1031년 6월 20일 / 권3 / 선왕을 선릉에 장사지내다 / 466

1031년 6월 22일 / 권3 / 왕이 상복을 벗다 / 466

1031년 6월 / 권3 / 경령전에 배알하여 즉위를 고하다 / 466

1031년 6월 / 권3 / 서눌과 강감찬을 관직에 임명하다 / 466

1031년 6월 / 권3 / 서여진인 아지대 등이 말을 바치다 / 467

1031년 6월 / 권3 / 묘릉에서의 축문 양식을 개정하게 하다 / 467

1031년 6월 / 권3 / 동여진인 사이라 등이 말을 바치다 / 467

1031년 6월 / 권3 / 철리국의 무나사가 초서 가죽을 바치다 / 467

1031년 7월 / 권3 / 보신들에게 말을 하사하다 / 467

1031년 7월 / 권3 / 유소를 관직에 임명하다 / 467

1031년 7월 / 권3 / 거란에서 보애사가 와서 성종의 붕어를 알리다 / 467

1031년 7월 / 권3 / 발해 유민 대도행랑 등이 내투하다 / 468

1031년 7월 / 권3 / 거란에서 사신을 보내어 선왕의 생신을 하례하다 / 468

1031년 8월 / 권3 / 동여진인 고어부 등이 토산물을 바치다 / 468

1031년 8월 / 권3 / 내투한 여진인 아두간을 동번으로 보내다 / 468

1031년 8월 / 권3 / 왕가도가 왕비를 들이도록 청하다 / 468

1031년 8월 / 권3 / 이단을 관직에 임명하다 / 468

1031년 8월 / 권3 / 강감찬이 사망하다 / 468

1031년 9월 / 권3 / 왕이 외제석원에 행차하다 / 470

1031년 9월 / 권3 / 동여진인 오어나 등이 토산물을 바치다 / 470

1031년 9월 / 권3 / 죽은 곽원, 김맹, 윤징고의 아들을 관직에 임용하다 / 470

1031년 10월 / 권3 / 서눌과 왕가도, 유소를 관직에 임명하다 / 470

1031년 10월 / 권3 / 거란인 왕수남 등이 내투하다 / 470

1031년 10월 / 권3 / 재상들의 요청으로 상선을 복구하다 / 470

1031년 10월 / 권3 / 국로들에게 음식을 베풀다 / 471

1031년 10월 / 권3 / 왕가도의 딸을 왕비로 들이다 / 471

1031년 10월 / 권3 / 거란에 사신을 보내어 성종의 장례에 참석하게 하고, 새 황제의 즉위를 하례하다 / 471

1031년 10월 / 권3 / 동여진인 개로 등이 내조하다 / 471

1031년 10월 / 권3 / 어사대의 요청으로 이공을 논죄하다 / 471

1031년 10월 / 권3 / 구정에서 반승을 하다 / 472

1031년 10월 / 권3 / 이응보와 김여탁의 관직을 올려 주다 / 472

1031년 윤10월 / 권3 / 국자감시를 실시하다 / 472

1031년 윤10월 / 권3 / 왕가도에게 조회 참석을 면제해주다 / 472

1031년 11월 / 권3 / 이작인이 사망하다 / 472

1031년 11월 / 권3 / 내투한 자들에게 의복과 솜을 하사하다 / 472

1031년 11월 / 권3 / 동여진인 모이라가 말을 바치고, 선왕의 능침에 배알하다 / 472

1031년 11월 / 권3 / 동여진인 오두내 등이 토산물을 바치다 / 474

1031년 11월 / 권3 / 현종을 호종한 지채문의 공적을 기록하여 전하게 하다 / 474

1031년 11월 / 권3 / 거란에 대하여 하정사 파견을 중지하다 / 474

1031년 12월 / 권3 / 치사한 최사위에게 다시 조정에 나오도록 명하다 / 474

❖ **덕종 1년**(1032년)

1032년 1월 / 권4 / 어사대에서 왕희걸 등을 탄핵하다 / 474

1032년 1월 / 권4 / 성을 쌓아 거란에 대비하다 / 474

1032년 1월 / 권4 / 왕이 외제석원에 가다 / 474

1032년 1월 / 권4 / 왕의 생일을 응천절로 고치다 / 474

1032년 1월 / 권4 / 서여진인과 발해인이 내투하다 / 475

1032년 2월 / 권4 / 김거 등에게 낭장직을 주다 / 475

1032년 2월 / 권4 / 발해의 사통 등이 내투하다 / 475

1032년 2월 / 권4 / 철리국에서 사신이 오다 / 475

1032년 2월 / 권4 / 황보유의를 참지정사로 삼다 / 475

1032년 3월 / 권4 / 백가이 등에게 급제를 하사하다 / 475

1032년 3월 / 권4 / 거란 관리들이 내투하다 / 475

1032년 3월 / 권4 / 상사봉어가 혁거 등의 제작을 요청하다 / 476

1032년 3월 / 권4 / 왕가도 등을 관직에 임명하다 / 476

1032년 3월 / 권4 / 경술년 이래 전사한 자들을 추증하다 / 476

1032년 3월 / 권4 / 가뭄으로 봉은사와 중광사의 역부를 풀어주다 / 476

1032년 4월 / 권4 / 어선을 줄이고 도살을 금하며 죄수를 방면하다 / 476

1032년 4월 / 권4 / 동여진인들이 와서 와서 토산물을 바치다 / 477

1032년 4월 / 권4 / 거란인 27명이 내투하다 / 477

1032년 4월 / 권4 / 왕이 초제를 지내 비를 빌다 / 477

1032년 5월 / 권4 / 발해인 15명이 내투하다 / 477

1032년 6월 / 권4 / 서여진인 8인이 내조하므로 작을 더해주다 / 477

1032년 6월 / 권4 / 발해인들이 내투하다 / 477

1032년 6월 / 권4 / 동여진 장군 등이 와서 토산물을 바치다 / 477

1032년 6월 / 권4 / 왕이 보살계를 받다 / 477

1032년 7월 / 권4 / 거란에 구류된 이예균 등의 처자에 물품을 하사하다 / 478

1032년 7월 / 권4 / 서여진인과 동여진인이 와서 토산물을 바치다 / 478

1032년 7월 / 권4 / 발해인 20명이 내투하다 / 478

1032년 8월 / 권4 / 주오를 기시하다 / 478

1032년 8월 / 권4 / 동여진인 20명이 와서 토산물을 바치다 / 478

1032년 8월 / 권4 / 이단과 황보유의를 관직에 임명하다 / 478

1032년 8월 / 권4 / 동여진인 3명이 내조하다 / 478

1032년 9월 / 권4 / 동여진인들이 내조하다 / 479

1032년 9월 / 권4 / 도죄 이하를 사면하다 / 479

1032년 10월 / 권4 / 발해인 10명이 도망쳐 오다 / 479

1032년 10월 / 권4 / 박원작이 팔우노와 24반병기를 변방 성에 둘 것을 청하다 / 479

1032년 10월 / 권4 / 상주계 10여 현에서 지진이 발생하다 / 479

1032년 10월 / 권4 / 거란인 15명이 도망쳐 오다 / 479

1032년 11월 / 권4 / 9도에서 군사를 선발하다 / 479

1032년 11월 / 권4 / 우릉성주가 아들을 보내어 토산물을 바치다 / 480

1032년 11월 / 권4 / 서여진인들이 와서 토산물을 바치다 / 480

1032년 12월 / 권4 / 거란인 10명이 내투하다 / 480

❖ **덕종 2년**(1033년)

1033년 1월 / 권4 / 동여진인 25명이 내조하다 / 481

1033년 1월 / 권4 / 철리국에서 사신을 보내어 물품을 바치니 회사하다 / 481

1033년 1월 / 권4 / 송인 14명이 도망쳐 오다 / 481

1033년 1월 / 권4 / 황주량을 판어사대사로 삼다 / 481

1033년 1월 / 권4 / 동여진인 113명이 와서 토산물을 바치다 / 481

1033년 1월 / 권4 / 거란인 18명이 도망쳐 오다 / 482

1033년 1월 / 권4 / 거란 병사를 잡아 온 오행 등에게 직 1급을 하사하다 / 482

1033년 2월 / 권4 / 서여진인과 거란인이 토산물 등을 바치다 / 482

1033년 2월 / 권4 / 동여진인 49명이 내조하다 / 482

1033년 3월 / 권4 / 정3품 이상과 중추원 관원의 선제 규정을 정하다 / 482

1033년 3월 / 권4 / 서여진 장군이 와서 토산물을 바치다 / 482

1033년 3월 / 권4 / 간성현을 노략질하는 해적 50인을 사로잡다 / 483

1033년 3월 / 권4 / 최희목 등에게 급제를 하사하다 / 483

1033년 3월 / 권4 / 거란인 11명이 내투하니 강남에 거처하게 하다 / 483

1033년 4월 / 권4 / 발해인들이 내투하다 / 483

1033년 4월 / 권4 / 동여진 장군 등이 와서 토산물을 바치다 / 483

1033년 4월 / 권4 / 삼척현을 노략질하는 해적 40여 인을 사로잡다 / 483

1033년 5월 / 권4 / 서여진인 3명이 내조하다 / 483

1033년 6월 9일 / 권4 / 안동부와 합주에서 지진이 발생하다 / 483

1033년 6월 / 권4 / 서여진인들이 내조하거나 내투하고 토산물을 바치다 / 484

1033년 6월 / 권4 / 송인 12명이 도망쳐 오다 / 484

1033년 6월 / 권4 / 동여진인 41명이 내조하다 / 484

1033년 6월 / 권4 / 발해인 7명이 내투하다 / 484

1033년 7월 / 권4 / 동여진인들이 와서 토산물을 바치다 / 484

1033년 8월 / 권4 / 송 상인들이 와서 토산물을 바치다 / 484

1033년 8월 / 권4 / 현종을 태묘에 합사하다 / 484

1033년 8월 / 권4 / 북쪽 경계에 관방을 새로 설치하게 하다 / 485

1033년 10월 / 권4 / 동여진인과 서여진인이 내조하다 / 485

1033년 10월 / 권4 / 선대 공신의 작을 더하다 / 485

1033년 10월 / 권4 / 거란이 정주를 침략하다 / 485

1033년 10월 / 권4 / 사면령을 내리다 / 485

1033년 10월 / 권4 / 정주 등에 성을 쌓다 / 486

1033년 11월 / 권4 / 서여진인 우화 등에게 작 1급을 더해주다 / 486

1033년 11월 / 권4 / 서여진인 39명이 와서 토산물을 바치다 / 486

1033년 11월 / 권4 / 문무 품관이 길을 가는 중 만났을 때의 예를 정하다 / 486

1033년 11월 / 권4 / 발해인 11명이 내투하니 남쪽 당에 거처하게 하다 / 486

✤ **덕종 3년**(1034년)

1034년 1월 / 권4 / 상의국과 양반에 검약을 위한 교서를 내리다 / 487

1034년 1월 / 권4 / 동여진인 58명이 와서 토산물을 바치다 / 487

1034년 1월 / 권4 / 황주량을 정당문학 판한림원사로 삼다 / 487

1034년 2월 / 권4 / 동여진인들이 와서 토산물을 바치다 / 488

1034년 2월 / 권4 / 현종의 딸을 후비로 삼다 / 488

1034년 3월 / 권4 / 장극맹과 이작충을 관직에 임명하다 / 488

1034년 3월 / 권4 / 동여진 장군 등이 와서 토산물을 바치다 / 488
1034년 3월 / 권4 / 주현 관리에게 농시를 빼앗지 말도록 하다 / 488
1034년 3월 / 권4 / 유소에게 추충척경공신을 하사하고 연회를 베풀다 / 488
1034년 4월 / 권4 / 관청에 설원의 글귀를 다시 적어 게시하게 하다 / 489
1034년 4월 / 권4 / 양반 등의 전시과를 개정하다 / 489
1034년 4월 / 권4 / 동여진 장군 등이 와서 토산물을 바치다 / 489
1034년 5월 / 권4 / 동여진 장군 등이 와서 토산물을 바치다 / 489
1034년 5월 / 권4 / 왕가도가 사망하다 / 489
1034년 5월 / 권4 / 박유인과 진현석을 관직에 임명하다 / 490
1034년 6월 / 권4 / 동여진 장군 등이 와서 토산물을 바치다 / 490
1034년 6월 / 권4 / 제왕에게 5일에 한번 조회에 참석하게 하다 / 490
1034년 7월 / 권4 / 서여진인들이 와서 토산물을 바치다 / 490
1034년 7월 / 권4 / 이단 등을 임명하다 / 490
1034년 7월 / 권4 / 사형죄의 일부를 감형하게 하다 / 490
1034년 9월 / 권4 / 왕이 훙서하다 / 491

10대 정종靖宗

❖ 정종靖宗 즉위년(1034년)

1034년 11월 / 권4 / 대사면령을 내리다 / 493
1034년 11월 / 권4 / 팔관회를 열다 / 493
1034년 12월 / 권4 / 왕서 등을 관직에 임명하다 / 493

❖ 정종 1년(1035년)

1035년 1월 / 권4 / 최충을 중추사 형부상서로 삼다 / 494
1035년 1월 / 권4 / 동여진 장군 등이 내조하니 물품을 주다 / 494
1035년 2월 / 권4 / 진주 민 득렴의 세 아들에게 조 40석씩을 하사하다 / 494
1035년 2월 / 권4 / 서여진 추장과 동여진 장군 등이 내조하다 / 494

1035년 3월 / 권4 / 이단과 황부유의를 관직에 임명하다 / 495

1035년 3월 / 권4 / 김무체 등에게 급제를 하사하다 / 495

1035년 3월 / 권4 / 연흥궁주 한씨를 혜비로 삼고 사면령을 내리다 / 495

1035년 4월 / 권4 / 왕이 80세 이상 국로들에게 연회를 베풀다 / 495

1035년 4월 / 권4 / 경성 명산에서 땔나무 채취를 금하다 / 495

1035년 5월 / 권4 / 거란에서 첩을 보내어 조공할 것을 요구하다 / 495

1035년 6월 / 권4 / 경성에서 지진이 발생하다 / 496

1035년 6월 / 권4 / 동여진인 27명이 내조하다 / 496

1035년 6월 / 권4 / 영덕진에서 거란 내원성에 첩을 보내어 답변하다 / 496

1035년 7월 / 권4 / 이습의 관직을 회복하였다가 다시 파면하다 / 498

1035년 7월 / 권4 / 황보영을 중추사 겸 어사대부로 삼다 / 498

1035년 7월 / 권4 / 왕의 생일을 장녕절로 삼다 / 498

1035년 7월 / 권4 / 참형과 교형을 받은 자들을 장을 쳐서 유배 보내게 하다 / 498

1035년 8월 / 권4 / 경성에 지진이 발생하다 / 498

1035년 8월 / 권4 / 서여진과 동여진인들이 내조하다 / 499

1035년 9월 / 권4 / 동번 장군 등 23명이 내조하다 / 499

1035년 9월 / 권4 / 경주 등에서 지진이 발생하다 / 499

1035년 9월 / 권4 / 서북로에 장성을 쌓다 / 499

1035년 10월 / 권4 / 동여진 수령 등 6명이 내조하다 / 499

1035년 11월 / 권4 / 동여진 추장 등 65명이 내조하다 / 499

1035년 12월 / 권4 / 동번인 35명이 내조하다 / 499

❖ **정종 2년**(1036년)

1036년 1월 / 권4 / 동여진 장군 등 83명이 내조하다 / 500

1036년 1월 / 권4 / 어사대에서 외관들을 감찰하여 평가할 것을 청하다 / 500

1036년 1월 / 권4 / 공무상 도형과 장형 등을 받은 일부 죄인을 사면하다 / 500

1036년 2월 / 권4 / 왕이 정전에서 조회하고 백관에게 녹패를 하사하다 / 500

1036년 2월 / 권4 / 유소 등을 관직에 임명하다 / 501

1036년 2월 / 권4 / 동여진인들이 내조하고 낙타와 말을 바치다 / 501

1036년 2월 / 권4 / 동여진 적들이 노략질하니 40여명을 사로잡아 참수하다 / 501

1036년 3월 / 권4 / 황보유의 등을 관직에 임명하다 / 501

1036년 3월 / 권4 / 동여진 추장 등이 말을 바치다 / 501

1036년 4월 / 권4 / 입하절이라 얼음을 진상하다 / 502

1036년 4월 / 권4 / 동여진 추장과 동북여진 수령 등이 내조하다 / 502

1036년 4월 / 권4 / 채충순이 사망하다 / 502

1036년 4월 / 권4 / 이공의 관직을 회복시킨 뒤 치사하게 하다 / 502

1036년 5월 / 권4 / 중앙과 지방의 명산에서 땔나무 채취를 금하다 / 503

1036년 5월 / 권4 / 왕이 기우를 위해 정전을 피하고 상선을 줄이다 / 503

1036년 6월 21일 / 권4 / 경성 등에 지진이 발생하여 집들이 훼손되다 / 503

1036년 6월 / 권4 / 문하시중으로 치사한 유방 등에게 얼음을 하사하다 / 503

1036년 6월 / 권4 / 홍수가 난 밀성지역에 1년 간 조세를 면제해 주다 / 504

1036년 6월 / 권4 / 왕이 초제를 올려 비가 내리다 / 504

1036년 6월 / 권4 / 왕이 정전에 가고 상선을 회복하다 / 504

1036년 7월 24일 / 권4 / 혜비 한씨가 홍서하니 현릉에 안장하다 / 505

1036년 7월 / 권4 / 사신 김원충이 송에 가던 중에 돌아오다 / 505

1036년 7월 / 권4 / 인삼 300근을 진상하라는 명령을 철회하다 / 505

1036년 7월 / 권4 / 송 상인 등이 와서 토산물을 바치다 / 505

1036년 7월 / 권4 / 재변을 경계하기 위해 신료들의 근면을 장려하다 / 506

1036년 7월 / 권4 / 강승영을 추증하고 아들에게 초직을 제수하다 / 506

1036년 7월 / 권4 / 일본에서 우리의 표류인 11명을 돌려보내다 / 506

1036년 8월 23일 / 권4 / 동경 등에 지진이 발생하다 / 506

1036년 8월 / 권4 / 황보영 등을 관직에 임명하다 / 507

1036년 8월 / 권4 / 구정에서 1만명에게 반승하다 / 507

1036년 8월 / 권4 / 참형과 교형을 감면하여 유배보내게 하다 / 507

1036년 9월 / 권4 / 동여진인 135명이 말을 바치다 / 507

1036년 10월 / 권4 / 동여진인 74명이 내조하다 / 507

1036년 11월 / 권4 / 동여진인 78명이 내조하다 / 507

1036년 11월 / 권4 / 동대비원을 수리하여 빈한한 자들에게 의식을 주다 / 508

1036년 12월 / 권4 / 동여진인 74명이 내조하다 / 508

1036년 12월 / 권4 / 덕종을 태묘에 합사하다 / 508

1036년 12월 / 권4 / 금주 관내 주현에 큰 비가 내려 금년 조세를 감해주다 / 510

고려사절요
高麗史節要

(전 7권 중 1권)

대표 편찬인
김종서

태조총서

태조신성대왕太祖神聖大王

휘는 건建이고, 자는 약천若天, 성은 왕씨王氏이다. 한주漢州 송악군松嶽郡 사람으로 금성태수金城太守 왕륭王隆의 맏아들이다. 어머니 한씨韓氏가 당나라 희종僖宗 건부乾符 4년(877년), 신라新羅 헌강왕憲康王 3년 정유(877년) 정월 14일 병술에 송악 남쪽의 집에서 태조를 낳으니, 신비로운 빛과 붉은 기운이 방 안을 비추고 뜰에 가득 찼으며 종일토록 맴도는데 그 모습이 교룡蛟龍과 같았다. 어려서부터 총명하였으며, 용과 같은 얼굴에 이마 한가운데 뼈가 도드라졌으며[日角], 턱은 네모나고 이마는 널직하였다. 기세가 힘차고 깊었으며 말소리는 넓고도 컸다. 너그럽고 후하여 세상을 구제할 만한 도량이 있었다. 26년간 재위하였으며, 향년 67세였다.

太祖 1년(918년 6월)
-태조신성대왕-

王建 ▶ 6월 15일 **왕이 고려를 개국하고 즉위하다**

무인 원년(918년) 여름 6월 병진일에 태조太祖가 포정전布政殿에서 즉위하여 국호를 고려高麗라고 하고 연호를 고쳐 천수天授라고 하였다. 처음에 세조世祖가 송악산의 남쪽에 집을 짓는데, 승려 도선道詵이 와서 문 밖의 나무 아래에서 쉬다가 찬탄하며 말하기를, "이 땅이 마땅히 성인을 낳을 것이다."라고 하였다. 세조가 그 말을 듣고는 황급히 나가 맞아들였다[倒屣出迎]. 함께 송악산에 올랐는데, 도선이 〈지리를〉 굽어 살피고 〈천문을〉 우러러 보고는 이에 글 한 편을 써서 세조에게 주며 말하기를, "공께서는 내년에 반드시 귀한 아들을 얻을 것이니, 장성하거든 이것을 주십시오."라고 하였다. 그 글은 비밀에 부쳐져서 세상 사람들이 알지 못하였다. 태조가 17세가 되었을 때 도선이 다시 와서 뵙기를 청하여 말하기를, "족하께서는 액운의 시기[百六之會]를 만나셨으니, 3대의 말세[三季]에 처한 백성[蒼生]들은 공께서 널리 구제해 주시기를 기다리고 있습니다."라고 하였다. 그리고는 군대를 일으키고 진陣을 치기에 유리한 지리와 때[天時]를 읽는 법과 산천의 신에게 차례로 제사를 지냄으로써 감통感通하여 보호와 도움을 받는 이치를 일러주었다.

이 때 신라는 정치가 쇠미하여져서 도둑떼가 앞을 다투어 일어났으며, 견훤甄萱이 반란을 일으켜 남쪽 지역[南州]에 웅거하여 후백제後百濟라고 칭하였고, 궁예弓裔는 고구려高句麗의 땅을 차지하고 철원鐵圓에 도읍하여 국호를 태봉泰封이라고 하였다. 세조는 송악군松嶽郡의 사찬沙粲으로서 군郡을 거느리고 궁예에게 귀부하였다. 궁예가 기뻐하면서 곧 금성태수金城太守로 삼았다. 세조가 이어 궁예를 설득하기를, "대왕께서 만약 조선朝鮮·숙신肅愼·변한卞韓 땅의 왕이 되고자 하신다면, 먼저 송악에 성을 쌓고 저의 장자를 성주城主로 삼는 것 만한 것이 없습니다."라고 하였다. 궁예가 그 말을 따라 태조로 하여금 발어참성勃禦槧城을 쌓게 하고 이어서 그를 성주로 삼았다. 이 때 태조의 나이는 20세였다. 후에 광주廣州·충주忠州·당성唐城·청주靑州·괴양槐壤 등의 군현을 정벌하여 평정하니, 그 공으로 아찬阿粲을 제수받았다. 또 수군舟師을 거느리고 가서 금성군錦城郡을 공략하여 함락시키고, 10여 개의 군현을 쳐서 빼앗았으니, 이에 금성을 고쳐 나주羅州로 삼았다. 양주良州에서 위급하다고 고하자 궁예가 태조로 하여금 가서 구원하도록 하였다. 돌아와서 변방을 안정시키고 경계를 확장시킬 계책을 아뢰니, 좌우의 신하들이 모두 눈여겨보았으며, 궁예 역시 그를 기특하게 여겨 계階를 알찬閼粲으로 진급시켰다. 상주尙州의 사화진沙火鎭을 공격하여 견훤과 여러 차례 싸워 이겼다.

　태조가 궁예의 교만함과 포학함을 보고는 다시 뜻을 변방閫外에 두었다. 마침 궁예가 나주를 걱정하다가 마침내 태조로 하여금 가서 진압하게 하고는 한찬 해군대장군韓粲 海軍大將軍으로 진급시켰다. 정성으로 군사들을 위무하고 위엄과 은혜를 아울러 베푸니 적경敵境의 사람들이 두려워하며 복속하였다. 궁예가 알찬 종희宗希와 김언金言 등을 부장副將으로 삼아 전함을 수리하고 광주光州 진도군珍島郡과 고이도성皐夷島城을 공격하여 함락시키고 덕진포德眞浦로 나아가게 하였다. 견훤도 전함을 배치하였는데, 목포木浦에서부터 덕진德眞에 이르기까지 앞뒤가 서로 잇닿아서, 바다와 육지를 거침없이 오가며 그 군세軍勢가 매우 성하였다. 여러 장수들이 이를 걱정하였다. 태조가 말하기를, "군대의 승리는 화합하는 데에 있는 것이지 그 숫자에 달린 것이 아니다."라고 하고, 진군시켜 급히 공격하니 적선敵船들이 조금 물러났다. 바람의 방향을 따라 불을 지르니, 불에 타거나 바다에 빠져 죽은 자들이 태반이었으며, 500여 명을 목 베거나 사로잡았다. 견훤은 작은 배를 타고 도망쳐 돌아갔다. 이

전에는 나주 관내의 여러 고을들과 우리가 멀리 떨어져 있어서, 적병들이 가로막으면 서로 호응하여 도울 수가 없어 자못 근심과 의심을 품고 있었다. 이때에 이르러서야 사람들의 마음이 모두 편안하여졌다. 김언 등이 스스로 전공은 많은데도 포상이 없다고 여겨서 몹시 마음이 흐트러졌다[解體]. 태조가 말하기를, "삼가하고 태만하지 말라. 오로지 힘을 합하고 다른 마음을 품지 않는다면 복을 얻을 수 있을 것이다. 지금 주상께서 무고한 사람을 많이 죽이고, 참소하고 아첨하는 자들이 뜻을 얻어 조정 안에 있는 사람들은 스스로를 보전하지 못하니, 조정 밖에서 정벌에 종사하면서 힘을 다하여 왕을 보필하는 것만큼 나은 것이 없다."라고 하였다. 여러 장수들이 그렇다고 여겼다. 마침내 반남현潘南縣의 포구에 이르러 적경賊境 지역에서 염탐꾼을 풀었다. 당시 압해현壓海縣 도적의 우두머리[賊帥]인 능창能昌이 있었는데, 바다 가운데의 섬 출신으로 수전水戰에 능하여 수달水獺이라고 자칭하며 망명자들을 불러 모으고 갈초도葛草島의 군소 도적들과 서로 결탁하여 있었는데, 태조가 이르기를 기다렸다가 해치고자 하였다. 태조가 여러 장수들에게 말하기를, "능창은 이미 내가 도착한 것을 알고 있으니, 반드시 섬의 도적들과 함께 모의하여 변을 일으킬 것이다. 적의 무리들이 비록 적기는 하지만 만약 합세하여 앞을 막고 퇴로를 차단하면 승패를 알 수 없다. 물질을 잘 하는 자 10여 명으로 하여금 갑옷을 입고 창을 들게 한 후, 가벼운 배를 타고 밤에 갈초도 나룻가 입구로 가서 오가며 일을 꾸미는 자들을 사로잡음으로써 그들의 계략을 막는 것이 좋겠다."라고 하였다. 여러 장수들이 모두 그 말을 따랐다. 과연 작은 배 한 척을 사로잡았는데, 곧 능창이었다. 잡아서 궁예에게 보내니, 〈궁예가〉 그의 목을 베었다.

궁예가 태조에게 파진찬波珍粲 시중侍中을 제수하고 그를 불러들였다. 이에 지위가 백관百官의 우두머리가 되었으나, 감정을 억누르며 언행을 삼가고 조심하였다. 참소를 당하는 사람을 볼 때 마다 매번 해명하여 구원하여 주니, 조정의 신하들과 장수 및 병졸들이 흡족해하며 마음으로 그를 따랐다. 태조는 화가 미칠 것을 두려워하여 다시 외직外職으로 나갈 것을 청하니, 궁예 또한 "수군의 책임자가 가벼워서 적들을 위압하기에 부족하다."라고 하였다. 태조를 시중에서 해임하여 다시 수군을 거느리고 나주를 지키게 하였다. 백제와 해상의 도적들이 태조가 다시 왔다는 것을 듣고는 모두 두려워하며 엎드려서 감히 움직이지 못하였다. 태조가 돌아와서 배를 다루는 유익한 방법과 변고에 대응하는 마땅한 법도를 아뢰었다. 궁예가 기뻐하여 좌우의 신하들을 보고 말하기를, "나의 여러 장수들 중에 누가 견줄 수 있겠는가."라고 하였다.

이때에 궁예는 터무니없이 반역죄를 꾸며내서 날마다 많은 사람들[百數]을 죽였다. 하루는 급히 태조를 불러서 성난 눈으로 뚫어지게 쳐다보며 말하기를, "경이 어제 밤에 여러 사람들을 모아놓고 반역을 꾀하였으니, 어째서인가?"라고 하였다. 태조는 웃으면서 대답하기를, "어찌 그런 일이 있었겠습니까?"라고 하였다. 궁예는 일찍이 스스로를 미륵불彌勒佛이라고 하였으니, 이에 말하기를, "경은 나를 속이지 말라. 나는 마음을 볼 수 있기 때문에 알 수 있다. 내가 이제 선정禪定에 들어가서 볼 것이다."라고 하고는 눈을 감고 뒷짐을 진 채 한참 동안 하늘을 바라보고 있었다. 이때 장주掌奏 최응崔凝이 곁에 있다가 일부러 붓을 떨어뜨린 후, 뜰에 내려와 붓을 주워 들고 태조를 재빨리 지나치면서 작은 소리로 속삭여 말하기를, "자복하지 않으면 위험합니다."라고 하였다. 이에 태조가 곧 깨닫고 말하기를 "신이 진실로 반역을 꾀하였으니, 그 죄가 죽어 마땅합니다."라고 하였다. 궁예가 크게 웃으며 말하기를, "경은 정직하다고 할 만 하다."라고 하였다. 곧 금과 은으로 장식한 안장을 내려 주었다.

태조는 일찍이 9층으로 된 금탑金塔이 바다 한 가운데에 서 있는 것을 보고 그 위에 올라가는 꿈을 꾸었다. 이 해 3월에 왕창근王昌瑾이라는 상인이 당唐으로부터 와서 저잣거리의 가게에 머물다가 문득 저자 한 가운데에 어떤 사람이 있는 것을 보았는데, 그 용모가 웅대하고 흰 수염에 머리에는 옛 관을 썼으며, 거사居士의 복장을 하고 왼손에는 주발을 들고 오른 손에는 오래된 거울을 들고 있었다. 〈그가〉 왕창근에게 말하기를, "내 거울을 살 수 있겠는가?"라고 하였다. 왕창근이 쌀로 그것을 사서 저잣거리의 담벼락에 걸어두었다. 햇빛이 비스듬히 비치자 겨우 읽을 수 있을 만한 작은 글자들이 희미하게 나타났다. 대략 "삼수三水 가운데 있는 사유四維 아래로 상제

上帝가 아들을 진마辰馬에 내려 보내니, 먼저 닭[雞]을 잡고 뒤이어 오리[鴨]를 칠 것이다. 뱀의 해에 두 마리 용이 나타나니, 한 마리는 푸른 나무[青木] 사이에 몸을 숨길 것이며, 〈다른〉 한 마리는 검은 쇠[黑金]의 동쪽에서 모습을 드러낼 것이다. 때로는 성함을 보였다가 때로는 쇠함을 보이기도 할 것이니, 성하고 또 쇠하는 것은 나쁜 때를 없애기 위함이다."라고 하였다. 왕창근이 처음에는 글자가 있는 것을 알지 못하였다가 〈글자를〉 보고 나서는 비상한 일이라고 여겨 궁예에게 헌상하였다. 궁예가 왕창근에게 그 사람을 물색하여 찾도록 하였으나, 찾지 못하였다. 다만 동주東州의 발삽사勃颯寺에 오래된 진성상鎮星像이 있었는데, 〈거울을 판 거사의〉 모습과 똑같았으며, 좌우의 〈손에는〉 또한 주발과 거울을 들고 있었다. 왕창근이 기뻐하며 상세히 그 형상을 아뢰자 궁예가 감탄하며 기이하게 여기고는 문인文人 송함홍宋含弘· 백탁白卓·허원許原 등에게 〈거울 속의 글을〉 해석하게 하였다. 송함홍 등이 말하기를, "삼수三水 가운데 있는 사유四維 아래로 상제上帝가 아들을 진마辰馬에 내려 보낸다는 것은 진한辰韓과 마한馬韓을 일컫는 것이다. 뱀의 해에 두 마리 용이 나타나 한 마리는 푸른 나무[青木] 사이에 몸을 숨기고 〈다른〉 한 마리는 검은 쇠[黑金]의 동쪽에서 모습을 드러낸다는 것은, 푸른 나무[青木]는 곧 소나무[松]이니, 송악군 사람으로서 용을 이름으로 삼은 자의 자손이 군주가 될 만하다는 말이다. 왕시중이 왕후의 상을 갖추고 있으니, 어찌 이 사람을 가리키는 것이 아니겠는가? 검은 쇠[黑金]는 곧 철鐵이니, 지금의 도읍인 철원鐵圓을 일컫는 것이다. 지금의 왕이 처음에는 이곳에서 성하였는데, 아마도 끝내 이곳에서 멸망하겠구나! 먼저 닭[雞]을 잡고 뒤이어 오리[鴨]를 친다는 것은 왕시중이 나라를 다스리게 된 후에 먼저 계림雞林을 얻고 뒤에 압록강을 거둔다는 뜻이다."라고 하였다. 세 사람이 서로 말하기를, "왕이 시기하고 죽이기를 즐기니, 만약 사실대로 고한다면 왕시중이 반드시 해를 입을 것이며, 우리들 또한 화를 면하지 못할 것이다."라고 하고, 이에 거짓으로 말을 꾸며 아뢰었다.

6월 을묘일에 기장騎將 홍유洪儒·배현경裵玄慶·신숭겸申崇謙·복지겸卜智謙 등이 은밀히 모의한 후, 밤중에 태조의 집으로 가서 추대하고자 하는 뜻을 말하고자 하였다. 부인 유씨柳氏가 이 일을 알게 하고 싶지 않아서 유씨에게 말하기를, "텃밭에 어찌 새로 열린 오이가 없겠습니까? 가서 따오십시오."라고 하였다. 유씨가 그 뜻을 알아차리고는 북쪽 문으로 나와서 몰래 장막 안으로 들어갔다. 이에 여러 장수들이 말하기를, "지금의 왕은 정사가 참람하고 형벌을 함부로 하며, 처자를 살육하고 신료들을 주살하니, 백성들이 도탄塗炭에 빠져 그를 원수처럼 미워하고 있습니다. 걸桀·주紂의 악행도 〈이보다〉 더 할 것이 없습니다. 어둠을 물리치고 광명을 세우는 것은 천하의 큰 의리이니, 바라건대 공께서 은殷·주周의 일을 행하여 주십시오."라고 하였다. 태조가 정색을 하고 거절하며 말하기를, "나는 충의忠義를 스스로의 본분으로 삼았으니[自許], 왕이 비록 포악하고 어지럽다 하더라도 어찌 감히 다른 마음을 품겠는가? 신하로서 군주를 치는 것을 혁명이라고는 하지만, 나는 진실로 덕이 없는 사람이니 감히 탕왕湯王과 무왕武王의 일을 본받을 수 있겠는가? 훗날에 장차 구실이 될까 두렵다. 옛 사람이 이르기를, '하루만 군주가 되더라도 종신토록 주군으로 삼는다.'라고 하였다. 하물며 연릉계자延陵季子가 말하기를, '나라를 차지하는 것은 나의 절개가 아니다.'라고 하고 이에 떠나가 밭을 갈았음에랴. 내가 어찌 연릉계자의 절개보다 낫지 않겠는가?"라고 하였다. 여러 장수들이 말하기를, "때는 만나기 어렵지만 잃기는 쉬우며, 하늘이 주는데도 취하지 않으면 도리어 그 벌을 받게 됩니다. 심한 고통을 받는 나라 안의 사람들[民庶]이 밤낮으로 복수할 것을 생각하고 있습니다. 또 권력과 지위가 중한 자들은 모두 살육되었으니, 지금 덕망으로써 공보다 위에 있는 자는 아직 없습니다. 여러 사람들의 마음이 공을 바라보고 있는 까닭이니, 공께서 만약 따르지 않으신다면 우리들은 머지않아 죽게 될 것입니다. 하물며 왕창근의 거울에 나타난 글귀가 저러한데, 어찌 하늘을 배반하고 독부獨夫의 손에 죽을 수 있겠습니까?"라고 하였다. 유씨가 나와서 태조에게 말하기를, "의리를 들어 포학함을 대체하는 것은 예부터 그러하였습니다. 지금 여러 장수들의 뜻을 들으니, 저도 오히려 분기가 일어나는데, 하물며 대장부께서 어떠하시겠습니까?"라고 하였다. 직접 갑옷을 가져와서 입혔다. 여러 장수들이 부축하며 에워싸고 나와서, 날이 밝아오자 그를 곡식더미 위에 앉히고는 군신君臣의 예禮를 행하였다. 사람을 시켜 말을 달리며 "왕공께서 이미 의로운 깃발을 들어 올리셨다!"라고 외치게 하였다. 바삐 달려 다다르는 백성들이 이루 다 기록할 수가 없었으며, 먼저 궁문宮門에 이르러 북을 치며 떠들썩하게 기다리는 자들 또한 10,000여 명이었다. 궁예가 이 소식을 듣고는 어찌할 바를 몰라 미복微服 차림으로 북문을 빠져나가 바위 골짜기로 도망쳤는데, 얼마 후에 부양斧壤의 백성들에 의해 살해되었다.

王建 ▶ 918년 6월 16일 **왕이 즉위 조서를 반포하다**

조서를 내려 말하기를,

"태봉泰封의 임금은 사군四郡이 흙더미처럼 무너져 내리던 때를 만나 도적들을 평정하고 차츰 영토를 넓혔으나, 〈천하를〉 아우르기도 전에 오로지 흉폭함으로 사람들을 다스리고 간사함으로 지극한 도리를 삼고 위협하고 업신여기는 것을 긴요한 술책으로 삼았으며, 요역은 번잡하고 부세는 무거워 사람들은 피폐해지고 땅은 텅 비게 되었는데도 궁실은 그 법제가 지나치게 크고, 노역은 그치지 않으니 마침내 원망이 일어났다. 존호를 훔쳐 존엄을 자칭하고 처자를 살육하자, 하늘과 땅이 용납하지 않고 신과 인간이 함께 원망하여 왕업王業을 추락시켰으니[荒墜厥緒], 경계하지 않을 수 있겠는가. 짐은 그릇되게도 추대를 받아 외람되게 숭고한 자리에 앉게 되었으니, 바라건대 뒤집어진 수레의 전철[覆車之轍]을 경계로 삼고 도끼자루를 베는 법칙[伐柯之則]을 취하여, 백성들과 더불어서 다시 시작하고, 잘못된 풍속을 좋게 바꾸며, 군신이 화합하기를 물고기가 물을 만난 것 같이 기뻐하며, 강과 바다가 협력하기를 태평한 시대의 경사스러움과 같게 할 것이니, 조정 안팎의 모든 백성들은 마땅히 짐의 뜻을 알지어다." 라고 하였다. 여러 신하들이 삼가 절을 올리며 말하기를, "신들이 태봉의 세상을 만났을 때 〈궁예가〉 어질고 착한 이를 해치고, 죄 없는 자에게 잔학하게 하였으니, 늙은이와 어린 아이들이 슬프게 부르짖으면서 원통함을 품지 않음이 없었는데, 다행히도 이제 성스럽고 밝은 주군을 만나[遭遇聖明] 머리를 보전할 수 있게 되었으니, 감히 온 힘을 다하여 은혜에 보답하기를 도모하지 않겠습니까?" 라고 하였다.

王建 ▶ 918년 6월 **왕이 누명을 쓴 청주인들을 풀어주다**

왕이 청주靑州 사람인 한찬韓粲 총일聰逸에게 말하기를, "태봉泰封의 임금은 청주가 비옥하고 풍요로우며 사람들 중에 호걸이 많기 때문에 변을 일으킬까 두려워하여 장차 섬멸하고자 하였다. 이에 군인 윤전尹全·애견愛堅 등 80여 인을 불러들였는데, 모두 죄가 없는데도 형틀에 매여서 끌려오고 있으니, 경이 급히 가서 풀어주어 고향[田里]으로 돌려보내라."라고 하였다.

王建 ▶ 918년 6월 **태평을 순군낭중으로 삼다**

기졸騎卒 태평泰評을 순군낭중徇軍郎中으로 삼았다. 태평은 경서經書와 역사서를 널리 섭렵하였으며 행정 실무를 잘 익혔다. 처음에 염주鹽州의 적수賊帥 유긍순柳矜順의 기실記室로 있었는데, 궁예弓裔가 유긍순을 격파하자 태평도 곧 항복하였다. 궁예는 오랫동안 복종하지 않았던 것을 노여워하여 병졸에 속하게 하였다. 마침내 태조를 따랐는데, 나라를 세울 때에 참여하여 힘을 썼다.

王建 ▶ 918년 6월 **모반을 꾀한 환선길 일당을 처형하다**

마군장군馬軍將軍 환선길桓宣吉이 처형[伏誅]되었다. 처음에 환선길과 그 아우 환향식桓香湜이 모두 〈태조를〉 추대한 공이 있어서 왕이 심복으로 삼아 항상 정예병을 거느리고 숙위宿衛하게 하였다. 그의 아내가 말하기를, "당신은 재주와 힘이 남들보다 뛰어나서 사졸士卒들도 복종하며, 또 큰 공훈이 있는데도 정권은 다른 사람이 잡고 있으니 억울하지 않습니까?"라고 하였다. 환선길이 마음속으로 그렇다고 여겼다. 마침내 은밀히 병사들을 모아서 기회를 틈타 변란을 일으키고자 하였다. 복지겸卜智謙이 그것을 알고 밀고하였으나, 왕은 아직 그 움직임이 드러나지 않았다고 하여 받아들이지 않았다. 하루는 왕이 전상殿上에 앉아서 몇몇 학사學士들과 국정을 논의하고 있었는데, 환선길과 그의 당여黨與 50여 명이 무기를 들고 내정內庭으로 돌입하여 곧장 왕을 범하려고 하였다. 왕이 지팡이를 짚고 일어서서 언성을 높여 그를 꾸짖으며 말하기를, "짐이 비록 너희들의 힘으로 이 자리에 이르렀으나, 어찌 하늘의 뜻이 아니겠느냐? 천명天命이 이미 정해졌는데도 네가 감히 이럴 수 있느냐?"라고 하였다. 환선길이 왕의 음성과 얼굴빛이 태연한 것을 보고 숨겨놓은 병사들이 있는 것으로 의심하여 그 무리들과 함께 달아났다. 호위 군사들이 쫓아가서 그를 죽였다. 환향식이 뒤늦게 도착하였다가 일이 실패한 것을 알고 역시 도망쳤으나, 추격하던 병사들이 잡아 죽였다.

王建 ▶ 918년 6월 김행도 등의 인사이동을 단행하다

조서를 내려 말하기를,

"벼슬을 두고 직무를 나누는 일은 나라를 다스릴 때 먼저 해야 하는 것이며, 풍속을 교화하고 백성을 안정시키는데 있어서는 어진 자를 기용하는 것이 급선무이니, 진실로 벼슬이 비어있지 않다면 어찌 정치가 황폐해지는 일이 있겠는가. 짐은 사람을 알아봄이 밝지 못하여 벼슬을 살핌에 실수가 많지 않을까, 자나 깨나 걱정하는 것 이를 일삼을 따름이다. 조정 안팎의 여러 관료들이 각자 그 직무에 잘 부응한다면, 지금 시대가 잘 다스려져서, 후세가 아름답다 칭송할 것이다. 마땅히 여러 공경제관公卿諸官列辟들을 등용하고 모든 관료들을 두루 시험하여 정밀한 인선에 힘씀으로써 모두가 다 화합하게 할 것이다. 조정에서부터 외방外方에 이르기까지 모든 이들이 짐의 뜻을 알지어다."

라고 하였다. 이윽고 김행도金行濤를 광평시중廣評侍中으로, 금강黔剛을 내봉령內奉令으로, 임명필林明弼을 순군부령徇軍部令으로, 임희林曦를 병부령兵部令으로, 진원陳原을 창부령倉部令으로, 염장閻萇을 의형대령義刑臺令으로, 귀평歸平을 도항사령都航司令으로, 손형孫逈을 물장성령物藏省令으로, 진경秦勁을 내천부령內泉部令으로, 진정秦靖을 진각성령珍閣省令으로 삼았다. 이들은 모두 품성이 곧고 일처리가 공평하고 합당하며, 창업할 당시에 추대한 공이 있는 자들이었다. 임적여林積璵를 광평시랑廣評侍郎으로, 능준能駿과 권식權寔을 아울러 내봉경內奉卿으로, 김인金堙과 영준英俊을 아울러 병부경兵部卿으로, 최문崔汶과 견술堅術을 아울러 창부경倉部卿으로, 박인원朴仁遠과 김언규金言規를 아울러 백서성경白書省卿으로, 임상난林湘煖을 도항사경都航司卿으로, 요인휘姚仁暉와 향남香南을 아울러 물장경物藏卿으로, 능혜能惠와 희필曦弼을 아울러 내군경內軍卿으로 삼았다. 이들은 모두 사무에 능숙하고 공무를 받들기에 게으름이 없었으며, 결단을 내림이 민첩하여 뭇사람들의 마음을 흡족하게 하는 자들이었다. 강윤형康允珩을 내봉감內奉監으로, 신일申一과 임식林寔을 아울러 광평낭중廣評郎中으로, 국현國鉉을 원외랑員外郎으로, 예언倪言을 내봉이결內奉理決로, 곡긍회曲矜會를 평찰評察로, 유길권劉吉權을 순군낭중徇軍郎中으로 삼았다. 그 나머지 사司와 성省에도 각각 낭郎과 사史를 설치하였으니, 대개 개국 초기에 어진 인재를 잘 골라 뽑아서 여러 직무를 고루 조화시키고자 한 것이다.

王建 ▶ 918년 6월 **박질영을 시중으로 삼다**

박질영朴質榮을 시중侍中으로 삼았다.

王建 ▶ 918년 6월 **궁예의 측근 종간과 은부를 처형하다**

소판蘇判 종간宗偘과 내군장군內軍將軍 은부狀鈇가 처형되었다. 종간과 은부는 모두 간사한 말과 아첨으로 궁예弓裔의 총애를 받아 선량한 이들을 참소하여 해쳤다. 왕이 즉위하자 먼저 이들을 목 베었다.

王建 ▶ 918년 6월 **은사 박유가 알현하다**

은사隱士 박유朴儒가 와서 알현하였다. 왕이 예를 갖추어 그를 대하며 말하기를, "다스려짐에 도달하는 길은 오직 현인賢人을 구하는 데에 있을 따름이오. 지금 경이 찾아오니 마치 부암傅巖과 위빈渭濱의 선비[士]를 얻은 것과 같소."라고 하였다. 이어 갓[冠]과 허리띠를 하사하고 중요한 기밀을 관장하게 하였으며, 왕씨王氏 성을 하사하였다. 박유는 품성이 질박하고 정직하였으며, 경서經書와 사서史書에 통달하였다. 처음에 궁예弓裔를 섬겨 원외員外가 되었다가 동궁기실東宮記室로 옮겨갔다. 궁예의 정치가 어지러운 것을 보고 마침내 출가하여 산골짜기에 은거하였다가 왕께서 즉위하였다는 소식을 듣고 이에 찾아온 것이다.

王建 ▶ 918년 6월 **능범에게 창고의 곡식을 조사하게 하다**

조서를 내려 말하기를,

"나라를 다스림은 마땅히 절약과 검소함에 힘써야 한다. 백성들이 부유하고 창고가 충실하면 비록 홍수와 가뭄, 기근의 재앙이 닥치더라도 걱정이 없을 것이다. 소유한 내장內莊과 동궁東宮의 식읍食邑에 쌓여 있는 곡식들이 썩어 손실되는 것이 많으니, 내봉낭중內奉郎中 능범能梵을 심곡사審穀使로 임명하노라."라고 하였다.

王建 ▶ 918년 6월 **관제를 개정하다**

비로소 관제官制를 정하였다. 조서에 이르기를, "짐이 듣건대, 기회를 타서 제도를 개혁할 때에는 그릇된 것을 바로잡음이 상세해야 하며, 풍속을 인도하고 백성들을 가르칠 때에는 호령號令이 반드시 신중해야 한다고 하였다. 이전에 태봉泰封의 임금이 신라新羅의 계階·관官·군읍郡邑의 호칭을 비루하다고 여겨서 새로운 제도로 바꾸었는데, 이를 시행한 지가 여러 해가 지났어도 백성들이 익혀 알지 못하여 미혹되고 어지럽기에 이르렀다. 이제 모두 신라의 제도를 따르되, 그 명의名義를 쉽게 알 수 있는 것들은 새로운 제도를 따라도 좋다."라고 하였다.

王建 ▶ 918년 6월 **능윤이 상서로운 풀을 바치다**

일길찬一吉粲 능윤能允이 상서로운 지초芝草 한 포기를 바쳤다. 자신의 집 뜰에서 얻은 것인데, 줄기가 아홉에 이삭이 셋이었다. 왕이 내창內倉의 곡식을 하사하였다.

王建 ▶ 918년 6월 **모반을 꾀한 이흔암을 처형하다**

마군대장군馬軍大將軍 이흔암伊昕巖을 참수하여 저자에 내다 버렸다[棄市]. 이흔암은 궁술弓術과 기마술騎馬術이 전문이었는데[業], 이득이 되는 일을 보면 재빨리 취하였다. 궁예弓裔를 섬겨 술책으로써 임용되었다. 궁예 말년에 이르러서는 웅주熊州를 습격하여 빼앗은 후 그곳을 지키고 있었는데, 왕이 즉위하였다는 소식을 듣자 남몰래 해치려는 마음을 품고서 부르지도 않았는데 스스로 이르니, 사졸士卒들이 많이들 도망가 버려서 웅주는 다시 백제의 소유가 되었다. 수의형대령守義刑臺令 염장閻萇이 이흔암과 이웃에 살고 있다가 그 음모를 알고는 상세히 아뢰었다. 왕이 말하기를, "이흔암은 지키던 곳을 버리고 스스로 찾아옴으로써 변방의 영역을 상실하게 하였으니, 그 죄가 진실로 용서하기 어렵다. 그러나 나와 함께 어깨를 나란히 하며 주군을 섬기면서 평소에 정분이 있었으므로 차마 목을 벨 수가 없다. 또한 그 반역의 움직임이 아직 드러나지도 않았으니, 그도 필시 할 말이 있을 것이다."라고 하였다. 염장이 밀령密令을 내려 그를 감시할 것을 청하자 왕이 나인內人을 보내어 염장의 집에 가서 장막 속에서 몰래 엿보게 하였다. 이흔암의 부인 환씨桓氏가 뒷간에 와서 아무도 없는 줄 알고 오줌을 눈 후에 길게 한숨을 쉬며 말하기를, "우리 남편의 일이 만약 잘되지 않으면, 나도 화를 입겠구나."라고 하였다. 말을 마치고 들어갔다. 나인이 보고를 아뢰자 마침내 이흔암을 옥에 가두니, 모두 자복하였다. 백관들에게 그의 죄를 논의할 것을 명령하자 모두들 말하기를, "마땅히 목을 베어야 합니다."라고 하였다. 왕이 직접 꾸짖으며 말하기를, "너는 평소에 흉악한 마음을 길러 스스로 죽을 죄에 빠지게 된 것이다. 법은 천하의 공정한 것이니, 사사로운 감정으로 어지럽힐 수는 없다."라고 하였다. 이흔암은 눈물을 흘릴 뿐이었다. 저자에서 참수하고 그 집안을 적몰籍沒하였으나, 그의 당여黨與들에게는 죄를 묻지 않았다.

王建 ▶ 918년 7월 **백성들의 조세 부담을 줄여주다**

조서에 이르기를,

"태봉泰封의 임금은 백성을 내키는 대로 다루어 오로지 재물을 함부로 거두어들이는 것만을 일삼으면서 옛 제도를 따르지 않았다. 1경頃의 땅에서 조세租稅를 6석碩이나 거두고 역驛에 소속된 호戶에게 실絲을 3속束이나 부과하니, 마침내 백성들로

하여금 밭갈이를 버려두고 베 짜기를 그만둔 채 줄줄이 유망流亡하게 하였다. 이제부터는 조세를 부과함에 마땅히 천하의 공통된 법을 쓰는 것을 항례恒例로 삼으라."라고 하였다.

王建 ▶ 918년 7월 **열평을 광평시랑에 임명하다**

광평시랑廣評侍郎 순필荀弼이 병으로 인해 관직을 그만두니, 병부경兵部卿 열평列評으로 하여금 대신하도록 하였다.

王建 ▶ 918년 7월 **청주인들을 통제하다**

청주靑州의 영군장군領軍將軍 견금堅金과 부장副將 연익連翌·흥현興鉉이 와서 알현하였다. 각각 말 1필을 하사하고, 비단綾帛을 차등 있게 내려주었다. 처음에 왕이 청주 사람들은 변덕이 심하니 일찍이 대비를 하지 않으면 반드시 후회할 일이 있을 것이라고 여기고, 이에 그 고을 사람인 능달能達·문식文植·명길明吉 등을 보내어 염탐하게 하였다. 능달이 돌아와서 아뢰기를, "다른 뜻이 없습니다."라고 하였다. 문식과 명길은 같은 고을 사람인 김근겸金勤謙과 관준寬駿에게 사사로이 말하기를, "능달이 비록 다른 뜻이 없다고 아뢰었으나, 새로 곡식이 익으면 변란이 일어날까 염려된다."라고 하였다. 이때에 이르러 견금 등이 말하기를, "저희 고을의 사람들과 김근겸·관준·김언규金言規 등 개경에 거주하는 자들은 그 마음이 서로 부합하지가 않으니, 이들 몇 명을 제거하시면 근심할 일이 없을 것입니다."라고 하였다. 왕이 말하기를, "나의 마음은 살육을 그치게 하는 데에 있으니, 죄가 있는 자라도 오히려 용서해주고자 한다. 하물며 저들은 모두 힘써 의거를 도운 공이 있으니, 하나의 고을을 얻고자 충성스럽고 어진 이들을 죽이는 일은 하지 않겠다."라고 하였다. 견금 등은 부끄럽고 두려워하면서 물러갔다. 김근겸과 김언규 등이 이 일을 듣고는 아뢰기를, "일전에 능달이 고하기를, '다른 뜻이 없다'고 하였으나, 신들은 진실로 그렇지 않다고 생각합니다. 이제 견금 등이 말한 바를 보니, 다른 뜻이 없음을 보장할 수가 없습니다. 바라건대, 그들을 억류하셔서 변란의 조짐을 살펴보십시오."라고 아니, 왕이 그 말을 따랐다. 얼마 뒤, 견금 등에게 말하기를, "지금 그대들이 말한 바를 비록 따를 수는 없으나, 그 충심을 매우 가상히 여기고 있으니, 빨리 돌아가서 뭇사람들의 마음을 안심시키도록 하라."라고 하였다. 견금 등이 말하기를, "신들이 〈외람됨을〉 무릅쓰고 이로움과 해로움에 대해 아뢰었다가 도리어 남을 참소한 것처럼 되었음에도 죄라고 여기지 않으시니, 그 은혜가 이보다 클 수 없습니다. 돌아간 후에는 성심으로써 나라를 도울 것을 맹세합니다. 그러나 한 주州의 사람이라도 사람마다 각자의 마음이 있는 것이니, 만약 변란이 일어난다면 제어하기 어려울까 염려됩니다. 바라건대, 관군官軍을 보내어 성원하여 주십시오."라고 하였다. 왕이 옳다고 여겨 마군장군馬軍將軍 홍유洪儒와 유금필庾黔弼 등으로 하여금 병사 1,500명을 이끌고 진주鎭州에 주둔함으로써 대비하게 하였다. 이 일이 있은 후에 도안군道安郡에서 아뢰기를, "청주가 몰래 백제와 내통하여 반란을 일으키려고 합니다."라고 하였다. 왕이 마군장군馬軍將軍 능식能植으로 하여금 병사들을 거느리고 가서 진무鎭撫하게 하였다. 이로 인해 반역하지 못하였다.

王建 ▶ 918년 7월 **직예를 광평시랑에 임명하다**

직예職預를 광평시랑廣評侍郎으로 삼았다.

王建 ▶ 918년 8월 **견훤이 교빙하지 않음을 신하들과 논의하다**

왕이 여러 신하에게 말하기를, "짐은 여러 도道의 도적들이 짐이 처음 즉위하였다는 말을 듣고 혹시 틈을 타 변방에서 변란을 일으킬까 염려하여, 각지에 단사單使를 나누어 보내 폐백을 후하게 주고 말을 낮춤으로써 화친의 뜻을 보였더니 과연 귀부하여 오는 자가 많았으나, 백제의 견훤甄萱만은 홀로 교빙交聘하지 않는다."라고 하였다.

王建 ▶ 918년 8월 **골암성의 윤선이 내부하다**

삭방朔方의 골암성鶻巖城 장수 윤선尹瑄이 내부來附하였다. 윤선은 침착하고 용맹스러웠으며, 병법兵法韜鈐에 뛰어났다. 궁예弓裔 말년에 화를 피하여 북쪽 변방으로 달아나 2,000여 명의 무리를 거느리고 골암성에 살면서 흑수黑水의 오랑캐[蕃]들을 불러들여 변방의 고을들을 침해하였다. 이때에 이르러 왕이 사신을 보내어 초유招諭한다는 말을 듣고 드디어 항복하여 오니, 북쪽 변방이 편안하여졌다.

王建 ▶ 918년 8월 **노비가 된 양민들을 속환하다**

조서에 이르기를,

"태봉泰封의 임금은 도참설圖讖說을 믿어 송악松嶽을 버리고 부양斧壤으로 되돌아가 궁실宮室을 세웠다. 백성들은 토목공사로 고단해지고 봄·여름·가을은 농사의 때를 잃어버렸으며, 더하여 기근이 거듭해서 닥치고 역병이 뒤따라 일어나니 가족들이 서로 흩어지고 길에서 굶어 죽는 이들이 줄을 이었다. 세포細布 1필匹의 값이 쌀 5되에 달하여 백성[齊民]들로 하여금 자신의 몸과 자식을 팔아 다른 사람의 노비가 되게 하는 데에까지 이르렀으니, 짐이 심히 가엾게 여긴다. 각 소재지에 명령하여 상세히 기록하여 아뢰도록 하라."

라고 하였다. 이에 1,000여 명을 찾아내고 내고內庫의 포백布帛으로 속환하였다.

王建 ▶ 918년 8월 **각종 민생안정책을 시행하다**

조서를 내려 말하기를,

"주周나라 무왕武王은 은殷나라 〈주왕紂王을〉 내쫓고 나서 곡식과 재물을 풀었으며, 한漢나라 고조高祖는 항우項羽를 멸망시킨 후 산천山川에 숨어사는 백성들로 하여금 각자의 전리田里로 돌아가게 하였다. 짐은 덕이 부족함에도 불구하고 대통大統을 획득하고 기업基業을 받들게 된 것을 매우 부끄럽게 여긴다. 비록 하늘이 도와준 위력에 힘입은 것이지만, 또한 백성들이 추대해 준 힘에 의지한 것이기도 하니, 백성[黎

元들이 편안히 살며[按堵] 집집마다 태평성대를 누리며 덕스럽게 살게[比屋可封] 되기를 바란다. 그러나 무너져 가는 국운을 이어받았으니, 진실로 조세를 줄이고[鐲咸] 농상農桑을 장려하지 않는다면, 어찌 집집마다 살림이 넉넉하고 사람마다 풍족하여지는 데에 이를 수 있겠는가? 백성들에게 3년 동안의 조세와 부역을 면제해주고, 사방으로 정처 없이 떠도는 자들은 고향[田里]으로 돌아가게 하며, 이어서 크게 사면령을 내려 더불어 쉴 수 있게 하라."고 하였다.

王建 ▶ 918년 8월 **공신을 책봉하다**

조서를 내려 말하기를, "신하[人臣]로서 군주를 보좌하여 나라를 다스리는 기이한 책략[佐時之奇略]을 운용하고 세상을 뒤덮는 훌륭한 공을 세운 자에게 띠를 나누어[分茅] 봉토[胙土]를 내려주고 높은 벼슬과 지위로써 포상하는 것은 오랫동안 전해져 온 상전常典이요, 영원토록 이어지는 큰 규범이다. 짐朕은 출신이 미천하고 재주와 식견이 용렬한데도 불구하고 진실로 뭇사람들의 여망輿望에 힘입어 대업의 기반 위에 설 수 있었으니, 포악한 임금을 폐위하던 때를 만나 충신의 절개를 다 한 자들에게는 마땅히 상을 내려 줌으로써 그 공훈과 노고를 표창하여야 할 것이다. 홍유洪儒·배현경裵玄慶·신숭겸申崇謙·복지겸卜智謙을 제1등으로, 견권堅權·능식能寔·권신權愼·염상廉湘·김락金樂·연주連珠·마난麻煖을 제2등으로 삼아 각각 금·은 그릇, 수놓은 비단 옷과 요 이불, 능라와 포백을 차등 있게 내려주고, 제3등 2,000여 명에게도 또한 능라와 포백, 곡식을 차등 있게 나누어주라. 짐은 그대들과 더불어서 백성들을 살리고자 하여 끝까지 신하로서의 절개를 지키지 못하고 이 일을 공으로 삼게 되었으니, 어찌 덕에 부끄러움이 없겠는가? 그러나 공이 있는데도 포상을 하지 않는다면 후대를 장려할 도리가 없기 때문에 오늘의 이 포상이 있는 것이다. 그대들은 짐의 뜻을 밝게 알라."라고 하였다.

王建 ▶ 918년 8월 **견훤의 즉위 축하 사신을 영접하다**

견훤甄萱이 일길찬—吉粲 민합閔郃을 보내어 즉위를 축하하였다. 왕이 대중전大中殿

에 임어臨御하여 축하를 받고 두터운 예로써 대접하여 돌려보냈다.

王建 ▶ 918년 8월 **훤식을 내봉경에 임명하다**

병부경兵部卿 훤식萱式을 내봉경內奉卿으로 삼았다.

王建 ▶ 918년 8월 **웅주 등이 배반하니 김행도를 보내 방비하다**

웅주熊州·운주運州 등 10여 주州·현縣이 배반하여 백제에 붙었다. 전 시중侍中 김행도金行濤를 동남도초토사 지아주제군사東南道招討使 知牙州諸軍事로 삼아 방비토록 명하였다.

王建 ▶ 918년 8월 **유문률을 광평낭중에 임명하다**

유문률柳問律을 광평낭중廣評郞中으로 삼았다.

王建 ▶ 918년 9월 **모반을 꾀한 임춘길 등을 처형하다**

마군장군馬軍將軍 복지겸卜智謙이 아뢰기를, "순군리徇軍吏 임춘길林春吉이 그 고향인 청주靑州사람 배총규裵悤規, 계천季川사람 강길康吉·아차귀阿次貴, 매곡昧谷사람 경종景琮과 더불어 반역을 꾸미고 있습니다."라고 하였다. 왕이 사람을 시켜 잡아들여 신문을 하니 모두 자복하였다. 그들을 처형하도록 명하였으나, 배총규만은 도망쳐서 〈죽음을〉 면하였다.

王建 ▶ 918년 9월 **배현경 등의 반대로 청주인 현률을 병부낭중에 임명하다**

청주靑州사람 현률玄律을 순군낭중徇軍郞中으로 삼았다. 마군장군馬軍將軍 배현경裵玄慶과 신숭겸申崇謙 등이 말하기를, "전에 임춘길林春吉이 순군리徇軍吏로 있을 때, 반역을 도모하였다가 일이 누설되자 죄를 자백하고 처형된 일이 있는데, 이는 병권兵權을 잡고서 청주를 믿었기 때문입니다. 이제 또 현률을 순군낭중으로 삼으시니, 신들은 저으기 의아스럽습니다."라고 하였다. 왕이 말하기를, "옳다."라고 하고, 이에 병부낭중兵部郎中으로 고쳐서 임명하였다.

王建 ▶ 918년 9월 **구진을 나주도대행대시중에 임명하다**

전 시중侍中 구진具鎭을 나주도대행대시중羅州道大行臺侍中으로 삼았다. 구진이 태봉泰封 시절에 오랫동안 수고로웠다고 하여 사양하며 기꺼이 가려고 하지 않았다. 왕이 달가워하지 않으며 유권열劉權說을 보고 말하기를, "옛날에 내가 험난한 일을 두루 겪으면서도 일찍이 수고롭다고 아뢴 적이 없었던 것은 진실로 위엄을 두려워하였기 때문이었다. 지금 구진이 완고하게 사양하며 가려 하지 않으니, 그래도 되는가?"라고 하였다. 유권열이 대답하여 말하기를, "상을 내림으로써 선한 일은 권장하고, 벌을 내림으로써 악한 행위를 징계하는 것이니, 마땅히 극형極刑을 내려 여러 신하들을 경계하십시오."라고 하였다. 왕이 옳다고 여겼다. 구진이 놀라 두려워하며 사죄하고, 마침내 갔다.

王建 ▶ 918년 9월 **상주의 아자개가 내부하다**

상주尙州의 우두머리 아자개阿字盖가 사신을 보내어 내부來附하였다. 왕이 의전을 갖추어 맞아들이도록 명하였다. 구정毬庭毬場에서 의례를 익히면서 문·무관들이 모두 반열班列에 따라 자리에 나아갔다. 광평낭중廣評郎中 유문율柳問律과 직성관直省官 주선길朱瑄劼이 서열을 다투었다. 왕이 그 일을 듣고 말하기를, "사양하는 것은 예禮의 으뜸이요, 공경하는 것은 덕德의 근본이다. 지금 예로써 손님을 접대하여 장차 그 완성을 보려고 하는데, 유문율과 주선길이 서열을 다투니, 어찌 공경하고 삼가는 것이라고 하겠는가? 마땅히 모두 변방으로 쫓아내어서 그 죄가 드러나게 하라."라고 하였다.

王建 ▶ 918년 9월 **왕식렴 등을 보내 평양을 재건하다**

왕이 여러 신하들에게 말하기를, "평양平壤의 옛 도읍이 황폐하여진지가 이미 오래되어 가시덤불이 무성하고, 번인蕃人들이 그 사이에서 사냥하며 돌아다니면서 침략하니, 마땅히 백성들을 옮겨 채워서 변경의 울타리를 굳건하게 하라."라고 하였다. 마침내 황주黃州·봉주鳳州·해주海州·배주白州·염주鹽州 등 여러 주州의 인호人戶를 나누어 살게 하였으며, 대도호大都護로 삼아 사촌 동생인 왕식렴王式廉과 광평시랑廣評侍郎 열평列評을 보내어 지키게 하고, 이어서 참좌參佐 4~5명을 두었다.

王建 ▶ 918년 9월 유척량을 광평시랑에 임명하다

진각성경珍閣省卿 유척량柳陟良을 광평시랑廣評侍郎으로 삼았다. 혁명을 할 때에 일이 급박하게 돌아가면서 여러 관료들이 모두 흩어져 달아났는데도 유척량만은 홀로 그 직무를 성심껏 지켜, 담당하였던 창고에서 없어진 것이 없었으니, 이에 특별히 이를 제수한 것이다.

王建 ▶ 918년 10월 능률과 직예에게 관직을 제수하다

능률能律을 광평시랑廣評侍郎으로, 직예職預를 내시서기內侍書記로 삼았다.

王建 ▶ 918년 10월 청주인 진선 등이 모반을 꾀하다가 처형되다

청주靑州의 우두머리인 파진찬波珍粲 진선陳瑄이 그의 아우 선장宣長과 함께 반역을 꾀하였다가 처형되었다.

王建 ▶ 918년 11월 팔관회를 개설하고 상례로 삼다

팔관회八關會를 베풀었다. 담당 관청[有司]에서 말하기를, "전 임금[궁예]은 매년 중동[11월]에 팔관재八關齋를 크게 개설하여 복을 빌었으니, 그 제도를 따르시기 바랍니다."라고 하였다. 왕이 말하기를, "짐은 덕이 없는데도 대업大業을 이루어낼 수 있었으니, 어찌 부처의 가르침[佛敎]에 의지하여 나라를 편안케 하지 않겠는가?"라고 하였다. 마침내 구정(毬庭)에 윤등(輪燈)을 하나 설치하고 그 곁에 향등(香燈)을 벌여놓으니, 땅 위를 가득 채운 불빛이 밤새도록 밝게 빛났다. 또 비단을 두른 기둥(綵棚)을 두 곳에 가설하였는데, 그 높이가 각각 5장(丈) 남짓이며, 그 형상은 연화대(蓮臺)와 같아서 멀리서 바라보면 아른아른 하였다. 그 앞에서 각종 놀이와 춤과 노래를 베풀었는데, 그 사선악부(四仙樂部)와 용·봉황·코끼리·말·차선(車船)은 모두 신라(新羅) 때부터 전해오던 옛 제도였다. 모든 관리들은 도포를 입고 홀(笏)을 든 채 의례를 행하였으며, 구경하는 자들이 도성으로 몰려들어 밤낮으로 즐겼다. 왕이 위봉루(威鳳樓)에 임어(臨御)하여 관람하고서 '부처를 공양하고 신을 즐겁게 하는 모임[供佛樂神之會]'이라고 이름 하였다. 이때부터 매년 이를 상례(常例)로 삼았다.

태조 2년(919년)
-태조신성대왕-

王建 ▶ 919년 1월 **도읍을 정하고 정비하다**

송악松嶽의 남쪽에 도읍을 정하였다. 그 고을을 격상시켜 개주開州로 삼고, 시전市廛을 세우고, 방리坊里를 구분하여 5부五部로 나누고, 6위六衛를 설치하였다.

王建 ▶ 919년 3월 **양경의 불교 시설을 개창 및 보수하다**

도성 안에 법왕사法王寺·왕륜사王輪寺 등 10개의 사찰을 창건하고, 개경과 서경[兩京]의 탑묘塔廟와 소상塑像 중 허물어지거나 이지러진 것들을 아울러 보수하게 하였다. 사신史臣이 말하기를, "태조太祖는 창업을 이룬 후, 겨우 해를 넘겼을 뿐인데도 도성에 10개의 사찰을 세우고 개경과 서경[兩京]의 탑묘塔廟를 수리하였다. 아아, 경중輕重과 완급緩急 조절의 마땅한 이치에 어두웠는가? 그렇지 않으면 화복禍福과 인과因果를 말하는 설을 두려워했는가? 이때는 두 큰 강국强國이 아직 평정되지 않았고, 여러 성城들 중에 아직 항복하지 않은 곳이 또한 많아서 전쟁이 아직 끝나지 않았으며, 백성들의 고통[瘡痍]이 아직 회복되지도 않았는데, 어찌 무익한 일을 하는 데에 급급하여 이러한 상황에 이르렀는가? 뒤이어 개태사開泰寺를 세울 때에는 사치가 극도에 달하였으며, 직접 소문疏文을 짓고, 대규모로 승도僧徒들을 모아 낙성落成하기까지 이르렀으니, 불교[佛氏]가 사람의 마음을 빠지게 함이 심하구나! 숭봉하고 시납하면서도 오히려 부족할까 걱정하는 풍속(流俗)이 걷잡을 수 없이 성행하여, 태조의 광명정대光明正大함으로도 시류時流에 섞이지 않을 수가 없었는데, 하물며 그 아랫사람들에 있어서랴. 하물며 임금을 본받는 그 신하와 백성들에 있어서랴. 애석하구나! '신라新羅가 절을 지어서 빨리 망하였다'고 경계한 것이 어찌 또한 만년에 이르러 뉘우치면서 한 말이 아니겠는가? 후손에게 남긴 교훈(貽謨)의 폐단이 후손들에게 이르러서는 그 숭신崇信의 지극함이 하루에 보시하는 쌀이 70,000석碩에 이르고, 해마다 반승飯僧하는 승도僧徒의 수가 30,000명에 달하며, 사원과 불상들은 금과 은으로 장식하지 않은 것이 없고, 1,000함函 10,000축軸에 달하는 불경佛經은 금과 은으로 글자를 쓰지 않은 것이 없을 정도였다. 궁전은 범패梵唄를 하는 곳이 되고, 승복을 입고 머리를 깎은 자들이 사부師傅의 지위를 차지하게 되었다. 그런데도 또한 어지러워지고 망하는 것을 구제하지 못하였으니, 불교가 나라에 화를 끼치고 사람을 해침이 참혹하구나! 경계하지 않을 수 있겠는가."라고 하였다.

王建 ▶ 919년 3월 **태조의 선대 3대에게 시호를 추증하다**

3대의 시호諡號를 추증하여 증조부를 원덕대왕元德大王으로, 그 묘호廟虎를 국조國祖라고 하고, 증조모를 정화왕후貞和王后라고 하였으며, 조부를 경강대왕景康大王으로, 그 묘호를 의조懿祖라고 하고, 조모를 원창왕후元昌王后라고 하였으며, 부친을 위무대왕威武大王으로, 그 묘호를 세조世祖라고 하고, 모친을 위숙왕후威肅王后라고 하였다.

王建 ▶ 919년 8월 **왕이 청주에 행차하여 민심을 위무하다**

가을 청주靑州에 행차하였다. 당시에 청주는 다른 마음을 품고 있어서 허황된 소문이 자주 일어났기 때문에, 직접 가서 위무하고 성을 쌓은 후에 돌아왔다.

王建 ▶ 919년 8월 **예산현을 설치하고 홍유 등을 보내 정비하다**

오산성烏山城을 예산현禮山縣으로 바꾸고, 대상大相 애선哀宣과 홍유洪儒를 보내어 유민流民 500여 호戶를 모아 정착하게 하였다.

> 王建 ▶ 919년 9월 **오월국에서 추언규가 내투하다**

오월국吳越國의 문사文士 추언규鄒彦規가 내투來投하였다.

> 王建 ▶ 919년 10월 **평양에 성을 쌓다**

평양平壤에 성을 쌓았다.

> 王建 ▶ 919년 **용강현에 성을 쌓다**

이해에 용강현龍岡縣에 성을 쌓았다.

태조 3년(920년)
-태조신성대왕-

王建 ▶ 920년 1월 **신라가 비로소 사신을 보내다**

신라新羅가 비로소 사신을 보내어 내빙來聘하였다.

王建 ▶ 920년 1월 **강주의 윤웅이 귀부하니 사신을 보내 위유하다**

강주康州의 장군 윤웅閏雄이 그의 아들 일강一康을 볼모로 보냈다. 일강에게 아찬阿粲 벼슬을 주고 경卿 행훈行訓의 누이동생을 처로 삼게 하였다. 낭중郎中 춘양春讓을 보내어 강주를 위유慰諭하였다.

王建 ▶ 920년 3월 **유금필을 파견하여 골암진을 지키게 하다**

북계北界의 골암진鶻巖鎭이 누차 북방 오랑캐[北狄]에 의해 침해를 당하므로, 여러 장수들을 불러 모아 말하기를, "지금 남쪽의 흉악한 무리들이 아직 다 없어지지 않았는데 북방의 오랑캐도 우려가 되니, 짐이 자나 깨나 걱정이로다. 유금필庾黔弼을 보내어 방어하고자 하는데, 어떠한가?"라고 하였다. 모두들 말하기를, "좋습니다."라고 하니, 마침내 유금필에게 명하여 개정군開定軍 3,000명을 거느리고 가서 큰 성을 쌓고 지키게 하였다. 이로 인해 북방지역이 편안해졌다.

王建 ▶ 920년 9월 **견훤이 선물을 보내다**

견훤甄萱이 아찬阿粲 공달功達을 보내어 공작새 털로 만든 부채와 대나무 화살을 바쳤다.

王建 ▶ 920년 9월 **함종과 안북에 성을 쌓다**

함종咸從과 안북安北 두 성을 쌓았다.

王建 ▶ 920년 10월 **신라를 두고 견훤과 마찰을 빚기 시작하다**

견훤甄萱이 신라新羅를 침공하여 대량군大良郡과 구사군仇史郡 두 곳을 빼앗고, 진례군進禮郡에 이르렀다. 신라가 아찬阿粲 김률金律을 보내어 구원을 요청하였다. 왕이 병사를 보내어 구원하게 하자, 견훤이 이 소식을 듣고는 군대를 이끌고 물러갔으니, 비로소 우리와 틈이 생겼다.

王建 ▶ 920년 **왕이 북계 지역을 순행하고 오다**

이해에 왕이 북계北界 지역을 순행하고 돌아왔다.

태조 4년(921년)

–태조신성대왕–

王建 ▶ 921년 2월 **흑수의 고자라 등이 내투하다**

봄 흑수黑水의 추장 고자라高子羅 등 170명이 투탁하여 왔다.

王建 ▶ 921년 2월 **신라를 침략하는 달고적을 견권이 차단하다**

달고적達姑狄 171명이 신라를 침략하는 데 길이 등주登州를 지나가니, 장군 견권堅權이 기다리고 있다가 공격하여 크게 패배시켜, 말 한 마리도 돌아가지 못하였다. 왕이 명하여 전공이 있는 자들에게 각각 곡식 50석碩씩을 내려주었다. 신라왕이 그 소식을 듣고 기뻐하며 사신을 보내어 사례하였다.

王建 ▶ 921년 4월 **흑수의 아어간이 내투하다**

흑수말갈黑水]의 아어간阿於間이 200명을 이끌고 내투來投하였다.

王建 ▶ 921년 9월 **찬행을 파견하여 변방민들을 위무하다**

낭중郞中 찬행撰行을 보내어 변방의 고을들을 순행하면서 백성들을 위로하고 안심시키게 하였다.

王建 ▶ 921년 10월 **대흥사를 창건하고 이언을 모시다**

오관산五冠山에 대흥사大興寺를 창건하고, 승려 이언利言을 맞아들여 스승으로 모셨다.

王建 ▶ 921년 10월 **왕이 서경에 행차하다**

서경西京에 행차하였다.

王建 ▶ 921년 12월 **왕자 무를 정윤으로 책봉하다**

아들 무武를 정윤正胤으로 책봉하였다. 정윤은 곧 태자太子이다. 처음에 무의 나이가 7세가 되었을 때, 태조는 왕통王統을 이을 만한 덕이 있음을 알았으나, 그의 어머니인 오씨吳氏의 출신이 미천하기 때문에 〈정윤으로〉 세울 수 없을까 염려하여, 이에 오래된 상자에 자황포柘黃袍를 담아서 오씨에게 내려주었다. 오씨가 그것을 대광大匡 박술희朴述熙에게 보이니, 박술희가 곧 그 뜻을 알아차리고 무를 정윤으로 세울 것을 청하였다.

王建 ▶ 921년 **귀부해 온 후백제인들을 포상하다**

백제百濟 사람인 궁창宮昌·명권明權 등이 귀부하여 왔다. 토지와 집을 내려주었다.

王建 ▶ 921년 **운남현에 성을 쌓다**

이해에 운남현雲南縣에 성을 쌓았다.

태조 5년(922년)

−태조신성대왕−

王建 ▶ 922년 2월 **거란이 낙타 등을 선물하다**

거란에서 낙타[橐駝馬]와 모전毛氈을 보내왔다.

王建 ▶ 922년 4월 **개경에 일월사를 창건하다**

궁성宮城 서북쪽에 일월사日月寺를 창건하였다.

王建 ▶ 922년 6월 **하지현의 원봉이 내투하다**

하지현下枝縣의 장군 원봉元奉이 내투來投하였다.

王建 ▶ 922년 7월 **명주의 순식이 내투하다**

명주溟州 장군 순식順式이 투항하였다. 처음에 왕은 순식이 복종하지 않아 근심하였는데, 시랑侍郞 권열權說이 말하기를, "아버지로서 자식을 가르치고, 형으로서 아우를 타이르는 것은 하늘의 이치입니다. 순식의 아비 허월許越이 지금 승려가 되어 내원內院에 있으니, 마땅히 〈그를〉 보내어 〈순식을〉 타이르게 하십시오."라고 하니, 왕이 그 말을 따랐다. 순식이 마침내 맏아들 수원守元을 보내어 귀부하니, 왕씨王氏 성을 내려주고 토지와 집을 주었다.

王建 ▶ 922년 11월 **진보성의 홍술이 항복을 청하다**

진보성眞寶城의 성주城主 홍술洪術이 사자를 보내어 항복하기를 청하였다. 원윤元尹 왕유王儒와 경卿 함필含弼 등을 보내어 위유慰諭하였다.

王建 ▶ 922년 **서경에 질영 등의 가족과 군현 양가 자제들을 이주시키다**

이해에 대승大丞 질영質榮과 행파行波 등의 부모·형제·자식들과 여러 군郡·현縣의 양가良家 자제들을 서경西京으로 이주시켰다.

王建 ▶ 922년 **왕이 서경에 행차하여 관료를 배치하다**

서경西京에 행차하여, 새로이 서경의 관료들을 배치하였다.

王建 ▶ 922년 **서경에 재성을 쌓기 시작하다**

서경西京에 재성在城을 쌓았는데, 6년이 걸려 완성되었다.

王建 ▶ 922년 **왕이 아선성 백성들의 거주지를 정하다**

왕이 직접 아선성牙善城에 백성들의 거주지를 정하였다.

太祖 6년(923년)
-태조신성대왕-

王建 ▶ 923년 3월 **하지현을 순주로 승격하고 원봉을 원윤에 임명하다**

하지현下枝縣의 장군 원봉元奉을 원윤元尹으로 삼고, 그 현縣을 승격시켜 순주順州로 삼았다.

王建 ▶ 923년 3월 **명지성의 성달 등이 내부하다**

명지성命旨城의 장군 성달城達이 그의 아우 이달伊達·단림端林 등과 더불어 내부來附하였다.

王建 ▶ 923년 4월 **유금필이 북번을 초유하여 큰 성과를 거두다**

대광大匡 유금필庾黔弼이 북번北蕃을 초유招諭하니, 귀부歸附한 자가 1,500명이었다. 북번이 사로잡아갔던 우리 백성 3,000여 명을 돌려보냈다.

王建 ▶ 923년 6월 **오월국의 박암이 내투하다**

오월국吳越國의 문사文士 박암朴巖이 내투來投하였다.

王建 ▶ 923년 8월 **벽진군의 양문이 투항해 오다**

벽진군碧珍郡의 장군 양문良文이 생질甥姪 규환圭奐을 보내어 항복했다. 규환을 원윤元尹으로 임명하였다.

王建 ▶ 923년 11월 **진보성의 홍술이 갑옷을 헌상하다**

진보성眞寶城의 성주城主 홍술洪術이 아들 왕립王立을 보내어 갑옷 30개를 바쳤다. 왕립을 원윤元尹으로 임명하였다.

태조 7년(924년)
−태조신성대왕−

王建 ▶ 924년 7월 **견훤이 조물군을 공격하나 실패하다**

견훤甄萱이 아들 수미강須彌康·양검良劍 등을 보내어 조물군曹物郡을 공격하였다. 왕이 장군 애선哀宣과 왕충王忠을 보내어 구원하게 하였다. 애선은 전사하였으나 조물군曹物郡 백성들이 굳게 지키니, 수미강 등은 손해만 입고 돌아갔다.

王建 ▶ 924년 9월 **신라왕이 서거하고 새 왕이 즉위하다**

신라新羅의 왕 박승영朴昇英이 서거하였다. 그의 아우 박위응朴魏膺이 왕위에 올라 국상國喪을 알려왔다. 왕이 그를 위하여 애도를 하고, 재齋를 베풀어 명복을 빌었으며, 사신을 보내어 조문하였다.

王建 ▶ 924년 **외제석원 등을 창건하다**

이해에 외제석원外帝釋院과 구요당九曜堂, 신중원神衆院을 창건하였다.

태조 8년(925년)
-태조신성대왕-

王建 ▶ 925년 3월 **발해국이 투탁해 올 징조가 나타나다**

지렁이가 궁성宮城의 동쪽에 나타났는데, 길이가 70척尺이었다. 당시에 발해국渤海國이 투탁해 올 징조라고들 하였다.

王建 ▶ 925년 3월 **왕이 서경에 행차하다**

서경西京에 행차하였다.

王建 ▶ 925년 9월 **매조성의 능현이 항복을 청하다**

매조성買曹城의 장군 능현能玄이 사자를 보내어 항복하겠다고 간청하였다.

王建 ▶ 925년 10월 **고울부의 능문이 내투하다**

고울부高鬱府의 장군 능문能文이 군사들을 이끌고 내투來投하였다. 왕은 그의 성城이 신라新羅의 왕도王都와 가깝다 하여 그의 노고를 위로한 후 되돌려보냈다. 다만 그 휘하의 시랑侍郎 배근盃近과 대감大監 명재明才·상술相述·궁식弓式 등은 머물러 있게 하였다.

王建 ▶ 925년 10월 **유금필을 보내 연산진과 임존군에서 승리하다**

정서대장군征西大將軍 유금필庾黔弼을 보내 백제百濟의 연산진燕山鎭을 공격하여 장군 길환吉奐을 죽이고, 또 임존군을 공격하여 3,000여 명을 죽이거나 사로잡았다.

王建 ▶ 925년 10월 **왕이 조물군에 행차하여 견훤과 전투를 벌이다가 화친을 맺다**

조물군曹物郡에 행차하여, 견훤甄萱을 만나 전투를 벌였다. 견훤의 병사들이 매우 날래어 승부를 내지 못하고 있었다. 왕이 서로 대치함으로써 적의 군사들을 지치게 하려고 하였으나, 유금필庾黔弼이 병사들을 이끌고 와서 합류하니, 아군我軍의 기세가 크게 떨쳤다. 견훤이 두려워하며 화친을 간청하면서 외생外甥 진호眞虎를 볼모로 삼으니, 왕도 역시 당제堂弟 왕신王信을 볼모로 삼아 교환하였다. 왕은 견훤이 10년 더 연장자였기 때문에 그를 '상보尙父'라고 불렀다. 왕이 견훤을 군영軍營으로 불러 일을 논의하고자 하였는데, 유금필이 간언하기를, "사람의 속마음은 알기가 어려우니, 어찌 가벼이 적과 서로 가까이 할 수 있겠습니까?"라고 하니, 왕이 곧 그만두었다. 신라新羅의 왕이 이 일을 듣고는 사신을 보내어 말하기를, "견훤은 변덕스럽고 술책術策을 많이 쓰는 자이므로 화친하여서는 안됩니다."라고 하였다. 왕이 그렇다고 여겼다.

王建 ▶ 925년 11월 **탐라가 토산물을 바치다**

탐라耽羅가 토산물을 바쳤다.

王建 ▶ 925년 12월 **거란이 발해를 멸망시키자 세자 대광현 등이 내투하다**

거란이 발해渤海를 멸망시켰다. 발해는 본래 속말말갈粟末靺鞨이었다. 당唐 측천무후則天武后 때에 고구려高句麗 사람인 대조영大祚榮이 요동遼東으로 달아나 점유하였다. 당 예종睿宗이 발해군왕渤海郡王으로 봉하니, 이로 인하여 스스로를 발해국渤海國이라 부르고, 부여扶餘·숙신肅愼 등 10여 나라를 병합하였다. 문자와 예악禮樂, 관부官府의 제도가 있었으며, 5경京 15부府 62주州에 영토는 사방 5,000여 리里이며, 인구는 수십만이었다. 우리의 경계와 인접해 있었으며, 거란과는 대대로 원수지간이었다. 거란의 군주가 〈군사를〉 크게 일으켜 발해를 공격하여, 홀한성忽汗城을 포위한 채 멸망시키고, 동단국東丹國으로 바꾸었다. 그 세자世子 대광현大光顯과 장군將軍 신덕申德·예부경禮部卿 대화균大和鈞·균로사정均老司政 대원균大元鈞·공부경工部卿 대복모大福謩·좌우위장군左右衛將軍 대심리大審理·소장小將 모두간冒豆干·검교 개국남檢校 開國男 박어朴漁·공부경工部卿 오흥吳興 등 그 남은 무리들을 이끌고 전후로 도망쳐 온 자들이 수만호戶였다. 왕이 그들을 매우 후하게 대우하여, 대광현에게 '왕계王繼'라는 성과 이름을 내려주면서 그를 왕실의 적籍에 붙이고, 〈자기 조상의〉 제사를 받들도록 허락하였다. 보좌하는 신료들에게도 모두 작위爵位를 내려주었다.

태조 9년(926년)
-태조신성대왕-

王建 ▶ 926년 4월 **볼모의 사망으로 후백제와 갈등이 고조되다**

견훤甄萱이 보낸 볼모 진호眞虎가 병으로 죽었다. 시랑侍郞 익훤弋萱으로 하여금 그 시신을 보내주도록 하였다. 견훤이 우리가 그를 죽였다고 하면서 왕신王信을 죽이고, 군대를 웅진熊津으로 전진시켰다. 왕이 여러 성城에 성 문을 굳게 닫고 나오지 말 것을 명령하였다. 신라新羅의 왕이 사신을 보내어 말하기를, "견훤이 맹약을 어기고 병사를 일으켰으니, 하늘이 반드시 그를 도와주지 않을 것입니다. 만약 대왕께서 북을 한 번 울리는 위엄을 떨쳐 보이신다면, 견훤은 분명히 절로 패하고 말 것입니다."라고 하였다. 왕이 신라 사신에게 말하기를, "나는 견훤을 두려워하는 것이 아니라, 그의 악행이 가득 차서 스스로 무너지기를 기다리고 있을 따름이오."라고 하였다. 이보다 앞서서 견훤이 절영도絶影島의 총마驄馬 한 필匹을 바쳤었는데, 후에 "절영도의 명마名馬가 오면 백제百濟가 망한다."라는 참설을 듣고는 곧 후회하여 사람을 보내 그 말을 돌려줄 것을 요청하니, 왕이 웃으면서 허락하였다.

王建 ▶ 926년 12월 **왕이 서경에 행차하여 순찰하고 돌아오다**

서경西京에 행차하여, 주州·진鎭을 두루 순찰하고 돌아왔다.

王建 ▶ 926년 **장빈을 당에 파견하다**

이해에 장빈張彬을 당唐에 보냈다.

태조 10년(927년)
-태조신성대왕-

王建 ▶ 927년 1월 **왕이 용주를 정벌하여 항복시키다**

직접 백제百濟의 용주龍州를 정벌하여 항복시켰다. 당시에 견훤甄萱이 맹약을 어기고 누차 변방을 침공하였는데도 왕이 오랫동안 참았더니 견훤이 자못 병탄하려는 뜻을 가져, 왕이 이를 정벌한 것이다. 신라新羅의 왕도 병사를 보내어 조력하였다.

王建 ▶ 927년 1월 **견훤이 볼모 왕신의 시신을 보내오다**

견훤甄萱이 왕신王信의 시신을 보내왔다.

王建 ▶ 927년 3월 **왕이 운주성과 근품성을 함락시키다**

왕이 운주성運州城 성주城主 긍준兢俊을 성 밑에서 패배시키고, 나아가 근품성近品城을 공격하여 함락시켰다.

王建 ▶ 927년 4월 **영창 등을 파견하여 강주 등을 공략하다**

해군장군海軍將軍 영창英昌과 능식能式 등을 보내어 수군을 이끌고 가서 강주康州를 공격하고, 돌산突山 등 4개 고을을 함락시키게 하였다.

> 王建 ▶ 927년 4월 **왕이 웅주를 공격하나 실패하다**

왕이 웅주熊州를 공격하였으나, 이기지 못하였다.

> 王建 ▶ 927년 7월 **재충 등을 파견하여 대량성을 함락시키다**

원보元甫 재충在忠과 김락金樂 등을 보내어 대량성大良城을 공격하게 하였다. 장군 추허조鄒許祖 등 30여 명을 사로잡고, 그 성을 부순 후 돌아왔다.

> 王建 ▶ 927년 8월 **왕이 고사갈이성을 지나가자 성주 흥달이 귀부하다**

왕이 강주康州를 순행하기 위해 고사갈이성高思葛伊城을 지나가는데, 성주城主 흥달興達이 먼저 나서서 그 아들을 보내어 귀부하였다[歸款]. 이에 백제百濟가 배치한 성을 지키는 관리들도 또한 모두 항복하였다. 왕이 기뻐하며 흥달에게 청주靑州를 녹읍祿邑으로, 그의 맏아들 준달俊達에게는 진주珍州를 녹읍으로, 둘째 아들 웅달雄達에게는 한수寒水를 녹읍으로, 셋째 아들 옥달玉達에게는 장천長淺을 녹읍으로 내려주고, 또 토지와 집도 주었다.

> 王建 ▶ 927년 8월 **배산성을 보수하고 방어를 강화하다**

배산성拜山城을 보수한 후, 정조正朝 제선悌宣에게 병사 2개 부대를 거느리고 지키도록 명하였다.

> 王建 ▶ 927년 8월 **명주의 순식이 아들을 보내 숙위시키다**

명주溟州의 장군 순식順式이 아들 장명長命을 보내어 병사 600명을 이끌고 들어와서 숙위宿衛하게 하였다.

> 王建 ▶ 927년 9월 **견훤이 경주를 함락시키고 태조를 공산에서 패배시키다**

견훤甄萱이 근품성近品城을 공격하여 불태운 후 나아가 신라新羅의 고울부高鬱府를 습격하고 왕도王都 근처까지 핍박하였다. 신라의 왕이 연식連式을 보내어 급박함을 알리고 구원을 요청하였다. 왕이 시중侍中 공훤公萱과 대상大相 손행孫幸, 정조正朝 연주聯珠 등에게 말하기를, "신라는 우리와 우호관계를 맺은 지가 이미 오래되었는데, 지금 위급한 상황에 처하였으니 구원하지 않을 수 없다."라고 하였다. 공훤 등에게 병사 10,000명을 이끌고 가게 하였다. 〈고려의 병사들이〉 도착하기 전에 견훤이 이 소식을 듣고는 갑자기 신라 왕도로 들이닥쳤다. 이때 신라왕은 왕비, 빈첩[嬪御], 종친[宗戚]들과 더불어 포석정鮑石亭에 나가서 술자리를 벌이고 놀이를 하고 있었는데, 갑자기 〈백제의〉 병사들이 들이닥쳤다는 소식을 듣자 몹시 당황하여 어찌할 바를 몰랐다. 왕과 왕비는 함께 성의 남쪽 이궁離宮으로 달려 도망하였지만, 시종하던 신료들과 궁녀, 악관樂官[伶官]들은 모두 잡혔다. 견훤이 병사들을 풀어서 마음껏 노략질 하게 하고, 왕궁으로 들어가 앉았다. 좌우의 사람들로 하여금 신라왕을 찾아오게 한 후, 그를 군영 안[軍中]에 두고 핍박하여 자진하게 하였으며, 왕비를 강제로 욕보이고, 부하들을 풀어서 빈첩들을 겁탈하게 하였다. 마침내 신라왕의 사촌 동생인 김부金傅를 옹립하여 왕으로 세우고 왕의 동생 박효렴朴孝廉과 재상[宰臣] 영경英景을 포로로 잡았으며, 어린 아이들[子女]과 온갖 장인, 병장기兵仗器와 진보珍寶들을 모두 가지고 돌아갔다. 왕이 이 소식을 듣고 사신을 보내어 조문하고 제사에 조문하였으며, 직접 정예 기병騎兵 5천 명을 이끌고 가서 공산公山의 동수桐藪에서 견훤을 요격하였는데, 크게 싸웠으나 불리하였다. 견훤의 병사들이 왕을 에워싸 매우 위급한 상황이 되자 대장 신숭겸申崇謙과 김락金樂이 힘을 다해 싸우다가 전사하였으며, 뭇 군사들도 패배하여 달아나고 왕은 간신히 목숨을 건졌다. 견훤은 승리한 기세를 타고 대목군大木郡을 탈취하여 논밭과 들에 쌓인 곡식들을 모두 불태웠다. 왕이 두 사람의 죽음을 매우 슬퍼하며, 김락의 동생 김철金鐵과 신숭겸의 동생 신능길申能吉, 아들 신보申甫를 아울러 원윤元尹으로 삼고, 지묘사智妙寺를 창건하여 그들의 명복을 빌었다. 신숭겸은 광해주光海州 사람으로 용맹하고 기골이 장대하였으며, 항상 〈태조를〉 따라 정벌에 나가 공을 세웠다. 후에 시호를 장절壯節이라 하고 태조의 묘정廟庭에 배향되었다.

王建 ▶ 927년 10월 **견훤이 벽진군 등을 공략하다**

견훤甄萱이 장수를 보내어 벽진군碧珍郡을 침공하고, 대목군大木郡과 소목군小木郡 두 곳의 벼를 베어버렸다.

王建 ▶ 927년 11월 **견훤이 벽진군을 공격하여 색상을 죽이다**

〈견훤이〉 벽진군碧珍郡의 벼이삭을 불태워버렸다. 정조正朝 색상索湘이 그 곳에서 싸우다가 죽었다.

王建 ▶ 927년 12월 **견훤이 서신을 보내 위협하다**

견훤甄萱이 서신을 보내어 말하기를,

"전에 신라新羅의 국상國相 김웅렴金雄廉 등이 장차 족하足下를 왕경王京으로 불러들이고자 할 때, 마치 큰 자라의 울음소리에 작은 자라가 반응하듯 군신君臣이 서로 감응하는 것[鼉鳴鱉應] 같았다. 이는 메추라기가 매의 날개를 찢고자 하는 것이니, 반드시 백성[生靈]들로 하여금 도탄에 빠지게 하고, 사직社稷을 폐허가 되게 할 것이다. 그러므로 먼저 조적祖逖의 채찍[祖鞭]을 잡아 홀로 한금호韓擒虎의 부월鈇鉞을 휘두른 것이니, 〈신라의〉 백관들에게 밝은 태양과 같이 맹세를 하고 의로운 기풍으로써 6부部를 타일렀던 것인데, 뜻하지 않게 간신들이 도망을 치고 나라의 임금이 훙서하는 변고가 있었다. 마침내 경명왕景明王의 사촌 동생이자 헌강왕憲康王의 외손外孫을 받들어 왕위에 오르기를 권하였으니, 위태로운 나라를 다시 세우고 없어진 임금을 다시 있게 한 것이 여기에 있다. 족하는 〈내가〉 충심으로 하는 말을 자세히 살피지 않고 단지 뜬소문만을 듣고는 온갖 방법으로 기회를 엿보아 〈우리를〉 침노하여 어지럽혔음에도 오히려 나의 말 머리는 보지도 못했으며, 나의 소의 터럭 하나도 뽑지 못하였다. 겨울 초에는 도두都頭 색상索湘이 성산星山의 전투에서 속수무책으로 패배하였고, 이달에는 좌상左相 김락金樂이 미리사美利寺 앞에서 시신으로 발견되었으며, 죽임을 당한 자들이 허다하고 쫓기다 사로잡힌 이들도 적지 않았다. 강함과 약함이 이와 같으니, 승부를 알 만하다. 내가 기필하는 바는 평양平壤의 문루에 내 활을 걸고 패강浿江에서 말에게 물을 먹이는 것이다. 그러나 지난 달 7일에 오월국吳越國의 사신 반상서班尙書가 와서 〈오월국〉 왕의 조서를 전하였는데, 〈조서에서 말하기를〉 '경卿이 고려高麗와 더불어 오랫동안 화호和好관계를 맺고 이웃나라로서의 맹약을 맺은 것으로 알고 있다. 근래에 양국의 볼모가 모두 죽은 일로 인하여 마침내 화친和親하던 예전의 우호관계가 깨지고, 서로의 강역을 침공하여 창과 방패를 거두지 않고 있다. 이제 사신을 보내어 경의 나라에 이르게 하고 또 고려에도 문서를 보내니, 마땅히 서로 화친하여 영원토록 편히 쉬도록 하라.'라고 하였다. 나는 왕실을 높이는 의리가 돈독하고 큰 나라를 섬기는 마음이 깊은데, 이제 〈오월국〉의 조서를 받았으니, 곧 그 말을 받들고자 한다. 다만 족하가 싸움을 그만두자 하여도 그렇게 할 수가 없어서 곤경에 처해 있으면서도 여전히 싸우고자 할까 염려되어 이제 그 조서를 베껴서 보내니, 유의하여 자세히 살펴보기 바란다. 또 토끼와 사냥개가 모두 고단하여지면, 끝내 비웃음을 사게 될 것이며, 방합蚌蛤과 도요새가 서로 버티면 이 또한 웃음거리가 될 것이니, 마땅히 '길도 잃어버리고 돌아갈 수도 없다'는 말을 경계로 삼아 후회를 자초하는 일이 없도록 하시오."라고 하였다.

王建 ▶ 927년 **임언을 당에 보내다**

이 해에 임언林彦을 당唐에 보냈다.

태조 11년(928년)

– 태조신성대왕 –

王建　928년 1월 견훤에게 답신을 보내 위협하다

왕이 견훤甄萱의 서신에 회답하기를,

"오월국吳越國의 통화사通和使 반상서班尙書가 가져온 조서 1통을 삼가 받들고, 아울러 족하足下께서 장문의 서신으로 보여주신 글도 받아보았다. 엎드려 살피건대, 화려한 수레를 탄 사신[華軺膚使]이 조서[制書]를 가지고 이르러 짧은 서신[尺素]에 실린 듣기 좋은 소식과 아울러 가르침도 받았다. 향기로운 봉서封書를 받드니 감격이 더할 따름이지만, 족하의 편지를 열어보니 의심을 떨쳐버릴 수가 없으니, 이제 돌아가는 수레에 부쳐 문득 불안한 마음을 펴보고자 한다. 나는 위로는 하늘이 내려주심을 받들고 아래로는 사람들의 추대를 못 이겨, 외람되이 장수의 권한을 받고 또 천하를 다스리는 기회[經綸之會]도 얻었다. 근자에 삼한三韓이 재앙이 닥치는 고비를 만나고 전 국토[九土]가 흉년으로 황폐하여지니, 검은 머리의 백성들이 대부분 누런 두건을 쓴 도적떼에 들어가고 밭과 들은 풀도 자라지 않는 붉은 흙바닥[赤土]이 되지 않은 곳이 없었다. 바람에 날리는 먼지와 같은 혼란이 그치기를 희망하여 나라의 재앙을 구제하고자 이에 스스로 이웃나라와 친목하여 우호관계를 맺었더니, 과연 수천 리里에 걸쳐서 농사[農桑] 짓는〈백성들이〉 그 생업을 즐기고, 7~8년 동안 병사들이 한가롭게 잠을 자는 세상을 보게 되었다. 을유년 10월에 이르러 갑자기 일이 벌어져서 교전交戰을 하기에 이르렀다. 족하는 처음에 상대를 가볍게 보고 곧장 전진하였던 것은 사마귀가 수레바퀴를 막아서는 것[螳螂拒轍]같은 일이었고, 끝내 당해내기 어려움을 알고 후퇴한 것은 모기가 산을 짊어지는 것[蚊子負山]같은 일이었다. 두 손을 모아 사죄하면서 하늘에 대고 맹세하기를, '오늘 이후로 영원토록 화호할 것이며, 만약 이 맹세를 저버린다면 신이 죽음을 내릴 것입니다.'라고 하였다. 나 또한 전쟁을 그치게 하는 무예를 숭상하고 죽이지 않는 인덕仁德을 바랐기에 마침내 겹겹이 둘러싼 포위를 풀어 피로한 병사들을 쉬게 하고 볼모를 교환하는 것을 사양하지 않았던 것이니, 다만 백성들을 편안하게 하고자 한 것이요, 이것이 바로 내가 남쪽의 사람들에게 베푼 큰 덕인 것이다. 어찌 나누어 마신 피가 아직 마르지도 않았는데 흉포한 위세를 다시 일으켜 벌이나 전갈의 독으로 백성[生靈]들을 침해하고, 이리나 호랑이 같은 사나움으로 〈신라新羅의〉 왕도王都 부근[畿內]에 침범하여, 금성金城이 핍박으로 위급해지고, 신라왕이 두려움에 떨게 되리라고 생각하였겠는가? 의로움을 따라 주周나라 황실을 높이는 데에 있어서 누가 제齊나라 환공桓公과 진晉나라 문공文公 같은 패자霸者와 비슷하겠는가? 기회를 타서 한漢나라를 도모함에 오직 왕망王莽과 동탁董卓 같은 간사함만을 보아 지존至尊이신 왕으로 하여금 〈자신을〉 굽혀 족하의 자식이라고 부르게 하였으니, 존귀함과 비천함이 그 질서를 잃었고, 윗사람과 아랫사람이 모두 근심하였다. 충직하고 진실한 재상[元輔]이 없다고 한다면 어찌 다시 사직社稷을 안정시킬 수 있으리오? 나는 마음에 숨긴 악의惡意도 없고 간절한 뜻으로 왕을 높이니, 장차 조정에 있어서는 안정을 돕고, 나라에 있어서는 그 위태로움을 바로잡고자 한다. 족하는 털끝만한 작은 이익을 보고 천지의 후덕한 은혜를 잊어버린 채, 군왕을 베어 죽이고 궁궐을 불태웠으며, 경卿·사士들을 죽여 젓을 담고 백성들을 살육하고, 부인들을 취하여 수레에 같이 타고, 진보는 빼앗아 가득 실어갔으니, 악행의 우두머리 됨이 하夏나라의 걸桀과 은殷나라의 주紂를 뛰어넘고, 어질지 못함이 맹수나 올빼미보다도 심하다. 나는 하늘이 무너지는 슬픔[崩天之痛]으로 원통함이 극에 달하였고, 지는 해를 되돌리고자[揮戈反日] 하는 정성이 깊으므로 매가 〈참새를〉 쫓음을 본받음으로써 개나 말과 같은 수고로움을 펴겠노라고 맹세하고 다시 창과 방패를 집어든 후로 회화나무가 두 번 바뀌었다. 땅 위에서의 전투는 천둥이 치고 번개가 내달리는 것과 같았고, 물 위에서의 공격은 호랑이가 덤벼들고 용이 도약하는 것과 같아서, 움직였다 하면 반드시 공을 이루었으니, 헛되이 〈군사를〉 일으킨 일이 전혀 없었다. 바닷가에서 윤빈尹邠을 내쫓으니 갑옷이 산처럼 쌓였고, 변경의 성에서 추조鄒祖를 사로잡으니 엎어진 시체가 들을 뒤덮었으며, 연산군燕山郡의 근방에서는 군사들 앞에서 길환吉奐을 참수하였고, 마리성馬利城 주변에서는 대장기大將旗 아래에서 수오隨晤를 도륙하였으며, 임존성任存城을 함락시키던 날에는 형적刑積 등 수백 명이 목숨을 버렸고, 청주青州를 격파하던 때에는 직심直心 등 4~5명이 머리를 내놓았다. 〈공산公山의〉 동수桐藪에서는 우리 군의 깃발을 보고 〈족하의 군사들이〉 무너져 달아났고, 경산京山에서는 옥을 입에 머금고 투항하였으며, 강주康州는 남쪽에서부터 와서 귀부하였고, 나주羅府는 서쪽에서부터 이속되었다. 〈우리가 백제를〉 침공함이 이와 같은데, 영토를 되찾는 날이 어찌 멀겠는가? 내가 기필期必하는 것은 지수泜水의 군영에서 장이張耳의 갖은 한을 설욕하고, 오강烏江의 정亭 위에서 한왕漢王 〈유방劉邦의〉 일전一戰의 공을 이룩하여, 마침내 풍파를 그치게 하여 영원토록 천하寰海를 밝게 하는 것이다. 하늘이 도와주니, 천명天命이 장차 어디로 돌아가리오? 하물며 오월왕 전하께서 큰 덕으로 황량한 〈변방을〉 감싸고 깊은 인덕仁德으로 작은 나라를 어루만지며, 특별히 대궐[丹禁]에서부터 윤지綸旨를 내려 동방[青丘]에서의 전쟁을 그치라고 타일렀으니, 이미 가르침을 받았는데 감히 받들어 행하지 않으리오? 만약 족하가 〈오월왕의〉 명령을 받들어 흉악한 무기들을 모두 거두어들인다면, 단지 상국上國의 어진 은혜에 부응하는 것일 뿐만이 아니라, 또한 신라[東海]의 끊어진 왕통을 잇는 것이다. 만약 과실이 있는데도 고칠 줄을 모른다면 그 후회는 따를 만한 것이 없게 될 것이다."라고 하였다.

王建 ▶ 928년 1월 명주의 순식이 내조하다

명주溟州의 순식順式이 무리를 이끌고 조회하러 오니, 왕씨 성을 내려주고 대광大匡으로 임명하고, 그 아들 장명長命에게는 염廉이라는 이름을 내려주고 원보元甫로 임명하였으며, 소장小將 관경官景 또한 왕씨 성을 내려주고 대승大丞으로 임명하였다.

王建 ▶ 928년 1월 김상 등이 강주를 구원하려다 패하다

원윤元尹 김상金相과 정조正朝 직량直良 등이 강주康州를 구원하러 가면서 초팔성草八城을 지나다가 성주城主 흥종興宗에게 패하고, 김상은 전사하였다.

王建 ▶ 928년 2월 염상 등을 보내 안북부에 성을 쌓고 방어를 강화하다

대상大相 염상廉相과 경卿 능강能康 등을 보내어 안북부安北府에 성을 쌓게 하고, 원윤元尹 박권朴權을 진두鎭頭로 삼아 개정군 700명을 거느리고 그곳을 지키게 하였다.

王建 ▶ 928년 4월 왕이 탕정군에 행차하다

탕정군湯井郡에 행차하였다.

王建 ▶ 928년 4월 옥산에 성을 쌓고 방어를 강화하다

운주運州의 옥산玉山에 성을 쌓고, 지키는 군사를 두었다.

王建 ▶ 928년 5월 강주가 견훤의 습격을 받아 패하다

강주康州의 원보元甫 진경珍景 등이 고자군古子郡에서 양곡을 운반하자 견훤甄萱이 몰래 군사들을 보내어 강주를 습격하였다. 진경 등이 돌아와 싸웠으나 패하였으며, 전사한 자들이 300여명이었고, 장군 유문有文이 견훤에게 항복하였다.

王建 ▶ 928년 6월 1일 벽진군에 지진이 일어나다

벽진군碧珍郡에서 지진이 일어났다.

王建 ▶ 928년 6월 **진경이 사망하다**

이찬伊湌 진경進慶이 사망하니, 대광大匡으로 추증하였다.

王建 ▶ 928년 7월 **왕이 삼년성 공략에 실패하고 유금필의 구원을 받다**

왕이 몸소 〈군대를〉 거느리고 삼년성三年城을 공격하였으나 이기지 못하고 결국 청주靑州로 행차하였다. 백제百濟가 장수를 보내어 청주를 침공하여 왔다. 당시에 유금필庾黔弼이 명을 받아 탕정군湯井郡에 성을 쌓고 있었는데, 꿈에서 한 대인大人이 말하기를, "내일 서쪽 벌판에 변고가 있을 것이니 속히 가라."라고 하였다. 유금필이 깜짝 놀라 깨어서 곧장 청주로 달려가서 〈백제군과〉 싸워 패배시키고, 독기진禿歧鎭까지 추격하여 300여 명을 죽이거나 사로잡았다.

王建 ▶ 928년 8월 **죽령 일대에서 후백제군과 충돌하다**

견훤甄萱이 장군 관흔官昕으로 하여금 양산陽山에 성을 쌓게 하였다. 왕이 명지성命旨城의 원보元甫 왕충王忠을 보내어 병사들을 거느리고 가서 치게 하였다. 관흔이 후퇴하여 대량성大良城으로 들어가 지키면서 군사들을 풀어 대목군大木郡의 벼를 베어가고, 이어서 오어곡烏於谷에 나누어 진을 치니, 죽령竹嶺의 길이 막혔다. 이에 왕충 등에게 명하여 조물성曹物城에 가서 정탐하게 하였다.

王建 ▶ 928년 8월 **왕이 충주에 행차했다가 돌아오다**

충주忠州에 행차하였다가 돌아왔다.

王建 ▶ 928년 8월 **승려 홍경이 당에서 대장경을 가지고 개경에 오다**

신라新羅의 승려 홍경洪慶이 당唐의 민부閩府로부터 대장경大藏經을 배에 싣고 와서 예성강禮成江에 이르렀다. 왕이 직접 나가 맞아들이고, 제석원帝釋院에 안치하였다.

王建 ▶ 928년 9월 권신이 사망하다

대상大相 권신權信이 사망하였다.

王建 ▶ 928년 9월 발해인 은계종 등이 알현하다

발해渤海 사람 은계종隱繼宗 등이 와서 천덕전天德殿에서 알현하면서 3배拜를 하였는데, 사람들이 예법禮法에 어긋난다고들 하였다. 대상大相 함홍含弘이 말하기를, "나라를 잃어버린 사람이 3배를 하는 것은 예부터 있어온 예법이다."라고 하였다.

王建 ▶ 928년 11월 견훤에게 항복한 오어곡 주둔 장수의 가족을 처형하다

견훤이 강한 병졸들을 뽑아서 오어곡烏於谷의 성을 공격하여 지키던 병사 1,000명을 죽였다. 장군 양지楊志와 명식明式 등 6명이 항복하였다. 왕이 그들의 부인과 자식들을 여러 군사들 앞에서 조리돌리고 저자에서 처형한 후 시신을 내다 버렸다.

王建 ▶ 928년 왕이 순행하여 통덕진을 개축하다

이해에 왕이 북계北界지역을 순행하여 진국성鎭國城을 옮겨 쌓고 이름을 통덕진通德鎭으로 바꾸었으며, 원윤元尹 충인忠仁을 그 진두鎭頭로 삼았다.

태조 12년(929년)
-태조신성대왕-

王建 ▶ 929년 3월 안정진과 영청현에 성을 쌓다

봄 대상大相 염상廉相을 보내어 안정진安定鎭에 성을 쌓게 하고, 원윤元尹 언수고參守考로 하여금 지키게 하였다. 또 영청현永淸縣에도 성을 쌓았다.

王建 ▶ 929년 4월 왕이 서경에 행차하여 주진들을 순행하고 오다

서경西京에 행차하여 주州·진鎭을 순행하고 돌아왔다.

王建 ▶ 929년 6월 장필을 대상에 임명하다

원보元甫 장필長弼을 대상大相으로 삼았다.

王建 ▶ 929년 6월 왕이 천축국의 삼장법사 마후라를 영접하다

천축국天竺國의 삼장법사三藏法師 마후라摩睺羅가 왔다. 왕이 의전儀典을 갖추어 그를 맞아들였다.

王建 929년 7월 **왕이 기주에 행차하여 주진들을 순행하고 오다**

기주基州에 행차하여 주州·진鎭을 순행하고 돌아왔다.

王建 929년 7월 **견훤이 의성부를 침공하여 성주 홍술을 죽이고 순주를 치다**

견훤甄萱이 무장한 군졸 5,000명을 이끌고 의성부義城府를 침공하니, 성주城主인 장군將軍 홍술洪術이 전사하였다. 왕이 그를 위해 통곡을 하고 슬퍼하며 말하기를, "내가 양쪽 팔을 잃었구나."라고 하였다. 견훤이 또 순주順州를 공격하였는데, 장군 원봉元奉이 도망쳤다.

王建 929년 9월 **왕이 강주에 행차하다**

강주剛州에 행차하였다.

王建 929년 9월 **안수진과 흥덕진에 성을 쌓고 방어를 강화하다**

대상大相 왕식렴王式廉을 보내어 안수진安水鎭에 성을 쌓게 하고, 원윤元尹 흔평昕平을 진두鎭頭로 삼았다. 또 흥덕진에 성을 쌓고, 원윤 아차성阿次城을 진두로 삼았다.

王建 929년 10월 **후백제의 염흔이 내투하다**

백제百濟의 일길찬[一吉干] 염흔廉欣이 내투來投하였다.

王建 929년 10월 **고사갈이성의 성주 흥달이 사망하다**

견훤甄萱이 고사갈이성高思葛伊城을 공격하려고 하였다. 성주城主 흥달興達이 이 소식을 듣고 나가 싸우기 위해 목욕재계를 하다가 문득 오른쪽 팔 위에 '멸滅'이라는 글자가 나타난 것을 보았는데, 10일 후에 병으로 죽었다. 견훤이 가은현加恩縣을 포위하였으나 이기지 못하였다.

王建 ▶ 929년 12월 **왕이 포위된 고창군을 구원하기 위해 진군하다**

견훤甄萱이 고창군古昌郡을 포위하니, 왕이 구원하기 위해 가면서 예안진禮安鎭에 주둔하고 여러 장수들과 의논하여 말하기를, "전세가 불리해지면 장차 어떻게 하겠는가?"라고 하였다. 대상大相 공훤公萱과 홍유洪儒가 말하기를, "우리가 불리해지면 마땅히 샛길을 이용해야지, 죽령竹嶺으로 가서는 안됩니다."라고 하였다. 유금필庾黔弼이 말하기를, "신이 듣건대, '병기兵器는 흉악한 것이고 전투는 위험하다[兵凶戰危].'라고 하였습니다. 죽고자 하는 마음을 가지고 살기 위한 계책을 버린 이후에야 반드시 승리할 수 있는 것인데, 지금 적을 앞에 두고도 싸우지는 않고 후퇴할 일을 먼저 걱정하는 것은 어째서입니까? 만약 시급히 가서 구원하지 않는다면 고창古昌의 3천여 무리들을 팔짱을 낀 채 적에게 넘겨주게 될 것이니, 어찌 원통하지 않겠습니까? 신은 군대를 전진시켜 급히 공격하기를 바랍니다."라고 하니, 왕이 그 말을 따랐다. 유금필이 곧 저수봉猪首峯으로부터 분격하여 싸워 크게 이겼다. 왕이 고창군으로 들어가 유금필에게 말하기를, "오늘의 승리는 경卿의 힘이로다."라고 하였다.

太祖 13년(930년)
-태조신성대왕-

王建 ▶ 930년 1월 재암성의 선필이 내투하다

재암성 장군 선필善弼이 내투來投하였다. 처음에 왕이 신라新羅와 통교하고자 하였지만 도적들이 일어나 길이 막혀서 왕이 이를 근심하였는데, 선필이 기묘한 계책으로 인도하여 통호通好할 수 있게 하였다. 이 때문에, 지금 그가 내조來朝하자 후한 예로 그를 대우하고, 그가 연로하였기 때문에 상보尙父라고 불렀다.

王建 ▶ 930년 1월 왕이 고창군 전투에서 승리하고 안동부로 삼다

왕이 직접 군사를 거느리고 고창군古昌郡 병산甁山에 진을 치고, 견훤甄萱의 군사들은 석산石山에 진을 치니, 서로의 거리가 500보 정도였다. 마침내 전투가 벌어지니, 견훤은 패배하여 달아나고, 시랑侍郞 김악金渥은 사로잡혔으며, 죽은 자가 8,000여 명이었다. 고창군에서 아뢰기를, "견훤이 장수를 보내어 순주順州를 쳐서 함락시키고, 민가를 약탈하여 갔습니다."라고 하니, 왕이 곧 순주로 가서 그 성을 수리하고 장군 원봉元奉을 문책하였으며, 다시 하지현下枝縣으로 강등하였다. 고창군의 성주城主 김선평金宣平을 대광大匡으로 삼고, 권행權行과 장길張吉을 대상大相으로 삼았으며, 그 군郡을 승격시켜 안동부安東府로 삼았다. 이에 영안永安·하곡河曲·직명直明·송생松生 등 30여 군郡·현縣이 차례로 투항하여왔다.

王建 ▶ 930년 2월 **신라의 동쪽 110여 성이 투항해 오다**

신라新羅에 사신을 보내어 승리를 알렸다. 신라의 왕이 사신을 파견하여 답방答訪하면서 서신을 보내 서로 만나보기를 요청하였다. 이때 신라국의 동쪽 주州·군郡과 부락部落들이 모두 와 항복하였는데, 명주溟州에서부터 흥례부興禮府에 이르기까지 모두 110여 성城이었다.

王建 ▶ 930년 2월 **신광진에 성을 쌓았고, 남미질부성과 북미질부성이 투항해 오다**

일어진昵於鎭에 행차하여 성城을 쌓고, 이름을 신광진神光鎭으로 바꾸었으며, 백성들을 이주시켜 채웠다. 남미질부성南彌秩夫城과 북미질부성北彌秩夫城 두 성이 모두 투항하였다.

王建 ▶ 930년 5월 29일 **왕이 서경에 행차했다가 돌아오다**

서경西京에 행차하였다. 6월 경자. 서경으로부터 돌아왔다.

王建 ▶ 930년 8월 **왕이 행차하여 천안부를 설치하다**

대목군大木郡에 행차하여 동도솔東兜率과 서도솔西兜率을 합쳐서 천안부天安府로 삼았으며, 도독都督을 두고 대승大丞 제궁弟弓을 사使로, 원보元甫 엄식嚴式을 부사副使로 임명하였다.

王建 ▶ 930년 8월 **안수진에 성을 쌓고 방어를 강화하다**

대상大相 염상廉相을 보내어 마산馬山에 성을 쌓고 안수진安水鎭이라 호칭하였으며, 정조正朝 흔행昕幸을 진두鎭頭로 삼았다.

王建 ▶ 930년 8월 **왕이 청주에 행차하여 나성을 쌓다**

청주靑州에 행차하여 나성羅城을 쌓았다.

王建 ▶ 930년 8월 **울릉도에서 사신을 보내다**

우릉도芋陵島에서 사신을 보내어 토산물을 바치니, 그 사신 백길白吉을 정위正位로, 토두土頭를 정조正朝로 임명하였다.

王建 ▶ 930년 9월 **개지변에서 사신을 보내 투항하겠다고 요청하다**

개지변皆知邊에서 사신을 보내어 투항하겠노라고 요청하였다.

王建 ▶ 930년 12월 **왕이 서경에 행차하여 학교를 창설하다**

서경西京에 행차하여 학교를 창설하였다. 이보다 앞서서 서경에는 아직 학교가 없었는데, 왕이 수재秀才 정악廷鶚에게 명하여 머무르면서 서학박사書學博士가 되어, 별도로 학원學院을 창설하여 6부部의 생도들을 모아 가르치게 하였다. 후에 왕이 그곳의 학문이 흥성한다는 소식을 듣고 그에게 비단을 내려주어 장려하였으며, 아울러 의업醫業과 복업卜業 두 과목을 설치하였다. 또 양곡 100석碩을 내려주어 학보學寶로 삼게 하였다. 보寶라는 것은 우리나라 말이다. 돈이나 곡식을 시납하여 원금은 보존하고 이식利息을 취하는 것인데, 오랫동안 이익이 되므로 '보'라고 부른다.

王建 ▶ 930년 **연주에 성을 쌓다**

이해에 연주連州에 성을 쌓았다.

태조 14년(931년)

-태조신성대왕-

王建 ▶ 931년 2월 9일 **정유 신라가 귀순할 뜻을 알려오다**

신라新羅의 왕이 태수太守 겸용謙用을 보내어 귀순할 뜻을 알려왔다.

王建 ▶ 931년 3월 **왕이 신라를 방문하고 돌아오다**

왕이 50여 명의 기병騎兵을 거느리고 신라新羅에 갔다. 신라의 왕이 백관百官에게 명하여 교외에 나가 맞이하게 하고, 임해전臨海殿에서 연회를 베풀었다. 〈신라왕이〉 술에 취하여 말하기를, "내가 하늘의 보살핌을 받지 못하여, 견훤甄萱에 의해 유린을 당하였으니, 이렇게 원통할 수가 있겠습니까?"라고 하면서 눈물을 줄줄 흘리니, 좌우의 사람들도 목이 메어 울지 않는 자가 없었으며, 왕도 또한 눈물을 흘리며 위로하였다. 수십 일을 머물고 돌아오는데, 신라왕이 배웅을 하다가 혈성穴城까지 이르렀고, 사촌 동생인 김유렴金裕廉을 볼모로 삼아 따라가게 하였다. 처음에 왕이 이르렀을 때, 대오隊伍를 엄숙하게 하여 행군하면서 털 끝 만큼도 침범하지 않았더니, 도성의 사람들이 서로 기뻐하며 말하기를, "예전에 견훤이 왔을 때에는 승냥이나 호랑이를 만난 것과 같더니, 지금 왕공王公께서 오시니, 부모를 뵙는 것과 같구나."라고 하였다.

王建 ▶ 931년 3월 **유금필이 참소를 당하여 곡도로 귀양가다**

유금필庾黔弼이 참소를 당하니, 곡도鵠島로 귀양을 보냈다.

王建 ▶ 931년 8월 **사신을 보내 신라의 왕과 관리 등에게 선물을 전하다**

보윤甫尹 선규善規를 보내어 신라新羅의 왕에게 안마鞍馬와 능라綾羅·채금綵錦을 주고, 아울러 백관百官들에게는 채백綵帛을, 군민軍民들에게는 차茶와 복두幞頭를 차등 있게 하사하였다.

王建 ▶ 931년 11월 **왕이 서경에 행차하여 주진들을 순행하고 오다**

서경西京에 행차하여 주州·진鎭을 순행하고 돌아왔다.

王建 ▶ 931년 **안북부와 강덕진을 설치하고 북번인을 경계하도록 지시하다**

이해에 안북부安北府와 강덕진剛德鎭을 설치하고, 원윤元尹 평환平奐을 진두鎭頭로 삼았다. 왕이 담당 관리[有司]에게 말하기를, "북번北蕃 사람들은 사람의 얼굴에 짐승의 마음을 지니고 있으니[人面獸心], 배가 고프면 왔다가도 배를 채우면 가버리며, 이익을 보면 부끄러움을 잊어버린다. 지금은 비록 복종하여 섬기고 있으나 향배向背는 종잡을 수가 없으니, 마땅히 지나다는 주州·진鎭에서는 성 바깥에 관사館舍를 지어서 그들을 대접하도록 하라."라고 하였다.

태조 15년(932년)

-태조신성대왕-

王建 ▶ 932년 4월 **서경 민가에서 암탉이 수탉으로 변하다**

서경西京의 민가에서 암탉이 수탉으로 변하였다.

王建 ▶ 932년 5월 3일 **서경에 큰 바람이 부니 왕이 신하들을 신칙하다**

서경西京에 큰 바람이 풀어 지붕의 기와가 모두 날아갔다. 왕이 이 소식을 듣고 여러 신하들에게 말하기를, "근자에 서경의 보수를 끝내고 백성들을 이주시켜 채운 것은 땅의 기운에 의지하여 삼한三韓을 평정한 후 장차 이곳을 도읍으로 삼고자 했던 것인데, 이러한 재변災變은 어째서인가? 옛날에 진晉나라에 사악한 신하가 있어 몰래 다른 음모를 품었더니, 그 집의 암탉이 수탉으로 변하였는데도 잘못을 뉘우치지 않다가 끝내 주살되기에 이르렀다. 오吳나라 왕 유비劉鼻 때에 큰 바람이 불어 문이 무너지고 나무가 뽑혔는데도 유비는 경계할 줄을 모르다가 그 역시 망하고 말았다. 또 『상서지祥瑞志』에서 이르기를, '역役을 부과함이 공평하지 않고 공물과 조세가 번다하고 과중하여 백성들이 윗사람을 원망하면 이러한 징조가 있게 된다.'고 하였다. 옛일로써 지금의 일을 증험하여 보면 어찌 〈이러한 변고를〉 초래하게 된 원인이 없겠는가? 지금 사방에서 노역이 그치지 않아 바치는 비용은 이미 많은데도 공납과 조세는 줄어들지 않고 있으니, 이 때문에 하늘의 질책을 받는 것이 아닌지 두려워

밤낮으로 근심하느라 감히 편안할 수가 없다. 지금 군국軍國의 일을 감당하려니 공납과 조세를 덜어주기는 어렵다. 오히려 여러 신료들이 공정한 도리를 펴지 않아서 백성들로 하여금 원망하고 탄식하게 하였거나, 혹은 분수에 맞지 않는 마음을 품었기 때문에 이러한 변고가 있게 된 것이 아닌지 염려된다. 각자 마땅히 마음을 고쳐먹어 화를 입지 않도록 하라."라고 하였다.

王建 ▶ 932년 6월 후백제의 공직이 투항해 오다

백제百濟의 장군 공직龔直이 투항하여왔다.

王建 ▶ 932년 7월 왕이 일모산성을 정벌하고 태자에게 북변을 순행시키다

왕이 남쪽으로 일모산성一牟山城을 정벌하면서 정윤正胤을 보내어 북쪽 변경을 순행하게 하였다.

王建 ▶ 932년 9월 후백제가 예성강 일대를 침공하다

백제百濟가 일길찬一吉粲 상귀相貴를 보내어 수군水軍을 이끌고 예성강禮成江으로 침공해 들어와서 염주鹽州·배주白州·정주貞州 세 곳에 전함 100척을 불사르고, 저산도猪山島에서 놓아 기르던 말 300필匹을 탈취하여 돌아갔다.

王建 ▶ 932년 10월 후백제가 대우도를 침공하니 유금필이 방어를 자청하다

백제百濟의 해군 장수 상애尙哀 등이 대우도大牛島를 공격하여 약탈하였다. 왕이 대광大匡 만세萬歲 등을 보내어 가서 구원하게 하였으나, 우리 군사들이 불리하여 왕이 이를 근심하였다. 유금필庾黔弼이 곡도鵠島에서부터 상서上書를 올려 말하기를, "신이 비록 죄를 짓고 귀양을 와 있으나, 백제가 우리의 바닷가 고을을 침공하였다는 소식을 듣고, 신이 이미 장정들을 선발하고 전함을 수리하였으며, 〈이로써〉 적군을 방어하고자 하니, 전하께서는 근심하지 마시기 바랍니다."라고 하였다. 왕이 글을 보고 눈물을 흘리며 말하기를, "참소를 믿어 어진 이를 쫓아내었으니, 이는 내가 현명하지 못한 것이로다."라고 하였다. 사자를 보내어 다시 불러들이고, 그를 위로하며 말하기를, "경卿이 진실로 죄가 없었는데도 일찍이 원망하거나 분개하지 않고 오직 나라를 도울 길만을 생각하였으니, 내가 매우 부끄럽고 후회되오. 장차 후세에 대대로 포상을 함으로써 경의 충성과 절의에 보답할 수 있기를 바라오."라고 하였다.

王建 ▶ 932년 11월 최응이 사망하다

전 내봉경內奉卿 최응崔凝이 사망하였다. 최응은 황주黃州의 토산土山 사람이다. 처음에 그 어머니가 임신을 하였을 때, 집에 있던 오이 넝쿨에서 갑자기 참외가 맺히자 마을 사람들이 궁예弓裔에게 아뢰었다. 궁예가 점을 쳐보고 말하기를, "사내아이를 낳으면 나라에 이롭지 못할 것이니, 절대로 키우지 말라."라고 하였다. 그 부모가 몰래 숨겨서 키웠는데, 자란 뒤에는 오경五經에 통달하고 글을 잘 지어서 궁예의 한림翰林이 되어 매우 신임을 받았다. 왕이 즉위하자 지원봉성사知元鳳省事가 되었다가 곧 광평낭중廣評郎中에 제수되었다. 최응은 실무吏事에 밝아서 당시에 명예가 높았다時譽洽然. 왕이 일찍이 말하기를, "경卿은 학식이 풍부하고 재주가 뛰어난데다 아울러 나라를 다스리는 요체를 잘 알고, 나라를 근심하고 나랏일을 받들며, 자신의 몸을 돌보지 않고 충성을 다하니, 옛날의 명신名臣들도 〈경보다〉 나은 이가 없을 것이다."라고 하고, 내봉경內奉卿으로 옮겨 임명하였다. 얼마 지나지 않아서 광평시랑廣評侍郎으로 바꾸어 임명하니, 최응이 사양하며 말하기를, "동료인 윤봉尹逢이 신보다 10살 위이므로 그를 먼저 제수하여 주십시오."라고 하였다. 왕이 말하기를, "'예로써 사양할 줄 알면 나라를 위함에 무슨 어려움이 있겠는가.'〈라는 말이 있다.〉 예전에 내가 그 말을 들었는데, 지금 바로 그러한 사람을 보는구나."라고 하고, 마침내 윤봉을 광평시랑으로 삼았다. 최응은 항상 몸을 정갈하게 하고 채식만을 먹었는데[齋素], 일찍이 병이 들었다. 왕이 태자東宮로 하여금 병문안을 하게 하고, 고기를 먹을 것을 권하였으나, 최응이 끝내 사양하며 먹지 않았다. 왕이 그의 집에 행차하여 말하기를, "경이 고기를 먹지 않는 것은 두 가지 잘못이 있다. 자신의 몸을 보전하지 않아 끝까지 어머니를 봉양할 수 없게 되는 것이니, 이는 불효이다. 목숨을 오래 부지하지 못하여 나로 하여금 훌륭한 신하良弼를 일찍 잃게 하는 것이니, 이는 불충이다."라고 하였다. 최응이 마지못해 그 말에 따라 고기를 먹기 시작하니, 과연 건강이 회복되었다. 이때에 이르러 병으로 죽으니, 향년 35세였다. 왕이 몹시 서러워하며 원보元甫로 추증하고, 부의賻儀를 매우 후하게 하였다. 여러 차례 추증하여 대광태자태보大匡太子太保에 이르렀으며, 시호諡號는 희개熙愷였다. 후에 태조太祖의 묘정廟庭에 배향되었다.

王建 ▶ 932년 **일모산성을 함락시키다**

이해에 일모산성—牟山城을 다시 공격하여 격파시켰다.

王建 ▶ 932년 **왕중유를 후당에 헌방물사로 파견하다**

대상大相 왕중유王仲儒를 당唐에 보내어 토산물을 바쳤다.

태조 16년(933년)

–태조신성대왕–

王建 ▶ 933년 3월 **후당이 태조와 왕비를 책봉하니 고려가 후당의 연호를 쓰다**

당唐이 대복경大僕卿 왕경王瓊과 대부소경大府少卿 양소업楊昭業을 보내어 왕을 특진검교태보 사지절 현토주도독 상주국特進 檢校太保 使持節 玄菟州都督 上柱國으로 삼고 대의군사充大義軍使에 임명하였으며, 전과 같이 고려국왕高麗國王으로 책봉하였고, 역일曆日·은그릇·비단匹段을 내려주었다. 조서를 내려 왕비 유씨柳氏를 하동군부인河東郡夫人으로 봉하였다. 또한 삼군三軍의 장군과 관리들에게 조서를 내려 왕을 책봉한 뜻을 깨우쳐주고, 마침내 역서를 반포하였다. 비로소 당의 연호年號를 쓰기 시작하였다.

王建 ▶ 933년 5월 **유금필이 후백제군을 격파하고 신라를 구원하다**

정남대장군征南大將軍 유금필庾黔弼이 의성부義城府를 지키고 있었는데, 왕이 사신을 보내어 말하기를, "나는 신라新羅가 백제百濟에 의해 침공을 받을까 염려하여 일찍이 장수를 보내어 지키게 하였는데, 지금 들으니 백제가 혜산성槥山城과 아불진阿弗鎭 등지를 겁박하여 약탈하였다고 하니, 혹시 신라의 왕경王京으로 침공하여 간다면 경이 마땅히 가서 구원하라."라고 하였다. 유금필이 마침내 장사壯士 80명을 선발하여 갔다. 사탄槎灘에 이르자 병사들에게 말하기를, "만약 여기에서 적을 만난다면, 나는 분명히 살아서 돌아가지 못할 것이다. 다만 너희들이 모두 칼날에 걸려 죽을까 염려

될 뿐이니, 각자 스스로 살아날 계책을 잘 세우도록 하라."라고 하였다. 병사들이 말하기를, "우리들이 모두 죽으면 그뿐이지, 어찌 장군으로 하여금 혼자만 살아 돌아가지 못하게 할 수 있겠습니까?"라고 하고, 서로 힘을 모아 적과 싸울 것을 맹세하였다. 사탄을 다 건너자 백제의 통군統軍 신검神劒 등과 마주쳤는데, 백제군이 유금필의 정예군 대오를 보고는 싸워보지도 않고 저절로 무너졌다. 유금필이 신라에 이르자 늙은이, 어린아이 할 것 없이 모두 성 밖으로 나와 맞이하며 엎드려 절을 하면서 울며 말하기를, "오늘 대광大匡을 뵈올 줄은 생각도 못했습니다. 대광이 아니었다면, 우리는 물고기 살처럼 처참하게 짓밟혔을 것[魚肉]입니다."라고 하였다. 유금필이 7일간 머무르고 돌아오다가 자도子道에서 신검을 만나 크게 이기고 장수 7명을 사로잡았으며, 죽이거나 사로잡은 이들도 매우 많았다. 승전보가 다다르자, 왕이 놀라고 또 기뻐하며 말하기를, "유금필이 아니라면 누가 이렇게 할 수 있겠는가."라고 하였다. 입조入朝하자 왕이 대전大殿에서 내려가 그를 맞이하면서 그 손을 잡고 말하기를, "경卿의 공과 같은 것은 예전에도 드물었소. 짐의 마음에 새겼으니, 잊어버릴 것이라 생각하지 마시오."라고 하였다. 유금필이 사양하며 말하기를, "신의 직분으로 마땅히 해야 할 일인데, 성상聖上께서는 어찌 이렇게까지 하십니까."라고 하니, 왕이 그를 더욱 훌륭하게 여겼다.

王建 ▶ 933년 **병금관을 설치하다**

이해에 병금관兵禁官을 두었다.

태조 17년(934년)

―태조신성대왕―

王建 ▶ 934년 1월 **왕이 서경에 행차하여 북방을 순행하다**

서경西京에 행차하여 북쪽의 진鎭을 순행하고 돌아왔다.

王建 ▶ 934년 5월 **왕이 예산진에 행차하여 신하들을 신칙하는 조서를 내리다**

예산진禮山鎭에 행차하여 명령을 내리기를,

"태봉泰封의 임금이 백성[下民]들에게 해독을 끼치고 사직社稷을 뒤집어엎었기에 내가 그 위태로운 실마리를 이어 받아서 이처럼 새로운 나라를 만들었으니, 만신창이가 된 백성들을 노역시키는 것이 어찌 나의 뜻이었겠는가? 다만 창과 방패가 아직 안정되지 않았기에 머리는 바람에 흩날리고 몸은 비에 젖으면서 주州·진鎭을 순행하여 살피고, 성책城柵을 손질하여 완비한 것이다. 이로 말미암아 남자들은 모두 전쟁터로 나가고 아녀자들은 여전히 노역에 동원되니, 그 노고를 이기지 못하여 혹은 도망가 산림에 숨거나 혹은 관부官府에 호소하는 자들이 몇이나 되는지 알 수가 없다. 권세가 있는 집에서 또 따라서 포악하게 구니, 내가 이 한 몸으로 어찌 집집마다 가서 살필 수 있겠는가? 이 때문에 소민小民들이 하소연할 데가 없어서 울부짖는 것이다. 마땅히 녹祿을 받아먹는 너희 공경장상公卿將相들은 내가 백성을 자식과 같이 사랑하는 뜻을 살펴서 그 녹읍祿邑에 편성된 백성들을 불쌍히 여겨야 할 것이다. 관아官衙의 무지한 무리들을 그 녹읍으로 보낸다면 가혹하게 거두어들이는 데만 힘쓸 것이지만, 너희들이 또한 어찌 그러한 사정을 알 수 있겠는가? 비록 혹시 안다고 하더라도 또한 금지하고 제어하지 못하고 있다. 백성 중에 송사訟事를 제기하는 자가 있더라도 관리들이 다시 서로 덮어주고 비호해주니, 원망과 비방의 소리가 일어나는 것이 이로 말미암아 오직 더 심해지고 있다. 내가 일찍이 하나하나 가르친 것은, 아는 자들은 더욱 힘쓰도록 격려하고, 알지 못하는 자들은 스스로 경계할 수 있게 하고자 한 것이었다. 명령을 거스르는 자들에 대해서는 이미 별도로 염권染券을 발행하였는데, 염권을 발행한 이후에도 여전히 남의 과오를 숨겨주는 것을 어진 일이라 여기면서 거론하지 않으니, 선과 악의 실상을 〈내가〉 어찌 듣고 알 수 있겠는가? 이와 같다면 어찌 절개를 지키고 과오를 뉘우쳐 고치는 자가 있겠는가? 너희들은 나의 훈계하는 말을 따르고 내가 내리는 상과 벌을 잘 살펴 죄가 있는 자들은 귀천貴賤을 따지지 말고 그 벌이 자손에게까지 미치게 하고, 공이 많고 죄는 작은 자들은 상과 벌을 잘 헤아려 시행해야 할 것이며, 만약 과오를 뉘우쳐 고치지 않는다면 그 녹봉祿俸을 추탈함으로써 죽을 때까지 〈관리의〉 반열에 오르지 못하게 할 것이다. 만약 뜻을 간절히 하여 나랏일을 받들면서 처음부터 끝까지 허물이 없다면, 살아서는 영화로운 복록福祿을 누릴 것이요, 죽은 이후에는 명가名家라고 불리게 될 것이며, 자손들에게 이르기까지 후하게 그 공로를 표창할 것이다. 이는 단지 과인寡人이 재위하는 동안만이 아니라 만세에 전하여 아름다운 전범典範으로 삼을 것이다. 백성들에 의해 송사를 당하여 관아에서 소환하였는데도 오지 않는 자가 있다면, 반드시 다시 소환句喚을 시행하게 하고 먼저 곤장 10대를 내림으로써 명령에 따르지 않은 죄를 다스린 후에 바야흐로 그 저지른 죄를 논하라. 관리들이 이 명령을 따르지 않고 고의로 지체시킨다면 그 날짜를 계산하여 문책할 것이며, 또 위세를 믿고 손을 댈 수 없게 하는 자가 있다면 그 이름을 아뢰도록 하라."라고 하였다.

王建 ▶ 934년 9월 20일 노인성이 나타나다

　　노인성老人星이 나타났다.

王建 ▶ 934년 9월 왕이 운주를 함락시키니 웅진 일대가 항복하다

왕이 직접 〈군사를〉 거느리고 운주運州로 원정하였다. 견훤甄萱이 그 소식을 듣고 무장한 군사 5천 명을 검열하여 〈그곳에〉 이르러 말하기를, "양쪽의 군사들이 서로 싸우면, 그 형세가 양쪽 모두 온전하지 못할 것이오. 무지한 병졸들이 많이 죽고 다칠까 염려되니, 마땅히 화친을 맺어서 각자 영토의 경계를 보전합시다."라고 하였다. 왕이 여러 장수들을 모아놓고 이 일을 의논하였는데, 우장군右將軍 유금필庾黔弼이 말하기를, "오늘의 형세는 싸우지 않을 수가 없습니다. 왕께서는 신들이 적을 쳐부수는 것을 보시고 걱정하지 마십시오."라고 하였다. 상대가 아직 진陣을 치지 못하였을 때 정예 기병騎兵 수천 명을 이끌고 돌격하여 3천여 명의 머리를 베고, 술사術士 종훈宗訓과 의사醫師 훈겸訓謙, 용장勇將 상달尚達과 최필崔弼을 사로잡으니, 웅진熊津 북쪽의 30여 성城이 그 소문을 듣고 스스로 항복하였다.

王建 ▶ 934년 통해진에 성을 쌓고 방어를 강화하다

이해에 대상大相 염상廉相을 보내어 통해진通海鎭에 성을 쌓게 하고, 원보元甫 재훤才萱을 진두鎭頭로 삼았다.

王建 ▶ 934년 서경이 가뭄과 메뚜기떼의 피해를 입다

서경西京이 가물고 메뚜기 피해를 입었다.

태조 18년(935년)
-태조신성대왕-

王建 ▶ 935년 3월 **견훤이 아들 신검에 의해 유폐되다**

　　견훤甄萱의 아들 신검神劍이 그 아버지를 금산사金山佛宇에 유폐시키고, 그 아우 금강金剛을 죽였다. 견훤은 아들이 10여 명 있었는데, 넷째 아들 금강이 기골氣骨이 장대하고 지혜가 많았다. 견훤이 특히 사랑하여 왕위를 물려주고자 하였다. 그 형인 신검과 양검良劍·용검龍劍 등이 그 사실을 알고 근심하였다. 이때에 양검과 용검은 외방으로 나가서 주둔하고 신검이 혼자 견훤의 곁에 있었는데, 이찬伊粲 능환能奐이 사람을 시켜 양검·용검과 은밀히 모의한 후에 신검에게 반란을 일으킬 것을 권하였던 것이다.

王建 ▶ 935년 4월 **유금필이 나주를 수복하고 돌아오다**

　　왕이 여러 장수들에게 말하기를, "나주羅州의 40여 군군郡이 우리의 울타리가 되어 오랫동안 교화에 복종하였는데, 근래에 백제百濟에 의해 겁박과 약탈을 당하여 6년 동안 해로가 통하지 않고 있소. 누가 나를 위하여 가서 진무鎭撫할 수 있겠소?"라고 하니, 여러 공公·경卿들이 유금필庾黔弼을 추천하였다. 왕이 말하기를, "나도 또한 그렇게 생각하오. 그러나 근자에 신라新羅로 가는 길이 막혔을 때에 유금필이 가서 길을 통하게 하였으니, 그 노고를 생각하면 재차 명을 내리기가 어렵소."라고 하였다.

유금필이 아뢰기를, "신이 비록 나이가 이미 많이 들었으나 이는 국가의 큰일이니, 감히 힘을 다하지 않겠습니까?"라고 하였다. 왕이 기뻐하며 눈물을 흘리면서 말하기를, "경卿이 만약 명령을 받들어 준다면, 무엇이 그만큼 기쁠 수 있겠는가."라고 하였다. 유금필을 도통대장군都統大將軍으로 삼고, 예성강禮成江까지 나가 배웅하면서 왕의 배를 내려주어 보냈다. 유금필이 나주에 가서 경략經略하고 돌아왔다. 또다시 예성강에 행차하여 그를 맞이하고 노고를 치하하였다.

王建 ▶ 935년 6월 **견훤이 탈출하여 고려로 망명하다**

견훤甄萱이 막내아들 능예能乂와 딸 애복哀福, 폐첩嬖妾 고비姑比 등과 더불어 나주羅州로 도망쳐 와서 조정에 들어오기를 요청하였다. 장군 유금필庾黔弼과 대광大匡 만세萬歲, 원보元甫 향예香乂·오담吳淡·능선能宣·충질忠質 등을 보내어 해로를 통해 맞아오게 하였다. 도착하자, 다시 견훤을 상보尙父라고 불렀으며, 남궁南宮을 관사館舍로 주고, 그 지위를 백관百官의 위에 있게 하였다. 양주楊州를 내려주어 식읍食邑으로 삼게 하고, 아울러 금과 비단, 노奴와 비婢 각각 40구口와 말 10필을 내려주었으며, 백제에서 항복한 사람인 신강信康을 아관衙官으로 삼았다.

王建 ▶ 935년 9월 **왕이 서경에 행차하여 황주와 해주를 순행하고 오다**

서경西京에 행차하여 황주黃州와 해주海州를 순행하고 돌아왔다.

王建 ▶ 935년 10월 **신라가 고려에 항복하다**

신라新羅의 왕 김부金傅가 시랑侍郎 김봉휴金封休를 보내어 조회하러 올 것을 청하였다. 왕이 섭시중攝侍中 왕철王鐵과 시랑侍郎 한헌옹韓憲邕 등을 보내어 화답하게 하였다. 11월 갑오, 신라新羅의 왕이 백관百官을 거느리고 왕도王都를 출발하니, 사서인士庶人들이 모두 그 뒤를 따랐다. 화려하게 장식한 수레[香車]와 보마寶馬가 30여 리里에 걸쳐 길게 이어져 도로가 꽉 찼으며, 구경하는 자들이 담장처럼 늘어섰다. 도중에 있는 주州·현縣에서는 매우 성대하게 접대를 하였다. 왕은 사람을 보내어 안위를 물었다. 계묘. 신라新羅의 왕이 왕철王鐵 등과 더불어 개경開京에 들어왔다. 왕이 의장儀仗을 갖추고 교외에 나가 맞이하고 위로하였으며, 태자[東宮]에게 명하여 여러 재신宰臣들과 함께 호위하여 들어와 유화궁柳花宮에 머물게 하였다. 계축. 왕이 정전正殿에 임어臨御하여 문무백관文武百官을 모아놓고 예를 갖추어 첫째 딸 낙랑공주樂浪公主를 신라왕新羅王에게 시집보내었다. 기미. 신라왕新羅王이 상서上書하여 말하기를, "본국本國이 오랫동안 위태로움과 어지러움을 겪으면서 그 운수가 이미 다하였으니, 다시 그 왕업王業을 보전하기를 바랄 길이 없습니다. 신하의 예로써 뵙기를 원합니다."라고 하였다. 왕이 윤허하지 않았다. 12월 신유. 여러 신하들이 아뢰기를, "하늘에는 두 개의 태양이 있을 수 없고, 땅 위에는 두 명의 왕이 있을 수 없는 것이니, 하나의 나라에 임금이 둘이라면 백성들이 어떻게 감당하겠습니까? 원컨대, 신라新羅 왕의 요청을 들어주십시오."라고 하였다. 임신. 왕이 천덕전天德殿에 임어臨御하여 재신宰臣과 백관百官들을 모아놓고 말하기를, "짐이 신라新羅와 더불어 피를 마시며 동맹을 맺은 것은 양국이 각자 그 사직社稷을 보존하면서 영원토록 사이가 좋기를 바랐던 것이다. 지금 신라의 왕이 굳이 신하로 칭할 것을 요청하고, 경들 또한 그것이 옳다고 하니, 짐의 마음은 비록 부끄럽지만 의리상 굳이 거절하기가 힘들다."라고 하였다. 이에 김부金傅가 뜰 아래에서 알현하는 예를 〈태조가〉 받으니 여러 신하들이 하례하였는데, 그 소리가 궁궐을 진동시켰다. 김부를 관광순화위국공신 상주국 낙랑왕 정승觀光順化衛國功臣 上柱國 樂浪王 政丞으로 삼고 식읍食邑 8,000호戶를 내려주었으며, 그 지위를 태자太子의 위에 있게 하였다. 해마다 녹봉祿俸 1,000석碩을 지급하였으며, 신라국新羅國을 없애고 경주慶州로 삼은 후 김부에게 식읍으로 내려주었다. 그를 따라 온 자들도 모두 관리로 임용하고, 토지와 녹봉을 내려주어 그 전보다도 더 우대하였다. 또 신란궁神鸞宮을 창건하여 김부에게 내려주고, 이어서 경주의 사심관事審官으로 삼아 부호장副戶長 이하의 관직 등에 관한 일을 맡게 하였다. 이에 여러 공신功臣들도 또한 그의 사례를 따라서 각각 자신의 주州의 사심관으로 삼으니, 사심관 제도가 여기에서부터 비롯되었다. 처음에 김봉휴金封休가 와서 〈신라왕이〉 귀부하고자 한다고 요청하였을 때, 왕이 후한 예로써 그를 대우하고 돌아가 아뢰게 하며 말하기를, "지금 왕께서 나라를 과인寡人에게 주시니, 그 베풀어 주심이 큽니다. 원컨대 〈신라〉 종실과 결혼함으로써 사위와 장인의 우호관계를 영구히 하기를 바랍니다."라고 하였다. 김부가 이 말을 듣고 화답하여 말하기를, "나의 백부伯父인 잡간匝干 김억렴金億廉에게 딸이 있는데, 덕과 용모가 모두 뛰어나니, 이 사람이 아니라면 궁중의 일에 대비할 수 없습니다."라고 하였다. 왕이 마침내 맞아들이니, 그가 바로 신성왕후神成王后로서, 안종安宗 왕욱王郁을 낳았다.

이제현李齊賢이 말하기를, "김부식金富軾이 논평하여 말하기를, '신라新羅 경순왕敬順王이 우리 태조太祖에게 귀부한 것은 비록 부득이한 것이었으나 또한 칭찬할 만한 일이다. 만약 힘을 다해 싸우면서 죽음으로써 지키고자 하여 왕의 군대에 대항하였더라면 반드시 그 종족宗族은 전복되고 해로움이 무고한 백성들에게까지 미쳤을 것인데, 〈경순왕이 태조의〉 고명告命을 기다리지 않고 나라의 곳간府庫을 봉하고 군郡·현縣을 기록하여 귀부하였으니, 조정에 공이 있고 백성들에게 덕이 있음이 매우 크도다. 옛날에 전씨錢氏가 오월국吳越國을 들어 송宋에 바쳤는데, 소식蘇軾蘇子瞻은 그를 일컬어 충신이라고 하였으니, 지금 신라의 공덕은 그보다도 훨씬 훌륭한 것이다. 우리 태조는 비妃·빈嬪이 많았고 자손도 번창하였지만 현종顯宗은 신라의 외손外孫으로서 즉위하였으며, 이후로 왕통을 이은 사람들이 모두 그의 자손들이었으니, 이 어찌 그 음덕陰德의 보답이 아니겠는가.'라고 하였다. 김관의와 임경숙·민지閔漬 세 사가史家의 글에서는 모두 대량원부인大良院夫人 이씨李氏가 태위太尉 이정언의 딸로서 안종安宗을 낳았다고 하였는데, 어디에 근거한 말인지 알 수가 없다."라고 하였다.

> 王建 **935년 형순을 후당에 파견하다**

이해에 예빈경禮賓卿 형순邢順 등을 당唐에 보냈다.

> 王建 **935년 이물과 숙주에 성을 쌓다**

이물伊勿과 숙주肅州에 성을 쌓았다.

태조 19년(936년)
-태조신성대왕-

王建 ▶ 936년 2월 **견훤의 사위 박영규가 투항을 요청하다**

견훤甄萱의 사위인 장군 박영규朴英規가 투항을 요청하였다. 처음에 박영규가 그의 아내에게 은밀히 말하기를, "대왕께서 40여 년 동안 힘써 수고하시어 그 공업功業이 거의 이루어지려 하였는데, 하루아침에 집안 사람의 화로 인해 나라를 잃고 고려高麗에 투항하셨소. 무릇 정조가 곧은 부인은 두 명의 지아비를 섬기지 않으며, 충성스러운 신하는 두 명의 주군을 섬기지 않는 법이니, 만약 우리의 임금을 버리고 그 반역한 아들을 섬긴다면 무슨 낯으로 천하의 의인義人들을 뵐 수 있겠소? 하물며 듣자 하니 고려의 왕공王公이 어질고 후덕하며, 부지런하고 검소하여 백성들의 마음을 얻었다고 하니, 아마도 하늘의 계시인 듯하오. 분명히 삼한三韓의 군주가 될 것이니, 어찌 서신을 보내어 우리의 임금을 위로하여 편안하게 하고, 겸하여 왕공께도〈나의 마음을〉은근히 알림으로써 장래의 복을 도모하지 않겠소."라고 하였다. 그 아내가 말하기를, "당신의 말이 곧 나의 뜻과 같습니다."라고 하였다. 이에 사람을 보내어 그 뜻을 전하면서 또 말하기를, "만약 의로운 병사들을 일으키신다면, 내부에서부터 응함으로써 왕의 군사들을 맞아들일 수 있게 해주십시오."라고 하였다. 왕이 크게 기뻐하며 그 사신에게 후하게 상을 내리고, 돌아가 박영규에게 보고하게 하며 말하기를, "만약 그대의 은혜를 입어 가는 길에 막힘이 없게 된다면, 먼저 장군을 뵙고 나서 당堂에 올라가 부인께 절을 올릴 것이며, 형처럼 섬기고 누이처럼 높여 반드시 끝까지 후하게 보답하겠습니다. 하늘과 땅의 귀신들이 모두 이 말을 들었을 것입니다."라고 하였다.

王建 ▶ 936년 6월 견훤이 아들 신검을 토벌해달라고 요청하니 선발대를 파견하다

견훤이 청하여 말하기를, "이 늙은 신하가 멀리 거친 바다를 건너와 성스러운 교화에 의탁하였으니, 그 위엄과 높은 덕[威靈]에 의지하여 역적 아들을 죽이기를 원합니다."라 하였다. 왕이 처음에는 때를 기다려서 움직이고자 하였으나, 견훤의 거듭된 요청을 가엾게 여기어 그의 말을 따랐다. 이에 먼저 정윤正胤 왕무王武와 장군 박술희朴述熙로 하여금 보병과 기병 1만 명을 이끌고 천안부天安府로 속히 가게 하였다.

王建 ▶ 936년 9월 왕이 후백제를 정벌하여 멸망시키다

왕이 삼군三軍을 통솔하여 천안부天安府에 이르러 군대를 합치고 일선군一善郡으로 진격하였다. 신검神劒이 군대로 막아서니, 일리천一利川을 사이에 두고 진을 쳤다. 왕이 견훤과 함께 병사들을 사열한 후, 견훤과 대상大相 견권堅權·박술희朴述熙·황보금산皇甫金山, 원윤元尹 강유영康柔英 등에게 마군馬軍 10,000명을 거느리게 하고, 지천군대장군支天軍大將軍 원윤 능달能達·기언奇言·한순명韓順明·흔악昕岳과 정조正朝 영직英直·광세廣世 등에게 보군 10,000명을 거느리게 하여 좌익군左綱으로 삼고, 대상 김철金鐵·홍유洪儒·박수경朴守卿과 원보元甫 연주連珠, 원윤 원량萱良 등에게 마군馬軍 10,000명을 거느리게 하고, 보천군대장군補天軍大將軍 원윤 삼순三順·준량俊良과 정조 영유英儒·길강충吉康忠·흔계昕繼 등에게 보군 10,000명을 거느리게 하여 우익군右綱으로 삼았으며, 명주溟州의 대광大匡 왕순식王順式과 대상 긍준兢俊·왕렴王廉·왕예王乂, 원보 인일仁一 등에게 마군馬軍 20,000명을 거느리게 하고, 대상 유금필庾黔弼과 원윤 관무官茂·관헌官憲 등에게 흑수黑水·달고達姑·철륵鐵勒 등 여러 오랑캐들[諸蕃]의 정예 기병 9,500명을 거느리게 하고, 우천군대장군祐天軍大將軍 원윤 정순貞順과 정조 애진哀珍 등에게 보군 1,000명을 거느리게 하고, 천무군대장군天武軍大將軍 원윤 종희宗熙와 정조 견훤見萱 등에게 보군

1,000명을 거느리게 하고, 간천군대장군杆天軍大將軍 김극종金克宗과 원보 조간助杆 등에게 보군 1,000명을 거느리게 하여 중군中軍으로 삼았다. 또 대장군인 대상 공훤公萱과 원윤 능필能弼, 장군 왕함윤王含允 등에게 기병 300명과 여러 성에서 모은 군사 14,700명을 이끌게 하여 삼군의 조력 부대로 삼았다. 이윽고 삼군이 북을 울리면서 전진하는데, 홀연히 칼과 창 같은 형상을 띤 흰 구름이 아군 위에서 생거나더니 적진을 향해 흘러갔다. 백제百濟의 좌장군左將軍 효봉孝奉·덕술德述·애술哀述·명길明吉이 아군의 위세가 대단히 성한 것을 보고는 투구를 벗고 창을 집어던지고서 좌익군에 항복하니, 적군들이 사기를 잃어버리고 감히 움직이지 못하였다. 왕이 효봉 등을 치하하고 신검이 어디에 있는지 물었다. 효봉이 말하기를, "신검은 중군에 있으니, 왕께서 좌우의 부대를 합쳐서 공격하신다면 반드시 승리할 것입니다."라고 하였다. 왕이 공훤에게 명하여 곧장 중군을 치게 하고, 삼군이 일제히 나아가 좌우에서 공격하니 적군들이 크게 무너졌다. 장군 흔강昕康·견달見達·은술殷述·영식令式·우봉又奉 등 3,200명을 사로잡고, 5,700여 명의 머리를 베었다. 적군이 무너져 달아나자, 아군이 황산군黃山郡까지 추격하여 탄령炭嶺을 넘어 마성馬城에 진영을 쳤다. 신검이 양검良劍·용검龍劍 및 문무관료들과 함께 항복하여 오니, 왕이 그를 위로하였다. 사로잡은 백제의 장수와 병졸 3,200명은 본토로 돌아가라고 명하였으나, 다만 흔강·부달·우봉·견달 등 40명은 그 처자들과 함께 개경으로 보냈다. 그리고 능환能奐을 불러 꾸짖으며 말하기를, "처음에 양검 등과 더불어 임금이신 아버지를 가두도록 모의한 자가 너이니, 신하된 의리가 이러하단 말인가?"라고 하였다. 능환이 머리를 숙이고 대답을 하지 못하니, 마침내 그를 처형하라고 명하였다. 신검이 참람하게 왕위에 오른 것은 다른 사람의 위협을 받아 그러한 것이지 자신의 본심이 아니었으며, 또한 투항하여 죄를 애걸하므로 특별히 용서하여 주었다. 견훤은 근심하고 분개하다가 등창이 나서 얼마 후에 황산黃山에 있는 한 사찰에서 죽었다. 왕이 백제의 도성으로 들어가 명령을 내리기를, "괴수[渠魁]가 이미 복종하였으니, 나의 백성[赤子]들을 침해하지 말라."라고 하고, 장수와 병졸들을 위로하고 그 재능을 헤아려 임용하였으며, 군령을 엄정하고 명백히 하여 터럭 하나 만큼도 침해하지 않으니, 주·현이 평안해지고

백성들이 크게 기뻐하였다. 신검에게는 관작을 내려주고, 양검과 용검은 진주眞州로 유배보내었다가 얼마 되지 않아서 죽였다. 〈왕이〉 박영규에게 말하기를, "견훤이 나라를 잃고 멀리 떠나오니 그의 신하와 자식들 중 한 사람도 위로하고 도와주는 이가 없었는데, 오직 경卿의 부부만이 천리 길에 소식을 보내어 정성스러운 뜻을 전하고, 아울러 과인寡人에게 귀부하였으니, 그 의로움을 잊을 수가 없다."라고 하였다. 좌승佐丞으로 제수하고 밭 1,000경頃을 내려주었으며, 역마驛馬 35필을 써서 집안 사람들을 맞아오도록 허락하고, 그의 두 아들에게도 관직을 주었다.

王建 ▶ 936년 9월 왕이 후백제를 정벌하고 돌아와 정계와 계백료서를 반포하다

왕이 백제百濟로부터 돌아와 위봉루威鳳樓에 임어臨御하여 문무 관리와 백성들의 하례를 받았다. 왕이 이미 삼한三韓을 평정한 후 신하들에게 절개와 의리를 장려하고자 하여 마침내 직접 『정계政誡』1권과 『계백료서誡百僚書』8편을 지어 조정과 민간에 반포하였다.

王建 ▶ 936년 12월 배현경이 사망하다

대광大匡 배현경裵玄慶이 사망하였다. 배현경은 경주慶州 사람으로 담력이 남들보다 뛰어났다. 군졸에서부터 출세하여 태조太祖가 동·서로 정벌을 함에 배현경의 공이 많았다. 병이 위독해지자 왕이 몸소 그 집에 행차하여 그의 손을 잡고 말하기를, "아아, 운명이여! 경卿의 자손들이 있으니, 내가 감히 잊겠는가?"라고 하였다. 왕이 문을 나서자 배현경이 사망하였다. 어가御駕를 멈추고 관청에서 맡아 장례를 치르라고 명령한 후에 돌아왔다. 시호는 무열武烈이며, 후에 태조의 묘정廟庭에 배향되었다.

王建 ▶ 936년 개태사 등 여러 절을 창건하다

이해에 광흥사廣興寺·현성사現聖寺·미륵사彌勒寺·내천왕사內天王寺 등을 창건하였고, 또 연산連山에 개태사開泰寺를 창건하였다.

太祖 20년(937년)
-태조신성대왕-

王建 ▶ 937년 5월 **김부가 천사옥대를 왕에게 바치다**

　정승 김부金傅가 옥으로 된 허리띠[玉帶]를 바쳤는데, 그 길이는 10위圍이고, 대구帶鉤가 62개였다. 왕이 그것을 받아서 물장성物藏省에 보관하도록 명령하였다. 예전에 신라新羅의 사신 김율金律이 오자, 왕이 묻기를, "듣자 하니 신라에는 3가지 위대한 보물이 있으니, 〈황룡사皇龍寺의〉 장륙금상丈六金像과 9층탑九層塔, 그리고 성대聖帶로서, 이 3가지 보물이 없어지지 않으면 나라 또한 망하지 않는다고 하더군요. 금상과 탑은 여전히 있지만 성대도 여전히 있는지 모르겠군요?"라고 하였다. 김율이 대답하기를, "신은 일찍이 성대에 대해서는 들어보지 못하였습니다."라고 하였다. 왕이 웃으면서 말하기를, "경卿은 나라의 높은 신하인데, 어떻게 나라의 큰 보물을 모른단 말이오?"라고 하였다. 김율이 부끄러워하고는 돌아와서 신라왕에게 아뢰었다. 신라왕이 여러 신하들에게 물어보았으나 아는 이가 없었다. 황룡사의 한 늙은 승려가 말하기를, "제가 성대에 대해 들었는데, 이것은 진평대왕眞平大王이 차던 것으로서 대대로 전수되다가 남고南庫에 보관되어 있다고 합니다."라고 하였다. 왕이 몸을 정갈히 하고 제사를 지낸 후에 이것을 보았다. 이때에 이르러 바친 것이다.

王建 ▶ 937년 순주에 성을 쌓다

이해에 순주順州에 성을 쌓았다.

王建 ▶ 937년 후진에 하등극사를 파견하다

왕규王規와 형순邢順을 진晉에 보내어 황제의 등극을 축하하였다.

태조 21년(938년)

-태조신성대왕-

王建 ▶ 938년 3월 **왕이 서천축의 승려를 영접하다**

서천축西天竺의 승려가 왔다. 왕이 〈승록사僧錄司〉 양가兩街의 위의威儀와 법가法駕를 준비하여 맞이하였다.

王建 ▶ 938년 7월 **이총언이 사망하다**

벽진군碧珍郡의 장군 이총언李悤言이 사망하였다. 신라新羅 말엽에 도적떼가 다투어 일어났는데, 오직 벽진군은 이총언이 보호하여 민民들이 이에 의지하여 편안히 지냈다. 왕이 사람을 보내어 마음을 합치고 힘을 모아 환란을 평정하자고 회유하였다. 이총언이 그 서신을 받들고 매우 기뻐하고는 곧 그의 아들 이영李永을 보내 병사들을 거느리고서 왕을 따라 정벌에 참여하게 하였다. 왕이 이를 훌륭하다고 여겨서 대광大匡 사도귀思道貴의 딸을 처로 삼게 하고, 이총언은 본읍의 장군으로 임명하고 은사恩賜를 무겁게 하였다. 이총언이 감격하여 병사들을 훈련시키고 양곡을 비축하니, 외따로 떨어진 성城으로서 신라와 백제百濟가 반드시 점령하고자 다투는 지역에 끼어있으면서도 엄연하게 우뚝 솟은[屹然] 동남쪽의 성원지聲援地가 되어주었다.

`王建` ▶ **938년 7월 후진의 연호를 시행하다**

처음으로 후진後晉의 연호年號를 사용하였다.

`王建` ▶ **938년 7월 서경에 나성을 쌓다**

서경西京에 나성羅城을 쌓았다.

`王建` ▶ **938년 12월 탐라국이 내조하다**

탐라국耽羅國의 태자 말로末老가 내조來朝하였다. 성주星主 왕자王子의 작爵을 하사하였다.

`王建` ▶ **938년 양암과 용강 및 평원에 성을 쌓다**

이해에 양암陽巖·용강龍岡·평원平原에 성을 쌓았다.

태조 22년(939년)
-태조신성대왕-

王建 939년 3월 **공직이 사망하다**

좌승佐丞 공직龔直이 사망하였다. 공직은 연산燕山 매곡昧谷 사람이다. 어려서부터 용맹하고 지략이 있었다. 백제百濟를 섬겨 견훤甄萱의 심복이 되었는데, 맏아들 직달直達과 둘째 아들 금서金舒 및 딸 한 명을 볼모로 보냈다. 공직이 일찍이 백제에 조회하러 갔다가 직달에게 말하기를, "지금 이 나라를 보니 사치스럽고 도의道義가 없구나. 내가 비록 〈왕과〉 가깝기는 하지만 다시 오고 싶지는 않다. 듣건대 고려高麗의 왕공王公이 학문은 백성들을 안정시킬 만하고, 무예는 폭정을 제압할 만하여 사방에서 마음으로 따르지 않는 자가 없다고 한다. 내가 그에게 귀부하고자 하는데, 너의 뜻은 어떠하냐?"라고 하였다. 직달이 말하기를, "볼모로 들어온 이후로 그 풍속을 살펴보니, 오로지 부강함만을 믿고 앞을 다투어 교만하고 자랑만 하는데 어찌 나라를 잘 다스릴 수 있겠습니까? 지금 아버님께서 현명한 군주에게 귀부함으로써 우리 고을을 보존하고 안정시키고자 하시니, 또한 마땅한 일이 아니겠습니까? 저는 마땅히 아우·누이와 더불어 기회를 보아 돌아가도록 하겠습니다. 비록 돌아가지 못한다 하더라도 아버님의 현명함에 의해 경사가 자손들에게까지 흘러갈 것이니, 저는 비록 죽는다 하더라도 한이 없을 것입니다."라고 하였다. 공직이 마침내 내부來附하기로 뜻을 결정하고 아들 영서英舒와 함께 내조來朝하여 왕에게 말하기를, "신은 보잘 것

없는 고을에 있으면서 오랫동안 교화에 대해 들었으니, 비록 하늘을 도울 힘은 없지만 신하로서의 절의는 다하고 싶습니다."라고 하였다. 왕이 기뻐하며 대상大相으로 임명하고, 백성군白城郡을 녹읍祿邑으로 하사하고 구마廐馬와 비단을 내려주었으며, 그의 아들 함서咸舒를 좌윤佐尹으로 삼았다. 또 〈왕의〉 인척인 정조正朝 준행俊行의 딸을 영서英舒에게 시집보냈다. 왕이 말하기를, "경卿은 잘 다스려짐과 어지러워짐, 건재함과 망함의 기미를 밝게 보고서 나에게 귀부하여 왔으니, 짐이 이를 매우 가상히 여긴다. 왕족[公旗]과 혼인관계를 맺음으로써 후하게 대우하는 뜻을 보인 것이니, 경은 더욱더 몸과 마음을 다하여 변경지역을 진무鎭撫하도록 하라."라고 하였다. 공직이 감사를 올리고서 말하기를, "백제의 일모산군一牟山郡이 저희 고을과 경계를 맞대고 있는데, 신의 귀부로 인해 상시적으로 침략하여 백성들이 안심하고 생계를 꾸리지를 못하고 있으니, 신이 가서 공격하여 저희 고을 백성들로 하여금 도적의 피해를 입지 않고 오로지 농사에만 힘쓸 수 있게 함으로써 귀부의 정성을 더욱 굳건하게 하고자 합니다."라고 하니, 왕이 이를 허락하였다. 견훤이 노하여 직달과 그의 아우 및 누이를 잡아서 다리의 힘줄을 단근질하여 자르니, 직달이 죽었다. 백제가 멸망한 뒤에 금서金舒는 돌아올 수 있었다.

王建 ▶ 939년 후진이 왕을 개부의동삼사 검교태사로 책봉하다

이해에 진晉이 국자박사國子博士 사반謝攀을 보내어 왕을 개부의동삼사 검교태사開府儀同三司 檢校太師로 책봉하였다.

王建 ▶ 939년 대안에 성을 쌓다

대안大安에 성을 쌓았다.

太祖 23년(940년)
-태조신성대왕-

王建 ▶ 940년 3월 **경주를 대도독부로 바꾸고 여러 주군의 명칭을 바꾸다**

경주慶州를 대도독부大都督府로 삼고, 여러 주州·군郡의 명칭을 바꾸었다.

王建 ▶ 940년 7월 **왕사 충담이 사망하니 왕이 비문을 짓다**

왕사王師 충담忠湛이 죽었다. 원주原州의 흥법사興法寺에 탑을 세우고, 왕이 직접 비문碑文을 지었다.

王建 ▶ 940년 12월 **개태사가 완공되니 왕이 소문을 짓다**

개태사開泰寺가 완성되었다. 낙성법회落成法會를 열도록 명하고 직접 소문疏文을 지었다.

王建 ▶ 940년 **역분전을 설정하다**

이해에 처음으로 역분전役分田을 설정하였다. 조정의 신료들에서부터 군사들에 이르기까지 관계官階를 따지지 않고, 사람들의 성품과 행실의 선악善惡, 공로의 크고 작음을 보아 차등 있게 지급하였다.

王建 ▶ 940년 **공신당을 설치하여 삼한공신의 초상을 봉안하다**

신흥사神興寺를 중수하여 공신당功臣堂을 설치하고, 그 벽에 삼한공신의 초상을 그렸으며, 하루 밤낮동안 무차대회無遮大會를 열고, 이를 해마다의 상례로 삼았다.

王建 ▶ 940년 **볼모로 보냈던 왕인적을 후진이 돌려보내다**

진晉이 우리가 볼모로 보낸 왕인적王仁翟을 돌려보냈다.

太祖 24년(941년)
-태조신성대왕-

王建 ▶ 941년 4월 **유금필이 사망하다**

대광大匡 유금필庾黔弼이 사망하였다. 유금필은 평주平州 사람으로서 장수다운 지략으로써 태조太祖를 섬겼다. 무릇 출정을 나갈 때에는 명령을 받으면 그 즉시 출발하여 자신의 집에서 자지 않았으며, 매번 개선하여 돌아올 때마다 왕이 반드시 나가 맞이하고 노고를 치하하였다. 항상 왕의 총애를 받았는데, 여러 장수들 중 누구도 이에 미치지 못하였다. 시호는 충절忠節이며, 후에 태조의 묘정廟庭에 배향되었다.

王建 ▶ 941년 **후진에 헌방물사를 파견하다**

이해에 대상大相 왕신일王申一을 진晉에 보내어 토산물을 헌상하였다.

태조 25년(942년)

−태조신성대왕−

王建 ▶ 942년 10월 **거란이 보낸 사신을 유배하고 낙타를 죽게 하다**

   거란이 사신을 보내 와 낙타[橐駝] 50필匹을 선물하였다. 왕은 거란이 일찍이 발해渤海와 더불어 화친을 맺고 있다가 갑자기 의심하고 배반할 마음을 일으켜 옛 맹세를 돌아보지 않고 하루아침에 멸망시켜 버렸으니, 이는 도의道義가 없음이 매우 심한 것으로서 멀리 화친을 맺어 이웃나라로서 삼을 만하지 못하다고 생각하여, 사신의 왕래를 끊고, 그 사신 30명을 섬으로 유배를 보냈으며, 낙타는 만부교萬夫橋 아래에 매어 두니 모두 굶어 죽었다.

   이제현李齊賢이 말하기를, "충선왕忠宣王이 일찍이 신 이제현에게 물으시기를, '우리 태조太祖의 시대에 거란이 낙타를 보냈는데, 다리 아래에 매어 두고 먹이를 주지 않아 굶어 죽게 되었으므로 이로써 그 다리의 이름을 지었다고 한다. 낙타가 비록 중국에서는 나지 않지만, 중국 역시 일찍이 기르지 않은 적이 없다. 나라의 임금으로서 수십 마리의 낙타를 가지고 있다 해도 그 폐해가 백성들을 상하게 하는 데에는 이르지 않을 것이며, 또 받기를 사양하면 그뿐인데, 어째서 굶겨 죽이기까지 하였는가?'라고 하셨다. 내가 대답하기를, '나라를 일으켜 후대에 전해주는[創業垂統] 군주는 멀리 내다보고 깊이 생각함의 정도가 훗날의 사람들이 미칠 수 있는 바가 아닙니다. 또 송宋 태조太祖가 궁궐 안에서 돼지를 길렀으나 인종仁宗이 풀어주게 하였는데, 후에 요사스러운 자를 잡았지만 둘러보아도 피를 얻을 데가 없었다고 하니, 곧 송 태조의 생각이 또한 여기에까지 미쳤음을 알 수 있다고 하지만, 이 또한 정론定論인 것은 아닙니다. 송 태조가 돼지를 기른 뜻 중에 피를 취하는 것보다 더 큰 어떤 것이 있지 않았는지 어찌 알겠습니까? 우리 태조가 이렇게 한 까닭은 장차 오랑캐戎人의 간사한 꾀를 꺾고자 한 것이든, 아니면 또한 후세의 사치하는 마음을 막고자 한 것이든, 대개 반드시 깊은 뜻이 있을 것입니다. 이는 전하께서 공손하고 묵묵하게 생각하시고, 힘써 행하여 체득하시는 데에 달려있을 따름이지, 어리석은 신하가 감히 가벼이 논의할 수 있는 바가 아닙니다.'라고 하였다."라고 하였다.

태조 26년(943년)

-태조신성대왕-

王建 ▶ 943년 4월 왕이 박술희에게 훈요를 전하다

왕이 내전內殿에 임어臨御하여 대광大匡 박술희朴述熙를 불러 직접 「훈요訓要」를 내려주면서 말하였다. "내가 듣건대, 순舜임금은 역산歷山에서 밭을 갈다가 마침내 요堯임금으로부터 선양禪讓을 받았으며, 고제高帝는 패택沛澤에서 일어나 마침내 한漢나라의 왕업을 세웠다고 한다. 나 또한 미천하고 평범한 집안에서부터 몸을 일으켜 외람되게 추대를 받아 여름에는 더위를 두려워하지 않고, 겨울에는 추위를 피하지 않으면서 몸을 태우고 마음을 수고롭게 한지 19년 만에 삼한三韓을 통일하였으며, 참람하게도 왕위에 앉은 지 25년에 몸조차 이제 늙었다. 단지 염려스러운 것은 후대의 왕들이 뜻 가는 대로 욕심 내키는 대로 하여 기강을 무너뜨릴까 하는 것이다. 이에 요긴한 가르침[訓要]을 적어 후손들에게 전하니, 아침저녁으로 펴보면서 영원토록 귀감龜鑑으로 삼기를 바라노라.

첫째, 우리 국가의 대업은 필히 모든 부처님이 보호하고 지켜주신 힘에 도움받았다. 이 때문에 선종禪宗과 교종教宗의 사원寺院을 창립하고, 주지住持를 보내어 향을 사르고 수행을 하면서 각각 그 업業을 닦도록 한 것이다. 후세에 간신이 정권을 잡고 승려들의 청탁에 따라 각 업業의 사원을 다투어 서로 바꾸고 빼앗는 일은 일절 금해야 할 것이다.

둘째, 여러 사원들은 모두 도선道詵이 산수山水의 순응하고 거스르는 〈기운을〉 점쳐서 개창한 것이다. 도선이 말하기를, '내가 점쳐서 정한 곳 외에 함부로 사원을 지으면 지덕地德을 손상시켜 왕업王業이 영원히 이어지지 못할 것이다.'라고 하였다. 짐이 생각건대, 후세의 국왕, 공후公侯, 후비后妃 및 조정의 신료들이 각각 '원당願堂'이라고 부르면서 혹여 추가로 짓는다면 곧 큰 근심거리가 될 것이다. 신라新羅 말엽에 경쟁적으로 탑浮屠을 세워서 지덕을 훼손시켰기 때문에 망하기에 이르렀으니, 경계하지 않을 수 있겠는가.

셋째, 적자嫡子와 적손嫡孫에게 나라와 집안을 전하는 것이 비록 상례常禮이지만, 〈요임금의 아들〉 단주丹朱가 불초不肖하므로 요임금이 순임금에게 선양한 것은 진실로 공公을 생각하는 마음公心이었다. 무릇 원자元子가 불초하면 〈왕위를〉 다음 아들들에게 주고, 그 아들들이 모두 불초하다면 형제 중에 군신이 추대하는 자가 대통大統을 잇게 하라.

넷째, 우리 동방東方은 예부터 중국[唐]의 풍속을 사모하여 문물文物과 예악禮樂이 모두 그 제도를 따랐으나, 다른 지역이고[殊方異土] 사람들의 성정性情도 각각 다르니, 구태여 똑같게 할 필요는 없다. 거란은 금수禽獸의 나라이며, 풍속이 같지 않고 언어 또한 다르니, 복식과 제도를 삼가하여 본받지 말라.

다섯째, 짐은 삼한三韓의 산천이 은밀히 도운 바에 힘입어 대업을 이루었다. 서경西京은 수덕水德이 순조로워서 우리나라 지맥地脈의 근본이 되니, 마땅히 중춘仲春·중하仲夏·중추仲秋·중동仲冬마다四仲 순행하여 100일 이상 머무름으로써 〈나라의〉 안녕을 이루도록 하라.

여섯째, 연등회燃燈會는 부처를 섬기기 위한 것이고, 팔관회八關會는 하늘의 신령과 오악五嶽·명산대천名山大川·용신龍神을 섬기기 위한 것이다. 후세에 간신들이 더하거나 줄이자고 건의하는 것은 마땅히 일절 금지시켜야 할 것이다. 나 또한 처음부터 마음으로 맹세하기를 행사일이 국가의 기일[國忌]를 침범하지 않으면 임금과 신하들이 함께 즐기게 하겠노라고 하였으니, 마땅히 이에 의거하여 시행하도록 하라.

일곱째, 임금이 신하와 백성들의 마음을 얻는 것은 매우 어려운 일이다. 그 마음을 얻고자 한다면, 그 요체는 간언을 따르고 참소를 멀리하는 데에 있을 따름이니, 간언을 따른다면 성군聖君이 될 것이요, 참소하는 말이 꿀과 같이 달더라도 믿지 않는다면 참소도 저절로 그칠 것이다. 또 때를 가려서 백성들을 부리고, 요역徭役을 가볍게 하고 부세賦稅를 줄이며, 농사의 어려움을 헤아린다면 곧 저절로 민심을 얻게 되어 나라가 부유해지고 민民들은 편안해질 것이다. 옛사람이 말하기를, '맛이 좋은 미끼를 내려주면 반드시 걸리는 물고기가 있고, 후한 상을 내려주면 반드시 훌륭한 장수가 있기 마련이며, 시위를 당긴 활 너머에는 반드시 도망가는 새가 있고, 어진 마음을 드리우는 아래에는 반드시 선량한 백성들이 있다.'고 하였다. 상과 벌이 적절한 곳에 잘 부합하면 곧 음양陰陽이 순조로워질 것이다.

여덟째, 차현車峴의 남쪽과 공주公州강의 바깥쪽은 산의 형상과 지세가 모두 거스르며 내달리고 있으니, 사람들의 마음 또한 그러하다. 저 아래의 주州·군郡 사람들이 조정에 참여하여 왕과 제후諸侯, 왕실의 인척들과 혼인하고 국정을 장악하게 되면 혹은 변란으로 국가를 어지럽히거나, 혹은 병합당한 원한을 품고 임금의 임어臨御을 침범하여 반란을 일으킬 것이다. 또 일찍이 관청이나 사원에 소속되었던 노비나 진津과 역驛의 잡척雜尺들이 혹은 세력가에게 투탁하여 역役을 옮기거나 면제받고, 혹은 왕후王侯의 궁원宮院에 빌붙어서 간사하고 교묘한 말로 권력을 농단하고 정사를 어지럽힘으로써 변고를 일으키는 자가 반드시 있을 것이니, 비록 선량한 백성이라 할지라도 관직에 두어 권세를 부리게 해서는 안된다.

아홉째, 여러 제후諸侯百辟들과 뭇 관료들의 녹祿은 나라의 크고 작음에 따라 이미 정해진 제도가 있으니, 더하거나 줄여서는 안 된다. 또 옛 전적典籍에 이르기를, '공적에 따라 녹을 정하고, 관직은 사사로운 정에 의해 주지 말라.'라고 하였다. 만약 공이 없는 사람과 친척이나 사사로이 친한 자들이 헛되이 나라의 녹을 받으면 백성들의 원망과 비방을 멈출 수 없으며, 그 사람도 또한 복록福祿을 오래 누릴 수 없게 되니, 일절 경계하여야 한다. 또 억세고 악한 나라를 이웃에 두고 있으니, 어찌 위태로움을 잊어버릴 수 있겠는가? 병졸들은 마땅히 더욱더 보살펴 구휼하고, 요역은 헤아려 덜어줄 것이며, 매년 가을에는 용감하고 날램이 출중한 자를 가려서 형편에 따라 품계를 올려주어야 할 것이다.

 열째, 나라를 다스리는 것은 근심이 없을 때를 경계하는 것이니, 경서經書와 사서史書를 널리 보아서 옛일을 거울삼아 지금을 경계해야 할 것이다. 주공周公과 같은 큰 성인도 「무일無逸」한 편을 올려 주周나라 성왕成王에게 경계하도록 하였으니, 마땅히 〈이것을〉 그려서 벽에 걸어두고 드나들 때마다 보면서 살피도록 하라.”
열 가지 가르침의 끝부분은 모두 '마음 깊이 간직하라[中心藏之]'라는 4자字로 맺었다. 이때부터 왕위를 이어 받은 왕들은 〈훈요를〉 서로 전하여 보배로 삼았다.

王建 ▶ 943년 5월 왕이 편찮아지다

 왕이 편찮아졌다.

王建 ▶ 943년 5월 20일 왕이 서거하다

 재신宰臣 염상廉相·왕규王規·박수문朴守文 등이 〈왕을〉 곁에서 모시고 있었는데, 왕이 말하기를, “한漢나라 문제文帝의 유언遺詔에서 말하기를, '대개 천하의 모든 태어나는 것들 중에 죽지 않는 것은 없다. 죽는 것은 천지의 이치요, 만물의 자연스러운 현상이니, 크게 애석해 할 것이 무엇이리오.'라고 하였으니, 그 옛날 현명한 왕의 마음가짐이 이러하였다. 내가 병을 얻은 지 이미 20일이 지났지만 죽는 것을 고향으로 돌아가는 것과 같이 여기니[視死如歸], 무슨 근심이 있겠는가? 한나라 문제의 말이 곧 나의 뜻이다. 조정 안팎의 기무機務로서 오랫동안 처리하지 못한 것들은 경卿들이 태자太子 왕무王武와 함께 재결裁決한 후에 아뢰도록 하라.”라고 하였다. 병오. 왕의 병세가 크게 위독해지자 신덕전神德殿에 나아가 학사學士 김악金岳에게 명을 내려 유조遺詔를 기초하게 하였다. 글이 완성되었는데도 왕이 말씀이 없었다. 좌우의 신하들이 애달프게 통곡을 하였더니 왕이 묻기를, “이것이 무슨 소리인가?”라고 하였다. 〈신하들이〉 대답하기를, “성상聖上께서 백성들의 부모가 되셨는데, 오늘 군신들을 버리고자 하시니, 신들은 애통함을 감당할 수 없을 뿐입니다.”라고 하였다. 왕이 웃으면서 말하기를, “덧없는 인생은 예로부터 그러한 것이다.”라고 하였다. 말을 마치고 잠시 후에 훙서薨逝하였다. 태자와 제왕諸王·종실宗室·근신近臣들이 모두 땅을 치면서 슬프게 부르짖었으며, 백관百官들은 내의성內議省 문 밖에 지위에 따라 늘어섰다. 왕규王規가 나와서 〈태조의〉 유명遺命을 선포하기를, "조정 안팎의 모든 관리들은 다 동궁東宮의 처분을 따르라."라고 하였다. 이에 태자가 즉위하여 군신들을 거느리고 거애擧哀하였다.

　상정전詳政殿에서 발상發喪을 하고, 김악金岳이 유조를 선포하였다. 기유. 상정전의 서계西階에 빈소를 마련하였다. 경오. 시호諡號를 올려 신성대왕神聖大王이라 하였으며, 묘호廟號는 태조太祖라고 하였다. 임신. 현릉顯陵에 장사지냈는데, 유명에 따라 상장喪葬과 원릉園陵의 제도는 한나라와 위魏나라 두 문제文帝의 고사에 의거하여 모두 검약하게 하였으며, 신혜왕후神惠王后 유씨柳氏와 합장合葬하였다. 왕후는 정주貞州 사람으로 삼중대광三重大匡 유천궁柳天弓의 딸이다. 유천궁은 집안이 매우 부유하여 고을 사람들이 그를 장자長者라고 불렀다. 태조가 장군이 되어 병사들을 이끌고 정주를 지나가다가 오래된 버드나무 아래에서 말을 쉬고 있을 때 왕후가 길옆의 개울 둑에 서 있었는데, 〈태조가〉 그 덕이 있는 용모를 보고 어느 집의 딸인지 물었다. 왕후가 대답하기를, "이 고을 장자 집의 딸입니다. 저희 집에서 잠시 쉬어가십시오."라고 하였다. 이로 인하여 태조가 그 집에 가서 묵었다. 그 집에서는 군대 전체를 매우 풍족하게 대접하고 왕후로 하여금 〈태조의〉 잠자리를 모시게 하였다. 그 후 소식이 끊어져 들리지 않자 왕후는 절개를 지켜 머리를 깎고 비구니가 되었다. 태조가 그 소식을 듣고 불러들여 부인으로 삼았다. 의거擧義를 할 때에 갑옷을 들고 와서 대업을 이루는 것을 도왔다.

　이제현李齊賢이 찬贊하기를, "신이 충선왕忠宣王을 섬길 때에, 왕께서 일찍이 말씀하시기를, '우리 태조太祖의 도량規模과 덕량德量은 중국에서 태어나셨다면 마땅히 송宋 태조보다 덜하지 않았을 것이다. 송 태조는 주周 세종世宗을 섬겼는데, 세종은 어진 임금으로 송 태조를 매우 후하게 대우하였고, 송 태조 또한 그를 위하여 온 힘을 다했다. 공제恭帝가 어려서 국정이 태후로부터 나오게 됨에 미쳐서 〈송 태조가〉 여러 사람들의 뜻에 떠밀려 주周의 선위를 받게 되었으니, 대개 부득이함에서 나온

결과였다. 우리 태조는 궁예弓裔라는 의심 많고 난폭한 임금을 섬겼으니, 삼한三韓의 땅에서 궁예가 두 부분을 차지하게 된 것은 태조의 공이었다. 세상에 드문 큰 공不世之功을 세우고도 반드시 의심받는 상황에 놓이게 되었으니 위태로웠다고 할 만한 데도 나라 사람들이 그 마음을 〈태조에게〉 귀의하고 장수와 병사들이 추대를 하였으나 오히려 끝내 사양하면서 연릉계자延陵季子의 절개를 따르고자 하였다. 〈그러나〉 백성들을 위로하고 폭군을 치는 일弔伐之事이 또한 어찌 그만둘 수 있는 것이겠는가? 살리기를 좋아하고 죽이기를 싫어하면서도 공이 있는 자에게는 확실히 상을 내리고 죄가 있는 자에게는 반드시 벌을 주었으며信賞必罰, 공신들에게 정성을 쏟으면서도 권력을 빌려주지 않음으로써 나라를 세워 자손들에게 전하였으니, 진실로 〈송 태조와〉 같은 경우라고 하겠다. 송 태조가 남당南唐의 이욱李煜江南李氏을 비유하여 침상에서 코를 골며 잔다고鼾睡臥榻 한 것은 곧 석경당石敬瑭의 후진後晉이 거란에게 뇌물로 바친 산후山後의 16개 주州를 대개 주머니 속에 든 물건과 같이 본 것이니, 북한北漢을 병합한 후에 장차 멀리 내쫓아 진秦·한漢의 영토를 평정하고자 하였을 따름이다. 우리 태조는 즉위한 후에 김부金傅가 아직 귀부하지 않았고, 견훤甄萱도 아직 잡히지 않았는데도 누차 서경西京西都에 행차하여 친히 북쪽 변두리 땅을 순행하였다. 그 뜻 또한 〈고구려〉 동명왕東明王의 옛 영토를 우리 집안에서 대대로 이어져 온 귀한 물건靑氈으로 여겨 분명 〈삼한을〉 석권한 후에 그곳을 차지하고자 한 것이니, 〈태조의 의도가〉 어찌 닭을 잡고 오리를 치는 데에 그칠 따름이었겠는가? 이로 미루어 보면, 비록 〈나라가〉 크고 작은 형세는 같지 않지만, 두 태조의 도량과 덕량은 이른바 「입장을 서로 바꾸더라도 모두 그렇게 한다」는 것이다.'라고 하셨다. 충선왕은 총명하고 고사古事를 즐겨서 왕구王構·염복閻復·요수姚燧·소구蕭㪍·조맹부趙孟頫·우집虞集과 같은 중국의 박식하고 고상한 선비들도 모두 그의 문정門庭에서 노닐었으니, 아마도 일찍이 그들과 더불어 고인古人의 일들을 논의하였을 것이다."라고 하였다.

사신史臣이 말하기를, "태조太祖는 너그러움으로써 아랫사람들을 다루었으니 어질고 지혜로운 자들이 호응하였고, 성심으로써 남을 대하였으니 멀고 가까운 이들이 모두 따랐으며, 살리기를 좋아하는 인덕仁德은 타고난 성품에서부터 나왔고, 백성들을 가엽게 여기는 마음은 지극한 정성에서부터 일어난 것이다. 견훤甄萱이 부자간에 서로 상하게 하니 정벌하여 그 땅을 거두어들였고, 김부金傅는 임금과 신하가 〈함께〉 귀부하여 오니 예로써 대우하였다. 거란과 같은 강자도 동맹국[與國]을 침공하여 멸망시키니 곧 그들과 관계를 끊었고, 발해渤海와 같은 약자도 영토를 잃고 돌아갈 곳이 없게 되니 곧 그들을 위무하였다. 자주 서경西京에 행차한 것은 근본이 되는 땅이기 때문이요, 몸소 북쪽 변두리 땅을 순행한 것은 사납고 억센 풍속을 잇대어 〈교화시키고자〉 하였기 때문이다. 왕업을 처음 일으켜 고쳐 시작할 때에 비록 미처 예악禮樂에 〈힘쓸〉 겨를이 없었지만 그 도량과 심오한 지략, 깊은 인덕과 후한 은택은 진실로 이미 500년 나라의 명맥을 배양시킨 것이다."라고 하였다.

혜종총서

혜종의공대왕惠宗義恭大王

휘는 무武이고, 자는 승건承乾이며, 태조太祖의 맏아들이다. 어머니는 장화왕후莊和王后 오씨吳氏이며, 후량後梁 건화乾化 2년 임신(912년)에 태어났다. 오씨가 일찍이 용이 품 안으로 들어오는 꿈을 꾸었다. 얼마 지나지 않아 태조가 나주羅州로 출진出鎭하였다가 보고는 사랑을 하니 마침내 임신을 하였다. 장성하자 기상과 도량이 넓고 크고, 지혜와 용맹함이 뛰어났으며, 태조를 따라 백제百濟를 정벌하여 공을 세웠다. 2년간 재위하였으며, 향년 34세였다.

혜종 1년(944년)

-혜종의공대왕-

王武 ▶ 944년 후진에 사신을 파견하여 왕위 계승을 알리다

광평시랑廣評侍郎 한현규韓玄珪와 예빈경禮賓卿 김렴金廉을 진晉에 보내어 왕위를 이었음을 알리고, 이어서 거란을 격파한 것을 하례하였다.

王武 ▶ 944년 12월 **최언위의 졸기**

한림원령 평장사翰林院令 平章事 최언위崔彦撝가 사망하였다. 최언위는 신라 사람으로 품성이 너그럽고 후하였으며, 어려서부터 문장에 뛰어났다. 18세에 당唐으로 가서 과거에 급제하고 42세에 비로소 돌아오니, 집사시랑 서서원학사執事侍郎 瑞書院學士를 제수하였다. 신라新羅가 귀부함에 미쳐서 태조가 명하여 태자사太子師로 삼아 문한文翰의 임무를 맡기니, 궁원宮院의 편액扁額은 모두 〈그가〉 지어서 정한 것이며, 당시의 귀한 집안의 자제들이 모두 그를 스승으로 섬겼다. 〈이때에 이르러〉 죽으니 향년 77세요, 시호諡號는 문영文英이라 하였다.

혜종 2년(945년)

-혜종의공대왕-

王武 ▶ 945년 후진에서 사신을 파견하여 혜종을 책봉하다

진晉이 광록경光祿卿 범광정范匡政과 태자세마太子洗馬 장계응張季凝을 보내어 왕을 지절 현토주도독 상주국 충대의군사 고려국왕持節 玄菟州都督 上柱國 充大義軍使 高麗國王으로 책봉하였다.

王武 ▶ 945년 왕규가 왕요와 왕소를 참소하다

대광大匡 왕규王規의 딸이 태조太祖의 16번째 비가 되어 아들을 하나 낳으니 광주원군廣州院君이라고 하였다. 하루는 왕규가 왕의 동생인 왕요王堯와 왕소王昭가 다른 생각이 있다고 참소하였다. 왕은 무고임을 알고 더욱 돈독하게 은혜로 대우하였다. 이때에 이르러 사천공봉司天供奉 최지몽崔知夢이 아뢰기를, "유성이 자미궁紫微宮을 침범하였으니, 나라에 반드시 역적이 있을 것입니다."라고 하였다. 왕은 왕규가 왕요와 왕소를 해치려는 징조라고 생각하였으나 또한 왕규에게 죄를 묻지 않고, 도리어 장공주長公主를 왕소의 처로 삼아 그의 세력을 강화시켰다. 공주는 어머니의 성姓을 따라 황보씨皇甫氏라고 하였다. 이후로 동성同姓에게 시집간 이들은 모두 〈그 본래 성을〉 피하고 외가外家의 성을 불렀다.

사신史臣이 말하기를, "아내를 맞아들임에 동성同姓을 취하지 않는 것이 예이니,

비록 100세대가 지나더라도 혼인을 하지 않는 것이다. 혜종惠宗이 공주를 아우에게 처로 삼게 한 것은 어째서인가. 당시의 풍속이 그러했던 것이다. 태조太祖는 세상에 드문 임금으로서 옛 법을 본받기 시작하고 풍속을 교화하는 데에 뜻을 두었으나, 습속에 젖어 바꾸지는 못하였다. 이때부터 그 이후로는 〈이를〉 가법家法으로 보아 답습하며 평온히 이상하게 여기지를 않았으니, 중엽 이후에 비록 4·6촌 사이의 〈혼인은〉 금지하였으나, 동성 간의 혼인은 끝내 금지하지 못하였다. 『좌전左傳』에 이르기를, '남녀가 성이 같으면 그 후손이 번성하지 못한다.'고 하였다. 동성 사이도 오히려 그러한데, 하물며 지친至親임에랴. 지금 고종과 이종 자매를 취한 자들을 보면 대체로 후손이 없는 경우가 많아서 그 세대가 500년이 지나더라도 종파宗派와 지파支派가 끝내 수 십 명에 지나지 않는다. 그런 뒤에야 선왕先王이 예를 정한 뜻이 깊음을 알게 될 것이니, 경계하지 않을 수 있겠는가."라고 하였다.

王武 ▶ 945년 **왕규가 반란을 일으켰으나 실패하다**

왕규王規가 광주원군廣州院君을 옹립하려고 도모하여, 일찍이 밤에 왕이 깊이 잠든 틈을 타서 그의 당여黨與로 하여금 침실에 잠입하게 하여 장차 대역죄를 범하고자 하였다. 왕이 이를 깨닫고 한 주먹에 그들을 때려죽인 후 주위에 명하여 끌어내게 하고는 다시 묻지 않았다. 하루는 왕이 병기病氣가 있어 신덕전神德殿에 머물고 있었는데, 최지몽崔知夢이 또 아뢰기를, "가까운 시일 내에 장차 변고가 있을 것이니, 마땅히 기회를 보아 이어移御하셔야 합니다."라고 하니, 왕이 몰래 중광전重光殿으로 옮겨 갔다. 왕규가 밤에 사람을 보내어 벽에 구멍을 뚫고 들어가게 하였는데, 침상은 이미 비어있었다. 왕은 왕규가 한 짓인 줄을 알았지만 역시 그에게 죄를 주지 않았다. 후에 왕규가 최지몽을 만나자 검을 빼어 들고 욕을 하며 말하기를, "왕이 침전을 옮긴 것은 분명히 너의 계략일 것이다."라고 하였다. 왕은 왕규가 반역을 꾀한 이후로 의심하고 꺼리는 바가 많아져서 항상 무장한 병사들로 자신을 호위하고, 기쁨과 성냄이 일정하지 않았으며, 여러 소인배들을 아울러 등용하고, 장수와 병졸들에게 상을 내림에 절도가 없었으니, 안팎이 탄식하고 원망하였다.

王武 ▶ 945년 9월 **혜종이 훙서하다**

　　왕의 병이 위독하였는데, 여러 신하들은 들어가 뵐 수가 없고 간사한 소인들만이 곁에서 모시고 있었다. 무신. 중광전重光殿에서 훙서하였다. 시호諡號를 올려 의공대왕義恭大王이라고 하고, 묘호廟號는 혜종惠宗이라 하였으며, 순릉順陵에 장사지냈다. 여러 신하들이 왕의 아우인 왕요王堯를 받들어 즉위하게 하였다.
이제현李齊賢이 찬贊하기를, "우보羽父가 환공桓公을 죽이라고 청한 것은 장차 태재太宰의 자리를 얻고자 한 것이었다. 은공隱公이 들어주지 않았지만 또한 그를 징벌하지도 않았다가 끝내 위씨蔿氏의 화를 입기에 이르렀다. 왕규王規가 왕의 두 아우를 참소한 것도 또한 우보와 같은 의도였다. 혜종惠宗은 그의 죄를 다스리지 않고 도리어 가까이에 있게 하였으니, 소매 속에 칼날을 숨기고 벽을 넘어 온 자객의 음모를 면한 것만도 다행이라고 하겠다. 당시는 태조太祖가 세상을 떠난 지가 얼마 되지 않아서, 왕규가 옳지 못한 방법으로 사람들의 마음을 얻음이 이미 후한後漢을 찬탈한 조비曹丕나 위魏를 찬탈한 사마염司馬炎과 같았는데도 그를 내치거나 죽이지 않은 것은 어째서인가. 아아, 소인小人을 멀리 하기가 어려움이 이와 같으니, 경계하지 않을 수 있겠는가."라고 하였다.

王武 ▶ 945년 9월 16일 **왕규가 대광 박술희를 죽이다**

　　왕규王規가 대광大匡 박술희朴述熙를 죽였다. 박술희는 성품이 용감하여 18세에 궁예弓裔의 위사衛士가 되었다. 후에 태조太祖를 섬기면서 여러 차례 군공軍功을 세우고, 유명遺命을 받아 혜종惠宗을 보좌하였다. 혜종이 병에 걸리자 마침내 왕규와 서로 미워하여 병사 100여 명을 직접 데리고 다녔다. 왕이 〈그가〉 다른 뜻을 갖고 있는 것으로 의심하여 갑곶甲串으로 유배를 보냈는데, 왕규가 거짓으로 왕명을 꾸며 그를 죽였다. 후에 시호諡號를 엄의嚴毅라고 하고 태사太師로 추증하였으며, 혜종의 묘정廟庭에 배향하였다.

王武 ▶ 945년 **왕규를 처형하다**

　　왕규王規를 처형하였다. 처음에 왕이 왕규가 역모를 꾸민다는 것을 알고 은밀히 서경西京의 대광大匡 왕식렴王式廉과 함께 변란에 대응할 방법을 의논하였다. 왕규가 반란을 막 일으키려고 할 때 왕식렴이 병사들을 이끌고 들어와 호위하니, 왕규가 감히 움직이지 못하였다. 왕규를 갑곶甲串으로 내치고, 사람을 보내어 쫓아가서 목을 베게 하였으며, 그의 당여黨與 300여 명도 주살하였다.

정종定宗 총서

정종문명대왕定宗文明大王

휘는 요堯이고, 자는 의천義天이며, 태조太祖의 둘째 아들이다. 어머니는 신명왕후神明王后 유씨劉氏로서 태조 6년 계미(923년)에 태어났다. 성품이 불교를 좋아하였으며, 두려움이 많았고, 도참圖讖을 믿었다. 4년간 재위하였으며, 향년 27세였다.

정종 즉위년(945년)

-정종문명대왕-

王堯 ▶ 945년 9월 16일 왕규가 대광 박술희를 죽이다

왕규王規가 대광大匡 박술희朴述熙를 죽였다. 박술희는 성품이 용감하여 18세에 궁예弓裔의 위사衛士가 되었다. 후에 태조太祖를 섬기면서 여러 차례 군공軍功을 세우고, 유명遺命을 받아 혜종惠宗을 보좌하였다. 혜종이 병에 걸리자 마침내 왕규와 서로 미워하여 병사 100여 명을 직접 데리고 다녔다. 왕이 〈그가〉 다른 뜻을 갖고 있는 것으로 의심하여 갑곶(甲串)으로 유배를 보냈는데, 왕규가 거짓으로 왕명을 꾸며 그를 죽였다. 후에 시호諡號를 엄의嚴毅라고 하고 태사太師로 추증하였으며, 혜종의 묘정廟庭에 배향하였다.

정종 1년(946년)

−정종문명대왕−

王堯 ▶ 946년 1월 **왕을 깨우치는 소리가 허공에서 들리다**

왕이 장차 현릉顯陵을 참배하려고 치재致齋하던 날 밤에 허공으로부터 말소리가 들렸는데, "요堯야. 가여운 백성들을 보살피고 구휼하는 것이 임금의 중요한 임무이다."라고 하였다.

王堯 ▶ 946년 **천고가 울려 사면하다**

이해에 천고天鼓가 울렸다. 사면하였다.

王堯 ▶ 946년 **왕이 불사리를 개국사에 봉안하다**

왕이 의장을 갖추어 부처의 사리舍利를 받들고, 10리 밖에 있는 개국사開國寺에까지 걸어가서 봉안하였다. 또 양곡 70,000석碩을 여러 큰 사원에 시납하여 각각 불명경보佛名經寶와 광학보를 설치함으로써 불법佛法을 공부하는 자들을 권장하였다.

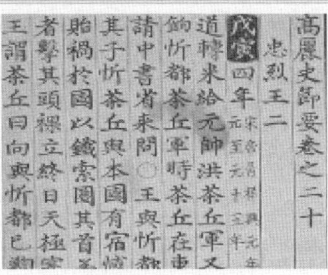

정종 2년(947년)
-정종문명대왕-

王堯 ▶ 947년 **덕창진과 서경 왕성 등을 쌓다**

대광大匡 박수문朴守文을 보내어 덕창진德昌鎭에 성을 쌓고, 또 서경西京의 왕성王城과 철옹鐵甕·단릉博陵·삼척三陟·통덕通德 등에 성을 쌓았다.

王堯 ▶ 947년 **덕성진에 성을 쌓다**

대광大匡 박수경朴守卿을 보내어 덕성진德成鎭에 성을 쌓았다.

王堯 ▶ 947년 **거란의 침입에 대비하여 광군사를 설치하다**

광군사光軍司를 설치하였다. 이보다 앞서서 최언위崔彦撝의 아들 최광윤崔光胤이 빈공진사賓貢進士로서 유학하러 진晉에 들어갔다가 거란에 사로잡혔는데, 재능이 있다 하여 등용되어 관직과 작위를 받았다. 귀성龜城에 사신으로 왔다가, 거란이 장차 우리를 침범하려는 것을 알고 서신을 보내어 알려왔다. 이에 유사有司에게 명하여 군사 300,000명을 선발하게 하고 '광군光軍'이라고 불렀다.

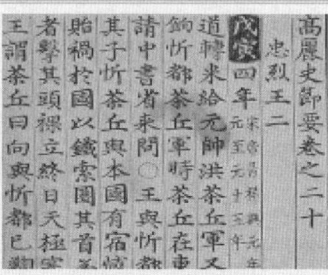

정종 3년(948년)
－정종문명대왕－

王堯 ▶ 948년 9월 **동여진 소무개 등이 바친 방물을 받다**

　동여진東女眞의 소무개蘇無蓋 등이 와서 말 700필과 방물方物을 바쳤다. 왕이 천덕전天德殿에 임어하여 그것들을 받았다. 갑자기 천둥이 치고 비가 내리더니 물건을 관리하던 사람에게 벼락이 치고, 또 천덕전의 서쪽 모퉁이에도 벼락이 내리쳤다. 왕이 크게 놀라니, 근신近臣들이 부축하여 중광전重光殿으로 들어갔다. 마침내 건강이 악화되었다. 사면하였다.

王堯 ▶ 948년 9월 **후한 연호를 사용하기 시작하다**

　처음으로 후한後漢의 연호年號를 사용하기 시작하였다.

정종 4년(949년)

-정종문명대왕-

王堯 ▶ 949년 1월 왕식렴의 졸기

대광大匡 왕식렴王式廉이 죽었다. 왕식렴은 태조太祖의 사촌동생이다. 부지런함과 신중함으로써 오랫동안 서경西京을 지켰다. 왕규王規의 반란을 평정하자 광국익찬공신匡國翊贊功臣의 칭호를 내려주고 대승大丞으로 올려주었다. 사망하자 시호諡號를 위정威靜이라고 하고 태사太師로 추증하였으며, 후에 왕의 묘에 배향하였다.

王堯 ▶ 949년 3월 13일 정종이 훙서하다

왕의 병세가 위독하여지자 동모제[母弟]인 왕소王昭를 불러 왕위를 물려주고[內禪] 제석원帝釋院으로 이어하였다. 훙서하니, 시호諡號를 올려 문명文明이라고 하고, 묘호廟號를 정종定宗이라고 하였으며, 안릉安陵에 장사지냈다. 처음에 〈왕이〉 도참설圖讖說을 믿어 장차 서경西京으로 천도를 하고자 장정들을 징발하고 시중侍中 권직權直으로 하여금 궁궐을 짓게 하니, 노역이 그치지를 않았으며, 또 개경開京의 민호民戶를 뽑아 옮겨서 서경을 채웠다. 민심이 복종하지 않고 원망과 비방이 함께 일어났다. 〈왕이〉 훙서하자 노역하던 장정들이 듣고 기뻐 날뛰었다.
이제현李齊賢이 찬贊하기를, "정종定宗은 왕의 존귀한 몸으로 10리나 떨어진 부처의 집에 걸어가서 사리舍利를 안치하였고, 또 70,000석이나 되는 곡식을 하루 만에 여러 승려들에게 나누어 주었다. 한 번 하늘의 꾸짖음[天譴]을 받자 상심하여 병이 생겼으니, 이른바 '군자君子는 복을 구하되 도리에 어긋나지 않는다[求福不回]'라는 말을 또한 일찍이 들어보았던가. 병이 이미 매우 위독하였는데도 종묘宗廟와 사직社稷을 그의 친동생에게 부촉함으로써 왕규王規와 같은 자들이 그 틈을 엿보지 못하게 한 것은 칭찬할 만한 일이다."라고 하였다.

王堯 ▶ 949년 8월 개국에 공로가 있는 자들에게 쌀을 하사하다

대광大匡 박수경朴守卿 등에게 명하여 나라를 평정하던 초기에 공로가 있는 자들을 헤아려서 차등 있게 쌀을 내려주고, 예식例食으로 삼게 하였다.

王堯 ▶ 949년 8월 주현에서 바칠 세공의 액수를 정하다

원보元甫 식회式會와 원윤元尹 신강信康 등에게 명하여 각 주현州縣에서 해마다 바치는 공물의 액수를 정하게 하였다.

광종총서

광종대성대왕光宗大成大王

휘는 소昭이고, 자는 일화日華이며, 정종定宗의 동모제[母弟]이다. 태조太祖 8년(925년) 을유에 태어났다. 예로써 신하들을 대하고, 일을 듣고 처리하는 데에 밝았으며, 가난하고 약한 자들을 불쌍히 여기고, 학문이 깊고 품위가 있는[儒雅] 이들을 존중하며, 밤낮으로 부지런히 힘써 거의 태평한 정치를 이루었다. 중엽 이후로는 참소를 믿어 많은 사람들을 죽였으며, 불법佛法을 매우 좋아하고, 절도가 없이 사치스러웠다. 26년간 재위하였으며, 향년 51세였다.

광종 즉위년(949년)
-광종대성대왕-

王昭 ▶ 949년 8월 **개국에 공로가 있는 자들에게 쌀을 하사하다**

대광大匡 박수경朴守卿 등에게 명하여 나라를 평정하던 초기에 공로가 있는 자들을 헤아려서 차등 있게 쌀을 내려주고, 예식例食으로 삼게 하였다.

王昭 ▶ 949년 8월 **주현에서 바칠 세공의 액수를 정하다**

원보元甫 식회式會와 원윤元尹 신강信康 등에게 명하여 각 주현州縣에서 해마다 바치는 공물의 액수를 정하게 하였다.

광종 1년(950년)
─광종대성대왕─

王昭 ▶ 950년 1월 **왕이 재앙을 물리치고자 『정관정요』를 읽다**

큰바람이 불어 나무가 뽑혔다. 왕이 재앙을 물리칠 술법을 물으니, 사천대司天臺에서 아뢰기를, "덕을 닦는 것 만한 것이 없습니다."라고 하였다. 이때부터 항상 『정관정요貞觀政要』를 읽었다.

王昭 ▶ 950년 1월 **장청진에 성을 쌓다**

장청진長靑鎭에 성을 쌓았다.

王昭 ▶ 950년 **위화진에 성을 쌓다**

위화진威化鎭에 성을 쌓았다.

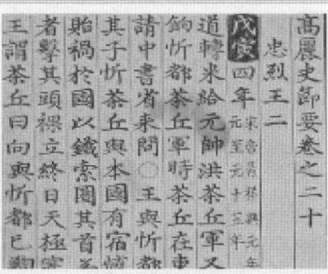

광종 2년(951년)
-광종대성대왕-

王昭 ▶ 951년 10월 **서경 중흥사 9층탑에 화재가 나다**

서경西京 중흥사重興寺의 9층탑에 화재가 났다.

王昭 ▶ 951년 12월 **후주의 연호를 사용하기 시작하다**

처음으로 후주後周의 연호年號를 사용하기 시작하였다.

王昭 ▶ 951년 **대봉은사를 창건하여 태조의 원당으로 삼다**

대봉은사를 도성 남쪽에 창건하여 태조太祖의 원당願堂으로 삼았다. 또 불일사佛日寺를 동쪽 교외에 창건하여 돌아가신 어머니[先妣] 유씨劉氏의 원당으로 삼았다.

광종 3년(952년)
-광종대성대왕-

王昭 ▶ 952년 **안삭진에 성을 쌓다**

안삭진安朔鎭에 성을 쌓았다.

王昭 ▶ 952년 **광평시랑 서봉을 보내 후주에 방물을 바치다**

이해에 광평시랑廣評侍郎 서봉徐逢을 주周에 보내어 방물方物을 바쳤다.

광종 4년(953년)
-광종대성대왕-

王昭 ▶ 953년 10월 **경주 황룡사 9층탑에 화재가 나다**

경주慶州 황룡사皇龍寺의 9층탑에 화재가 났다.

王昭 ▶ 953년 **후주에서 사신을 보내와 광종을 책봉하다**

주周에서 위위경衛尉卿 왕연王演과 장작소감將作少監 여계빈呂繼贇을 보내어 왕을 특진 검교태보 사지절 현토주도독 충대의군사 겸어사대부 고려국왕特進 檢校太保 使持節 玄菟州都督 充大義軍使 兼御史大夫 高麗國王으로 책봉하였다.

광종 5~6년(954~955년)

－광종대성대왕－

王昭 ▶ 954년 **숭선사를 창건하여 모후의 명복을 빌다**

숭선사崇善寺을 창건하여 돌아가신 어머니[先妣]의 명복을 빌었다.

王昭 ▶ 955년 **후주에 사신을 보내 방물을 바치고 즉위를 하례하다**

대상大相 왕융王融을 주周에 보내어 방물方物을 바치고, 광평시랑廣評侍郎 순질荀質을 보내어 즉위를 하례하였다.

광종 7년(956년)
−광종대성대왕−

王昭 ▶ 956년 **임진현에서 흰 꿩을 바치다**

임진현臨津縣에서 흰 꿩을 바쳤다.

王昭 ▶ 956년 **후주에서 왕을 가책하고 관복을 중국 제도에 따르게 하다**

주周에서 장작감將作監 설문우辭文遇를 보내와 왕을 개부의동삼사 검교태사開府儀同三司檢校太師로 덧붙여 책봉하고, 이어서 백관百官의 의관衣冠은 중국의 제도[華制]를 따르게 하였다. 전 절도순관 대리평사節度巡官 大理評事 쌍기雙冀가 설문우를 따라 왔다가 병에 걸려서 머무르게 되었다. 병이 낫자 왕이 불러서 보았는데, 왕의 뜻에 잘 맞았으므로[稱旨] 왕이 그의 재주를 아껴서 표表를 올려 〈고려의〉 관료로 삼기를 청하고, 마침내 발탁하여 임용하였다. 해를 넘기기도 전에 문한文翰의 임무[文柄]를 맡기니, 당시의 의론이 불만스러워 하였다.

王昭 ▶ 956년 **노비를 조사하여 시비를 가리다**

노비奴婢를 상세히 조사하고 살펴서[按檢] 옳고 그름을 따져 밝혀내도록 명하였다. 주인을 배반하는 노비들이 이루 다 셀 수가 없을 정도였다. 이로 말미암아 상전上典을 능멸하는 풍조가 크게 일어나 사람들이 모두 탄식하고 원망하므로 왕비가 간절하게 간언하였으나, 〈왕이〉 받아들이지 않았다.

광종 8년(957년)

−광종대성대왕−

王昭 ▶ 957년 1월 **왕이 구정에서 활쏘기를 관람하다**

왕이 구정毬庭에서 활쏘기를 관람하였다

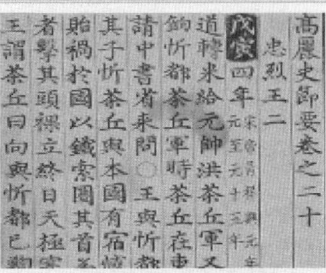

광종 9년(958년)
-광종대성대왕-

王昭 ▶ 958년 5월 **쌍기의 건의를 받아들여 과거를 실시하다**

한림학사翰林學士 쌍기雙冀를 지공거知貢擧로 임명하고, 시詩·부賦·송頌과 시무책時務策을 시험하여 진사進士를 뽑게 하였다. 위봉루威鳳樓에 임어하여 급제자를 발표하고[放榜], 갑과甲科 최섬崔暹 등 2명, 명경明經 3명, 복업卜業 2명에게 급제를 하사하였다. 쌍기의 의견을 채택하여 처음으로 과거科擧를 설치하니, 이로부터 문풍文風이 비로소 흥성하였다.

王昭 ▶ 958년 5월 **검은 학이 함덕전에 군집하다**

검은 학이 함덕전含德殿에 군집하였다.

王昭 ▶ 958년 **후주에서 비단을 가지고 와서 동으로 바꾸어가다**

이해에 주周가 상서수부원외랑尙書水部員外郎 한언경韓彦卿과 상련봉어尙輦奉御 김언영金彦英을 보내어 비단 수천 필을 가지고 와서 동銅으로 바꾸었다.

광종 10년(959년)
―광종대성대왕―

王昭 ▶ 959년 후주에 방물을 바치다

좌승佐丞 왕긍王兢과 좌윤佐尹 황보위광皇甫魏光을 주周에 보내어 방물方物을 바쳤다.

王昭 ▶ 959년 후주에 사신을 보내다

사신使臣을 주周에 보냈다.

王昭 ▶ 959년 후주에서 좌효위대장군 대교를 보내오다

주周에서 좌효위대장군左驍衛大將軍 대교戴交를 보내왔다.

王昭 ▶ 959년 후주에 사신을 보내 동과 수정을 바치다

사신使臣을 주周에 보내어 동銅과 수정水精을 바쳤다.

王昭 ▶ 959년 쌍기의 아버지 쌍철이 왔기에 좌승으로 삼다

주周의 시어 청주수侍御淸州守 쌍철雙哲이 오니, 좌승佐丞으로 삼았다. 쌍철은 쌍기의 아버지인데, 쌍기가 총애를 받는다는 말을 듣고 왕긍王兢을 따라 온 것이다.

광종 11년(960년)
-광종대성대왕-

王昭 ▶ 960년 3월 **최광범 등이 급제하다**

최광범崔光範 등 7명과 명경明經 1명, 의업醫業 3명에게 급제를 하사하였다.

王昭 ▶ 960년 3월 **백관의 공복을 정하다**

백관百官의 공복公服을 정하여 원윤元尹 이상은 자삼紫衫, 중단경中壇卿 이상은 단삼丹衫, 도항경都航卿 이상은 비삼緋衫, 소주부小主簿 이상은 녹삼綠衫으로 하였다.

王昭 ▶ 960년 3월 **개경을 황도로, 서경을 서도로 명하다**

개경開京을 황도皇都라고 하고, 서경西京을 서도西都라고 하였다.

王昭 ▶ 960년 3월 **가주와 척주에 성을 쌓다**

습홀濕忽에 성을 쌓고 승격시켜 가주嘉州라고 하였으며, 송성松城에 성을 쌓고 승격시켜 척주拓州라고 하였다.

王昭 ▶ 960년 3월 **참소하는 풍조가 만연하며 왕의 시기가 심해지다**

평농서사評農書史 권신權信이 대상大相 준홍俊弘과 좌승佐丞 왕동王同 등이 반역을 꾸민다고 참소하니, 그들을 내쳤다. 이로부터 참소하고 아첨하는 자들이 득세하여 충량한 이들을 무함하고, 노비가 그 주인을 고소하며, 자식이 부모를 참소하니, 감옥이 항상 가득 차서 따로 임시 감옥을 설치하였으며, 죄 없이 죽임을 당하는 자들이 잇달았다. 왕의 시기가 날로 심해져서 왕실의 일족으로서 〈목숨을〉 보전하지 못한 자들이 많았으며, 비록 외아들 왕주王伷라 할지라도 또한 의심하여 가까이하지 못하게 하였다. 사람마다 모두 두려워하여 감히 서로 마주하며 말도 하지 못하였다.

광종 12년(961년)

―광종대성대왕―

王昭 ▶ 961년 4월 **큰 홍수가 나서 인가가 잠기다**

큰 홍수가 나서 인가人家가 물에 잠겼는데, 그 물빛이 붉게 변하였다.

王昭 ▶ 961년 **수영궁궐도감을 설치하고 왕육의 집으로 이어하다**

이해에 수영궁궐도감修營宮闕都監을 설치하고, 정광正匡 왕육王育의 집으로 이어하였다.

王昭 ▶ 961년 **왕거 등이 급제하다**

왕거王擧 등 7명과 명경明經 1명에게 급제를 하사하였다.

광종 13~14년(962~963년)
-광종대성대왕-

王昭 ▶ 962년 송에 사신을 보내 방물을 바치다

광평시랑廣評侍郎 이흥우李興祐를 송宋에 보내어 방물方物을 바쳤다.

王昭 ▶ 963년 6월 환궁하면서 군신의 화합을 당부하는 조서를 내리다

궁궐로 돌아와 조서를 내리기를,

"오랫동안 궁을 떠나 있으면서 백관百官이 정사를 아뢰어도 직접 듣지 못한 일이 많았기 때문에 뭇사람들의 마음에 혹시 의심이 생겼을까 염려된다. 이제 궁궐을 수리하는 공사가 끝났고 정사를 들을 곳도 생겼으니, 무릇 너희 백관들은 각각 너희의 일을 정성을 다하여 처리하고 예전대로 나와 아룀으로써 물고기와 물이 함께 기뻐하는 것[魚水同歡]과 같게 하여, 임금과 신하가 서로 막혀 통하지 못함에 이르지 않게 하라."라고 하였다.

王昭 ▶ 963년 7월 귀법사를 창건하고 제위보를 설치하다

귀법사歸法寺를 창건하고, 제위보濟危寶를 설치하였다.

王昭 ▶ 963년 12월 **송의 연호를 사용하기 시작하다**

처음으로 송宋의 연호年號를 사용하기 시작하였다.

王昭 ▶ 963년 12월 **송의 책명사 일행이 난파하다**

송宋에서 책명사冊命使 시찬時贊을 보냈다. 시찬 등이 바다에서 풍랑을 만나 빠져 죽은 자가 90명이었고, 시찬만이 홀로 〈죽음을〉 면하였다. 왕이 그를 특별히 후하게 대접하고 위로하였다.

광종 15년(964년)
−광종대성대왕−

王昭 ▶ 964년 3월 김책 등이 급제하니 연회를 베풀다

김책金策과 명경明經·복업卜業 각각 1명에게 급제를 하사하였다. 왕이 천덕전天德殿에 임어하여 여러 신하에게 연회를 베풀었는데, 김책에게 평복平服을 벗도록[釋褐] 명하고 공복公服을 내려주고는 연회에 참가하게 하였다.

王昭 ▶ 964년 8월 박수경의 졸기

사도司徒 박수경朴守卿이 죽었다. 박수경은 성품이 용맹하고 맹렬하였으며, 권모權謀와 지략이 뛰어났으니, 태조太祖를 섬겨 원윤元尹이 되었다. 백제百濟가 누차 신라新羅를 침범하니, 태조가 박수경에게 명하여 가서 지키게 하였는데, 재차 오는 견훤甄萱을 마주치자 박수경이 문득 기묘한 계책을 써서 그를 패배시켰다. 조물군曹物郡의 전투에서는 태조가 3군三軍으로 나누어 대상大相 제궁帝弓을 상군上軍으로, 원윤 왕충王忠을 중군中軍으로, 박수경과 은녕殷寧을 하군下軍으로 삼았다. 전투가 벌어지자 상군과 중군은 모두 패배하였지만 박수경의 군대만이 홀로 승리를 거두니, 태조가 기뻐하며 그를 원보元甫로 승진시켰다. 박수경이 말하기를, "신의 형 박수문朴守文이 지금 원윤인데, 신의 지위가 그보다 위에 있게 된다면 어찌 스스로 부끄럽지 않겠습니까."라고 하였다. 마침내 아울러 원보로 삼았다. 발성勃城의 전투에서는 태조가 포위를 당하였는데, 박수경이 힘써 싸운 덕분에 벗어날 수 있었다. 경자년940에 역분전役分田을 정하면서 특별히 토지 200결結을 내려주었다. 정종定宗이 즉위한 초기에 내란을 평정함에 있어서도 박수경의 공이 많았다. 이때에 이르러 아들 박승위朴承位·박승경朴承景·박승례朴承禮가 참소를 입어 옥에 갇히자 근심하고 원통해하다가 죽었다.

광종 16년(965년)

−광종대성대왕−

王昭 ▶ 965년 2월 왕주를 정윤으로 세우다

아들 왕주王伷에게 원복元服을 더하여주고, 정윤 내사제군사 내의령正胤 內史諸軍事 內議令으로 세웠으며, 장생전長生殿에서 군신君臣들에게 연회를 베풀었다.

王昭 ▶ 965년 2월 송에 방물을 바치다

대승 내봉령大丞 內奉令 왕로王輅를 송宋에 보내어 방물方物을 바쳤다. 송 황제가 왕로에게 상서좌복야尙書左僕射를 제수하고, 식실봉食實封 300호를 주었다.

王昭 ▶ 965년 7월 서필의 졸기

내의령內議令 서필徐弼이 죽었다. 서필은 이천利川사람으로 성품이 명석하고 민첩하였으며, 서리[吏]에서부터 시작하여 관직에 나아갔다. 왕이 일찍이 재신宰臣 왕함민王咸敏, 황보광겸皇甫光謙과 서필에게 금으로 만든 술그릇을 내려주었는데, 서필만이 홀로 받지 않으면서 말하기를, "신이 외람되게 재상宰輔의 자리에 있으면서 이미 총은을 넘치게 받았는데, 또 금 그릇을 내려주시니 더욱 두렵고 분수에 넘치는 일입니다. 또한 복식과 용기는 등급等級이 분명해야 하고, 사치와 검소함은 잘 다스려짐과 어지럽혀짐에 관계되는 것인데, 신이 금 그릇을 쓴다면 임금께서는 장차 무엇을

쓰시겠습니까."라고 하였다. 왕이 말하기를, "경은 보배를 보배로 여기지 않으니, 나는 마땅히 경의 말을 보배로 삼을 것이다."라고 하였다. 후에 나아가 알현하고 말하기를, "바라건대 왕께서는 공이 없는 자들에게 상을 주지 마시고, 공이 있는 자들을 잊지 마십시오."라고 하였는데, 왕이 대답이 없었다. 다음날 근신近臣을 보내어 공이 있는 자와 없는 자가 누구인지를 묻자, 서필이 대답하기를, "공이 있는 자는 바로 원보元甫 식회式會이고, 공이 없는 자는 바로 너희들이니, 바라건대 이대로 가서 아뢰어라."라고 하였다. 당시에 왕은 투화해 온 중국인들을 예우하고 중시하여, 신료들의 집과 여자들을 가려 뽑아서 그들에게 주었다. 하루는 서필이 아뢰기를, "신이 기거하는 집이 자못 넓으니, 바치고자 합니다."라고 하였다. 왕이 그 이유를 물으니 대답하기를, "지금 투화해 온 중국인들은 관직을 선택하여 벼슬을 하고 가옥을 선택하여 거처하니, 대대로 이어져 내려온 큰 집안[世臣故家]들은 도리어 대부분 머물 곳을 잃어버렸습니다. 신이 어리석으나마 진실로 자손들을 위하여 헤아려보니, 재상이 거처하는 집이 넓지 않으면 소유할 수가 있습니다. 신이 살아있을 때에 저희 집을 가져가시기 바랍니다. 신이 남는 녹봉祿俸으로 다시 작은 집을 지으면, 아마도 후회할 일이 없을 것입니다."라고 하니, 왕이 노여워하였다. 후에 깊이 깨닫고 훌륭하다고 칭찬하였으며, 이후로 다시는 신료들의 집을 빼앗지 않았다. 또 궁 안 마구간의[內廐]의 말이 죽자 왕이 그 담당자를 죄주고자 하였는데, 서필이 공자의 '말에 대해서는 묻지 않았다[不問馬]'는 고사를 인용하여 간언하니, 마구간 담당자는 〈죽음을〉 면할 수 있었다. 그가 꺼리지 않고 바른 말을 함이 이러하였다. 시호諡號는 정민貞敏이며, 왕의 묘정廟庭에 배향되었다.

광종 17~19년(966~968년)

−광종대성대왕−

王昭 ▶ 966년 최거업 등이 급제하다

최거업崔居業 등 2명에게 급제를 하사하였다.

王昭 ▶ 967년 낙릉군에 성을 쌓다

낙릉군樂陵郡에 성을 쌓았다.

王昭 ▶ 968년 5월 위화진에 성을 쌓다

위화진威化鎭에 성을 쌓았다.

王昭 ▶ 968년 홍화사 등을 창건하고 재회를 베풀다

이해에 홍화사弘化寺·유암사遊巖寺·삼귀사三歸寺 등의 사찰을 창건하였다. 왕이 참소를 믿어 많은 사람들을 죽였기 때문에 속으로 의심과 두려움을 품고 있었다. 그 죄업罪業을 제거하고자 널리 재회齋會를 베푸니, 무뢰배들이 거짓으로 출가하여 배불리 먹기를 구하고, 구걸하는 자들이 먼지를 일으키며 몰려들어 먹을 것을 얻어갔다. 혹은 떡[餠䭔]·곡식[米豆]·땔감[柴炭]을 개경과 지방의 길가에서 나누어주었는데, 이루 다 셀 수 없을 정도였다. 방생소放生所를 줄지어 설치하고, 가까운 사원에 가서 불경佛經을 강설하게 하였으며, 도살을 금지하여 왕의 식사에 올리는 고기[內膳]도 또한 저자에서 구입하여 진상하기에 이르렀다.

광종 20~22년(969~971년)

―광종대성대왕―

王昭 ▶ 969년 11월 **왕욱이 죽다**

왕의 아우 왕욱王旭이 죽었다.

王昭 ▶ 969년 11월 **영삭진에 성을 쌓다**

영삭진寧朔鎭에 성을 쌓았다.

王昭 ▶ 970년 **안삭진에 성을 쌓다**

안삭진安朔鎭에 성을 쌓았다.

王昭 ▶ 970년 **귀법사에 행차하다**

귀법사歸法寺에 행차하였다.

王昭 ▶ 971년 12월 **지진이 일어나다**

지진이 일어났다.

광종 23~25년(972~974년)
－광종대성대왕－

王昭 ▶ 972년 2월 **지진이 일어나다**

지진이 일어났다.

王昭 ▶ 972년 8월 **사면하다**

사면하였다.

王昭 ▶ 972년 **양연 등이 급제하다**

이해에 양연楊演 등 4명에게 급제를 하사하였다.

王昭 ▶ 972년 **송에 방물을 바치니 왕과 사신에게 식읍을 내려주다**

내의시랑內議侍郎 서희徐熙를 송宋에 보내어 방물方物을 헌상하였다. 송宋 황제가 제서를 내려 왕에게 식읍食邑을 더하여 주고, 추성순화수절보의공신推誠順化守節保義功臣의 칭호를 내려주었으며, 서희에게는 검교 병부상서檢校 兵部尙書를, 부사副使인 내봉경內奉卿 최업崔業에게는 검교 사농경 겸 어사대부檢校 司農卿兼 御史大夫를, 판관判官인 광평시랑廣評侍郎 강례康禮에게는 검교 소부소감檢校 少府少監을, 녹사錄事인 광평원외랑廣

評員外郞 유은劉隱에게는 검교 상서금부낭중檢校 尙書金部郞中을 제수하였다.

王昭 ▶ 973년 2월 백사유 등이 급제하다

백사유白思柔 등 2명에게 급제를 하사하였다.

王昭 ▶ 973년 장평진 등에 성을 쌓다

이해에 장평진長平鎭과 단평진博平鎭 두 진과 고주高州에 성을 쌓고, 또 신도성信都城을 수리하였다.

王昭 ▶ 974년 3월 한인경 등이 급제하다

한인경韓藺卿 등 2명에게 급제를 하사하였다.

王昭 ▶ 974년 서경의 거사 연가가 반역을 꾀하다 죽임당하다

이해에 서경西京의 거사居士 연가緣可가 반역을 꾀하다가 죽임을 당하였다.

광종 26년(975년)
-광종대성대왕-

王昭 ▶ 975년 5월 **광종이 훙서하다**

왕의 몸이 편찮아졌다. 갑오. 정침正寢에서 훙서하니, 시호諡號를 올려 대성大成이라고 하고, 묘호廟號를 광종光宗이라고 하였으며, 헌릉憲陵에 장사지냈다. 태자가 즉위하여 크게 사면령을 내려 유배 보냈던 이들을 돌아오게 하고, 잡혀있던 죄수들을 풀어주었으며, 연좌된 자들의 죄를 씻어주었다. 막혀있던 자들을 발탁하고, 관작官爵을 회복시켜주었으며, 부채를 덜어주고 조세를 경감하여 주었고, 임시 감옥을 헐어버리고 참소하는 글들을 불태워버리니, 조정 안팎이 모두 크게 기뻐하였다.

이제현이 찬贊하기를, "광종光宗이 쌍기雙冀를 등용한 것이 '어진 이를 뽑아 세우는 데에는 꺼리는 바가 없다立賢無方'고 하는 것과 같다고 할 수 있는가. 쌍기가 정말로 현인이었다면, 어찌 임금을 착한 길로 이끌어서, 참소를 믿어 형벌을 남발하는 데에 이르지 않게 하지 못하였는가. 과거科擧를 설치하여 선비들을 뽑은 것은 광종의 고아高雅함에 문치文治로써 풍속을 교화하고자 하는 뜻이 있음을 보고 쌍기 역시 이를 따름으로써 아름다움을 이룩한 것이니, 보탬이 없다고 할 수는 없다. 다만 그가 헛되이 겉만 화려한 문장을 창도한 것만은 후세에 끼친 폐단이 이루 다 헤아릴 수가 없는 것이었다고 하겠다."라고 하였다.

경종총서

경종헌화대왕景宗獻和大王

휘는 주伷이고, 자는 장민長民이며, 광종光宗의 맏아들이다. 어머니는 대목왕후大穆王后 황보씨皇甫氏로서 광종 6년 을묘(955년) 9월 정사에 태어났다. 온량하고 어질고 덕이 많았으며, 놀러 다니는 것을 좋아하지 않았다. 말년에 이르러서는 모든 정무를 싫어하고 게을러져서, 매일 오락을 일삼아 주악과 여색에 빠지고 바둑을 즐겼으며, 소인들과 친밀히 사귀면서 군자를 멀리하였다. 이로 말미암아 정치와 교화가 쇠미하여졌다. 6년간 재위하였으며, 향년 27세였다.

경종 즉위년(975년)

−경종헌화대왕−

王伽 ▶ **975년 10월 김부를 상보로 삼고 식읍을 더해주다**

정승政丞 김부金傅에게 상보 도성령尙父 都省令의 칭호와 식읍食邑 10,000호를 더하여 주었다.

王伽 ▶ **975년 10월 6대의 조상에 존호를 올리다**

〈왕의〉 6대代에 걸친 조상들에게 존호尊號를 올렸다.

경종 1년(976년)

-경종헌화대왕-

王佾 ▶ 976년 2월 **문무 양반의 묘제를 정하다**

문무 양반兩班의 묘제墓制를 정하였다.

王佾 ▶ 976년 11월 **송에서 사신을 보내 경종을 책봉하다**

송宋에서 좌사어부솔左司禦副率 우연초于延超와 사농시승司農寺丞 서소문徐昭文을 보내어 왕을 광록대부 검교태부 사지절 현토주제군사 현토주도독 대순군사光祿大夫 檢校太傅 使持節 玄菟州諸軍事 玄菟州都督 大順軍使로 책봉하고 식읍食邑 3,000호를 주었다.

王佾 ▶ 976년 11월 **송에 사신을 보내 즉위를 하례하다**

송宋에 사신을 보내어 즉위를 하례하였다.

王佾 ▶ 976년 11월 **부엉이가 대낮에 하늘 가득히 날며 울다**

부엉이가 대낮에 하늘 가득히 날아다니며 울었다.

王伷 ▶ 976년 11월 집정 왕선을 외방으로 내치다

집정執政 왕선王詵을 외방으로 내쳤다. 처음에 왕이 선조先朝 때에 참소를 입었던 자의 자손들로 하여금 원수를 갚도록 허락하였더니 마침내 서로 함부로 죽여서 다시 원통한 소리가 나오기에 이르렀다. 이때에 왕선이 복수를 핑계로 태조太祖의 아들인 천안부원군天安府院君을 교살하였다. 이에 왕선을 내쫓고, 이어서 함부로 죽임으로써 원수를 갚는 행위를 금지시켰다.

王伷 ▶ 976년 11월 순질과 신질을 좌우집정으로 삼고 내사령을 겸하게 하다

순질荀質과 신질申質을 각각 좌집정左執政과 우집정右執政으로 삼고 모두 내사령內史令을 겸하게 하였으며, 원보元甫 수여壽餘를 근신近臣인 지어주사知御廚事로 삼았다.

王伷 ▶ 976년 11월 직관과 산관의 전시과를 처음 정하다

처음으로 직관職官과 산관散官 각 품의 전시과田柴科를 정하였는데, 관품官品의 높고 낮음에 관계없이 다만 인품人品을 따라 정하였다. 자삼紫衫 이상을 18품으로 만들어, 1품은 전지田地와 시지柴地 각각 110결結을 지급하고, 품차品次에 따라 차례로 낮추었다. 문반文班은 단삼丹衫 이상을 10품으로, 비삼緋衫은 8품으로, 녹삼綠衫은 10품으로 만들고, 무반武班은 단삼丹衫 이상을 5품으로, 잡업雜業은 단삼丹衫 이상을 10품으로, 비삼緋衫 이상을 8품으로, 녹삼綠衫 이상을 10품으로 만들었으며, 모두 전지와 시지를 차등 있게 지급하였다.

王伷 ▶ 976년 김행성을 송의 국자감에 입학시키다

이해에 김행성金行成을 송宋에 보내어 국자감國子監에 입학시키니, 마침내 과거에 급제하였다.

경종 2년(977년)

―경종헌화대왕―

王佁 ▶ 977년 3월 왕이 진사시를 주관하고 고응 등에게 급제를 하사하다

동쪽 연못東池의 용선龍船에 임어하여 직접 진사進士들을 시험하여 고응高凝 등 6명에게 급제를 하사하고 곧 〈평복平服을 벗고〉 관직에 나아가게 하였다[釋褐].

王佁 ▶ 977년 3월 개국공신 등에게 훈전을 지급하다

개국공신開國功臣과 향의귀순성주向義歸順城主 등에게 훈전勳田을 차등 있게 내려주었다.

王佁 ▶ 977년 3월 송에 사신을 보내 준마와 갑옷 등을 바치다

송宋에 사신을 보내어 준마駿馬와 갑옷·병기를 바쳤다.

경종 3~5년(978~980년)
-경종헌화대왕-

王伾 ▶ 978년 4월 **정승 김부가 사망하다**

정승政丞 김부金傅가 사망하니, 시호諡號를 경순敬順이라고 하였다.

王伾 ▶ 978년 4월 **송에서 사신을 보내 예방하다**

송宋에서 태자중윤太子中允 장계張洎를 보내어 예방하였다.

王伾 ▶ 979년 3월 **원징연 등이 급제하다**

원징연元徵衍 등에게 급제를 하사하였다.

王伾 ▶ 979년 6월 **송에서 왕을 가책하다**

송宋이 공봉관 합문지후供奉官 閤門祗候 왕선王僎을 보내어 왕을 시중侍中으로 책봉하고 식읍食邑 1,000호를 더하여 주었다.

王伾 ▶ 979년 **발해인 수만 명이 투탁하다**

이해에 발해인渤海人 수만 명이 투탁하여 왔다.

王伷 ▶ 979년 **청새진에 성을 쌓다**

청새진淸塞鎭에 성을 쌓았다.

王伷 ▶ 980년 4월 **쌀과 베의 이자를 정하다**

쌀과 베의 이자를 정하여, 쌀 50두斗에 이자는 5두, 포布 15척尺에 이자는 5척으로 하는 것을 항식恒式으로 삼았다.

王伷 ▶ 980년 **최지몽이 역모를 예견하여 관작을 올려주다**

이해에 최지몽崔知夢을 대광 내의령 동래군후 식읍 1,000호 주국大匡 內議令 東萊郡侯 食邑一千戶 柱國으로 삼았다. 하루는 최지몽이 아뢰기를, "혜성[客星]이 제왕의 자리를 범하였으니, 바라건대 왕께서는 숙위군宿衛軍을 신칙하고 경계하셔서 예상치 못한 변고에 대비하십시오."라고 하였다. 얼마 지나지 않아 왕승王承 등이 역모를 꾀하였다가 일이 발각되어 주살당하였다. 최지몽에게 어의御衣와 금대金帶를 내려주었다.

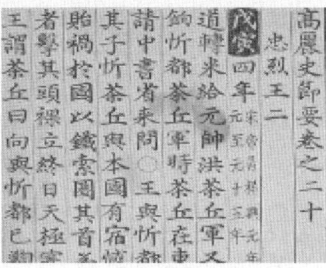

경종 6년(981년)

-경종헌화대왕-

王伌 ▶ 981년 6월 **왕이 병들다**

왕의 몸이 편찮아졌다.

王伌 ▶ 981년 7월 **경종이 훙서하다**

왕의 병이 위중해졌다. 갑진. 〈왕이〉 사촌동생인 개령군開寧君 왕치王治를 불러 왕위를 물려주고[內禪] 유조遺詔를 내렸으니, 대략 말하기를,

"과인은 네 선조의 남긴 사업을 계승하고 삼한三韓의 웅대한 계획[霸圖]를 이어 받아 산천과 토지를 보호하고 종묘宗廟와 사직社稷을 안정시키기 위해 노력하면서 날이 갈수록 더욱 근신해 온 것[日愼一日]이 모두 7년이다. 이러한 수고로움으로 인하여 마침내 질진疾疹에 걸리게 되었으니, 막중한 책임으로부터 정신을 편안하게 하길 바라며, 장차 임금의 자리를 물려줌으로써 근심을 덜고자 한다. 정윤正胤인 개령군開寧君 왕치王治는 나라의 어진 종친이며, 내가 우애롭게 여기는 자이니, 분명히 조종祖宗의 대업大業을 받들고 국가의 창성한 토대를 보전할 수 있을 것이다. 아, 너희 공公·경卿·재신宰臣들이여, 나의 아우를 공경하고 보우하여 우리의 큰 나라를 영원토록 편안하게 하라. 과인이 『예경禮經』을 볼 때마다 '남자는 부인의 손에서 죽지 않는다.'라는 구절에 이르면 일찍이 눈앞에 책을 펴놓고 우러러 감탄하지 않은 적이 없었다. 이에

오늘 좌우의 빈첩嬪妾들을 이미 다 물리쳤으니, 만일 혹시나 더 살지 못하고 갑자기 죽음大期에 이르게 되더라고 다시 무슨 한탄할 것이 있겠는가. 상복을 입는 기간의 경중輕重은 한漢의 제도에 의거하되 하루를 한 달로 계산하여 13일 만에 소상小祥周祥을 지내고, 27일 만에 대상大祥을 지낼 것이며, 원릉園陵의 제도는 검약하게 하도록 힘쓰라. 서경西京·안남安南·등주登州 등 여러 도는 진수鎭守의 임무를 담당하고 있어서 그 군대의 권한을 가진 자의 임무가 가볍지가 않으니, 어찌 잠시라도 비울 수 있겠는가. 임지를 떠나 궁궐까지 오는 것을 허락하지 않을 것이니, 각자 자신의 임지에서 애도擧哀하도록 하고, 3일이 지나면 상복을 벗도록 하라. 그 나머지 일들은 모두 뒤를 이어 즉위하는 왕의 처분에 맡긴다."

라고 하였다. 병오. 〈왕이〉 정침正寢에서 훙서하니, 시호諡號를 올려 헌화獻和라고 하고, 묘호廟號를 경종景宗이라고 하였으며, 영릉榮陵에 장사지냈다.

이제현李齊賢이 찬贊하기를, "등문공滕文公이 맹자孟子에게 정전제井田制에 대해서 묻자 맹자가 대답하기를, '어진 정치는 반드시 〈토지의〉 경계에서부터 시작하는 법이니, 경계가 바르지 않으면 정전井田이 균일하지 않게 되고, 관리들의 곡록穀祿도 공평하지 않게 됩니다. 그러므로 폭군과 더러운 벼슬아치들은 반드시 그 경계를 〈바르게 하는 일을〉 소홀히 하는 것입니다. 경계가 이미 바르게 되었다면, 토지를 나누고 곡록을 제정하는 일은 가만히 앉아서도 정할 수 있는 것입니다'라고 하였다. 삼한三韓의 땅은 사방으로부터 배와 수레가 모여드는 곳이 아니며, 물산의 잉여나 장사를 통해 얻는 이익도 없다. 백성들이 쳐다볼 것이라고는 단지 지력地力만이 있을 뿐인데도 압록강鴨綠江 남쪽은 대체로 모두 산으로서 기름져 해마다 경작할 수 있는 땅이 거의 없다. 경계를 바로잡는 일을 게을리 한다면 그 피해는 중국의 경우보다도 훨씬 심할 것이다. 태조太祖는 신라新羅가 쇠약하여 어지러워지고 태봉泰封이 사치하고 포악하게 굴었던 뒤를 이어 받아서 모든 일들을 처음 일으켜 세우느라 하루도 쉴 틈이 없었기 때문에 다만 구분법口分法을 만드는 데에 그쳤다. 4대가 지나서 경종景宗이 전시과田柴科를 만들었으니, 비록 소략한 면이 있기는 하나, 이 또한 옛사람들이 세록世祿을 마련했던 뜻에 부합하였다. 9분의 1을 조助로 하거나 10분의 1을 부賦로 하는 것, 그리고 군자君子와 소인小人을 〈아울러〉 우대할 방법은 논의할 겨를이 없었다. 후대에 여러 차례 이를 개선하고자 하였으나 끝내 미봉책에 그치고 말았다. 대개 그 초기에 경계 〈정리〉를 급선무로 삼지 않았으니, 근원을 어지럽히고서 그 지류가 맑기를 바라는 것이 어찌 가당한 일이겠는가. 애석하구나. 당시에 여러 신하들이 맹자의 말을 따라 법제를 강구하고, 임금을 가르쳐 인도하여 힘써 그것을 행하지 못하였구나."라고 하였다.

성종총서

성종문의대왕成宗文懿大王

휘는 치治이고, 자는 온고溫古이며, 태조太祖의 7번째 아들 왕욱王旭의 둘째 아들이다. 어머니는 선의왕후宣義王后 유씨柳氏이며, 광종光宗 11년 경신(960년) 12월 신묘일에 태어났다. 타고난 자태가 엄정嚴正하고 도량이 너그럽고 넓었으며, 법제를 제정하고 절의를 널리 장려하였고, 어진 이들을 등용하고 백성들을 구휼하니, 그 정치에 볼 만한 것이 있었다. 16년간 재위하였으며, 향년 38세였다.

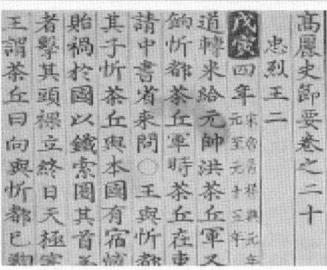

성종 즉위년(981년)
-성종문의대왕-

王治 ▶ 981년 8월 **사면령을 내리고 요역을 면제하다**

위봉루威鳳樓에 임어하여 크게 사면령을 내리고, 3년간의 요역을 면제하고 조세의 반액을 덜어주었으며, 문무 관리의 품계를 한 등급씩 올려주었다.

王治 ▶ 981년 11월 **대종을 추존하다**

돌아가신 아버지를 추존하여 선경대왕宣慶大王이라고 하고, 묘호廟號를 대종戴宗으로, 능호陵號는 태릉泰陵이라고 하였으며, 이어서 태릉에 배알하였다.

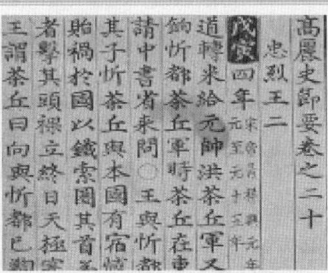

성종 1년(982년)
-성종문의대왕-

王治 ▶ 982년 3월 **백관의 칭호를 고쳐 내사문하성 등이라 하다**

백관百官의 칭호를 고쳐서 내의성內議省은 내사문하성內史門下省, 광평성廣評省은 어사도성御事都省이라고 하였다.

王治 ▶ 982년 4월 **10세 이상 남자에게 모자를 쓰게 하다**

10세 이상의 남자들에게 모자를 쓰게 하였다.

王治 ▶ 982년 6월 **최승로가 시무 28조를 올리다**

제서를 내리기를,

"임금의 덕은 오직 그 신하들에게 달려있을 따름이다. 짐이 여러 가지 정무를 새로이 거느리게 되어 혹시 잘못된 정치가 있을까 두렵다. 중앙의 5품 이상 관리들은 각자 봉사封事를 올려 현재 정치의 옳고 그름을 논하도록 하라."

라고 하였다.

정광 행선관어사 상주국正匡 行選官御事 上柱國 최승로崔承老가 상서하였는데, 대략 말하기를,

"신이 가만히 보건대, 당唐 개원開元 연간에 사신史臣 오긍吳兢이 『정관정요貞觀政要』

를 찬술하여 바침으로서 당 현종玄宗에게 당 태종太宗의 정치를 힘써 닦으라고 권한 것은 대개 일의 이치와 정황이 서로 비슷하여 같은 집안의 일에서 벗어나지 않으며, 그 정치가 훌륭하고 밝아서 모범이 될 만하였기 때문이었습니다. 우리 태조太祖께서 나라를 여신 이래로 신이 알게 된 것들은 모두 신의 마음속에 기억하고 있습니다. 이제 앞선 5대 조정의 정치와 교화에 대해서 잘되고 잘못된 행적들을 기록하고, 거울로 삼거나 경계할 만한 것들을 삼가 조목별로 아뢰겠습니다.

삼가 살피건대, 우리 태조신성대왕太祖神聖大王께서 등극하셨을 때, 시기는 재액을 당할 난세[百六之運]에 해당하였고, 운수는 천년 만에 합치한 것이었습니다. 당초에 난을 정벌하고 흉악한 무리들을 정벌할 때, 하늘이 전주前主, 궁예를 낳아서 그의 손을 빌렸고, 그 후에 〈태조께서〉 도圖와 명命을 받으니, 사람들이 모두 성스러운 덕을 알고서 마음으로 귀의하였습니다. 이에 신라[金雞]가 스스로 멸망하는 때를 만나고 고려[丙鹿]가 다시 부흥하는 운수를 타서 고향鄕州을 떠나지 않고 곧 궁궐을 지었으며, 요수遼水와 패수浿水의 놀란 파도를 진정시키고 진한秦韓의 옛 땅을 얻어 19년 만에 천해[寰瀛]를 통일하였으니, 그 공이 이보다 높을 수 없다고 할 만합니다.

거란의 경우에는 우리와 더불어 국경을 맞대고 있으므로 마땅히 먼저 우호관계를 맺어야 하며, 저들 또한 사신을 보내어 화친을 구하였습니다. 우리가 곧 그들과의 사신 왕래[交聘]를 단절한 것은 저 나라가 일찍이 발해渤海와 더불어 화친하였다가 갑자기 의심과 배반의 마음을 내어서 옛 맹세는 돌아보지 않고 하루아침에 멸망시켜버렸기 때문입니다. 이에 태조께서는 무도함이 심하여 함께 교류하기에 부족하다고 여겨서, 바친 낙타駱駝 또한 모두 버려서 기르지 않았으니, 심원한 계책으로 미연에 근심을 방지하고 아직 위태로워지기 전에 나라를 보호함이 이러하였습니다. 발해가 이미 거란의 군대에 의해 격파되어 홀한성忽汗城이 멸망하였을 때, 세자世子 대광현大光顯 등이 우리나라가 의로움을 들어 흥기하였다 하여 그 무리 수만호를 거느리고 낮밤으로 길을 재촉하여 도망하여 왔습니다. 태조께서는 더욱 깊이 가엾게 여기시어 맞아들여 대우함이 매우 후하셨으니, 성姓과 이름을 내려주고, 또 그를 왕실의 적籍에 붙였으며, 자기 나라 조상의 제사를 받들도록 허락하고, 그 참좌參佐 이하의 문무 관리들에게도 또한 모두 작명爵命을 후하게 두루 내렸으니, 서둘러 망해 버린 것을 보존하여주고 끊어진 것을 이어줌으로써 멀리 있는 자도 와서 복종하게 함이 또한 이러하였습니다.

백제百濟의 견훤甄萱은 흉포하고 무도하며, 난을 일으키기를 좋아하여 임금을 죽이고 백성들에게 가혹하게 하였습니다. 태조께서 이를 듣고 잠을 자고 식사를 할 겨를도 없이 군사들을 이끌고 가서 토벌하여 마침내 위태로운 나라를 구하였으니, 그 옛 임금을 잊지 않고 기울어지고 위태로웠던 신라를 바로잡고 도우심이 또한 이러하였습니다.

신라 말부터 우리나라 건국 초기까지 서북쪽 변방의 백성들은 매번 여진女眞 오랑캐의 기병騎兵이 오가며 침범하고 약탈하는 피해를 당하였습니다. 태조께서 제왕으로서의 고충[宸衷]으로 결단을 내리어 한 훌륭한 장수를 보내 그곳을 지키게 하시니, 짧은 칼 한번 휘두르지 않았는데도 도리어 오랑캐 무리들이 귀부하여 왔습니다. 이로부터 국경 밖의 먼지가 가라앉고 변경지역에 근심할 일이 없게 되었으니, 그 사람을 알고 임무를 잘 맡기며, 멀리 있는 이를 회유하고 가까이에 있는 이를 잘 쓰심이 또한 이러하였습니다.

신라의 임금과 신하들이 운수가 다하였다 여겨 스스로 귀화하고자 요청하였는데, 사양하기를 두세 번 한 이후에야 허락하셨습니다. 동쪽으로는 명주溟州에서부터 흥례부興禮府에 이르기까지, 그 사이의 110여 성들이 모두 어진 이를 마음에 품지 않음이 없어 때맞추어 복종하여 왔으니, 그 예로써 사양할 줄을 알기에 복종하지 않는 자가 없음이 또한 이러하였습니다.

다만 남쪽으로 백제를 평정할 때에 부득이하게 병기를 사용하여 크게 군사를 일으킨 것이 전후로 여러 차례였는데, 깃발[旌麾]과 군마[戎馬] 앞에서 혹은 전투가 벌어지자마자 항복하거나 혹은 멀리서 그 위엄을 보고[望風] 두려워 항복하였습니다. 비록 칼날을 맞대었더라도 살상을 하려고 하지 않았으니, '어진 이에게는 적이 없다.'라고 할 만합니다.

견훤이 악업을 쌓은 지 수십여 년 후에 끝내 반역한 자식[逆豎]에 의해서 감금당하게 되자 우리나라로 도망쳐 와서 병사를 일으켜 그 반역한 자식을 죽일 것을 청하였습니다. 태조께서 들으시고 후한 예로써 맞아들이셨으며, 그가 죽자 또한 후하게 부의를 보내셨으니, 그 도량이 이승과 저승을 관통하고 그 의로움이 살아서나 죽어서나 두루 미침이 또한 이러하였습니다.

백제를 평정하여 어가御駕를 타고 도성에 들어가셨을 때에는 곤궁한 백성들을 불쌍히 여기어 구휼하시고 후하게 위로하고 타이르셨으며, 여러 군대에 명령을 내려 추호도 침범하지 못하게 하셨습니다. 또 남과 북이 오랫동안 나뉘어 있었고, 새로 귀부한 자들과 원래 따르던 자들이 또한 구별되었지만, 그들을 한결같이 어루만져 시종 변함이 없으셨으니, 그 널리 포용함과 관대함이 또한 이러하였습니다.

통일을 이룬 이후로 8년 동안 정치에 힘써 예로써 큰 나라를 섬기고 도의로써 이웃나라와 사귀었습니다. 편안할 때에도 안일하지 않았고, 아랫사람을 대할 때에는 공경을 생각했으며, 도덕을 귀하게 여기고 절약과 검소함을 숭상하였습니다. 궁실宮室을 낮추어 비바람만을 겨우 가리고자 하였으며, 거친 옷을 입어 다만 추위와 더위만을 막을 뿐이었습니다. 어진 이를 좋아하고 선행을 즐겼고, 자신의 고집을 버리고 다른 사람의 의견을 따랐으며, 공손하고 검소하며 예로써 사양하는 마음이 타고난 품성에서부터 우러나왔습니다. 더욱이 백성들 사이에서 태어나 자라면서 어렵고 험한 일을 두루 겪었기에 뭇사람들의 진정과 거짓을 모두 알지 못함이 없었고, 갖가지 위험한 일들 또한 앞서서 내다볼 수 있었으며, 그런 까닭으로 상과 벌은 그 적절한 때를 놓치지 않았고, 삿됨과 바름이 그 길을 같이 하지 못하였으니, 그 선행을 권하고 악행을 징계하는 방도를 알고, 제왕의 요체를 체득함이 또한 이러하였습니다. 더욱이 사람의 됨됨이를 잘 알아서 그 재주가 묻히지 않게 하였고, 아랫사람을 잘 거느려서 그 능력이 발휘되게 하였으며, 어진 이에게 일을 맡기면 의심하지 않았고, 삿된 자를 내칠 때에는 주저하지 않았으며, 불교를 숭상하고 유교를 중시하였으니, 군주로서의 아름다운 덕이 이에 갖추어지고, 나라를 다스리는 훌륭한 계책은 좇을 만하였습니다.

다만 나라를 세운 초기에는 태평한 다스림을 이룬지가 얼마 되지 않았기에 종묘

宗廟와 사직社稷이 아직 찬란히 존숭되지 않았고, 예악禮樂과 문물文物은 여전히 부족한 점이 많았으며, 여러 관아의 품식品式과 뭇 내외內外의 법식法式이 아직 정비되지도 않았는데, 갑자기 궁검弓劍을 버리셨으니, 온 나라 사람들의 불행이요, 진실로 믿기 어려운 하늘의 뜻으로 매우 애석하다 하겠습니다.

혜종惠宗께서는 오랫동안 동궁東宮에 계시면서 여러 차례 정사를 감독하고 군사를 위무하셨으며, 예를 갖추어 스승을 존숭하고 관료들을 잘 대접하였습니다. 이로 말미암아 그 명성이 조정과 민간에 널리 퍼졌습니다. 처음 왕위를 이어받았을 때에는 사람들이 모두 기뻐하였습니다. 그때 어떤 사람이 정종定宗 형제를 참소하여 반역을 도모하고 있다고 하였습니다. 혜종께서는 그 말을 듣고도 대답을 하지 않았으며, 또한 물어보지도 않고, 은혜로 대우함을 더욱 두텁게 하여 처음과 같이 그들을 대하셨습니다. 그러므로 사람들이 모두 그 넓은 도량에 탄복하였습니다. 얼마 뒤 덕정德政을 닦으시고 과도하게 목숨을 아껴서 전후좌우로 항상 무장한 병사들이 서로 따르게 하였으니, 대개 남을 의심함이 너무 심하여 군주로서의 체통을 크게 잃어버렸던 것입니다. 더욱이 장수와 병사들에게만 치우쳐 상을 내려서 은택이 고르지 못하였기 때문에 안팎에서 원망과 탄식이 일어나 인심이 서로 어긋나 의심하게 되었습니다. 또 즉위한 이듬해에 곧 병을 얻어서 침상에서 오랜 세월을 보내셨습니다. 이에 조정의 어진 이들은 곁에 가까이 가지도 못하고 향리의 소인배들만이 항상 침상 곁에 머물렀습니다. 그 병이 더욱 위독해지자 성을 내고 노여워함이 날로 늘었습니다. 그 3년 동안 백성들이 은덕을 입지 못하였다가 승하하시던 날에 이르러서야 겨우 뜻하지 않은 화를 면하게 되었으니, 애통하지 않을 수가 있겠습니까.

정종께서는 잠저潛邸에 계실 때에 일찍부터 명성이 알려져 있었습니다. 혜종께서 병이 오랫동안 낫지 않으시자 왕규王規 등이 몰래 도모하는 것이 있어 왕실을 넘보았습니다. 정종께서 이를 먼저 아시고 은밀히 서경[西都]의 충성스럽고 절의가 있는 장수와 더불어 계책을 세워 대비하셨습니다. 내란이 막 일어나려고 할 때에 호위 병사들이 대거 이르렀습니다. 그러므로 간사한 계략이 성사되지 못하였고 여러 흉악한 자들은 주살되었습니다. 비록 천명으로 말미암은 것이지만 또한 사람의 지략에 달려있는 것이기도 하니, 어찌 훌륭하다고 하지 않겠습니까. 정종 이래로 지금까지는 38년으로서 그 사이에 왕위[洪祚]가 끊어지지 않았던 것 또한 정종의 힘입니다. 정종께서는 형제로서 계승하신 이후로 밤낮으로 부지런히 힘쓰고 정성을 다하여 도리를 구하였으며, 혹은 등불을 밝히면서 조정의 신하들을 불러 접견하시고, 혹은 날이 저문 뒤에야 식사를 하시면서 갖가지 정사를 듣고 결단을 내리셨습니다. 그러므로 즉위하신 초기에는 사람들이 모두 서로 기뻐하였습니다. 도참설[圖讖說]을 믿어 도읍을 옮길 것을 결정하고, 또 그 타고난 품성이 강직했던 탓에 고집을 꺾지 않고 가혹하게 징발하여 역사[役事]를 일으켜서 인부들을 고되게 하였습니다. 원망과 비방이 이로 말미암아 일어나고, 재난이 그림자나 메아리보다도 빨리 호응하였습니다. 미처 서경[西京]으로 천도하지 못한 채 영원히 왕위에서 떠나게 되었으니, 진실로 애통하다고 할 만 합니다.

광종[光宗]께서는 정종의 고명[顧命]을 받으셨는데 아랫사람을 대함에 예를 더욱 돈독히 하시고, 사람의 됨됨이를 살피심에 그르침이 없도록 살피셨으며, 가깝거나 신분이 귀한 자들을 두둔하지 않고 항상 부유하고 힘 있는 자들을 억눌렀으며, 사이가 멀거나 비천한 자들을 버리지 않고 홀아비와 과부에게 은혜를 베푸셨으니, 즉위하신 해로부터 8년 동안 정치와 교화가 맑고 태평하였으며, 형벌과 상이 남발되지 않았습니다. 쌍기[雙冀]가 투탁하여 온 이후로는 문사[文士]를 존숭하고 중히 여겨 은혜를 베풀고 예우함이 과도하게 후하였습니다. 이로 말미암아 재주가 없는 자들이 함부로 <관직에> 나아가고 차례를 지키지 않고 갑자기 승진하여 해를 채우기도 전에 곧 재상[卿相]이 되었습니다. 혹은 여러 날 밤을 연이어 불러 접견하시고, 혹은 여러 날을 잇달아 불러 만나시면서 이로써 즐거움을 삼았으며, 정사에 태만하고 연회를 베풀어 즐기는 일이 그치지 않았습니다. 이에 남·북의 변변치 못한 자들을 모두 특별한 예로써 대접함으로써 젊은이들은 앞을 다투어 <관직에> 나아가고 덕이 있는 대신들은 점차 쇠잔하여 졌으니, 비록 중국의 풍속을 중시하였으나 중국의 좋은 법식[令典]은 취하지 않았으며, 비록 중국의 선비들을 예우하였으나 중국의 어진 인재는 얻지를 못한 것입니다. 백성들에게 있어서는 고혈[膏血]과 같은 재물을 더욱 소모하게 하고, 사방으로부터는 허황된 칭찬만을 한껏 얻었습니다. 이로 인하여 다시는 정사를 힘써 돌보고 빈료賓僚들을 접견하는 일을 하지 않으셨으니, 이 때문에 시기하는 마음이 날로 심해지고 임금과 신하가 함께 정사를 논의하는 것[都兪]은 날로 막혀서, 당시 정책의 옳고 그름에 대해 감히 말하는 자가 없었습니다. 더욱이 불사佛事를 심하게 믿어서 일상적으로 행한 재齋의 설행設行이 이미 많았고, 특별히 발원하여 향불을 피우고 기원한 것이 적지 않았으며, 오로지 오래 살며 복을 누리기만을 구하여 다만 기도만을 일삼으면서 유한한 재력을 다 소비하여 무한한 인연을 짓고자 하였고, 지극히 존귀한 몸을 스스로 가벼이 여겨 작은 선행을 짓기를 즐겼습니다. 또 연회와 놀이에 드나들면서는 극도로 사치하지 않음이 없었습니다. 눈앞의 무사함이 법력法力이 그렇게 한 것이라고 여기면서 모든 행한 바를 뉘우치고 고치려고 하지 않았습니다. 궁실宮室은 반드시 그 제도를 넘어서게 하였고, 의복과 음식은 모름지기 맛있고 곱기가 극에 달하게 하였으며, 토목 공사는 시기를 가리지 않았고, 기교를 부린 것을 만듦에 쉬는 날이 없었으니, 평상시에 쓴 한 해 동안의 비용을 대략 계산하면 족히 태조 10년간의 비용에 달할 정도였습니다. 또 말년에 이르러서는 죄 없는 자들을 많이 죽였습니다. 신이 삼가 생각하건대, 만약 광종이 항상 공손하고 검소하며 아껴 쓸 것을 생각하면서 처음과 같이 정치에 힘썼더라면 어찌 그 복록과 수명이 영원하지 못하고 겨우 50년을 누리는 데에 그쳤을 뿐이었겠습니까. 더욱이 경신년960부터 을해년975에 이르는 16년 사이에는 간사하고 흉악한 이들이 앞을 다투어 진출하면서 참소와 헐뜯음이 크게 일어나, 군자는 받아들여질 곳이 없었고 소인배들이 그 뜻을 이루어, 마침내 자식이 부모를 거역하고 노비가 그 주인을 비난하며, 윗사람과 아랫사람이 서로 마음을 달리하고 여러 신하가 흩어져서, 옛 신하와 노장老將들이 서로 연이어 죽임을 당하고 골육骨肉과 친인척 또한 모두 제거되었으며, 게다가 혜종께서 그 형제들을 온전히 할 수 있었던 것과 정종께서 나라를 보전할 수 있었던 것은 그 은혜와 의리를 논한다면 막중했다고 할 수 있는데, 두 왕이 모두 오직 한명의 아들만을 두었을 뿐인데도 또한 그 목숨을 보전하지 못하였습니다. 또 말년에 이르러서는 자신의 유일한 아들에 대해서도 또한 의심하고 꺼리는 마음을 가졌기 때문에 경종景宗께서는 동궁에 계실 때에 항상 스스로 편안하지를 못하였다가 다행히 왕위를 이어받을 수 있었습니다. 아아, 어찌하여 전에는 선행을 하여 일찍이 명성을 얻었다가도 후에는 선하지 못하여 이러한 지경에 이르게 되었는지, 매우 애통한 일입니다.

경종께서는 깊은 궁궐에서 태어나 아녀자의 손에서 자라서 궁궐 문 밖의 일에 대해서는 일찍이 알지 못하였으나, 다만 타고난 성품이 총명하였기 때문에 후회와 과실을 면하고 왕위를 계승할 수 있었습니다. 여러 해 동안 쌓인 참소와 비방의 글들을 불태워버리고 수년간 무고하게 옥에 갇혀있던 이들을 풀어주어 그 원통함과 분함을 다 제거하였습니다. 조정과 민간이 모두 기뻐하였습니다. 그러나 정치의 요체를 알지 못하여 오로지 권세가 있고 호강한 자들에게 맡겼기 때문에 그 폐해가 종친들에게 미치게 되었습니다. 재앙의 징조가 미리 나타났으니, 비록 나중에 깨닫기는 하였으나 그 책임을 돌릴 데가 없었습니다. 이로부터 삿된 것과 바른 것이 구분되지 않게 되었고, 상을 주고 벌을 내림이 일정하지 않았으며, 미처 잘 다스려지기도 전에 다시 게을러져서 마침내 여색에 빠지고 향악鄕樂을 즐겨 관람하기에 이르렀으며, 그 뒤로는 장기와 바둑을 하루 종일 두면서도 싫증낼 줄을 몰랐고, 주변에는 오직 환관[中宮]과 내시[內豎]들 뿐이었습니다. 이로 말미암아 군자의 간언은 어디에서도 들어올 길이 없었으나 소인의 말은 때마다 왕에게 이르게 되었습니다. 처음에는 아름다운 명성이 들렸으나 나중에는 미덕이 없게 되었으니, 이른바 '시작이 없는 자는 없으나, 끝을 맺을 수 있는 자는 드물다[靡不有初, 鮮克有終]'는 것이 이것입니다. 충성스러운 신하와 의로운 선비 중 누가 이를 애석하게 여기지 않겠습니까. 이는 곧 성상聖上께서 직접 보아서 아시는 바입니다. 그러나 경종 역시 훌륭하다고 할 만한 것이 있었습니다. 대개 병에 걸리신 초기에 아직 병이 위독하지 않았는데도 마침내 침전에서 성상을 불러 보시고는 손을 잡고 말씀하시면서 군대와 국가를 부촉하셨으니, 사직社稷의 복일뿐만 아니라 또한 백성들의 다행한 일이기도 합니다. 다만 혜종과 경종 두 왕의 왕위계승은 모두 태자[春宮]로서 한 것이었으므로 사람들이 다른 마음을 품지 않았으나, 사촌 형제[堂從兄弟]의 경우에는 분명한 부촉이 있지 않으면 곧 분쟁의 단서가 반드시 생겨납니다. 혜종께서는 2년 동안 병석에 있다가 돌아가셨는데, 흥화낭군興化郎君이라는 아들을 두었으나 혹 그 나이가 어려서였는지 분명하게 부촉하지 않아 일이 여러 아우들에게도 돌아간 것이었습니다. 정종께서는 군신들의 추대를 받아서 대업을 잇게 되었지만, 임종할 때에는 또한 미리 왕위를 광종에게 전하여 줌으로써 종묘와 사직을 안정시키셨습니다. 정종과 경종 두 왕께서 명命을 남기신 것은 현명하셨다고 말할 수 있을 것입니다. 또한 일찍이 혜종·정종·광종 세 왕께서 서로 계승하셨던 초기를 살펴보건대, 여러 가지 일들이 아직 안정되지 못한 때에 개경開京과 서경의 문·무 관리들의 절반 이상이 죽임을 당하였습니다. 더욱이 광종 말년에는 세상이 어지러워지고 참소가 일어났는데, 형장刑章에 연루된 자들은 대부분 죄가 없는 이들이었으며, 역대의 훈신勳臣과 노장宿將들이 모두 죽임을 면하지 못하여 사라져갔습니다. 경종께서 왕위를 계승하였을 때에는 옛 조정의 신하로서 남아있는 자들이 40여 명이었을 뿐이었습니다. 그 해에도 또한 해를 입은 자들이 많았지만, 모두 후진들과 남을 참소한 무리들이었으므로 진실로 안타까워 할 만한 일이 못됩니다. 다만 천안낭군天安郎君과 진주낭군鎭州郎君은 본래 황실의 자손으로서 광종도 오히려 스스로 관용을 베풀어서 끝내 법 앞에 세우지를 않았으며, 경종 때에 이르러서는 왕실의 울타리藩屛가 될 만 하였는데도 도리어 권신權臣들에 의해서 해를 입었으니, 어찌 애통하고 안타깝지 않겠습니까.

엎드려 생각하건대, 전하께서는 상성上聖의 덕으로써 중흥의 시기를 만나셨으며, 선왕께서 겸손하게 양위하여 주신 은혜로 인하여 선대 여러 왕들의 크나큰 사업을 이으시니, 단 하나의 생물도 그 삶을 즐기지 않음이 없고, 단 한 사람도 그 거처를 얻지 못함이 없습니다. 안팎이 함께 기뻐하고 사람과 신들이 서로 경하하니, 이른 바 '하늘이 내려주고, 백성들이 함께 한다.'는 것입니다. 성상께서 만약 태조의 유풍遺風을 힘써 좇으실 수 있다면 당唐 현종이 태종文皇의 옛 일을 사모하여 따랐던 것과 무엇이 다르겠습니까. 성상께서는 또 앞선 4대 왕조의 근래의 일들을 취하고 버리실 수 있으시니, 곧 혜종께서는 골육骨肉을 보전하신 공이 있으니 우애하신 의리라고 할 수 있습니다. 정종께서는 반란의 싹을 미리 알아서 내부의 변란蕭墻之難을 평정하시고 종묘와 사직을 다시 안정시켜 차례로 전하여 지금에까지 이르렀으니, 지모가 뛰어나셨다고 할 만 합니다. 광종의 처음 8년간의 다스림은 삼대三代에 견줄 만하고, 또 조정의 의례와 법식은 자못 볼만한 것이 있었으니, 이른바 '좋음과 좋지 못함이 골고루 있다[善否之均]'는 것입니다. 경종께서는 선왕 때 억울하게 옥에 갇힌 자 수천 명을 풀어주시고 수년 동안 쌓인 참소와 비방의 글을 불태우셨으니, 이른바 '너그럽고 어짊이 지극함[寬仁之至]'이라는 것입니다. 무릇 앞선 4대 조정에서 정치를 행한 사적의 대략이 이와 같으니, 성상께서는 마땅히 그 중 훌륭한 것을 취하여 행하시고 훌륭하지 못한 것은 보고 경계하시며, 급하지 않은 일은 물리치시고 이익이 없는 수고로움은 그만두셔서 다만 임금은 위에서 편안하고 백성은 아래에서 기뻐하도록 해야 할 것입니다. 잘 시작하는 마음으로부터 말미암아 잘 끝맺는 아름다움을 생각하고, 날이 갈수록 더욱 삼가하여[日愼一日] 비록 쉴 때라도 쉬지 않으며, 비록 군주됨이 귀하다고는 하나 스스로를 존대하지 않고, 재능과 덕을 많이 가졌다고 할지라도 스스로 교만하거나 자부하지 않는다면 곧 복은 구하지 않더라도 저절로 이를 것이며, 재앙은 물리치려고 하지 않더라도 저절로 사라질 것이니, 성군聖君으로서 어찌 10,000년을 누리지 않겠으며, 왕업이 어찌 다만 100대代까지만 전해질 뿐이겠습니까.

　신이 또 시급한 일 28조목을 기록하여 장계狀啓와 함께 따로 봉하여 올리옵니다. 첫째, 우리나라가 삼한三韓을 통일한 이래로 47년인데, 병사들은 여전히 편안히 잠들지 못하고 군량軍糧은 아직도 소모됨을 면하지 못하는 것은 서북쪽으로 오랑캐들과 이웃하고 있어서 방어해야 할 곳이 많기 때문입니다. 성상께서는 이 점을 유념하시기 바랍니다. 마헐탄馬歇灘을 경계로 삼은 것은 태조의 뜻이었으며, 압록강鴨江 가의 석성石城을 경계로 삼은 것은 대조大朝께서 정하신 것입니다. 간청하건대, 요충지를 선택하셔서 경계를 정하시고, 활을 잘 쏘고 말을 잘 타는 병사들을 선발하셔서 국경을 지키는 데에 충당하십시오. 또 그 중에서 2~3명의 편장偏將을 뽑아서 그들을 통솔하게 하시면, 곧 중앙의 군사들[京軍]은 다시 수자리를 서는 노고를 면할 것이며, 꼴과 군량을 급히 실어 나르는 비용을 덜 수 있을 것입니다.

둘째, 삼가 듣건대, 성상께서 공덕재功德齋를 베풀기 위하여 혹은 직접 차를 갈고, 혹은 직접 보리를 찧는다고 하는데, 신이 생각하기에 존엄한 몸[聖體]으로 수고롭게 일하시는 것이 매우 안타깝습니다. 이러한 폐단은 광종께서 참소와 간사한 말을 믿어서 죄 없는 이들을 많이 죽인 후 불교에서 말하는 과보果報의 설에 미혹되어 그 죄업罪業을 없애고자 백성들의 피땀 어린 재물을 빼앗아 불사를 많이 일으킨 데에서부터 비롯되었습니다. 혹은 비로자나참회법회毘盧遮那懺悔法會를 베풀기도 하고, 혹은 구정毬庭에서 반승飯僧[齋僧]을 하기도 하며, 혹은 귀법사歸法寺에서 무차수륙회無遮水陸會를 열기도 하고, 매번 불재일佛齋日이 되면 반드시 걸식하는 승려들에게 공양하였으며, 혹은 내도량內道場의 떡과 과자를 걸인들에게 내어주고, 혹은 신지新池·혈구穴口와 마리산摩利山 등지의 고기 잡는 곳을 방생소放生所로 삼아서 1년에 4번 사신을 보내어 그 지역의 사원에 가서 불경佛經을 강설하게 하였습니다. 또 살생을 금하여 궁궐의 부엌에서 쓰는 고기마저도 재부宰夫들로 하여금 도살하지 말고 저자에서 사서 바치게 하였으며, 대소大小의 신민臣民에게 모두 참회하도록 명함에 이르러서는 쌀·콩·땔감·숯·말먹이를 짊어지고 가서 도성 안팎의 길가에서 나누어 주는 자들이 이루 다 적을 수 없을 정도였습니다. 그러나 참소를 믿게 된 이후로는 사람 보기를 잡초와 같이 하여서 베어 죽인 자가 산처럼 쌓였으며, 항상 백성들의 고혈을 다 짜내어서 재를 베푸는 데에 공양하였으니, 부처가 만약 혼령이 있다면 어찌 기꺼이 그 공양을 받겠습니까. 이때에 이르러 자식이 부모를 배반하고 노비가 주인을 배반하였으며, 여러 범죄자들 중 모습을 바꾸어 승려가 되거나 떠돌아다니면서 걸식하는 무리들이 와서 여러 승려들과 함께 뒤섞여 재에 참여하는 경우 또한 많았으니, 무슨 이익이 있겠습니까. 또 승려 선회善會로 하여금 그 보시를 주관하게 하였는데, 그 승려가 떡과 쌀을 다른 곳에 함부로 써 버렸다가 이로 인하여 수명을 다 누리지 못하고 길가에 버려진 주검이 되었으니, 당시의 의논이 그를 비웃었습니다. 성상께서는 군왕의 체통을 바르게 하셔서 이익이 없는 일은 하지 마시기 바랍니다.

셋째, 우리 조정에서 임금을 호위하는 군졸들은 태조 당시에는 다만 궁성宮城을 숙위하는 일에만 충당되었기에 그 수가 많지 않았습니다. 광종께서 참소를 믿어 장수와 재상들을 죽이거나 문책하고, 스스로 의심하는 마음을 가지게 됨에 이르러서는 주州·군郡의 풍채가 있는 자들을 뽑아 궁궐에 들여 호위하게 하였으니, 당시의 의론이 번거롭고 이익이 없는 일이라고 여겼습니다. 경종 때에 이르러 비록 조금 감소하기는 하였지만, 오늘 날에는 그 수가 오히려 많아졌습니다. 엎드려 바라건대, 태조의 법을 좇아서 다만 날래고 용맹한 자들만을 남겨두시고 그 나머지는 모두 파하여 돌려보내신다면 사람들 사이에 탄식과 원망이 없어질 것이며, 나라에는 비축물이 쌓이게 될 것입니다.

넷째, 성상께서 미음·술·메주·국을 길가는 사람에게 베풀어주십니다. 신이 삼가 말씀드리건대, 성상께서는 광종의 죄업을 제거하고 널리 베풀어 〈선한〉 인연을 맺고자 한 뜻을 본받고자 하시지만, 이는 이른바 '작은 은혜는 두루 미치지 못한다[小惠未遍]'고 하는 것입니다. 만약 밝게 상을 주고 벌을 내려서 악행을 징계하고 선행을 권장하신다면 복을 부르기에 충분할 것입니다. 이러한 세세한 일 같은 것은 임금이 정치를 행하는 요체가 아니니, 그만두시기를 바랍니다.

다섯째, 우리 태조께서는 큰 나라를 섬기는 데에 마음을 전일하셨음에도 오히려 수년에 한번 폐백[行李]을 보내어 교빙의 예를 갖추었을 따름이었습니다. 지금은 교빙을 위한 사신뿐만 아니라 또 무역으로 인한 사신도 빈번하니, 중국에서 천하다고 여길까 염려됩니다. 또 오가다가 배가 침몰함으로 인하여 목숨을 잃는 자들도 많습니다. 지금부터는 교빙을 위해 보내는 사신이 무역을 겸하게 하시고, 그밖에 수시로 매매하는 행위는 모두 금지하시기 바랍니다.

여섯째, 불보佛寶에 배정된 돈과 곡식은 여러 사찰의 승려들이 각각 주·군에 사람을 파견하여 담당하게 하는데, 해마다 절반에 달하는 이자長利를 받아 백성들을 고되고 어지럽게 하고 있으니, 모두 금지시키기를 바랍니다. 그 돈과 곡식은 사원의 전장田莊으로 옮겨 설정하고, 그 주전主典이 전정田丁을 가지고 있는 경우에는 그것도 함께 거두어서 사원의 전장이 있는 곳에 붙인다면 곧 민간에 끼치는 폐해가 자못 줄어들 것입니다.

일곱째, 왕이 백성을 다스리는 것은 집집마다 가서 매일 살피는 것이 아닙니다.

그러므로 수령을 나누어 보냄으로써 백성들의 이익과 손해를 가서 살피게 하는 것입니다. 우리 태조[祖聖]께서도 통일한 후에 외관外官을 두고자 하셨지만, 대개 초창기라 일이 번다하여서 미처 겨를이 없었습니다. 지금 삼가 향리의 토호들을 살피건대, 항상 공무公務를 핑계 삼아 백성들을 침학侵虐하므로 백성들이 그 명령을 감당하지 못하고 있으니, 청컨대 외관을 두시기를 바랍니다. 비록 한 번에 모두 다 보낼 수는 없더라도 먼저 10여 개의 주현州縣을 아울러서 한 곳의 관아를 설치하고, 관아마다 각각 2~3명의 관원을 두어서 돌보는 임무를 맡기시기 바랍니다.

여덟째, 엎드려 살피건대, 성상께서 사신을 보내어 사굴산闍崛山의 승려 여철如哲을 맞아 궁궐로 들이셨습니다. 신이 생각하기에 여철이 정말로 남을 복되게 할 수 있는 자라면, 그가 거처하던 곳의 물과 땅도 또한 성상의 것이고, 아침과 저녁으로 먹고 마신 것 또한 성상께서 내려주신 것이므로 필시 보답하고자 하는 마음이 있어서 항상 복을 기원하는 것을 일로 삼았어야 할 것인데, 어찌 번거롭게 맞아들여 온 이후에야 구태여 복을 베풀어 준다는 것입니까. 전에 선회라고 하는 자가 요역徭役을 회피하고자 출가하여 산 속에 머무르고 있었는데, 광종께서 공경을 표하고 예를 다하셨지만, 끝내 선회는 길가에서 예기치 못한 채 참혹하게 죽어 그 시신이 나뒹굴게 되었습니다. 저 평범한 승려의 경우에 자신 또한 화를 당하였는데, 무슨 겨를에 남에게 복을 베풀어 주겠습니까. 여철을 내쫓아 산으로 돌려보내셔서 선회와 같은 비웃음을 면할 수 있게 하시기 바랍니다.

아홉째, 신라 때에는 공公·경卿·백관百僚·서인庶人의 의복과 신발·버선에 각각 품品에 따른 구분이 있어서 공·경·백관이 조회朝會할 때에는 공란公襴을 입고 신발을 신고 홀笏을 들었으며[穿執], 조회에서 물러 나와서는 편한 대로 옷을 입었고, 서인과 백성들은 무늬가 있는 옷을 입을 수 없었으니, 귀함과 천함을 구분하고 높고 낮음을 변별하고자 한 까닭이었습니다. 이 때문에 공란은 비록 토산물이 아니지만 백관들은 스스로 마련하여 사용하였던 것입니다. 우리 조정은 태조 이래로 귀한 자와 천한 자를 막론하고 임의대로 옷을 입고 있으니, 관품官品이 비록 높을 지라도 집안이 가난하면 곧 공란을 마련할 수가 없으며, 비록 관직은 없더라도 집안이 부유하면 곧 무늬가 있고 수가 놓아진 비단을 사용하고 있습니다. 우리나라의 토산물 중에는 좋은 것이 적고 거친 것은 많으며, 무늬가 있는 것들은 모두 국내에서 생산되는 것이 아닌데도 사람마다 입을 수가 있으니, 곧 다른 나라의 사신을 영접할 때에 백관의 예복이 법식에 맞지 않아서 창피를 당할까 염려됩니다. 바라건대 백관들로 하여금 조회할 때에는 모두 중국과 신라의 제도에 의거하여 공란과 신발·홀을 갖추고, 정사에 관하여 아뢸 때에는 버선목이 달린 신[襪靴]·명주신·가죽신을 착용하게 하시며, 서인들은 무늬가 있는 깁과 주름이 잡힌 비단을 입지 못하고 다만 명주[紬絹]만을 사용하게 하십시오.

열째, 신이 듣건대, 승려들이 군[郡]·현[縣]을 오갈 때에 관[館]·역[驛]에 숙박하면서 지방 아전들과 백성들을 채찍질하고 마중하고 음식을 공급하는 것이 늦다고 꾸짖는데, 아전과 백성들은 명령을 받들어야 하는지 의심하면서도 두려워서 감시 말을 하지 못하니, 그 폐단이 이보다 더 클 수 없습니다. 이제부터는 승려들이 관·역에서 숙박하는 것을 금지함으로써 그 폐단을 없애야 할 것입니다.

열한째, 중국[華夏]의 제도는 따르지 않을 수가 없지만, 사방의 습속은 각각 그 풍토의 성질을 따르는 것이기 때문에 모두 다 바꾸기는 어려울 것 같습니다. 예악[禮樂]·시[詩]·서[書]의 가르침과 군신[君臣]·부자[父子] 간의 도리는 마땅히 중국을 본받음으로써 비루한 것을 개혁하고, 그 나머지 거마[車馬]나 의복의 제도는 토풍을 따라도 좋을 것이니, 사치와 검약이 적절하도록 하신다면 무작정 같게 할 필요는 없습니다.

열두째, 여러 섬에 사는 백성들은 그 선대의 죄로 인하여 바다 한가운데에서 나고 자랐기 때문에 생계를 꾸리기가 매우 어려우며, 또 광록시[光祿寺]에서 수시로 물품을 징수하여 거두어들이기 때문에 날이 갈수록 곤궁해지고 있습니다. 주·군의 예를 따라서 그들의 공역[貢役]을 공평하게 하여 주시기 바랍니다.

열셋째, 우리나라는 봄에는 연등회[燃燈會]를 설행하고 겨울에는 팔관회[八關會]를 개최하기 위해 널리 사람들을 징발하는데, 그 노역이 매우 번거로우니, 감축하여서 백성들의 노고를 덜어주시기 바랍니다. 또 갖가지 인형들을 만드는 데에 그 비용이 매우 많이 들지만, 한 번 사용한 이후에는 곧장 부수어 버리니, 이 또한 심히 이치에 맞지 않습니다. 또 인형은 흉례凶禮가 아니면 쓰지 않는 것으로서 중국西朝의 사신이 일찍이 와서 보고는 상서롭지 못하다고 여겨 얼굴을 감싸고 지나가기도 하였으니, 지금부터는 쓰는 것을 허락하지 마시기 바랍니다.

열넷째, 『주역周易』에서 말하기를, '성인이 사람의 마음을 감동시키니 천하가 화평하다'라고 하였으며, 『논어論語』에서는 말하기를, '하는 일이 없어도 천하가 잘 다스린 이는 순舜이니, 대저 어떻게 한 것인가. 몸을 공손히 하고서 바르게 남면南面하였을 따름이다'라고 하였습니다. 성인이 하늘과 사람을 감동시키는 까닭은 순수한 덕과 사사로움이 없는 마음이 있기 때문입니다. 만약 성상께서 마음을 다잡아 겸손히 하고, 항상 공경하고 두려워하며, 예로써 신하들을 대우하신다면, 그 누가 마음과 힘을 다하여 나아가서는 계책과 도리를 아뢰고 물러나서는 보좌할 것을 생각하지 않겠습니까. 이것이 이른바 '군주는 신하를 부리기를 예로써 하고, 신하는 군주를 섬기기를 충심으로써 한다[君使臣以禮, 臣事君以忠]'는 것입니다. 바라건대 성상께서는 날이 갈수록 더욱 근신하고[日愼一日], 스스로 교만하지 않으며, 아랫사람을 대함에 공손함을 생각하고, 만약 혹시 죄지은 자가 있더라도 그 경중을 법에 맞게 아울러 논의하신다면 곧 태평성대太平聖代의 위업은 서서 기다려도 될 것입니다.

열다섯째, 태조께서는 궁궐에 소속된 노비로서 궁궐에서 공역供役하는 자를 제외하고 <그 나머지는> 교외로 나가 거주하면서 밭을 갈아 세금을 납부하게 하였으며, 궁궐 내 마구간에 있는 말 중 당장 부리는 것 외에는 궁 밖의 마구간으로 나누어 보내 기르게 함으로써 국가의 재정[國用]을 절약하였습니다. 광종 때에 이르러 불사佛事를 많이 일으켜 부역이 날로 번다하여지자, 이에 바깥에 있는 노비들을 징발하여 부역에 충원하였고, 내궁內宮의 재정으로는 지급하기에 부족하여 창고의 쌀을 아울러 소비하였습니다. 지금 궐내의 마구간에서 기르는 말의 수가 많아 그 비용이 매우 많이 드니, 백성들이 그 피해를 받고 있으며, 변경지역에 변란이 생길 경우에는 군량이 부족하게 될 것입니다. 성상께서는 모두 태조의 제도에 의거하여 궁중의 노비와 마구간 말의 수를 잘 헤아려 결정하시고, 그 나머지는 모두 궁 밖으로 나누어 내보내시기 바랍니다.

열여섯째, 세상의 풍속에서는 선근善根을 심는다는 명목으로 각자 자신의 바라는 바를 따라 불당佛堂을 지으니, 그 수가 매우 많습니다. 또 도성 안팎에 있는 승려들도 앞을 다투어 지으면서 널리 주·군의 장리長吏들에게 백성들을 징발하여 사역하되 국가의 부역公役보다도 더 급하게 하도록 권유하니, 백성들이 이를 매우 괴롭게 여기고 있습니다. 엄중하게 금지시키셔서 고된 부역을 덜어주시기 바랍니다.

열일곱째, 『예기禮記』에서 말하기를, '천자天子의 집은 9척尺이요, 제후諸侯의 집은 7척이다'라고 하였으니, 각자 정해진 제도가 있는 것입니다. 근래에 사람들 사이에 높고 낮은 구분이 없이 단지 재력만 있으면 곧 모두 집을 짓는 일을 우선으로 하고 있습니다. 이로 말미암아 여러 주·군·현과 정亭·역驛·나루터津渡의 호강한 자들이 앞을 다투어 큰 집을 지어 그 법도를 넘어서게 되었으니, 단지 한 집의 힘을 다 쓰는 것일 뿐만 아니라 실제로는 백성들을 고되게 하는 것으로서 그 폐단이 매우 많습니다. 엎드려 바라건대, 예관禮官으로 하여금 그 높고 낮음에 따라 가옥의 제도를 헤아려 정하게 하시고, 도성 안팎에서 모두 준수하게 하시며, 이미 지은 가옥 중 제도를 어긴 것들은 또한 헐어버리게 함으로써 훗날을 경계해야 할 것입니다.

열여덟째, 불경을 베껴 적고 불상佛像을 만드는 것은 단지 오랫동안 전하기 위한 것인데, 어찌하여 진귀한 보배로 장식을 함으로써 도적질 하려는 마음이 일어나게 하는 것입니까. 옛날에는 경전을 모두 누런 종이에 베끼고 또 전단목栴檀木으로 축軸을 만들었으며, 불상은 금·은·동·철을 쓰지 않고 다만 돌·흙·나무만을 사용하였기 때문에 훔치거나 훼손시키는 자들이 없었습니다. 신라 말에는 경전과 불상을 모두 금과 은으로 만들어서 그 사치함이 도를 지나쳤기 때문에 끝내는 멸망하여 장사치들로 하여금 불상을 훔치고 훼손하여 서로 사고팔아 생계를 꾸리게 하기에 이르렀는데, 근래에도 그 남은 풍습이 사라지지 않고 있습니다. 엄중히 금지하셔서 그 폐단을 개혁하시기 바랍니다.

열아홉째, 옛날 진晉의 덕이 쇠하자 난欒·극郤·서胥·원原·호狐·속續·경慶·백伯 등의 성씨들이 강등되어 관노官奴·皁隷가 되었습니다. 우리 삼한공신三韓功臣의 자손들은 매번 왕의 특별 사면령宥旨을 받을 때마다 포상을 내리겠노라고褒錄 하였으나, 아직도 관작官爵을 받지 못하여 관노 사이에 섞여 있으니, 새로 나아간 무리들이 능멸하고 업신여기는 경우가 많아 원망과 탄식이 일어나고 있습니다. 또 광종 말년에는 조정의 신하들을 죽이거나 축출하였기 때문에 대대로 이어져 온 집안의 자손들은 그 가계를 이어가지 못하였습니다. 여러 차례 내려진 은혜를 따라서 공신들의 등급에 맞게 그들의 자손들을 등용하시기 바랍니다. 또 경자년940의 전과田科 배분과 삼한의 통일 이후에 입사한 자들도 또한 헤아려 품계와 관직을 내려준다면 억울한 누명을 풀어 재해가 발생하지 않게 될 것입니다.

　스무째, 불법佛法을 존숭하고 믿는 것이 비록 나쁜 것은 아니지만, 제왕과 일반 백성들이 공덕을 쌓는 것은 그 방법이 실로 같지 않습니다. 일반 백성 같은 경우에는 수고롭게 하는 것은 자신의 힘이요, 소비하는 것은 자기의 재물이므로 그 폐해가 다른 사람에게 미치지 않기 때문에 오히려 괜찮다고 하겠지만, 제왕의 경우는 곧 백성들의 힘을 수고롭게 하고 백성들의 재물을 소비하는 것입니다. 옛날에 양梁 무제武帝가 천자의 존귀한 몸으로 필부匹夫들이 하는 선업善業을 닦았더니 사람들이 잘못된 것이라고 여겼던 것은 이러한 이유였습니다. 이 때문에 제왕은 그러한 점을 깊이 생각하여 일마다 모두 적절함을 헤아려서 폐해가 신하와 백성들에게 미치지 않게 하는 것입니다. 신이 듣건대, 사람의 화복과 귀천은 모두 태어나는 초기에 주어지는 것으로서 마땅히 그대로 따라서 받아야 한다고 하였습니다. 하물며 불교를 숭신하는 것은 다만 다음 생에서 받게 될 인因에 따른 과보果報를 심는 것일 뿐, 그 결과가 현재에 나타나게 하는 데에는 도움이 되는 것이 드물다고 하니, 나라를 다스리는 요체가 거기에 있지는 않은 듯합니다. 또〈유·불·도〉삼교三敎는 각자 업業으로 삼아 수행하는 바가 있으니, 섞어서 하나로 할 수는 없습니다. 부처의 가르침을 행하는 것은 자기 자신을 닦는[修身] 근본이요, 유교의 가르침을 행하는 것은 나라를 다스리는 근원이니, 자신을 닦는 것은 다음 생을 위한 바탕이 되고, 나라를 다스리는 것은 곧 오늘날에 힘쓸 일입니다. 오늘날은 지극히 가깝고 다음 생은 지극히 먼 것인데, 가까운 것을 버리고 먼 것을 구한다면 이 또한 잘못된 것이 아니겠습니까. 군주는 마땅히 사사로움이 없는 한결같은 마음으로 널리 만물을 구제할 것을 생각하여야 하는데, 어찌 원치 않는 사람을 부리고 창고에 쌓아 둔 재물을 소비하면서 결코 있을 수 없는 이익을 추구하겠습니까. 옛날에 당唐 덕종德宗의 비부妃父 왕경선王景先과 부마駙馬 고염高恬이 황제의 수명을 연장하기 위하여 금동불상金銅佛像을 주조하여 바쳤는데, 덕종이 말하기를, '짐은 일부러 쌓은 공덕은 공덕이 없는 것이라고 생각한다.'라고 말하고, 그 불상을 두 사람에게 돌려주었습니다. 마음이 비록 실제로 그러했던 것은 아니지만, 신하와 백성들로 하여금 이익이 없는 일을 하지 못하게 하고자 한 것이 이와 같았습니다. 우리 조정에서 겨울과 여름에 열리는 강경회講經會와 선왕先王·선비先后의 기일재忌日齋는 그 유래가 이미 오래되었기 때문에 취하거나 버리거나 할 수 없지만, 그 나머지 줄일 수 있는 것들은 줄이시기 바랍니다.

　스물한째, 『논어論語』에서 말하기를, '마땅히 섬겨야 할 귀신이 아닌데도 제사를 지내는 것은 아첨하는 것이다'라고 하였고, 『좌전左傳』에서 말하기를, '귀신은 그 족류族類가 지내는 제사가 아니면 흠향歆饗하지 않는다'라고 하였으니, 이른바 '삿된 제사淫祀는 복을 받지 못한다'는 것입니다. 우리 조정의 종묘와 사직에 대한 제사는 오히려 법식에 맞지 않는 것이 여전히 많은데도 산악山嶽에 지내는 제사와 성수星宿에 지내는 초제醮祭는 그 번잡함이 도를 넘어섰으니, 이른바 '제사는 자주 지내서는 안되는 것이니, 자주 지내면 번잡해지고, 번잡해지면 곧 공경하지 않게 된다'는 것입니다. 비록 성상께서 마음을 정갈하게 하고 공경을 지극하게 하여 진실로 태만한 바가 없을지라도 향관享官이 대수롭지 않은 일로 여겨 싫증내고 게으름을 피우면서 공경하는 마음을 다하지 않는다면, 신이 기꺼이 흠향하겠습니까. 옛날에 한漢 문제文帝는 모든 제사에서 그 유사有司로 하여금 공경히 하되 〈복을〉 빌지는 못하게 하였으니, 그 식견의 뛰어남이 크고 훌륭한 덕이라고 할 만 합니다. 만약 천지신명에게 지각이 없다고 한다면, 〈빈다고 한들〉 어찌 복을 내려줄 수 있을 것이며, 만약 지각이 있다고 한다면, 자신을 위하여 사사롭게 잘 보이려고 하는 것은 군자도 오히려 좋아하기 어려운 것인데 하물며 천지신명이겠습니까. 제사의 비용은 모두 백성의 고혈과 그 노동력에서 나오는 것입니다. 신이 삼가 생각하건대, 만약 백성들의 힘을 쉬게 하여 그 마음을 기쁘게 한다면 그 복이 반드시 빌어서 받는 복보다 클 것입니다. 바라건대 성상께서 별도로 올리는 기도와 제사를 없애고, 항상 몸가짐을 공손히 하고 자신을 나무라는 마음을 지님으로써 하늘을 감동시킨다면 재해는 저절로 사라지고 복록은 저절로 이르게 될 것입니다.

　스물둘째, 우리 조정의 양천良賤의 법은 그 유래가 오래되었거니와, 우리 태조께서 창업하신 초기에 여러 신하들 중 본래부터 노비를 소유하고 있던 자를 제외한 나머지 본래부터 소유하지 않았던 자들은 혹은 군대를 따라 전쟁에 나가서 포로를 얻거나, 혹은 재물로 사서 노비로 삼았습니다. 태조께서는 일찍이 포로들을 풀어주어 양민으로 삼고자 하였으나 공이 있는 신하들의 마음을 동요시킬까 염려되어 편의대로 하도록 허락하였더니, 60여년에 이르는 기간 동안 하소연 하는 이가 없었습니다. 광종 때에 이르러 처음으로 명령을 내려서 노비들을 자세히 살펴서 그 옳고 그름을 판별하게 하니, 이에 공신功臣들 사이에서 탄식하고 원망하지 않음이 없었음에도 간언하는 자가 아무도 없었으며, 대목왕후大穆王后께서 간절하게 간언하셨으나 받아들이지 않았습니다. 천민과 노비들이 힘을 얻어서 존귀한 이들을 능멸하고 짓밟았으며, 앞을 다투어 거짓을 꾸며내어 본래의 주인을 모함한 것이 이루 다 셀 수가 없을 정도였습니다. 광종께서 스스로 재앙의 근원을 만들고도 막지 못한 것이며, 말년에 이르러서는 억울하게 죽인 자들이 매우 많아 덕을 크게 잃어버렸습니다. 옛날에 후경侯景이 양梁의 대성臺城을 포위하였을 때, 근신近臣인 주이朱异의 가노家奴가 성을 넘어서 후경에게 투항하니, 호경이 의동삼사儀同三司의 벼슬을 주었습니다. 그 가노가 말을 타고 비단 도포를 입고서 성 앞에 와서 외치기를, '주이는 50년 동안 벼슬을 지내고 나서야 중령군中領軍이 되었지만, 나는 후왕侯王에게서 처음으로 벼슬을 시작하였는데도 이미 의동삼사가 되었다'라고 하였습니다. 이에 성 안에 있던 하인과 종들이 앞을 다투어 밖으로 나와서 후경에게 투항하니, 대성이 마침내 함락되었습니다. 바라건대 성상께서는 전날의 일들을 깊이 비추어 보아서 천한 자들이 귀한 이들을 능멸하지 못하게 하시고, 노비와 주인의 본분에 있어서 그 중도中道를 잡아 처리하십시오. 대개 관직이 높은 자들은 도리를 알기 때문에 법에 어긋나는 일이 드물며, 관직이 낮은 자들은 진실로 그 지략이 교묘한 방법으로 잘못을 덮을 만하지 않고서야 어찌 양민을 천민으로 만들 수 있겠습니까. 다만 왕실의 일원이나 공·경들 가운데 비록 위세로써 법에 어긋나는 짓을 하는 자들이 혹시 있더라도 지금의 정치가 거울과 같이 밝아서 사사로움이 없는데 어찌 마음대로 할 수 있겠습니까. 주周의 유왕幽王과 여왕厲王이 도리를 잃어버렸으나 선왕宣王과 평왕平王의 덕을 가리지는 못하였고, 여후呂后가 덕이 없었지만, 문제文帝와 경제景帝의 어짊에 누가 되지는 않았습니다. 오직 지금의 판결을 상세하고 분명하게 하는 데에 힘쓰시되, 앞선 조정에서 결정한 바는 거슬러 따져서 분란을 만들어 낼 필요는 없습니다."

라고 하였다. 최승로는 왕이 뜻을 지니고 있어서 더불어 일을 해 낼만 함을 보고서 이 글을 바친 것인데, 나머지 여섯 조항은 경술년1010의 병란으로 잃어버렸다.

王治 ▶ 982년 10월 원금 이상의 이자를 받지 못하도록 하다

제서를 내리기를,

"민간에서 빚을 내어주고 그 이자를 받을 때, 원금과 이자가 같아지면 더 이상 이자를 받지 못하게 하라."

라고 하였다.

王治 ▶ 982년 12월 부모 기일의 휴가 규정을 정하다

제서를 내리기를,

"백관百官이 부모의 기일忌日을 당하면, 하루 낮과 이틀 밤의 휴가를 주고, 조부모의 3년 이후의 기일의 경우 친아들이 없으면 이 또한 부모의 기일의 예에 의거하라."

라고 하였다.

王治 ▶ 982년 송에 사신을 보내 왕위 계승을 알리다

이해에 시랑侍郞 김욱金昱을 송宋에 보내어, 왕위를 계승하였음을 알렸다.

王治 ▶ 982년 **왕의 생일을 천춘절이라고 하다**

　왕의 생일을 천춘절千春節이라고 하였으니, 왕의 생일[節日]에 이름을 붙이는 것이 여기에서부터 비롯되었다.

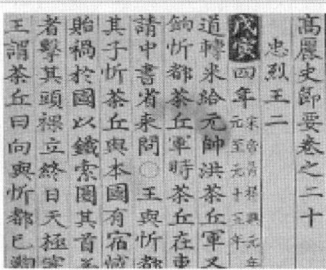

성종 2년(983년)

−성종문의대왕−

王治 ▶ 983년 1월 **원구에서 풍작을 기원하고 적전을 갈다**

왕이 원구단圓丘壇에서 풍작을 기원하고[祈穀] 태조太祖를 배향하였으며, 몸소 적전 籍田을 갈고, 신농씨神農氏에게 제사지내고 후직后稷을 배향하였다. 풍작을 기원하는 제사[祈穀]를 올리고 적전을 가는 것이 여기에서부터 비롯되었다.

王治 ▶ 983년 1월 **천덕전에서 군신에게 연회를 베풀다**

천덕전天德殿에서 여러 신하들을 위해 연회를 베풀고, 물품을 차등 있게 내려주 었다.

王治 ▶ 983년 1월 **최승로를 문하시랑평장사로 삼다**

최승로崔承老를 문하시랑평장사門下侍郎平章事로 삼았다.

王治 ▶ 983년 2월 **12목을 설치하고 금유와 조장을 폐지하다**

처음으로 12목牧을 설치하고, 금유今有와 조장租藏을 폐지하였다. 금유와 조장이 라는 것은 모두 외방의 고을에 파견되는 관리의 호칭이다.

> 王治 ▶ 983년 3월 **송에서 사신을 보내 성종을 책봉하다**

　송宋이 광록소경光祿少卿 이거원李巨原과 장작소감將作少監 공유孔維를 보내어 왕을 책봉하여 광록대부 검교태보 사지절 현토주제군사 현토주도독 충대순군사 상주국 식읍食邑 2,000호光祿大夫 檢校太保 使持節 玄菟州諸軍事 玄菟州都督 充大順軍使 上柱國 食邑二千戶로 삼고, 이어서 고려국왕高麗國王에 봉하였다. 왕이 그 책봉을 받고, 사면하였다.

> 王治 ▶ 983년 3월 **원윤 이상 관리에게 말 1필씩을 하사하다**

　상정전에 임어하여 원윤元尹 이상의 문무 관리들에게 말 1필 씩을 내려주었다.

> 王治 ▶ 983년 5월 **병관어사 서희 등을 임명하다**

　좌승佐丞 서희徐熙를 병관어사兵官御事로 삼고, 대상大相 정겸유鄭謙儒를 공관어사工官御事로 삼았다.

> 王治 ▶ 983년 5월 **최행언 등이 급제하다**

　최행언崔行言 등 5명에게 급제를 하사하였다.

> 王治 ▶ 983년 5월 **3성, 6조, 7시를 처음으로 설치하다**

　처음으로 3성省·6조曹·7시寺를 설치하였다.

> 王治 ▶ 983년 6월 **광록경 설신우를 형관어사로 삼다**

　광록경光祿卿 설신우薛神祐를 형관어사刑官御事로 삼았다.

> 王治 ▶ 983년 7월 9일 **명복궁대부인 황보씨가 훙서하다**

　명복궁대부인明福宮大夫人 황보씨皇甫氏가 훙서하였다. 왕이 일찍이 선의태후宣義太

后를 여의고 황보씨에게서 자랐기 때문에 애통해하며 예를 극진히 하니, 그 슬픔이 주변을 감동시켰다. 계유. 백관을 거느리고 빈당殯堂에 나아가 곡을 하고, 시호諡號를 올려 신정왕태후神靜王太后라고 하였으며, 능陵을 수릉壽陵이라고 하였다.

王治 ▶ 983년 9월 좌승 이지백을 간의대부로 삼다

좌승佐丞 이지백李知白을 간의대부諫議大夫로 삼았다.

王治 ▶ 983년 10월 주점 6곳을 설치하다

주점酒店 6곳을 설치하였다.

王治 ▶ 983년 11월 13일 동지날이라 하여 백관의 하례를 받다

동짓날日南至이 되니, 왕이 원화전元和殿에 임어하여 백관百官의 하례를 받고, 뒤이어 사현전思賢殿에서 군신들에게 연회를 베풀었다.

王治 ▶ 983년 12월 천춘절을 천추절로 고치고 연회를 베풀다

천춘절千春節을 천추절千秋節로 고치고, 군신들에게 연회를 베풀었다.

王治 ▶ 983년 12월 주, 부, 군, 현 향리의 직함을 고치다

주州·부府·군郡·현縣 향리의 직함을 고쳤다.

王治 ▶ 983년 12월 진사를 선발함에 왕이 복시를 친히 행하다

진사進士를 선발하도록 명하였다. 왕이 임헌臨軒하여 복시覆試를 실시하고 강은천姜殷川 등 3명과 명경明經 1명에게 급제를 하사하였다. 복시를 치는 것이 이때부터 시작되었다. 강은천은 곧 강감찬姜邯贊이다.

성종 3년(984년)

-성종문의대왕-

王治 ▶ 984년 3월 처음으로 우사를 지내다

처음으로 우사雩祀를 지냈다.

王治 ▶ 984년 3월 이종 등이 급제하다

이종李琮 등 3명에게 급제를 하사하였다.

王治 ▶ 984년 5월 형관의 문기둥에 벼락이 치다

형관刑官의 문기둥에 벼락이 내려쳤다. 어사御事·시랑侍郎·낭중郎中·원외랑員外郎을 모두 문책하여 파면하였다.

王治 ▶ 984년 5월 군인의 복색을 정하다

이해에 군인의 복색服色을 정하였다.

王治 ▶ 984년 5월 압록강가에 관성을 쌓는데 여진이 관리를 납치하다

형관어사刑官御事 이겸의李謙宜에게 명하여 압록강鴨綠江 가에 성을 쌓아 관문關門을 지키는 성[關城]으로 삼게 하였다. 여진女眞이 군사들을 동원하여 저지하고 이겸의를 사로잡아 가버렸다. 군대가 흩어져서 끝내 성을 쌓지 못하였으며, 살아 돌아온 자들은 3분의 1에 불과하였다.

王治 ▶ **984년 5월 송에 방물을 바치다**

한수령韓遂齡을 송宋에 보내어 방물方物을 바쳤다.

성종 4년(985년)
−성종문의대왕−

王治 ▶ 985년 5월 송에서 성종을 가책하다

송宋이 대상경大常卿 왕저王著와 비서감秘書監 여문중呂文仲을 보내와 왕에게 책봉을 더하여 검교태부檢校太傅로 삼고, 사지절 현토주제군사 현토주도독 충대순군사 고려국왕使持節 玄菟州諸軍事 玄菟州都督 充大順軍使 高麗國王은 이전대로 하였으며, 식읍食邑 1,000호를 더하여 주고, 산관훈散官勳도 이전과 같이 하였다. 왕이 책봉을 받고서, 사면하였다.

王治 ▶ 985년 5월 진량 등이 급제하다

진량秦亮 등 3명에게 급제를 하사하였다.

王治 ▶ 985년 5월 송이 거란을 협공할 것을 제안하다

송宋이 장차 거란을 정벌하여 연주燕州·계주薊州를 수복하고자 하였는데, 우리나라가 거란과 땅을 맞대고 있어서 여러 차례 침범을 당했으므로 감찰어사監察御史 한국화韓國華를 보내어 조서를 가지고 오게 하였다. 효유하여 이르기를,
"짐이 홍업洪業을 이어받아 천하를 경영하니 초목과 벌레와 물고기조차도 따르

지 않음이 없는데, 어리석은 저 북쪽 오랑캐들만이 제국의 위엄[王略]을 손상시키고 있다. 유계幽薊의 땅은 중원中原의 강토인데, 진晉·한漢 시기에 변란이 많았던 틈을 타 못된 오랑캐들[戎醜]이 도적질하여 기거하였던 것이다. 이제 국가의 통치[照臨]가 미치는 곳은 수레바퀴의 폭과 문자가 통일되었는데, 어찌 <그곳의> 백성들에게만 거칠고 사나운 습속에 빠지게 하겠는가. 지금 이미 군사들을 통솔하여 요사한 기운을 거의 없애버렸고, 큰 병거兵車가 앞장서서 길을 열고 길을 나누어 나아가고 있으니, 곧 적의 목을 베어버림으로써 하나가 됨을 기뻐하기를 기필하는 것이다. 대저 고려의 왕은 오랫동안 중국의 풍속을 사모하고 평소에 높고 밝은 지모智謀를 품어왔으며, 충직하고 순실한 절의를 본받아 예와 의리의 나라를 다스려왔지만 저 견융犬戎과 맞닿아 있어서 전갈의 독에 걸려든 것과 같았는데, 그 쌓이고 쌓인 분한 마음을 씻어낼 기회가 지금 여기 있다. 군사들을 신칙하고 경계하여 서로 번갈아들며 앞뒤로 호응하여 적을 공격하고[掎角], 이웃한 나라와 손을 잡고 힘을 모아 적을 소탕하며, 한 번 북소리의 웅장함을 떨쳐 거의 망해가는 이들 오랑캐를 평정함이 옳을 것이다. 좋은 때는 두 번 오지 않으니, 왕은 잘 도모하라. 노획하는 포로와 소·양, 재물, 병기兵器 등은 모두 그대의 나라 장수와 병사들에게 내려줌으로써 장려하고 포상하겠노라.”라고 하였다. 왕이 망설이면서 군사를 일으키지 않으니, 한국화는 위엄과 덕으로 타일렀다. 왕이 마침내 군사를 일으켜 서쪽에서 만날 것을 약속하자, 국화가 곧 돌아갔다. 이보다 앞서서 거란이 여진을 정벌하러 갈 때, 그 길이 우리 국경을 지나갔다. 여진은 우리가 적을 인도하여 화를 만들어냈다고 여기고, 송에 말을 바치면서 고려와 거란이 서로 합세하여 포로들을 잡아간다고 꾸며 참소하였다. 한수령韓遂齡이 송에 가자 황제가 여진이 급하게 올린 목계木契를 꺼내어 한수령에게 보여주면서 말하기를, “너희 나라로 돌아가서 사로잡은 이들을 돌려보내라고 전하여라.”라고 하였다. 왕이 그 말을 듣고 근심하고 두려워하였다. 한국화가 오자 왕이 그에게 말하기를, “여진은 탐욕스럽고 거짓말을 많이 하니, 지난겨울에 재차 목계를 올려서 말하기를, ‘거란의 병사들이 장차 국경에 이를 것이다.’라고 하였으나, 우리나라는 오히려 거짓말일까 의심하여 곧장 구원하러 가지 않았다. 거란이 정말로 와서 죽이고 노략질 해 간 것이 매우 많았으며, 그 남은 족속들은 도망하여 우리나라 회창懷昌·위화威化·광화光化 등 경계지역으로 들어왔다. 거란의 병사들이 그들을 추격하여 사로잡고는 우리나라 수졸戍卒들에게 말하기를, '여진이 매번 우리의 변경지방을 침략하여 도적질하였는데, 이제 이미 그 원수를 갚았으니 병사들을 정비하여 되돌아가겠다.'라고 하였다. 이에 여진족으로서 도망쳐온 자들 2,000여명에게 모두 노자路資를 주어 돌려보냈는데, 뜻하지도 않게 도리어 군사를 몰래 보내어 우리나라 관리들과 백성들을 죽이고 노략질하였으며, 장정들을 사로잡아 노예奴隷로 만들었다. 그들이 대대로 중국을 섬겼기 때문에 감히 원한을 갚지도 못하는데, 어찌 도리어 서로 무고함으로써 성총을 미혹하게 하겠는가. 우리나라는 해마다 정월 초하루에 안부를 여쭙고, 삼가 공물貢物을 바치며 총애를 두텁게 받아왔는데, 감히 다른 마음을 가지고 바깥 나라와 교류하겠는가. 하물며 거란은 요해遼海의 바깥에 있어서 거듭해서 두 강에 의해 막혀있기 때문에 오갈만한 길도 없음에랴. 또한 여진인 중에 환란을 피하여 도망해 와서 우리나라의 관직을 받은 자 수십 명이 아직 있으니, 상국의 궁궐로 불러서 조공하러 간 우리 사신으로 하여금 어전에서 시비를 가리게 한다면 그 실상을 거의 다 알 수 있을 것이다. 바라건대 황제께서 들으실 수 있도록 전달하도록 하라."라고 하였다. 한국화가 이를 수락하였다.

王治 ▶ 985년 10월 집을 희사하여 절로 삼는 것을 금지하다

집을 희사하여 절로 삼는 행위를 금하였다.

王治 ▶ 985년 오복급가식을 새로 정하다

이해에 〈관리들이〉 상喪을 당했을 때 휴가를 주는 법식[五服給暇式]을 새로 정하였다. 참최斬衰·재최齊衰 3년에는 100일을 주고, 재최 1년[期年]에는 30일을, 대공大功 9개월에는 20일을, 소공小功 5개월에는 15일을, 시마緦麻 3개월에는 7일을 휴가로 주게 하였다.

성종 5년(986년)

−성종문의대왕−

王治 ▶ 986년 1월 **거란이 화친을 청하다**

거란이 궐열厥烈을 보내와 화친을 청하였다.

王治 ▶ 986년 3월 **최영린 등이 급제하다**

최영린崔英藺에게 급제를 하사하였다.

王治 ▶ 986년 5월 **지방관들이 권농을 하도록 교서를 내리다**

교서를 내려 이르기를,
"나라는 백성을 근본으로 삼고, 백성은 먹을 것을 하늘로 삼는다. 만약 만백성의 마음을 품고자 한다면 오직 삼농三農〈시기의〉 힘씀을 빼앗지 않아야 할 뿐이다. 아, 너희 12목牧과 여러 주진의 관리들은 지금부터 가을까지 모든 잡무를 중지하고 농사를 장려하는 데에 전념해야 할 것이다. 내가 장차 사자를 보내 조사하여 전야田野의 황폐해짐과 경작됨의 여부, 지방관牧守의 근면함과 태만함의 여부로써 근무성적을 평가하여 포상하거나 징계할 것이다."
라고 하였다.

王治 ▶ 986년 7월 **교서를 내려 의창을 설치하게 하다**

교서를 내려 이르기를,

"내가 듣건대, 덕은 오직 정치를 잘 하는 것일 뿐이고, 정치는 백성들을 잘 기르는 데에 있으며, 나라는 백성을 근본으로 삼고, 백성들은 먹을 것을 하늘로 삼는다고 하였다. 이에 우리 태조太祖께서는 흑창黑倉을 설치하여 궁핍한 백성들에게 곡식을 꾸어주고, 항상된 법식으로 삼았다. 지금 백성들은 점점 늘어나는데 비축해 둔 곡식은 충분하지 못하니, 쌀 10,000석碩을 더 보태고, 그 이름을 의창義倉으로 바꾸도록 하라. 또 여러 주부에 각각 의창을 설치하고자 하니, 해당 관청에서는 주·부의 인호人戶의 많고 적음과 창고에 비축한 곡식의 수량과 물목物目을 점검하여 아뢰도록 하라."

라고 하였다.

王治 ▶ 986년 7월 **교서를 내려 귀향을 원하는 학사를 돌려보내다**

〈왕이〉 교서를 내려 이르기를,

"과인은 평소에 덕이 부족함을 부끄럽게 여기면서도 도리어 유학을 숭상하는 마음은 간절하여, 주공周公과 공자孔子의 가르침을 일으켜 요堯·순舜 시대[唐虞]의 다스림에 다다르기를 바라였다. 학교[庠序]로 기르고, 과거[科目]를 시행하여 그들을 선발하였다. 지금 여러 주州에서 올려 보낸 학생들 가운데 고향을 그리워하는 이가 있을까 염려되니, 모두 편의에 따라 돌아가거나 머무를 수 있게 하라. 너희들은 다만 나의 말을 삼가 받들어 학업을 져버리지 않아야 할 것이다. 고향으로 돌아가는 학생 207명에게는 포布 1,400필을 내려주고, 서울에 머무르는 학생 53명에게도 또한 복두幞頭 106매와 쌀 265석碩을 내려주겠노라."

라고 하였다. 이에 통사사인通事舍人 고영암高榮岩을 파견하여 객성客省에 가서 왕의 훈유訓諭를 널리 알리고 술과 과일을 내려주게 하였다.

`王治` ▶ **986년 7월 도망친 노비를 숨겨둔 자를 처벌하는 규정을 정하다**

    교敎하기를, "무릇 도망친 노비를 몰래 차지한 자는 하루에 생사生絲 3척尺이라는 법 조항에 의거하여 매일 포布 30척을 징수해서 본래 주인에게 지급하라. 숨겨준 날 수가 비록 많다 하더라도 〈징수액은 그 노비의〉 원래 값을 넘지는 않게 하라."라고 하였다.

`王治` ▶ **986년 8월 12목에 처자식을 데리고 부임할 수 있게 하다**

    처음으로 12목牧에게 그 처자식을 데리고 부임할 수 있게 하였다.

`王治` ▶ **986년 9월 지방관을 경계하는 교서를 내리다**

    교서를 내려 목민관牧民官들을 신칙하고 경계하기를, 옥송獄訟을 지체시키지 말고, 창고를 힘써 채우며, 궁핍한 백성들을 진휼하고, 농업·잠업을 장려하며, 요역을 가볍게 하고 부세를 덜어주며, 일 처리를 공평히 하도록 하였다.

`王治` ▶ **986년 조서를 교서로 칭하다**

    처음으로 조서를 교서로 칭하였다.

`王治` ▶ **986년 최한, 왕림 등을 송에 보내 입학시키다**

    이해에 최한崔罕과 왕림王琳을 송宋에 보내어 입학시켰다.

성종 6년(987년)

−성종문의대왕−

王治 ▶ 987년 1월 **2월부터 10월까지 산에 불을 놓지 못하게 하다**

교教하기를, "2월부터 10월까지는 만물이 나고 자라는 시기이니, 산과 들에 불을 놓는 것을 금지한다. 거스르는 자는 죄를 줄 것이며, 이를 항상적인 법식으로 삼도록 하라."라고 하였다.

王治 ▶ 987년 3월 **최지몽의 졸기**

내사령內史令 최지몽崔知夢이 죽었다. 최지몽은 남해南海 영암군靈巖郡 사람으로 어렸을 때의 이름은 총진聰進이다. 성품이 청렴·검소하고 자애롭고 온화하였으며, 총명하고 학문을 좋아하여 경서經書와 사서史書를 두루 섭렵하였으며, 특히 천문天文과 복서卜筮에 뛰어났다. 18세가 되자 태조太祖가 그 명성을 듣고 불러서 꿈을 점치게 하였는데, 길조를 얻고는 말하기를, "반드시 장차 삼한三韓을 통솔하실 것입니다."라고 하였다. 태조가 기뻐하면서 그의 이름을 지몽知夢으로 바꾸었으며, 비단옷을 내려주고 공봉供奉의 직책을 제수하였다. 항상 정벌을 따라다니면서 그 곁을 떠나지 않았으며, 즉위하자 궁궐에 들어가 모시면서 물음에 대비하였다. 혜종惠宗이 사천대司天臺의 직책을 제수하였으며, 정종定宗이 왕규王規를 주살하였을 때에는 그가 유성의 변란을 아뢰었던 일을 포상하여 노비臧獲와 은으로 장식한 안장을 얹은 말, 은 그릇을 내려주었다. 일찍이 광종光宗이 귀법사歸法寺에 행차할 때 따라갔다가 술에 취하여 예에 어긋나는 행동을 하였기에 외걸현隈傑縣으로 쫓겨나 11년 동안 머물렀다. 경종景宗 때에 이르러 다시 불러서 내의령內議令에 제수하였다. 성종成宗이 즉위하자 좌집정 수내사령 상주국左執政 守內史令 上柱國을 더하여 주고 홍문숭화치리공신弘文崇化致理功臣의 칭호를 내려주었으며, 이어서 그 부모에게도 작위를 주었다. 78세가 되자 3번이나 표表를 올려 사직을 청하였으나, 윤허하지 않았다. 또다시 상서하여 굳이 청하니, 이에 조회에 참석하는 것을 면제하여 주고, 내사방內史房에서 예전과 같이 업무를 보게 하였다. 3년 후에 병에 걸리자 의원과 약을 내려주고 친히 가서 병문안을 하였으며, 모든 병을 낫게 할 만한 방법이라면 하지 않음이 없었다. 사망하니, 향년 81세였다. 부음訃音을 듣고는 매우 슬퍼하며 부의賻儀로 포布 1,000필과 쌀 300석碩, 보리 200석, 차茶 200각角, 향香 20근斤을 보내주고, 관청에서 맡아 장례를 치르게 하였으며, 태자태부太子太傅로 추증하고, 시호諡號를 민휴敏休라고 하였다. 후에 태사太師를 더하여 추증하고, 경종의 묘정廟庭에 배향하였다.

王治 ▶ 987년 6월 **주군의 병기를 거두어 농기구를 주조하다**

주州·군郡의 병기兵器들을 거두어 농기구를 주조하였다.

王治 ▶ 987년 7월 **방량된 노비가 주인을 욕하면 환천하게 하다**

교敎하기를, "양민이 된 노비들은 해가 점차 멀어지면 반드시 그 본래의 주인을 가벼이 보고 업신여기게 된다. 이제 혹시 주인을 대신하여 뱃길로 전쟁터에 나갔거나 혹은 3년 동안 여묘廬墓 살이를 한 자는 그 주인이 유사有司에게 고하면, 〈유사가〉 그 공을 헤아려 살펴 나이가 40세가 넘은 자으면 비로소 천민의 신분에서 벗어나도록 허락한다. 만약 그 주인을 욕하는 자가 있으면, 다시 천민으로 되돌려 부리게 할 것이다."라고 하였다.

王治 ▶ 987년 8월 **중앙과 지방의 공문서식을 정하게 하다**

이몽유李夢游에게 명하여 중외中外의 주장奏狀과 관사官司 사이에 오고가는[行移] 공문서식을 상세히 살펴 정하게 하였다.

王治 ▶ 987년 8월 **정우현 등이 급제하다**

교서를 내려서 정우현鄭又玄과 명경明經 1명, 복업卜業 1명, 의업醫業 2명, 명법업明法業 2명에게 급제를 하사하였다. 급제자를 발표하면서 교서를 내리는 일이 여기에서부터 비롯되었다.

王治 ▶ 987년 8월 **12목에 경학박사와 의학박사를 두게 하다**

교서를 내려 12목牧에 경학박사經學博士와 의학박사醫學博士를 각각 1명씩 두었으며, 목牧의 수령[牧宰]과 주현州縣의 책임관中外으로 하여금 힘써 더 훈계하고 가르치게 하였다. 또 만약 경서經書에 밝은 자, 효성스럽고 우애로운 자, 혹은 의술에 뛰어나 쓸 만한 자가 있으면 한漢 조정의 고사에 의거하여 상세히 기록해서 중앙에 추천하는 것을 항상된 법식으로 삼았다.

王治 ▶ 987년 10월 **개경과 서경의 팔관회를 폐지하다**

개경開京과 서경西京의 팔관회八關會를 폐지하였다.

王治 ▶ 987년 11월 **경주를 동경유수로 고치다**

경주慶州를 동경유수東京留守로 고쳤다.

王治 ▶ 987년 **5부의 방리를 정하다**

이해에 5부部의 방리坊里를 정하였다.

성종 7년(988년)

−성종문의대왕−

王治 ▶ 988년 2월 **이양이 상소하여 왕의 친경을 청하다**

좌보궐左補闕 이양李陽이 상소하여 이르기를,

"《『예기禮記』의》「월령月令」을 살펴보건대, '입춘立春 전에는 흙으로 만든 소土牛를 밖에 내놓아 농사의 빠르고 늦음을 보인다.'라고 하였습니다. 이러한 고사를 들어 때에 맞추어 시행하시기 바랍니다. 『주례周禮』의 「내재직內宰職」에서는 '이른 봄에 왕후王后에게 조서를 내려 6궁六宮의 사람들을 거느리고 늦벼와 올벼 종자의 싹을 틔워 왕에게 바치게 한다.'라고 하였습니다. 이제 농사가 잘되기를 기원하고[祈穀] 적전籍田을 가시니, 왕후도 반드시 종자를 바치는 예를 행하셔야 할 것입니다. 「월령」에서 '정월 중순 이후에는 희생犧牲으로 암컷을 쓰지 않고, 나무를 베는 일을 금지하며, 짐승의 새끼나 알을 잡거나 채취하지 않고, 백성들을 모으지 않으며, 〈드러난〉 시신을 묻어준다'고 하였으니, 바라건대 봄에 시행해야 하는 월령을 반포하여 때에 따라 해서는 안되는 일들을 모두 알 수 있게 하십시오."

라고 하였다. 왕이 그 말을 따라 교서를 내려 조정 안팎에 반포하였다.

王治 ▶ 988년 9월 **이위 등이 급제하다**

이위李緯 등 4명과 의업醫業 2명에게 급제를 하사하였다.

988년 10월 송에서 성종을 가책하다

송宋에서 예부시랑禮部侍郎 여단呂端과 좌간의左諫議 여우지呂祐之를 보내어 왕에게 검교태위檢校太尉를 덧붙여 책봉하고 식읍食邑 1,000호와 식실봉食實封 500호를 더하여 주었으며, 충대순군사 지절 현토주제군사 현토주도독 상주국 고려국왕充大順軍使持節玄菟州諸軍事玄菟州都督上柱國高麗國王은 이전대로 하고, 산관훈散官勳도 이전과 같이 하였다. 이 해 정월에 송 황제가 친히 적전籍田을 갈고, 크게 사면령을 내렸으며, 연호年號를 바꾸고, 조정 안팎의 백관百官들에게 모두 은전恩典을 더하여 주었다. 마침내 여단 등을 보내어 왕을 책봉하고 이어서 사면의 뜻을 알린 것이다. 왕이 그 책봉을 받고 교수형 이하의 죄수들을 사면하였으며, 문반文班으로서 관직에 종사한지 오래된 자들은 복색服色을 바꾸어주고, 무반武班으로서 나이가 많고 자손이 없으며 계묘년943부터 군적軍籍에 올라있던 자들은 모두 고향으로 되돌려 보냈다. 또 문무 양반에게 모두 은전을 베풀어 주고, 문무 상참관常參官 이상인 자들은 그 부모와 부인에게 작위爵位를 내려주었으며, 백성들의 부채[欠負]를 덜어주고 궁핍한 자들을 진휼하였다.

988년 황충이 덮치니 재부를 견감하다

이해에 누리떼가 덮쳤다. 이에 재부財賦를 견감하고, 4푼 이상의 피해를 입은 밭은 조租를 면제하였으며, 6푼이면 조租와 포布를, 7푼 이상이면 조租·포布·역役을 모두 면제하여 주었다.

988년 최승로를 문하수시중으로 삼다

최승로崔承老를 문하수시중門下守侍中으로 삼았다.

988년 5묘를 정하다

처음으로 5묘五廟를 정하였다.

성종 8년(989년)

−성종문의대왕−

王治 ▶ 989년 2월 **관원이 병에 걸리면 관청에서 의원을 보내 치료하게 하다**

교서를 내려 이르기를,

"듣건대 조정과 민간의 사서士庶 중에 병에 걸린 자들 중에 의원을 만나보지도 못하고 또한 약도 없어서 병을 낫게 할 수 없는 경우가 많다고 한다. 지금부터는 내외內外 5품 이상의 문관文官과 4품 이상의 무관武官으로 병에 걸린 자들은 모두 소속 관청에서 상세히 기록하여 아뢰게 하고, 의원으로 하여금 약을 가지고 가서 치료하게 하라."

라고 하였다. 여러 신하들이 글을 올려 감사하였다.

王治 ▶ 989년 3월 **동서북면 병마사를 두다**

처음으로 동북면東北面과 서북면西北面에 병마사兵馬使를 두고 문하시중門下侍中·중서령中書令·상서령尙書令을 판사判事로 삼았다. 또 병마사와 지병마사知兵馬事는 각각 1명씩으로 모두 3품品으로 하고, 부사副使는 2명, 판관判官은 3명, 녹사錄事는 4명으로 하였다. 판사는 경성京城에 머무르게 하고, 병마사는 진鎭으로 부임하게 하였으며, 왕이 직접 부월鈇鉞을 내려주어 변방[閫外] 지역을 전적으로 맡아 다스리게 하였다.

王治 ▶ 989년 4월 **학교와 교육을 강조하는 교서를 내리다**

　교서를 내려 이르기를,
　"나는 바야흐로 학교를 숭상하여 자나 깨나 애를 태우며 근심한다. 근래에 유사有司가 올린 거인擧人들의 인원수를 보니, 오직 대학조교大學助敎 송승연宋承演과 남해도南海道 나주목羅州牧의 경학박사經學博士 전보인全輔仁만이 매우 정성스럽게 가르쳐 공자[宣父]의 널리 배우라고 하신 뜻[博文之意]에 합치되며, 가르침에 나태하지 않아 과인의 학문을 권장하는 마음에 부합하였다. 마땅히 장려하고 발탁하는 은전恩典을 베풂으로써 특별한 은총을 보여야 할 것이다. 송승연에게는 9등급을 뛰어넘어 국자박사國子博士를 제수하고 비삼緋衫 공복 1벌을 내려주며, 전보인에게는 공복 1벌과 쌀 50석碩을 내려줌이 옳을 것이다. 지금부터 모든 문관文官으로서 제자가 10명 이하인 자에 대해서는 임기가 차서 다른 자리로 옮길 때에 담당관리가 상세히 기록하여 아룀으로써 포상하거나 징계할 수 있도록 하고, 12목牧의 경학박사로서 단 한명의 문생門生도 과거에 응시하는 이가 없는 자는 비록 임기가 다하였더라도 다시 유임시켜서 공적을 낼 수 있도록 꾸짖고, 이를 잘 헤아려서 관계官階를 주는 것을 항상된 법식으로 삼도록 하라."
　라고 하였다.

王治 ▶ 989년 4월 **처음으로 태묘를 짓기 시작하다**

　비로소 태묘大廟를 짓기 시작하였다. 왕이 몸소 백관을 거느리고 자재를 날랐다.

王治 ▶ 989년 4월 **관리 임명의 규정을 마련하다**

　처음으로 6품品 이하의 경관京官은 4번 고과하여 품계를 올려주고, 5품 이상의 관리들은 반드시 지늴를 받도록 하였으며, 이를 항상된 법식으로 삼았다.

王治 ▶ 989년 5월 **최승로의 졸기**

수시중守侍中 최승로崔承老가 죽었다. 최승로는 경주慶州 사람으로서 품성이 총명하고 학문을 좋아하였으며, 문장을 잘 지었다. 12세에 태조太祖가 불러서 논어論語를 읽게 하고는 그를 매우 가상히 여겨 염분鹽盆을 하사하였다. 이듬해에 명을 내려 원봉성元鳳省의 학생으로 소속시키고, 안마鞍馬를 하사하고 예식例食 20석碩을 내려주었다. 이때부터 문병文柄을 맡겼다. 최승로는 여러 왕대王代에 걸쳐 충성을 다하였으며, 관직을 두루 거쳐 문하시랑門下侍郞에 이르렀다. 글을 올려 사직을 청하였으나, 〈왕이〉 윤허하지 않았다. 얼마 지나지 않아 마침내 시중侍中으로 임명하고, 청하후淸河侯로 봉하였으며, 식읍食邑 700호를 내려주었다. 여러 차례 표表를 올려 사직을 요청하였으나, 〈왕이〉 모두 윤허하지 않았다. 이때에 이르러 병으로 죽으니, 향년 63세였다. 왕이 매우 슬퍼하며, 교서를 내려 그의 훈공勳功과 덕을 포상하고 태사太師로 추증하였으며, 부의賻儀로 포布 1,000필과 면麵 300석碩, 멥쌀[粳米] 500석, 유향乳香 100냥, 뇌원차腦原茶 200각角, 대차大茶 10근을 보내주었다.

王治 ▶ 989년 8월 **지방의 학생과 의생을 격려하다**

교서를 내려 12목牧과 여러 주州·부府의 학생과 의생醫生들을 신칙하고 장려하였으며, 이어서 술과 음식을 하사하였다.

王治 ▶ 989년 9월 16일 **혜성이 나타났으므로 근신하고 진휼하다**

혜성이 나타났으므로 사면령을 내리고, 왕이 자신을 반성하고 몸가짐을 삼가였으며, 늙고 약한 자들을 부양하고 외롭고 가난한 자들을 진휼하고 공이 있는 옛 신하들을 등용하고 효자와 절부節婦를 포상하였으며, 체납한 조세를 면제하고 부채[欠負]를 덜어주었다.

> 王治 ▶ 989년 12월 **태조 및 선왕의 기일을 준수하게 하다**

교서를 내려 이르기를,

"옛날에 당唐 태종太宗은 돌아가신 부모님의 기월忌月마다 도살을 금지하고, 승려와 사원에 칙서를 내려 5일 동안 향을 사르고 불경佛經을 전독轉讀하면서 염불念佛을 하게 하였다. 하물며 과인은 어려서 〈어머니를 여의어〉 이미 가엾게 되었고, 자라서는 또 〈아버지를 잃고〉 일찍이 고아가 되었기에 지극한 은혜를 미처 갚지도 못하였음에랴. 추모하는 생각으로 항상 마음이 아프니, 어찌 지난 예를 좇아서 나의 회포를 펴지 않겠는가. 지금부터는 태조太祖의 기일재忌日齋와 돌아가신 아버지의 기일재에서는 5일 동안, 돌아가신 어머니의 기일재에서는 3일 동안 향을 사르고 전경轉經·염불을 하게 하고, 또 그 달에는 도살을 금지하고 고기반찬을 올리지 않게 함이 옳을 것이다."

라고 하였다. 이후로 태조와 부모의 제삿날이 되면 반드시 직접 절에 가서 향을 피웠으며, 대대로 이를 상례常禮로 삼았다.

> 王治 ▶ 989년 12월 **최득중 등이 급제하다**

최득중崔得中 등 18명과 명경明經 1명, 복업卜業 2명에게 급제를 하사하였다.

> 王治 ▶ 989년 12월 **송에 사신을 보내다**

시랑侍郎 한인경韓藺卿과 병부낭중兵部郎中 위덕유魏德柔를 송宋에 보내니, 송 황제가 모두 광록대부光祿大夫를 제수하였다.

성종 9년(990년)

−성종문의대왕−

王治 ▶ 990년 6월 **송에서 성종을 기책하다**

송宋에서 광록경光祿卿 시성무柴成務와 태상소경太常少卿 조화성趙化成을 보내어 왕을 추성순화공신推誠順化功臣으로 덧붙여 책봉하고 식읍食邑 1,000호와 식실봉食實封 400호를 더하여 주었으며, 나머지는 이전과 같이 하였다. 왕이 책봉을 받고 교죄絞罪 이하의 죄수들을 사면하였으며, 문무 관리로부터 아래로 공장工匠에 이르기까지 차등 있게 은전恩典을 베풀어 주었다. 이전에는 나라의 풍속이 음양陰陽에 따라 피하고 꺼려서, 매 조정에서는 사신이 올 때마다 반드시 달과 날을 택하여 조서를 받았다. 시성무가 관館에 머무른 것이 한 달이 넘어가니, 책망하였다. 다음 날 왕이 나가서 명을 받았다. 이때부터는 다만 날만을 택하여 맞이하였다.

王治 ▶ 990년 7월 **육정육사지설과 자사육조지정을 반포하다**

우보궐右補闕 김심언金審言이 유향劉向의 「6가지 바른 신하와 6가지 삿된 신하[六正六邪]의 설」과 한漢의 「자사刺史가 힘써야 할 6가지 정치[刺史六條之政]」를 내외內外에 반포하여 보이고, 그것을 관청의 벽에 써서 권장과 경계로 삼게 하자고 청하였다. 왕이 그 말을 따랐다.

王治 ▶ 990년 9월 **효도를 강조하는 교서를 내리다**

〈왕이〉 교서를 내려 이르기를,
"무릇 나라를 다스리는 근본은 효孝보다 나은 것이 없으니, 6도에 사신을 보내어 교조敎條를 반포하고 효자·순손順孫·의부義夫·절부節婦를 찾게 하였다.

지금 구례현求禮縣의 백성 손순흥孫順興이라는 자가 있는데, 어머니가 병으로 죽자 그 모습을 그림으로 그려서 받들어 모시며, 3일에 한 번씩 무덤에 찾아가 살아계실 때와 같이 음식을 올렸다고 한다. 운제현雲梯縣 지불역祗弗驛의 백성 차달車達 형제 3명은 늙은 어머니를 함께 봉양하고 있는데, 차달은 그의 처가 시어머니를 정성껏 모시지 않는다고 하여 곧 그 처를 쫓아내었고, 두 아우들 또한 장가를 들지 않고 마음을 모아 효성으로 봉양한다고 한다. 서경西都 사람 박광렴朴光廉은 어머니가 돌아가시자 어머니의 형상과 닮은 고목을 주워 와서 예를 다하여 봉양한다고 한다. 남해南海 낭산도狼山島의 백성 능선能宣의 딸 함부咸富는 그 아버지가 죽자 침실에 빈소를 차려놓고 5개월 동안 음식을 공양하기를 살아있을 때와 다름이 없게 하였으며, 영일현迎日縣의 백성 정강준鄭康俊의 딸 자이字伊와 개경京城 사람 최씨崔氏의 딸은 일찍이 과부가 되었으나 다시 시집가지 않고 효성으로 시아버지와 시어머니를 섬긴다고 한다. 절충부 별장折衝府 別將 조영趙英은 어머니를 집안 뜰에 장사지내고, 아침저녁으로 제사를 지낸다고 한다.

함부 등 남녀 7명은 모두 마을 어귀에 정문旌門을 세워 표창하고 그 요역徭役을 면제하여 주며, 백정白丁인 경우에는 공전公田을 지급하여 정호丁戶로 삼도록 하고, 차달 3형제와 함부 등 4명은 역驛이나 섬에서 나오도록 허락하여 자신이 원하는 바에 따라 주현州縣의 호적에 편입시켜 주고, 손순흥 등 5명은 의망擬望하여 관직과 품계를 내려줌으로써 그 효도를 선양하도록 하라. 이제 기거랑起居郎 김심언金審言 등을 보내서 곡식 100석碩과 은분銀盂 2사事, 비단과 포 68필을 나누어주게 하고, 별장 조영은 10등급을 뛰어넘어 은청광록대부 검교시어사헌 좌무후위익부랑장銀靑光祿大夫 檢校侍御史憲 左武候衛翊府郎將을 제수하고, 이어서 공복公服 1벌과 은 30냥兩, 비단 20필을 내려주도록 하라.

아, 임금은 만백성의 우두머리[元首]이고, 만백성은 임금의 심복[腹心]이니, 만약 선행을 하는 이가 있으면 이는 곧 나의 복이 되고, 악행을 하는 이가 있으면 곧 나의 근심이 된다. 부모를 봉행하는 행실을 밝게 드러냄으로써 풍속을 아름답게 만드는 마음을 표창하는 것이다. 시골의 어리석은 백성들도 오히려 부지런히 효를 생각하는데, 지체 높은 관리와 군자로서 그 선조를 받드는 것을 게을리 하겠는가. 집안에서 효자가 될 수 있으면, 국가에 있어서는 반드시 충신이 될 것이니, 무릇 모든 백성들은 나의 말을 되새겨야 할 것이다."

라고 하였다.

王治 ▶ 990년 9월 서경을 순시한다는 교서를 내리다

〈왕이〉 교서를 내려 이르기를,

"우리 태조太祖께서 서경西京을 처음 설치하고 종실宗室의 친척을 보내어 중요 요충지를 지키게 하셨으며, 봄과 가을마다 어가御駕를 타고 행차하셔서 산천에 제사[齋祭]를 지내셨으며, 오랑캐[戎虜]들을 방어하여 변방의 울타리를 튼튼히 하고자 하셨습니다. 이제 장차 산천[關河]의 평탄함과 험난함을 순시하고 아울러 백성[黎庶]들의 편안함과 위태로움을 알아보며, 지방관[尹牧]의 수를 줄이거나 늘리고 산천에 대한 제사를 다듬어 정하고자 한다. 그 의장儀仗과 시종하는 관료, 끼니마다 올리는 음식[御膳]과 악관樂官들은 모두 마땅히 줄이도록 하고, 서경유수관西京留守官과 도중에 있는 주현州縣의 수령守令들과 여러 진鎭의 장수들은 잠시라도 근무지를 떠나지 않도록 하라."

라고 하였다.

王治 ▶ 990년 10월 서경에 행차하다

서경[西都]에 행차하였다. 지나가는 길에 있는 주군의 죄수로서 10가지 죄[十罪]를 제외한 교죄絞罪 이하의 죄에 해당하는 자들을 모두 옥에서 내보내게 하고, 이어서 여러 주군과 역驛에 쌀을 차등 있게 내려주었다. 80세 이상인 서경의 품관品官과 〈서경 품관品官의〉 80세 이상인 어머니나 부인에게 모두 그 품계에 따라 물품을 하사하였다. 백성으로서 80세 이상인 자와 독질篤疾에게는 포와 쌀을 차등 있게 내려주고, 100세 이상인 자에 대해서는 4품 경관京官으로 하여금 그 집에 가서 문안하게 하였다. 어가御駕를 따라 온 군인들 중 늙은 부모가 있는 자들은 먼저 돌아가도록 허락하였다.

王治 ▶ 990년 10월 좌우군영을 설치하다

좌군영左軍營과 우군영右軍營을 설치하였다.

王治 ▶ 990년 12월 왕송을 책봉하여 개령군으로 삼다

조카 왕송王誦을 책봉하여 개령군開寧君으로 삼았다.

王治 ▶ 990년 서경에 수서원을 설치하고 서적을 보관하게 하다

이해에 교서를 내려 서경西京에 수서원修書院을 설치하고, 여러 학생들로 하여금 사적史籍들을 베껴서 보관하게 하였다. 수서원의 관원은 선관어사選官御史로 하여금 선발하여 아뢰게 하였다.

王治 ▶ 990년 송에 사신을 보내 사은하다

병관시랑兵官侍郞 한언공韓彦恭을 송宋에 보내어 사은謝恩하였다.

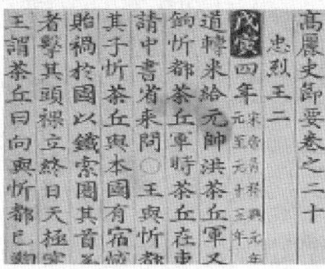

성종 10년(991년)

−성종문의대왕−

王治 ▶ 991년 2월 **여러 도에 안위사를 보내다**

여러 도에 안위사安慰使를 보내어 백성들의 괴로움을 살피게 하였다.

王治 ▶ 991년 윤2월 **처음으로 사직을 세우다**

처음으로 사직社稷을 세웠다.

王治 ▶ 991년 윤2월 **최항 등이 급제하다**

최항崔沆 등 7명과 명경明經 3명에게 급제를 하사하였다.

王治 ▶ 991년 4월 **한언공이 송에서 돌아와 대장경을 바치다**

한언공韓彦恭이 송宋으로부터 돌아와 대장경大藏經을 바쳤다. 왕이 그것을 내전內殿으로 받아들이고, 교서를 내려 사면하였다. 처음에 한언공이 송에 가서 이 대장경을 요청하니, 황제가 그에게 내려줄 것을 명하고 이어서 검교 병부상서 겸 어사대부檢校 兵部尙書 兼 御史大夫를 제수하여 주었다.

> 王治 ▸ 991년 7월 **가뭄이 들어 늙은이를 봉양하게 하다**

가뭄이 들었으므로 교서를 내려 늙은이를 봉양하게 하였다.

> 王治 ▸ 991년 10월 **서경에 행차하다**

서경[西都]에 행차하였다. 지나가는 길에 있는 주현州縣의 부로父老들 중 소와 술을 가지고 와서 바치는 자들이 있었는데, 술은 군사들에게 내려주고 소는 돌려주었다. 민호民戶 중 병에 걸려서 농업에 종사할 수 없는 자가 있으면 그 조세를 면제하여 주고, 독질篤疾·폐질廢疾에게는 약을 지급하여 주었다. 또 유사有司에게 말하기를, "이번 행차가 비록 산천제사[齋祭]로 인한 것이지만, 또한 지방을 살펴보기 위한 것이기도 하다. 거쳐 가는 주군의 남녀로서 나이가 80세 이상인 자들에게는 특별히 더하여 진휼하도록 하라."

> 王治 ▸ 991년 10월 **송의 추밀원의 제도에 따라 중추원을 설치하다**

한언공韓彦恭이 아뢰기를,
"송宋의 추밀원樞密院은 곧 우리 조정의 숙직하는 원리員吏의 직책과 같습니다."
라고 하였다. 이에 처음으로 중추원中樞院을 설치하였다.

> 王治 ▸ 991년 10월 **압록강 바깥 여진을 쫓아내 백두산 바깥에 거주하게 하다**

압록강鴨綠江 바깥의 여진女眞을 쫓아내어 백두산白頭山 바깥에 거주하게 하였다.

> 王治 ▸ 991년 10월 **송에 사신을 보내 대장경을 하사해준 데 대해 사례하다**

한림학사翰林學士 백사유白思柔를 송宋에 보내어 대장경大藏經을 내려준 데 대하여 사례하였다.

성종 11년(992년)
−성종문의대왕−

王治 ▶ 992년 1월 문무의 재능있는 자를 천거하게 하다

교서를 내려 이르기를,

"학문의 공이 쌓이지 않으면 선한 것을 알 도리가 없고, 어진 이를 등용하지 않으면 공을 이룰 방법이 없다. 그러므로 안으로는 서상序庠을 열어 유학을 존숭하고, 밖으로는 학교學校를 두어 생도들에게 과업을 권장하였으며, 재능을 겨룰 장소를 열고 경학經學을 궁구하는 업을 넓힌 것이다. 그런대도 아직 재능을 품은 뛰어난 선비를 얻지 못하였으니, 어찌 어진 이를 가리고 재능을 막는 자가 없다고 하겠는가. 무릇 글재주나 군사적 지략이 있는 자는 대궐에 와서 스스로를 천거하도록 하라."

라고 하였다.

王治 ▶ 992년 5월 5품 이상 경관에게 인재를 천거하게 하다

교서를 내려 5품 이상의 경관京官으로 하여금 각각 1명씩을 천거하되, 그 덕행과 재능을 이름 아래에 갖추어 기록하여 아뢰게 하였다.

王治 ▶ 992년 6월 **송에서 성종을 기책하다**

송宋에서 광록경光祿卿 유식劉式과 비서소감祕書少監 진정陳靖을 보내어 왕을 검교태사 식읍 1,000호 식실봉 400호檢校太師 食邑一千戶 食實封四百戶로 더하여 책봉하고, 나머지는 종전과 같이 하였다. 처음에, 백사유白思柔가 송에 갔을 때, 공목리孔目吏 장인전張仁詮이 상서하여 형편을 아뢰었는데, 백사유가 나라의 비밀스러운 일을 아뢰었다고 여기니, 장인전이 감히 돌아오지를 못하였다. 이때에 이르러 황제가 진정 등에게 명하여 데리고 돌아가게 하였으며, 또 왕에게 조서를 내려 장인전의 죄를 용서해주라고 하였다. 왕이 표表를 올렸는데, 대략 이르기를,

"소인小人이 이익을 따랐던 것일 뿐인데, 어찌 분수에 넘치는 형벌을 염려하겠습니까. 황제[聖主]께서 관대함과 은혜로움으로써 멀리서부터 가엽게 여기는 명령을 내리셨으니, 장인전은 이미 조서의 뜻에 따라 죄를 방면하여 주었습니다."

라고 하였다.

王治 ▶ 992년 7월 **왕욱을 사수현으로 유배보내다**

왕욱王郁을 사수현泗水縣으로 유배보냈다. 왕욱은 태조太祖의 8번째 아들로서 그의 집이 경종景宗의 비 황보씨皇甫氏의 집과 서로 가까웠다. 경종이 훙서하자 그 비가 궁 밖으로 나와 머물렀는데, 일찍이 곡령鵠嶺에 올라가 오줌을 누었더니 오줌이 온 나라에 흘러 넘쳐 온통 은빛 바다로 변해버리는 꿈을 꾸었다. 꿈을 점 쳐보니 말하기를, "아들을 낳으면 곧 왕이 되어 온 나라를 다스릴 것이다."라고 하였다. 비가 말하기를, "내가 이미 과부가 되었는데 어떻게 아들을 낳겠는가."라고 하였다. 후에 왕욱과 마침내 사통하여 임신을 하게 되었으나 사람들이 감히 말을 하지 못하였으니, 비가 대종戴宗의 딸이었기 때문이다. 하루는 비가 왕욱의 집에서 자고 있는데, 집 안 사람이 마당에 땔감을 쌓아놓고 불을 지르니, 불길이 사방으로 활활 타올랐다. 왕이 급히 안부를 물으러 갔다가 그 연유를 알고는 왕욱이 대의大義를 범하였으므로 그를 유배 보낸 것이다. 비가 자신의 집으로 돌아오다가 막 문에 이르렀을 때 태동胎

動이 있기에 문 앞의 버드나무 가지를 붙잡은 채 아이를 낳고는 죽었다. 왕이 보모를 택하여 그 아이를 기르게 하였다. 아이가 2살이 되었을 때 불러 보았다. 보모가 품에 안고 들어왔는데, 〈아이가〉 왕을 우러러 바라보더니 부르기를, "아버지."라고 하고, 또 무릎 위로 기어 올라가 옷깃을 붙잡고 다시 부르기를, "아버지."라고 하였다. 왕이 가엾게 여겨 눈물을 흘리면서 말하기를, "아이가 아버지를 그리워하는구나."라고 하고는 곧 사수현으로 보내어 왕욱에게 돌려주었다. 이 아이가 바로 왕순王詢이다.

王治 ▶ 992년 7월 **최한과 왕림이 송의 빈공과에 급제하고 귀국하다**

최한崔罕과 왕림王琳이 송宋의 빈공과賓貢科에 급제하여 비서랑秘書郎 벼슬을 제수 받고 돌아왔다.

王治 ▶ 992년 9월 **등주에서 특이한 이삭이 나오다**

등주登州에서 길이가 7촌寸인 벼이삭과 길이가 1척尺 4촌이나 되는 기장 이삭이 나왔다. 여러 신하들이 하례를 올리고자 하였다. 허락하지 않았다.

王治 ▶ 992년 11월 **주, 부, 군, 현, 관, 역, 나루터의 명칭을 바꾸다**

주州·부府·군郡·현縣과 관關·역驛·나루터의 명칭을 바꾸었다.

王治 ▶ 992년 12월 **태묘가 완성되어 소목 위치를 논의하게 하다**

태묘大廟가 완성되었다. 조정의 유신儒臣 등으로 하여금 소목昭穆의 위치位次 및 체제禘祭·협제祫祭의 의례에 대해 의논하여 아뢰게 하였다.

王治 ▶ **992년 12월 국자감을 세우고 전장을 지급하다**

교서를 내려 국자감國子監을 세우고 전장田莊을 지급하게 하였다.

王治 ▶ **992년 12월 태묘에 협제를 지내다**

〈왕이〉 직접 태묘大廟에 협제祫祭를 지냈다.

성종 12년(993년)

−성종문의대왕−

王治 ▶ 993년 2월 **상평창을 양경과 12목에 설치하다**

상평창常平倉을 양경兩京과 12목牧에 설치하였다.

王治 ▶ 993년 3월 **태묘의 제례 절차에 관해 교서를 내리다**

교서를 내려 이르기를,

"천자天子는 7묘七廟를 세우고, 제후諸侯는 5묘五廟를 세우니, 조祖는 공을 〈기리는 것이고,〉 종宗은 덕을 〈기리는 것이며,〉 왼편은 소昭라고 하고 오른편은 목穆이라고 하였다. 큰 효는 신명神明을 감동시키고, 지극한 덕은 천지天地를 움직인다. 이에 지난해부터 새롭게 종묘宗廟를 만들었는데, 건물이 이제 완성되었으니, 겨울제사[烝]와 가을제사[嘗]에 순서가 있게 되었다. 은殷은 12군君을 6대代로 하고, 당唐은 10제帝를 9실室로 하였다. 『진서晉書』에서 말한 '형제를 옆에 함께 모시는 것은 예법을 변용한 것이다.'라는 것은 곧 마땅히 신주를 위해 묘실을 세워야 하는 것이지, 묘실로써 신주를 제한해서는 안된다는 것이다. 형제는 같은 항렬에 모신다는 것은 예문에도 나와 있으니, 하물며 우리 혜종대왕惠宗大王의 경우 같은 세대임을 논한다면 반열에 합할 수가 없다. 혜종·정종定宗·광종光宗·경종景宗 4왕의 신주를 받들어 통틀어 하나의 묘실로 삼고 태묘에 합사하도록 하라."라고 하였다.

王治 ▶ 993년 5월 **서북계 여진이 거란이 침입할 것이라고 보고하다**

서북계西北界의 여진女眞이 보고하기를, 거란이 군사를 일으켜 침입할 계획을 꾸미고 있다고 하였다. 조정에서 의논한 결과 그들이 우리를 속이는 것이라고 여겨 대비를 하지 않았다.

王治 ▶ 993년 8월 **이유현 등이 급제하다**

이유현李維賢 등 10인과 명경明經 3인, 명법明法 3인에게 급제를 하사하였다.

王治 ▶ 993년 8월 **여진이 거란군이 이르렀다고 재차 보고하다**

여진女眞이 거란의 병사들이 이르렀다고 재차 보고하였다. 비로소 사태가 급박함을 알고 여러 도에 군마제정사軍馬齊正使를 나누어 보냈다.

王治 ▶ 993년 10월 **거란이 침입하니 서희가 화평교섭을 하다**

시중侍中 박양유朴良柔를 상군사上軍使로, 내사시랑內史侍郎 서희徐熙를 중군사中軍使로, 문하시랑門下侍郎 최량崔亮을 하군사下軍使로 삼아 북계北界에 진을 치고 거란을 방어하게 하였다. 윤월. 서경西京에 행차하였다가 다음으로 안북부安北府로 가려고 하였는데, 거란의 소손녕蕭遜寧이 병사들을 거느리고 봉산군蓬山郡을 공격하여 우리의 선봉군사先鋒軍使인 급사중給事中 윤서안尹庶顔 등을 잡아갔다는 소식을 들었다. 왕이 나아가지 못하고 돌아왔다. 서희가 병사들을 이끌고 가서 봉산을 구하고자 하였다. 소손녕이 공표하여 말하기를, "우리나라가 이미 고구려高句麗의 옛 땅을 다 차지하였는데, 지금 너희 나라가 변경지역을 침탈하였으므로 이 때문에 토벌하러 온 것이다."라고 하였다. 또 글을 보내어 말하기를, "우리나라가 사방을 통일하였으니 아직 귀부하지 않은 나라는 기필코 소탕시킬 것이다. 속히 항복하여 오래 머무르지 않도록 하라."라고 하였다. 서희가 그 글을 보고 돌아와서 강화할 수 있는 기미가 있다고 아뢰었다. 왕이 감찰사헌 차예빈소경監察司憲 借禮賓少卿 이몽전李蒙戩을 거란의 군영에 보내어 강화를 청하였다. 소손녕이 또 글을 보내어 말하기를, "80만 병사가 이르렀다. 만약 강으로 나와 항복하지 않으면 모두 섬멸시킬 것이니, 마땅히 군신君臣들은 속히 군영 앞에 나와서 항복하여야 할 것이다."라고 하였다. 이몽전이 군영에 이르러 침입하여 온 까닭을 물었다. 소손녕이 말하기를, "너희 나라는 백성들의 일을 돌보지 않으니, 이 때문에 삼가 천벌을 주려는 것이다. 만약 강화를 하고자 한다면 마땅히 속히 나와서 항복해야 할 것이다."라고 하였다. 이몽전이 돌아오자 왕이 여러 신하들을 모아놓고 그 일을 의논하게 하였다. 어떤 이는 말하기를, "어가御駕는 개경開京의 궁궐로 돌아가고, 중신重臣으로 하여금 군사들을 거느리고 가서 항복을 청하게 하십시오."라고 하고, 또 어떤 이는 말하기를, "서경 이북의 땅을 나누어서 저들에게 주고, 황주黃州에서부터 절령岊嶺까지의 선을 국경으로 삼음이 옳을 것입니다."라고 하였다. 왕이 장차 땅을 나누어 주자는 의견을 따르기로 하고, 서경 창고의 쌀을 개방하여 백성들에 가져가도록 맡겨두었는데, 남은 것이 여전히 많았다. 왕이 적군의 군량으로 쓰일까 염려하여 대동강에 던져버리게 하였다. 서희가 아뢰기를, "식량이 충분하면 곧 성을 지켜낼 수 있으며, 전투도 승리할 수 있습니다. 병사들의 승부는 강하고 약함에 달린 것이 아니라 다만 틈을 잘 보아 움직이는 것일 뿐이니, 어찌 경솔하게 버리게 할 수 있겠습니까. 하물며 식량은 백성들의 목숨과 같은 것이니, 차라리 적군의 군량이 될지언정 헛되이 강물에 버린다면 이 또한 하늘의 뜻에 맞지 않을까 두렵습니다."라고 하였다. 왕이 옳게 여기고 그만두게 하였다. 서희가 또 아뢰기를, "거란의 동경東京으로부터 우리의 안북부安北府에 이르기까지 수백 리의 땅은 모두 생여진生女眞에 의해서 점유되었는데, 광종光宗께서 그 곳을 취하여 가주嘉州·송성松城 등의 성을 쌓았던 것입니다. 지금 거란병이 침입하여 옴에 그 뜻은 이 두 성을 차지하고자 한 것에 지나지 않으면서도 그 말은 고구려의 옛 땅을 취하겠다고 하는 것은 실제로는 우리를 두려워하는 것입니다. 지금 보기에 그들 병사들의 기세가 매우 성하다고 하여 성급히 서경 북쪽의 땅을 나누어 주는 것은 계책이 아닙니다. 또 삼각산三角山 이북지역 또한 고구려의 옛 땅인데, 저들이 '골짜기는 채우기 쉬워도 사람의 마음은 채우기가 어렵다[谿壑易滿, 人心難滿]'고 하는 욕심으로써 싫증낼

줄 모르고 그곳을 요구한다면, 다 줄 수 있겠습니까. 더구나 지금 땅을 나누어 준다면 곧 진실로 만세의 수치가 될 것입니다. 바라건대, 성상께서는 도성으로 돌아가시고, 신 등으로 하여금 그들과 한 번 싸워본 후에 다시 의논하게 하셔도 늦지 않을 것입니다."라고 하였다. 전 민관어사民官御事 이지백李知白도 아뢰기를, "태조聖祖께서 나라를 처음 세워 왕통을 드리우셨는데, 오늘 날에 이르러 충신忠臣이 한 사람도 없어서 갑자기 국토를 경솔하게 적국에 주고자 하니, 원통하지 않을 수 있겠습니까. 옛 사람의 시詩에서 말하기를, '천리의 산하山河를 가벼이 한 어린아이, 두 왕조의 문무백관이 초주譙周를 한탄하였네.'라고 하였으니, 대개 초주가 촉蜀의 대신으로서 후주後主에게 영토를 위魏에 바치라고 권하여 오래도록 웃음거리가 되었음을 일컫는 것입니다. 경솔하게 토지를 분할하여 적국에 주어버리는 것이 어찌 연등회燃燈會·팔관회八關會·선랑仙郎 등 선왕先王의 일을 다시 시행하고, 다른 나라의 다른 법을 따르지 않음으로써 국가를 보존하여 태평한 정치에 이르는 것만 하겠습니까. 만약 옳다고 여기신다면, 마땅히 먼저 천지신명에게 고하시고, 그 후에 저들과 싸울 것인지 강화할 것인지는 오직 성상께서 결정하시면 됩니다."라고 하였다. 이때 왕이 중국의 풍속을 즐겨 따랐는데, 백성들은 이를 기꺼워하지 않았으므로 이지백이 이렇게 말 한 것이다. 소손녕은 이몽전이 돌아간 지 오래되었는데도 회답이 없자 마침내 안융진安戎鎭을 공격하였다. 중랑장中郞將 대도수大道秀와 낭장郞將 유방庾方이 맞서 싸워서 이겼다. 소손녕이 감히 다시 전진하지 못하고 사람을 보내어 항복할 것을 재촉하였다. 왕이 화통和通을 위한 사신으로 합문사인閤門舍人 장영張瑩을 거란의 군영으로 보냈다. 소손녕이 말하기를, "마땅히 다시 대신大臣을 보내어 군영 앞에서 면대해야 한다."라고 하였다. 장형이 되돌아오니, 왕이 여러 신하들을 모아놓고 묻기를, "누가 거란의 군영으로 가서 담판을 지어 적군을 물러가게 함으로써 만세萬世에 길이 남을 공을 세울 수 있겠는가."라고 하였다. 여러 신하들 중 아무도 부응하는 자가 없었는데, 서희만이 홀로 아뢰기를, "신이 비록 재주는 없으나, 감히 명령에 따르지 않겠습니까."라고 하였다. 왕이 강가 나루터까지 배웅 나와서 손을 잡고 위로하고는 보내었다. 서희가 국서國書를 받들고 거란의 군영으로 갔는데, 소손녕과 더불어 동등한 예로 대하면서 조금도 굽힘이 없었다. 소손녕이 마음속으로 기이하게 여기면서 서희에게 말하기를, "너희 나라는 신라新羅의 땅에서 일어났으니, 고구려의 땅은 우리의 소유인데도 너희들이 침범하여 갉아먹고 있다. 또 우리와 더불어 영토를 맞대고 있으면서도 바다를 건너 송宋을 섬기고 있으니, 우리 대국大國이 이 때문에 토벌을 하러 온 것이다. 이제 영토를 나누어 바치고 조빙朝聘의 예를 취한다면 무사할 수 있을 것이다."라고 하였다. 서희가 말하기를, "그렇지 않습니다. 우리나라가 고구려의 옛 땅이니, 그렇기 때문에 국호를 고려高麗라고 하고 평양平壤에 도읍을 정한 것입니다. 토지의 경계를 논하자고 한다면, 상국上國의 동경東京도 모두 우리의 영역에 있는 것이 되는데, 어찌 침식하였다고 할 수 있겠습니까. 또 압록강鴨綠江 안팎도 역시 우리의 영역 안쪽인데, 지금 여진이 그 사이를 도적질하여 기거하면서 완악하고 교활하게 변덕을 부리므로 길이 막혀 통하지 못함이 바다를 건너는 것 보다 더 심하니, 조빙이 통하지 못하는 것은 여진 때문입니다. 만약 여진을 쫓아내고 우리의 옛 땅을 되돌려주어 성城과 보堡를 쌓고 길이 통하게 하여 준다면 감히 조빙의 예를 갖추지 않겠습니까. 장군께서 신의 말을 가지고 가서 천자께 전달하신다면, 어찌 불쌍히 여겨 받아들이지 않겠습니까."라고 하였다. 말의 기운이 강개하므로 소손녕도 억지로 하지 못할 것임을 알고 마침내 그대로 갖추어서 아뢰니, 거란의 황제가 말하기를, "고려가 이미 강화를 요청하였으니, 마땅히 군사들을 철수시키도록 하라."라고 하였다. 서희가 거란의 군영에 7일간 머무르다가 돌아오니 왕이 크게 기뻐하면서 강나루로 나와 맞이하고, 곧 시중 박양유로 하여금 예폐사禮幣使가 되어 〈거란 조정에〉 들어가 〈황제를〉 뵙게 하였다. 서희가 다시 아뢰기를, "신이 소손녕과 약속하기를, 여진을 평정하여 옛 땅을 수복한 후에야 조정에 들어가 뵙고 통교를 할 수 있을 것이라고 하였습니다. 지금은 겨우 강 안쪽만을 수복하였으니, 강 바깥쪽까지 점령하기를 기다렸다가 조빙의 예를 취하여도 늦지 않을 것입니다."라고 하였다. 왕이 말하기를, "오랫동안 조빙을 하지 않으면 후환이 있게 될까 두렵다."라고 하고는 마침내 보내었다.

성종 13년(994년)

-성종문의대왕-

王治 ▶ 994년 2월 **소손녕이 압록강에 성을 쌓을 것을 제의하다**

　소손녕蕭遜寧이 글을 보내어 말하기를,
　"근래에 황제의 명[宣諭]을 받들기를, '다만 고려 신의와 호의로써 일찍부터 통교通交하였을 뿐 아니라 국토도 서로 맞닿아있다. 비록 작은 나라로써 큰 나라를 섬기는 데에 반드시 규범과 의례가 있어야 하는 것이지만 시작을 잘 궁구하여 마지막을 잘 맺는[原始要終] 길은 모름지기 〈우호관계를〉 오래도록 유지하는 데에 있다. 만약 미리 대비책을 세워두지 않는다면 사신의 왕래가 도중에 막히게 될까 염려되니, 이에 저 나라와 더불어 상의하여 요충지가 되는 길목에 성城과 해자垓子를 조성하도록 하라.'라고 하였습니다. 황제의 명에 따라서 스스로 헤아려보니 압록강鴨綠江 서쪽 마을에 5개의 성을 축조하면 좋을 듯하여, 3월 초에 성을 쌓을 곳에 가서 축성을 시작하고자 합니다. 엎드려 바라건대, 대왕께서 먼저 〈신하들을〉 거느리고 안북부安北府에서부터 압록강 동쪽에 이르는 280리 사이에 적당한 곳을 답행踏行하여 거리의 멀고 가까움을 헤아리시고, 아울러 성을 쌓도록 명하여 역부役夫들을 징발해 보내어 동시에 시작하게 하시며, 쌓아야 할 성의 총 수를 빨리 회신하여 주십시오. 가장 중요한 일은 수레와 말이 오가게 하여 멀리 조공을 위한 길을 열고 영구히 조정을 받들어 편안하게 할 계책에 스스로 화합하는 것입니다."라고 하였다.

王治 ▶ 994년 2월 **거란의 연호를 사용하기 시작하다**

처음으로 거란의 연호年號를 사용하기 시작하였다.

王治 ▶ 994년 3월 **고아를 돌봐주도록 교서를 내리다**

유사有司에게 명령하기를,

"어려서 고아가 되어 양육할 자가 없는 경우는 10세를 기한으로 하여 관부에서 식량을 지급하여 주고, 기한이 넘은 자들은 자신이 원하는 바에 따라 거주하도록 허락한다."

라고 하였다.

王治 ▶ 994년 4월 **태묘에 협제를 지내다**

친히 태묘大廟에서 협제祫祭를 지내고 태조太祖·혜종惠宗·정종定宗·광종光宗·대종戴宗·경종景宗의 신주神主를 합사하였다. 대사면령을 내리고, 문무 관리들에게 작爵 1급씩을, 의례를 집행한 자들에게는 2급씩을 올려주었으며, 백성들에게는 큰 연회를 3일 동안 베풀어 주고, 고아와 자식이 없는 늙은이들을 구휼하고, 연로한 자들에게 상을 내렸으며, 부채[欠負]를 덜어주고 체납한 조세를 면제하여 주었다.

王治 ▶ 994년 4월 **시중 박양유를 거란에 보내 표문을 바치다**

시중侍中 박양유朴良柔로 하여금 표表를 받들고 거란으로 가서 정삭正朔을 시행하였음을 아뢰고, 사로잡아 간 백성들을 돌려달라고 간청하였다.

王治 ▶ 994년 6월 **송에 사신을 보내 거란과의 전쟁을 알리다**

원욱元郁을 송宋에 보내어, 지난해의 전쟁에 보복하려 한다고 군대를 간청하였다. 송은 북쪽 변경지역이 겨우 안정되었기에 경솔하게 움직일 수 없다 하여, 다만 후하게 대접하여 돌려보냈다. 이로부터 송과 단절하였다.

王治 ▶ 994년 8월 **왕이 친히 시험을 보고 최원신 등에게 급제를 하사하다**

왕이 진사進士들을 복시覆試하고, 최원신崔元信 등 8인과 명경明經 9인에게 급제를 하사하였다.

王治 ▶ 994년 **거란에서 사신을 보내와서 위무하고 효유하다**

이해에 거란이 숭록경崇祿卿 소술관蕭述管과 어사대부御史大夫 이완李浣을 보내어 조서를 가지고 와서 위무하고 회유하였다.

王治 ▶ 994년 **서희에게 명하여 여진을 축출하고 4곳에 성을 쌓게 하다**

평장사平章事 서희徐熙에게 명하여 병사들을 이끌고 가서 여진女眞을 축출하고, 장흥진長興鎭·귀화진歸化鎭 두 진鎭과 곽주郭州·구주龜州 두 곳에 성을 쌓게 하였다.

王治 ▶ 994년 **압강도구당을 설치하다**

처음으로 압강도구당鴨江渡句當을 설치하고 이승건李承乾을 사使로 삼았다가 얼마 되지 않아서 하공진河拱辰으로 하여금 대신하게 하였다.

王治 ▶ 994년 **거란에 기악을 바치다**

거란에 사신을 보내어 기악妓樂을 바쳤다. 〈거란이〉 이를 거절하였다.

성종 14년(995년)

−성종문의대왕−

王治 ▶ 995년 2월 **관원들에게 시부를 지어 바치도록 명하다**

교서를 내려 이르기를,

"나는 학문을 업으로 삼는 선비들이 겨우 과거에 급제만 하면 각자 공무에 매여서 평소의 업을 그만둘까 염려된다. 50세 이상으로서 아직 지제고知制誥를 거치지 않은 자는 한림원翰林院에서 제목題目을 출제하여 매 달 시詩3편과 부賦1편을 지어 바치게 하라. 지방에 있는 문관들은 스스로 시 30편과 부 1편을 지어 연말歲秒에 계리計吏 편에 부쳐서 올리면 한림원에서 평가하여 아뢰도록 하라."

라고 하였다.

王治 ▶ 995년 2월 **거란에 방물을 바치다**

이주정李周楨을 거란에 보내어 방물方物을 바쳤다.

王治 ▶ 995년 4월 **최량의 졸기**

평장사平章事 최량崔亮이 죽었다. 최량은 경주慶州 사람으로서 성품이 너그럽고 후하였으며, 글을 잘 지었다. 과거에 급제하여 공문박사攻文博士가 되었다. 왕이 잠저潛邸에 있을 때에 불러 스승이자 벗으로 삼았다. 즉위하자 마침내 정승大拜에 이르니,

사람들의 기대에 매우 부합하였다. 병으로 인하여 관직에서 물러나게 되었는데, 얼마 후에 왕이 주변 사람들에게 말하기를, "최량이 휴가를 얻은 지 100일이 되자, 어사선관御史選官이 예에 의거하여 해직시킬 것을 청하기에 짐이 이미 허락하였다. 그러나 최량을 생각하면, 내가 잠저에 있을 때부터 충성과 절의를 다하여 무지몽매한 〈나를〉 보좌하였으니, 그 공로로 말하자면 감히 잊을 수가 없다."라고 하고, 이에 복직할 것을 명하였다. 여러 차례 관직을 옮겨서 내사시랑평장사 감수국사內史侍郞平章事 監修國史에까지 이르렀다. 사망하니, 왕이 몹시 슬퍼하면서 태자태사太子太師로 추증하고, 부의로 쌀 300석碩과 보리 200석, 뇌원차腦原茶 1,000각角을 보내주었으며, 예를 갖추어 장사지내고, 시호諡號를 광빈匡彬이라고 하였다. 후에 여러 번에 걸쳐 태위太尉·태보太保·대광大匡를 추증하였으며, 왕의 묘정廟廷에 배향되었다.

王治 ▶ 995년 5월 교서를 내려 관제를 개정하다

교서를 내려 관제官制를 고쳐 정하였다.

王治 ▶ 995년 7월 개성부와 10도의 행정구역을 정하다

개주開州를 고쳐서 개성부開城府라고 하고, 적현赤縣 6곳과 기현畿縣 7곳을 관할하게 하였다. 또 10도道를 정하였으니, 관내도關內道는 29주州 82현縣을 관할하게 하고, 중원도中原道는 13주 42현을, 하남도河南道는 11주 34현을, 강남도江南道는 9주 43현을, 영남도嶺南道는 12주 48현을, 영동도嶺東道는 9주 35현을, 산남도山南道는 10주 37현을, 해양도海陽道는 14주 62현을, 삭방도朔方道는 7주 62현을, 패서도浿西道는 14주 4현 7진鎭을 관할하게 하였다.

王治 ▶ 995년 7월 복시를 치러 이자림 등에게 급제를 하사하다

진사進士들에게 복시覆試를 치러 이자림李子琳 등 5명과 명경明經 3명에게 급제를 하사하였다.

王治 ▶ 995년 7월 **서희에게 명하여 안의진과 흥화진에 성을 쌓다**

이해에 평장사平章事 서희徐熙에게 명하여 병사들을 거느리고 가서 안의진安義鎭과 흥화진興化鎭 두 곳에 성을 쌓게 하였다.

王治 ▶ 995년 7월 **거란에 방물을 바치다**

이지백李知白을 거란에 보내어 방물方物을 바쳤다.

王治 ▶ 995년 7월 **사내아이를 보내 거란어를 익히도록 하다**

사내아이 10명을 거란에 보내어 거란 말을 익히도록 하였다.

王治 ▶ 995년 7월 **거란에 혼인을 청하다**

좌승선左承宣 조지린趙之遴을 거란에 보내어 혼인을 청하였다. 〈황제가〉 동경유수東京留守인 부마駙馬 소항덕蕭恒德의 딸을 시집보내도록 허락하였다.

성종 15년(996년)
-성종문의대왕-

王治 ▶ 996년 3월 **거란이 성종을 책봉하다**

거란이 한림학사翰林學士 장간張幹과 충정군절도사忠正軍節度使 소숙갈蕭熟葛을 보내어 왕을 개부의동삼사 상서령 고려국왕開府儀同三司 尙書令 高麗國王으로 책봉하였다. 장간 등이 서쪽 교외에 이르러 단을 쌓고 책명冊命을 전달하니, 왕이 예를 갖추어서 책봉을 받고 곧 크게 사면하였다.

王治 ▶ 996년 3월 **거란에 폐백을 들이다**

한언경韓彦卿을 거란에 보내어 폐백을 들였다.

王治 ▶ 996년 4월 **철전을 주조하다**

철전鐵錢을 주조하였다.

王治 ▶ 996년 7월 **왕욱의 졸기**

왕욱王郁이 사수현泗水縣에서 죽었다. 왕욱은 문장을 잘 하였고 또 지리地理에 뛰어났는데, 일찍이 아들 왕순王詢에게 은밀히 금 한 주머니를 주면서 말하기를, "내가 죽으면 이 금을 술사術師에게 주어 이 현縣의 성황당城隍堂 귀룡동歸龍洞에 장사지내게 하되, 묻을 때 반드시 엎어서 묻게 하라."라고 하였다. 왕순이 그의 말대로 장사를 지내려고 하면서 술사에게 엎어서 묻어달라고 하였다. 술사가 말하기를, "어찌 그렇게 크게 서두르십니까."라고 하였다.

王治 ▶ 996년 7월 관원이 상을 당했을 때 휴가 주는 법을 정하다

조정 관리들이 상喪을 당하였을 때 휴가를 주는 법식을 정하였다. 기일忌日에는 3일을 주고, 매 달 초하루와 보름날에 각각 1일을, 대상大祥과 소상小祥 제사에는 각각 7일을, 대상을 지낸 후 60일이 지나서 올리는 담제禫祭에는 5일을 주게 하였다.

王治 ▶ 996년 12월 21일 정사 곽원 등이 급제하다

곽원郭元 등 7인과 명경明經 6인에게 급제를 하사하였다.

王治 ▶ 996년 서희가 선주와 맹주에 성을 쌓다

이해에 서희徐熙가 선주宣州와 맹주孟州 두 곳에 성을 쌓았다.

성종 16년(997년)

−성종문의대왕−

王治 ▶ 997년 8월 3일 **동경에 행차하여 연회를 베풀다**

　동경東京에 행차하여 여러 신하들에게 연회를 베풀고, 호종하여 온 신료들과 군사들에게 차등 있게 물품을 내려주었으며, 중외中外의 관리들에게 각각 훈계勳階를 더하여 주었다. 기이한 재주와 남다른 재능을 가지고 초야에 은거하고 있는 자들에 대해서는 유사有司에게 명하여 찾아서 아뢰게 하였다. 의부義夫·절부節婦·효자孝子·순손順孫들에게는 정문旌門을 세우고 물품을 내려주었으며, 이어서 사면령을 반포하고, 지나가는 길에 위치한 주현州縣에 대해 올해의 조세를 절반으로 감면해주었다. 흥례부興禮府에 행차하였다. 대화루大和樓에 임어하여 여러 신하들에게 연회를 베풀었으며, 바다에서 큰 물고기를 잡았다. 왕의 몸이 편찮아졌다. 기사. 동경으로부터 돌아왔다.

王治 ▶ 997년 10월 27일 **성종이 훙거하다**

　왕의 병이 점점 심해지자, 조카인 개령군開寧君 왕송王誦을 불러서 왕위를 물려주고 내천왕사內天王寺로 이어移御하였다. 평장사平章事 왕융王融이 사면령을 반포할 것을 청하였다. 왕이 말하기를, "죽고 사는 것은 하늘에 달려있는데, 어찌 죄지은 자들을 풀어주면서 헛되이 목숨의 연장을 바라기까지 하겠소. 또 나의 뒤를 이은 사람은 무엇으로써 새로 즉위한 은전恩典을 베풀겠소."라고 하면서 허락하지 않았다. 훙서하니, 이날에 왕송이 왕위에 올랐다. 시호諡號를 올리기를 문의文懿라고 하고, 묘호廟號를 성종成宗이라고 하였으며, 강릉康陵에 안장安葬하였다.

    이제현李齊賢이 찬贊하기를, "성종成宗은 종묘宗廟를 세우고 사직社稷을 정하였으며, 학교를 부양함으로써 선비들을 기르고 복시覆試를 치름으로써 어진 이들을 선발하였으며, 수령守令을 권면하여 백성들을 구휼하게 하고, 효자와 절부節婦들에게 상을 내림으로써 풍속을 아름답게 하였으며, 매번 써서 내린 교서마다 말과 뜻을 정성스럽고 간절히 하여 풍습을 바꾸는 것을 임무로 삼았다. 거란이 병탄하는 데에 뜻을 두고 장수를 보내어 침범하여 옴에 이르러서는 일찍감치 서경[西都]으로 임어하여 안북부安北府로 병사들을 진군시켰으니, 곧 구준寇準의 전연澶淵의 계책과 같은 것이다. 변경의 관문[關防]을 절령岊嶺으로 옮기고 쌓아두었던 곡식을 대동강大同江에 버리려고 하였던 것은 당시의 어리석은 신하들의 의견이었을 뿐, 분명 성종의 본래 뜻은 아니었다. 이전에 만약 최승로崔承老의 글을 보고서 기뻐하고 또 궁구하여, 실속 없이 허황된 것들을 제거하고 견실하고 실질이 있는 것에 힘쓰며, 옛 것을 좋아하는 마음으로 백성을 새롭게 할 이치를 추구하며, 이를 시행함에 게으름이 없으면서도 빨리 하고자 하는 마음을 경계하고, 몸으로는 행하고 마음으로는 깊이 깨달아 자기의 마음에 비추어 다른 사람의 마음을 헤아렸다면[推己及시], 제齊나라가 변하여 노魯나라가 되고, 노나라가 변하여 도道에 이르게 되는 것을 기대할 수 있었을 것이니, 소손녕蕭遜寧이 어찌 백성들의 일을 돌보지 않는다는 핑계로 명분도 없는 군사를 일으킬 수 있었겠으며, 이지백李知白이 어찌 감히 나라의 풍속을 개혁하지 않는 것이 적을 물리치는 계책이라고 여겼겠는가. 그러나 아직 늙지도 않았는데 왕위를 이을 자를 세운 것은 국가를 위하여 멀리까지 염려한 것이며, 마지막 순간에 이르러서도 함부로 사면령을 내리기를 아꼈던 것은 죽고 사는 이치에 통달함이 밝았던 것이다. 이른바 '뜻이 있으니, 함께 일을 할 만하다'는 것이 아닌가, 아아, 현명하도다."라고 하였다.

목종총서

목종선양대왕穆宗宣讓大王

휘는 송誦이고, 자는 효신孝伸이며, 경종景宗의 맏아들이다. 어머니는 헌애왕후獻哀王后 황보씨皇甫氏이며, 경종 5년(980년) 경진 5월 임술에 태어났다. 성종成宗이 궁중에서 길렀으며, 학문을 시작할 때가 되자 내서랑內書郎 김승조金承祚에게 시독侍讀하도록 명하였다. 품성이 침착하고 의젓하여 어려서부터 임금이 될 도량이 있었고, 활쏘기와 말타기를 잘하고 술과 사냥을 좋아하여 정사에는 뜻을 두지 않았으며, 폐행嬖倖을 믿고 총애하였다가 화를 입기에 이르렀다. 12년간 재위하였으며, 향년 30세였다.

목종 즉위년(997년)
−목종선양대왕−

王誦 ▶ 997년 11월 **거란에 사신을 보내 왕위 계승을 알리다**

합문사閤門使 왕동영王同穎을 거란에 보내어 왕위를 계승하였음을 알렸다.

王誦 ▶ 997년 12월 **사면령을 내리고 구휼 조치를 취하다**

위봉루威鳳樓에 임어하여 사면령을 반포하고, 3년간의 요역을 면제하고 1년간의 조세를 감면하여 주었으며, 늙은이들을 구휼하고 효순孝順한 자들을 포상하였으며, 연좌된 자들의 죄를 씻어주고 질병에 걸린 자들을 구제하고, 부채[欠負]를 덜어주고 체납한 조세를 면제하여 주었다. 문무 관리들에게 1급級을 더하여주고, 5품 이상 〈관료의〉 아들에게는 음직을 주었으며, 상참관 이상 관료와 맡은 직무가 7품 이상인 관료의 부모와 부인에게도 각각 관봉官封을 더하여 주었다. 진사進士와 명경明經에 10번 응시하였으나 급제하지 못한 자와 서자書者 및 지리업地理業의 학생으로서 10년을 채운 자들에게 모두 관직에 나아가는 것[脫麻]을 허락하고, 나라 안 산천의 신들에게도 모두 훈호勳號를 더하여 주었으며, 이어서 조정 안팎에 하루 동안 크게 연회를 베풀고, 모후 황보씨皇甫氏를 높여서 응천계성정덕왕태후應天啓聖靜德王太后로 삼았다.

王治 ▶ 997년 12월 **거란에서 사신을 보내 천추절을 하례하다**

거란이 천우위대장군千牛衛大將軍 야율적렬耶律迪烈를 보내어 천추절千秋節을 하례하였다. 왕이 명命을 맞이하여 성종成宗의 영전에 고하였다.

목종 1년(998년)

— 목종선양대왕 —

王誦 ▶ 998년 1월 주인걸 등이 급제하다

주인걸周仁傑 등 5명과 명경明經 7명에게 급제를 하사하였다. 성종成宗이 일찍이 진사進士들을 선발하도록 명을 내렸으나, 때마침 몸이 편치 않았기에 이때에 이르러서야 급제를 준 것이다.

王誦 ▶ 998년 3월 70세 이상의 호장을 안일호장으로 삼다

여러 군현郡縣의 호장戶長으로서 나이가 70세인 이들을 안일호장安逸戶長으로 삼고, 이어서 직전職田의 절반을 내려주었다.

王誦 ▶ 998년 3월 강주재 등이 급제하다

강주재姜周載 등 50인과 은사恩賜 1인, 명경明經 20인, 명법업明法業 23인, 명서업明書業 5인, 명산업明算業 11인에게 급제를 하사하였다.

王誦 ▶ 998년 4월 태묘에 참배하고 성종을 합사하다

태묘大廟에 참배하고, 성종成宗을 합사하였으며, 사면하였다.

王誦 ▶ 998년 4월 왕의 생일을 장녕절이라고 하다

왕의 생일을 장녕절長寧節이라고 하였다.

王誦 ▶ 998년 4월 거란에서 칙서를 내려 폐백을 돌려주다

거란이 전왕이 훙서했다 하여, 칙서를 내려 〈전에〉 받았던 폐백을 되돌려주었다.

王誦 ▶ 998년 7월 서희의 졸기

태보 내사령太保 內史令 서희徐熙가 죽었다. 서희는 서필徐弼의 아들로서 성품이 엄정하고 몸가짐이 조심스러웠으며, 18세에 갑과甲科로 급제하였다. 성종成宗 때에 서경西京 행차를 호종하였는데, 성종이 미행微行으로 영명사永明寺에 가려고 하자 서희가 상소하여 간언하였다. 성종이 곧 그만두고, 그에게 안장을 얹은 말을 상으로 주었다. 계사년993의 전쟁 때에 국서國書를 받들고 소손녕蕭遜寧의 군영으로 가서 역관譯官으로 하여금 회견의 예법에 대해 묻게 하였다. 소손녕이 말하기를, "나는 큰 나라의 귀인貴人이니, 〈그대는〉 마땅히 뜰에서 절을 올려야 한다."라고 하였다. 서희가 말하기를, "신하가 임금에 대해서는 아래에서 절을 올리는 것이 예입니다. 양국의 대신大臣들이 서로 만나는 것이 어찌 이와 같을 수 있겠습니까."라고 하였다. 2~3번을 오갔으나, 소손녕은 허락하지 않았다. 서희는 화가 나서 숙소로 돌아와 드러누운 채 일어나지 않았다. 소손녕이 비로소 당堂에 올라와 예식을 행하도록 허락하였다. 서희가 이에 군영 문에 이르러 말에서 내려 들어가서 소손녕과 더불어 대등한 예로써 읍揖을 하고, 당에 올라가 예를 갖춘 후 동쪽과 서쪽으로 마주보고 앉았다. 논변이 오갔는데, 말과 뜻이 엄정하였다. 소손녕이 이에 강화를 맺을 것을 허락하고 이어서 연회를 베풀어 위로하고자 하였다. 서희가 말하기를, "우리나라가 비록 도를 그르친 일은 없으나, 상국이 군사들을 수고롭게 하여 멀리서부터 오기에 이르렀습니다. 이 때문에 상하가 모두 당황하여 다급히 창과 칼을 집어 들고 이슬을 맞은 지 여러 날이 되었는데, 어찌 차마 잔치를 베풀어 즐기겠습니까."라고 하였다. 소손녕이 말하기를, "양국의 대신이 서로 회견을 하는데, 기뻐하고 반기는 예가 없을 수 있겠는가."라고 하며 굳이 청한 이후에야 〈서희가〉 이를 허락하여 크게 즐기다가 파하였다. 돌아가려고 하자 소손녕이 낙타 10마리와 말 100필, 양 1,000마리, 각종 비단錦綺羅紈 총 500필을 선물로 주었다. 또 해주海州에 행차하였을 때에도 호종하였다. 성종이 서희의 막사에 임어하여 안으로 들어가고자 하였다. 서희가 말하기를, "신하의 막사는 임금이 머무를 곳이 못됩니다."라고 하였다. 술을 올리라고 하니 서희가 말하기를, "신하의 술은 감히 임금에게 올릴 수 없는 것입니다."라고 하였다. 이에 성종은 막사 밖에 앉아 어주御酒를 내오게 하여 함께 마시고는 돌아갔다. 공빈령供賓令 정우현이 봉사를 올려 당시 정치에 관한 7가지 일을 논하였는데, 왕의 뜻을 거스르는 것이었다. 재상들을 모아놓고 의논하며 말하기를, "정우현이 감히 직분에 넘치게 정사를 논하였으니, 그에게 죄를 주는 것이 어떠한가."라고 하였다. 모두들 말하기를, "명령만 내려주십시오."라고 하였다. 서희만이 홀로 말하기를, "옛날에는 간언에 관직이 〈따로〉 없었으니, 직분을 넘은 것이 무슨 죄이겠습니까. 신이 재주도 없이 외람되게 재상의 자리에 앉아 있으니, 말할 수 있는 일이 많습니다. 정우현의 비판은 현재의 병폐에 참으로 잘 부합하는 것이니, 이는 신이 죄를 받아야 하고 정우현에게는 상을 주어야 하는 일입니다."라고 하였다. 성종이 깊이 깨닫고는 정우현을 감찰어사監察御史로 발탁하고, 서희에게는 안장을 얹은 말과 술과 과일을 내려주었다. 병에 걸리자 성종이 어가를 타고 와서 문병하고, 어의御衣와 말을 사원에 나누어 시주하였으며, 또 곡식 1,000석碩을 개국사開國寺에 시주하는 등 수명 연장을 빌기 위해 하지 않은 일이 없었다. 이때에 이르러 사망하니, 향년 57세였다. 부의賻儀를 매우 후하게 보내고, 시호를 장위彰威라고 하였으며, 예를 갖추어 장사지냈다. 성종의 묘정廟庭에 배향되었다.

王誦 ▶ 998년 7월 서경을 호경으로 고치다

서경西京을 호경鎬京으로 고쳤다.

王誦 ▶ 998년 12월 **문무양반과 군인의 전시과를 개정하다**

문무 양반과 군인들의 전시과田柴科를 개정하였다. 제1과科는 전지田地 100결結과 시지柴地 70결을 지급하고, 〈그 이하로는〉 차례로 줄여나갔으며, 모두 18과로 하였다. 또 이 18과의 범위에 들지 못한 자[限外科]들에게도 전지 17결을 지급하게 하였다.

王誦 ▶ 998년 **김성적이 송의 과거에 급제하다**

이해에 김성적金成積이 송宋에 가서 과거科擧에 급제하였다.

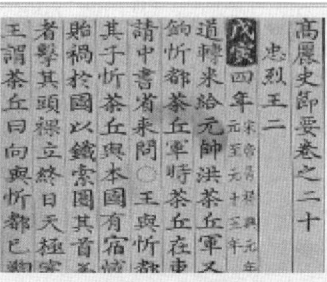

목종 2년(999년)

－목종선양대왕－

王誦 ▶ 999년 7월 **진관사를 지어 태후의 원찰로 삼다**

도성의 남쪽에 진관사眞觀寺를 지어 태후太后의 원찰願刹로 삼았다.

王誦 ▶ 999년 10월 **호경에 행차하여 산천에 제사를 지내다**

호경鎬京에 행차하여 산천에 제사[齋祭]를 올린 후 사면령을 내리고 1년 동안의 전세田稅를 덜어주었으며, 거쳐 간 주현州縣에 대해서는 절반으로 줄여주고 늙은이들을 위문하고 물품을 내려주었다. 양경兩京의 여러 진鎭의 군인으로서 나이가 80세 이상인 자들에 대하여 직위가 있는 자들은 그 급級을 높여주고, 직위가 없는 자들은 배융교위陪戎校尉를 제수하여 주었으며, 어가御駕를 호종한 8품 이하의 관리[員吏]와 군인에게도 차등 있게 물품을 내려주었다. 호경의 의업醫業·복업卜業 학생으로서 학교에 다닌 지 20년이 차고 나이가 50세가 넘은 자들에게 모두 관직에 나아가는 것[脫麻]을 허락하고, 호경의 3품 이상 문무 관리의 처妻로서 과부가 되어 정절을 지키고 있는 이들에게는 봉작封爵하였다.

王誦 ▶ 999년 10월 **거란에서 목종에게 상서령을 더하다**

거란이 우상시右常侍 유적劉績을 보내어 왕을 상서령으로 더하여 책봉하였다.

王誦 ▶ 999년 10월 **일본국인 도요미도 등이 내투하다**

일본국日本國 사람 도요미도道要彌刀 등 20호가 내투來投하였다. 그들을 이천군利川郡에 거주하게 하고 편호編戶로 삼았다.

王誦 ▶ 999년 10월 **송에 사신을 보내 거란과의 전쟁을 알리다**

이부시랑吏部侍郎 주인소朱仁紹를 송宋에 보냈다. 황제가 특별히 불러서 접견하였는데, 주인소가 나라 사람들이 화풍華風을 사모하지만 거란에 의해서 위협과 억압을 받고 있는 상황임을 스스로 아뢰었다. 황제가 조서를 하사하여 돌려보냈다.

목종 3~5년(1000~1002년)

-목종선양대왕-

王誦 ▶ 1000년 10월 **숭교사를 창건하여 원찰로 삼다**

숭교사崇敎寺를 창건하여 원찰願刹로 삼았다.

王誦 ▶ 1000년 **송광 등이 급제하다**

이해에 송굉宋翃 등 15인과 명경明經 8인에게 급제를 하사하였다.

王誦 ▶ 1000년 **덕주에 성을 쌓다**

덕주德州에 성을 쌓았다.

王誦 ▶ 1001년 11월 **중원부에 행차하다**

왕이 풍속을 순행하며 살피고자 중원부中原府에 행차하여 여러 신하들에게 연회를 베풀고 사면령을 내렸으며, 거쳐 간 주현州縣에 대해서는 1년 동안의 전세田稅를 덜어주고, 호종한 관리들과 거쳐 간 주현의 관리들은 계階를 1급씩 올리고 차등 있게 물품을 내려주었다. 왕이 돌아오다가 장단長湍에 이르러 시중侍中 한언공韓彦恭에게 말하기를, "이곳은 경의 본관이니, 경의 공로를 생각하여 단주湍州로 승격시키겠다."라고 하였다.

王誦 ▶ 1001년 장단현의 논이 함몰되어 못이 되다

이해에 중원부中原府 장단현長湍縣의 논[水田] 3결結이 함몰되어 못이 되었는데, 그 깊이를 헤아릴 수 없을 정도였다.

王誦 ▶ 1001년 평로진에 성을 쌓다

평로진平虜鎭에 성을 쌓았다.

王誦 ▶ 1002년 3월 박원휘 등이 급제하다

박원휘朴元徽 등 9인과 명경明經 19인에게 급제를 하사하였다.

王誦 ▶ 1002년 4월 태묘에 제사를 지내고 휘호를 가상하다

왕이 태묘大廟에서 제사를 지내고 휘호徽號를 더하여 올렸으며, 사면하였다.

王誦 ▶ 1002년 5월 6위의 군영을 짓고 군사들의 요역을 면제하다

6위六衛의 군영軍營을 짓고, 그 군사들에게 요역傜役을 면제하여 주었다.

王誦 ▶ 1002년 6월 탐라에서 산에 구멍이 뚫리며 물이 뿜어져 나오다

탐라耽羅에서 산에 4개의 구멍이 뚫리면서 붉은 물이 뿜어져 나오기를 5일간 계속하다가 그쳤는데, 그 물은 모두 기왓장 같은 돌[瓦石]이 되었다.

王誦 ▶ 1002년 7월 교역에서 토산물을 사용하도록 교서를 내리다

교서를 내려 이르기를,

"근래에 시중(侍中) 한언공(韓彥恭)의 상소를 보았는데, 말하기를, '지금 선대를 계승하여 돈[錢]을 쓰고 거친 베[麤布]의 사용을 금지하였는데, 풍속이 어그러지고 나라의 이익도 이루지 못하였으며, 다만 백성들의 원망과 탄식만이 일어나고 있습니다.'라고 하였다. 차나 술을 파는 여러 점포에서의 교역에는 종전대로 돈을 사용하게 하되, 그밖에 백성들이 사사롭게 서로 교역을 할 때에는 임의대로 토산물[土宜]을 사용하도록 하라."
라고 하였다.

목종 6년(1003년)

—목종선양대왕—

王誦 ▶ 1003년 1월 **경외의 박사와 사장을 천거하도록 교서를 내리다**

교서를 내려 3경京과 10도道의 박사博士와 사장師長 중에 생도生徒들을 권장함에 근면하고 효과가 있는 자들은 그 이름을 기록하여 아뢰고, 관할 지역 내의 재주와 학식이 있는 자를 해마다 천거함으로써 정해진 법규를 폐기하지 말도록 하였다.

王誦 ▶ 1003년 2월 **천재지변을 맞아 시정을 논하도록 교서를 내리다**

교서를 내려 이르기를,

"작년부터 천재지변[乾坤之變]이 누차 나타났으며, 또 변경지역의 우환도 많았다. 지금 위로는 재상으로부터 아래로는 일반 관료에 이르기까지 일찍이 거리낌 없는 직언은 없고 다만 아첨하는 말만이 있을 뿐이다. 아아, 직언을 했는데도 받아들여지지 않았다면 내가 마땅히 스스로 부끄러워해야 할 일이지만, 위태로운데도 돕지 않는다면 누가 그 책임을 져야 하겠는가. 5품 이상의 경관京官들은 각자 봉사封事를 올려 약藥과 침鍼이 되는 말[藥石之辭]을 서술함으로써 모두 함께 나라의 홍업弘業을 돕도록 하라."

라고 하였다.

王誦 ▶ 1003년 **덕주 등의 성을 수리하다**

이해에 덕주德州·가주嘉州·위화威化·광화光化 네 곳의 성을 수리하였다.

王誦 ▶ 1003년 **천추태후가 대량원군을 핍박하여 승려가 되게 하다**

천추태후千秋太后 황보씨皇甫氏가 대량원군大良院君 왕순王詢을 핍박하여 승려가 되게 하였다. 처음에 동주洞州 사람인 김치양金致陽이 태후의 외족外族으로서 그 성품이 간사하고 교활하여 일찍이 거짓으로 머리를 깎고 천추태후의 궁宮에 출입하며 자못 추한 소문이 있었다. 성종成宗이 곤장을 쳐서 먼 곳으로 유배를 보내었다. 성종이 훙서하자〈태후가 그를〉불러들여 합문 통사사인閤門 通事舍人을 제수하였으며, 몇 년 지나지도 않아서 그를 귀하게 여기고 총애함이 비할 데가 없었다. 백관百官의 관직을 주고 뺏는 것이 모두 그의 손에서부터 나와서 친당親黨들이 널리 포진하여 그 세력이 조정 안팎을 휩쓸었으며, 집을 지었는데 300여 칸에 이르고 누각과 연못이 극도로 화려하였다. 매일 밤마다 태후와 함께 놀아나면서 두려워하거나 꺼리는 바가 없었다. 동주에 사당을 세우고 편액扁額을 걸어 성수사星宿寺라고 하였으며, 또 궁성 서북쪽 모퉁이에 시왕사十王寺를 세웠는데, 그 그림의 형상이 기이하고 괴상하여 형용하기가 어려울 정도였다. 몰래 역모의 뜻을 품고서〈귀신의〉은밀한 도움陰助을 구하고자 뭇 그릇 마다 모두 그러한 뜻을 새겨 넣었는데, 그 종鍾의 명문銘文에 이르기를, "지금 동국東國에 태어난 이때에 같이 선근善根의 종자種子를 닦아서, 훗날 서방西方에 왕생하는 날 함께 보리菩提를 증득하리라."라고 하였다. 왕은 항상 그를 내쫓고자 하였으나 모후의 마음을 다치게 할까 두려워 감히 실행하지 못하였다. 이때에 이르러 태후가 아들을 낳으니, 이는 곧 김치양과 사통하여 낳은 것이었다.〈태후가〉김치양과 더불어 왕의 후계자로 삼고자 모의하면서 대량원군을 꺼리어 강제로 출가하게 하였으니, 대량원군은 이때에 12세였다. 이후에 삼각산三角山의 신혈사神六寺에 거처하였는데, 태후가 몰래 사람을 보내어 그를 해치려고 한 것이 여러 차례였다. 절의 한 노승老僧이 방 안에 구덩이를 파서 대량원군을 숨기고, 그 위에 침상을 놓아 예측하기 힘든 변고를 막았다.

목종 7년(1004년)
―목종선양대왕―

王誦 ▶ **1004년 3월 과거의 법규를 개정하다**

과거科擧에 대한 법규를 고쳐 정하였다. 이보다 앞서서는 매년 봄에 시험을 쳐서 선발하여도 혹은 가을이나 겨울에 이르러서야 합격자를 발표하기도 하였다. 이때에 이르러 비로소 3월에 시험장을 열고 10일 동안 문을 걸어 잠근 채로, 첫 날에 『예경禮經』에서 10문제[條]를 첩경貼經〈으로 시험하고〉, 다음 날 시詩와 부賦를 시험하며, 하루를 건너뛰어 시무책時務策을 시험하고, 급제 등수[科第]를 정하여 아뢴 후에 잠근 문을 열도록 정하였다. 명경明經 이하의 여러 업業은 전 해 11월에 시험을 치러 선발하였다가, 진사進士와 같은 날에 합격자를 발표하는 것을 항식恒式으로 삼았다.

王誦 ▶ **1004년 4월 황주량 등이 급제하다**

황주량黃周亮 등 15인과 명경明經 4인에게 급제를 하사하였다.

王誦 ▶ **1004년 6월 한언공의 졸기**

문하시중門下侍中 한언공韓彦恭이 죽었다. 한언공은 성품이 총명하고 학문을 좋아하였다. 과거科擧에 응시하여 급제하지 못하였으나, 〈관직을〉 두루 역임하여 시중侍中에까지 이르고, 여러 차례 더하여져서 특진 개국후 식읍 1,000호 감수국사特進 開國侯

食邑一千戶 監修國史가 되었다. 왕이 일찍이 평주平州에 행차하였는데, 날이 저물어 추위가 매우 심한데도 길가에 어가御駕를 세워놓고 술을 마시면서 떠나지 않고 있었다. 한언공이 나아가 아뢰기를, "신들은 술에 취하고 배도 부르지만, 군사들은 어찌하겠습니까."라고 하였다. 왕이 그를 가상하게 여겨 담비 가죽을 내려주고, 어가를 재촉하여 행궁行宮으로 들어갔다. 일을 만나면 직언을 함이 대체로 이러하였다. 이때에 이르러 병에 걸리자, 〈왕이〉 의원과 약과 안거安車를 내려주어 온천에 가서 목욕을 하게 하였으며, 주현州縣에 명하여 〈필요한 물품을〉 제공하게 하였다. 또 〈궁궐〉 마구간의 말 3필을 내려주어 기도의 비용으로 쓰게 하였다. 끝내 낫지 못하고 죽으니, 부의賻儀로 쌀과 포布를 매우 후하게 내려주고, 내사령內史令으로 추증하였으며, 시호諡號를 정신貞信이라고 하고, 예를 갖추어 장사지냈다. 후에 목종穆宗의 묘정廟廷에 배향되었다.

王誦 ▶ 1004년 11월 호경에 행차하여 산천에 제사를 지내다

호경鎬京에 행차하여 산천제사[齋祭]를 지내고, 장죄杖罪 이하를 사면하였으며, 호경의 전조田租를 1년 간 면제해 주고, 북쪽 변방의 길가에 위치한 주현州縣에 대해서는 절반을 덜어주었으며, 노인들을 봉양하고, 사방의 산악山岳과 주진州鎭의 신령들에게 훈호勳號를 더하여 주었다.

목종 8년 (1005년)

— 목종선양대왕 —

王誦 ▶ 1005년 1월 **동여진이 등주에 침범하다**

동여진東女眞이 등주登州를 침범하여, 주진州鎭의 촌락 30여 곳을 불태우고 갔다. 장수를 보내어 방어하도록 하였다.

王誦 ▶ 1005년 3월 **외관의 관직을 정리하다**

외관外官을 정리하여 오직 12절도節度·4도호都護와 동계東界·서북계西北界의 방어진사防禦鎭使·현령縣令·진장鎭將만을 두고, 그 나머지 관찰사觀察使·도단련사都團練使·단련사團練使·자사刺史는 모두 폐지하였다.

王誦 ▶ 1005년 4월 **최충 등이 급제하다**

최충崔冲 등 7인과 명경明經 3인에게 급제를 하사하였다.

王誦 ▶ 1005년 **송 온주의 문사가 내투하다**

이해에 송 온주溫州의 문사文士 주저周佇가 내투來投하였다. 예빈시禮賓寺의 주부注簿를 제수하였다.

목종 9년(1006년)
—목종선양대왕—

王誦 ▶ 1006년 2월 **흉년이 겹쳤다 하여 공부를 면제해주다**

왕이 유사有司에게 말하기를, "근년에 가을에도 곡식이 익지 않아서 백성들이 끼니를 잇기가 어렵다. 통화統和 21년1003 이래로 미납한 공부貢賦를 모두 면제하여 주고, 양식이 끊겨 종자곡種子穀도 남지 않은 자들에게는 창고를 열어 곡식을 지급하여 진휼하도록[賑給] 하라."라고 하였다.

王誦 ▶ 1006년 4월 **관원들에게 유능한 자를 천거하게 하다**

6품 이상의 문관文官들로 하여금 각자 그 재주가 백성들을 다스릴 만한 자를 1명씩 천거하게 하였다. 또 말하기를, "천거된 자가 상을 내릴 만하면 천거를 한 자도 아울러 상을 내릴 것이며, 벌도 또한 그와 같이 시행할 것이다."라고 하였다.

王誦 ▶ 1006년 6월 28일 **무술 벼락이 치니 사면령을 내리고 조세를 경감하다**

천성전天成殿의 치문鴟吻에 벼락이 쳤다. 왕이 근심하고 두려워하며 자신을 책망하여 사면령을 내리고, 효자·손순孫順·의부義夫·절부節婦들에게 모두 은전恩典을 더하여 주었으며, 나라 안의 신령들에게 훈호勳號를 덧붙였다. 3품 이상의 문무 관리들에게 훈勳을 더하고 4품 이하 관리들에게는 1급級씩 올려주었으며, 9품 이상 관리로서 입사한지 20년이 된 자들은 관복官服을 바꾸어주고, 나이가 60세 이상인 자들에게는 차등 있게 관직을 더하여 주었다. 올해의 세포稅布 절반을 줄여주고, 갑진년1004 이전의 미납된 조세도 아울러 덜어주었다.

王誦 ▶ 1006년 **혜성이 나타나다**

이해에 혜성이 나타났다.

王誦 ▶ 1006년 **등주, 귀성, 용진진에 성을 쌓다**

등주登州·귀성龜城·용진진龍津鎭에 성을 쌓았다.

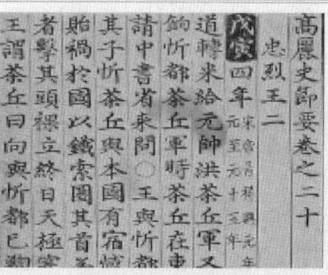

목종 10년(1007년)

-목종선양대왕-

王誦 ▶ 1007년 2월 **거란에서 목종을 기책하다**

거란이 야율연귀耶律延貴를 보내어 왕을 수의보방추성봉성공신 개부의동삼사 수상서령 겸 정사령 상주국 식읍 7,000호守義保邦推誠奉聖功臣 開府儀同三司 守尙書令 兼 政事令 上柱國 食邑七千戶로 책봉하였다.

王誦 ▶ 1007년 2월 **진관사에 9층탑을 창건하다**

진관사眞觀寺에 9층탑을 창건하였다.

王誦 ▶ 1007년 6월 **조원 등이 급제하다**

조원趙元 등 6인과 명경明經 3인에게 급제를 하사하였다.

王誦 ▶ 1007년 7월 **경주 사람 융대를 처벌하다**

어사대御史臺에서 아뢰기를, "경주慶州 사람 융대融大가 신라新羅 원성왕元聖王의 먼 후손이라고 사칭하면서 양민 500여 명을 노비로 인정받아 궁인宮人 김씨金氏와 평장사平章事 한인경韓藺卿, 이부시랑吏部侍郞 김낙金諾에게 선물하여 〈그들을〉 후원자로 삼앉습니다. 지금 이미 그를 신문하여 사실을 파악하였으니, 그를 죄주시기 바랍니다."라고 하였다. 왕이 노하여 곧 한인경을 양주楊州로 유배 보내고, 김낙은 섬으로 보냈으며, 김씨에게는 동銅100근斤으로 대속代贖하게 하였다. 듣는 사람들이 모두 기뻐하였다.

王誦 ▶ 1007년 10월 호경에 행차하여 산천에 제사를 지내다

호경鎬京에 행차하여 산천제사齋祭를 올리고, 유죄流罪 이하는 사면하고, 전조田租를 1년 간 면제해 주고, 연로의 주현州縣은 절반을 줄여주었으며, 나라 안의 신령들에게 훈호勳號를 더하여 주었다.

王誦 ▶ 1007년 10월 흥화진, 익령현, 울진현에 성을 쌓다

흥화진興化鎭과 익령현翼嶺縣·울진현蔚珍縣에 성을 쌓았다.

王誦 ▶ 1007년 호경에 지진이 일어나다

이해에 호경鎬京에 지진이 일어났다.

王誦 ▶ 1007년 탐라에서 상서로운 산이 솟아났다고 보고하다

탐라耽羅에서 아뢰기를, "상서로운 산이 바다 한가운데에서 솟아났습니다."라고 하였다. 대학박사大學博士 전공지田拱之를 보내어 가서 살펴보게 하였다. 탐라 사람들이 말하기를, "산이 처음 솟아날 때에는 구름과 안개가 껴서 어두컴컴하고 땅이 흔들리는 것이 마치 우레가 치는 것과 같기를 7일 밤낮으로 하더니, 비로소 하늘이 개고 안개가 걷혔습니다. 산의 높이는 100여 장丈쯤 되고 그 둘레는 40여 리里쯤 되는데, 풀이나 나무는 없고 연기가 땅 위를 뒤덮고 있어 멀리서 바라보니 마치 석류황石硫黃과도 같아서 사람들이 두려워하며 감히 가까이 가지 못하였습니다."라고 하였다. 전공지가 직접 산 아래에 가서 그 형상을 그려서 바쳤다.

목종 11년(1008년)

―목종선양대왕―

王誦 ▶ 1008년 3월 **손원선 등이 급제하다**

손원선孫元仙 등 9인과 명경明經 2인에게 급제를 하사하였다.

王誦 ▶ 1008년 10월 **호경에 행차하다**

호경鎬京에 행차하였다.

王誦 ▶ 1008년 10월 **통주에 성을 쌓다**

통주通州에 성을 쌓았다.

목종 12년(1009년)

−목종선양대왕−

王誦 ▶ 1009년 1월 14일 **경오 숭교사에 행차하다**

숭교사崇教寺에 행차하였다.

王誦 ▶ 1009년 1월 16일 **목종이 훙서하다**

상정전詳政殿에 임어하여 연등燃燈을 구경하였다觀燈. 대부大府의 기름 창고에 화재가 나서 불길이 천추전千秋殿으로 번졌다. 왕이 전각과 대부 창고가 불타고 잔해만 남은 것을 보고는 비탄에 잠겨 병환이 나서 정사를 돌보지 못하였다. 왕사王師와 국사國師 두 승려와 태의太醫 기정업奇貞業, 태복太卜 진함조晉含祚, 태사太史 반희악潘希渥, 재신 이부상서 참지정사宰臣 吏部尙書 參知政事 유진劉瑨, 사부시랑 중추원사史部侍郎 中樞院使 최항崔沆, 급사중 중추원부사給事中 中樞院副使 채충순蔡忠順 등이 은대銀臺에서 번갈아 숙직하고, 지은대사 공부시랑知銀臺事 工部侍郎 이주정李周楨, 우승선 전중시어사右承宣 殿中侍御史 이작인李作仁과 왕의 총애를 받던 신하인 지은대사 좌사낭중知銀臺事 左司郎中 유충정劉忠正, 합문사인閤門舍人 유행간庾行簡 등도 함께 내전內殿에서 교대로 숙직하였으며, 친종장군親從將軍 유방庾方, 중낭장中郎將 유종柳宗·탁사정卓思政·하공진河拱辰은 전각 출입문 가까이에서 계속해서 숙직하고, 형부상서刑部尙書 진적陳頔도 또한 내전에 들어가 숙직하였으며, 호부시랑戶部侍郎 최사위崔士威는 대정문 별감大定門 別監이 되어 여러 궁궐의 문을 닫아걸고 엄중히 경계하면서 오직 장춘전長春殿의 대정문大定門만 열어두었다. 이어서 장춘전과 건화전乾化殿 두 곳에서 구명도량救命道場을 베풀었다. 유행간은 용모가 아름다워서 왕이 남달리 아끼고 사랑하여 남색男色[龍陽]으로서 총애하였으며, 매번 선지宣旨를 내릴 때 마다 반드시 유행간에게 먼저 물어본 이후에야 시행하였다. 이로 인하여 왕의 총애를 믿고 교만하고 건방지게 굴면서 백관百官을 경멸하고 사람들을 마음대로 부리니[頤指氣使], 왕을 가까이에서 모시는 신하들이 그를 보기를 왕을 보는 듯이 하였다. 유충정도 재주와 능력이 없는데도 또한 왕으로부터 깊은 총애를 받았다. 왕이 일찍이 수방水房의 아전衙前들을 이들 두 사람에게 나누어 속하게 하였더니, 출입할 때 마다 그 뒤를 수행하여 그 참람함이 끝이 없을 정도였다. 갑술. 태후가 장생전長生殿으로 옮겨갔다. 왕이 여러 날 동안 계속 몸이 편치 않아 항상 내전에만 머무르면서 여러 신하들을 만나보지 않으려고 하였다. 재신들이 놀라고 두려워하면서 침전寢殿에 들어가 병문안하기를 요청하였다. 유행간이 왕의 말을 전달하기를, "몸과 기운이 점차 평안해지고 있으니, 따로 날을 잡아서 불러보겠다."라고 하였다. 재차 청하였으나, 〈왕이〉 허락하지 않았다. 하루는 왕이 재추宰樞 채충순을 불렀는데, 침전으로 들어오자 주위를 물리고는 말하기를, "과인의 병이 점점 나아지고 있지만, 왕실 외부에서 기회를 엿보는 자가 있다고 하니, 경은 이 사실을 알고 있는가."라고 하였다. 대답하기를, "신도 언뜻 듣기는 하였으나 그 실상에 대해서는 알지 못합니다."라고 하였다. 왕이 침상 위에 있던 봉서封書를 집어 그에게 주었는데, 곧 유충정이 올린 것이었다. 이르기를, "우복야 겸 삼사사右僕射兼三司事 김치양金致陽이 바라서는 안 될 것을 넘보아서 사람을 시켜 뇌물을 보내 널리 심복들을 포열시킴으로써 내부의 원조를 구하였습니다. 신은 이를 깨닫고 거절하였으나, 감히 아뢰지 않을 수가 없었습니다."라고 하였다. 왕이 또 서신 1통을 집어서 그에게 주니, 곧 대량원군大良院君 왕순王詢이 삼각산에서 올린 것이었다. 이르기를, "간사한 무리들이 사람을 보내어 위협하고 핍박하며, 아울러 술과 음식을 보냈는데, 신이 독이 들어있을까 의심하여 먹지 않고 까마귀와 참새들에게 주었더니, 새들이 죽어버렸습니다. 위태롭게 하고자 모의함이 이러하오니, 바라건대 성상聖上께서 불쌍하게 여겨 구원하여 주십시오."라고 하였다. 채충순이 다 읽고 나서 아뢰기를, "사태가 급박한 듯 하니, 마땅히 빨리 대책을 세워야 하겠습니다."라고 하였다. 왕이 말하기를, "짐의 병이 점차 위독해져서 곧 죽게 되면 태조太祖의 후손은 오직 대량원군만이 남게 된다. 경은 최항과 더불어 평소 충성과 절의가 있으니, 마땅히 마음을 다하여 바로잡고 보필함으로써 사직社稷이 다른 성씨에게 돌아가지 않게 해야 할 것이다."라고 하였다. 채충순이 나와서 최항에게 전하자, 최항이 말하기를, "신도 항상 근심하였는데, 지금 성상의 뜻이 이와 같으니 사직의 복입니다."라고 하였다. 유충정이 감찰어사監察御史 고영기高英起를 보내어 최항과 채충순에게 말하기를, "지금 성상께서 병으로 누워계셔서 간사한 무리들이 기회를 엿보고 있으니, 사직이 장차 다른 성씨에게 돌아가게 될까 두렵습니다. 병세가 만약 점점 위독해지면, 마땅히 태조의 후손을 후계자로 세워야 할 것입니다."라고 하였다. 최항 등이 짐짓 놀란척하며 말하기를, "태조의 후손이 어디 있단 말인가."라고 하였다. 대답하기를, "대량원군이 있으니, 왕위를 계승할 만한 분입니다."라고 하였다. 최항 등이 대답하기를, "우리들도 또한 이러한 말을 들은 지 오래되었으니, 마땅히 하늘의 명을 따라야 하겠습니다."라고 하였다. 유충정이 다시 고영기를 보내어 말하기를, "내가 직접 가서 상의하고 싶지만 수행하는 자들이 많아서 주위의 의심을 사게 될까 두려우니, 두 분께서 와주시기 바랍니다."라고 하였다. 최항이 채충순과 더불어 상의하기를, "이는 사사로운 일이 아니라 실로 종묘宗廟와 사직에 관계되는 것이니, 가서 그를 만나봐야 할 것입니다."라고 하고, 마침내 가서 의논하였다. 채충순이 들어가 왕에게 아뢰기를, "마땅히 문관文官과 무관武官 각각 1명씩을 선발하여 군사들을 거느리고 교외에 나가서 맞이하여야 할 것입니다."라고 하였다. 채충순이 최항과 고영기 등에게 왕의 말을 전하고 의논하여 말하기를, "선휘판관宣徽判官 황보유의皇甫兪義가 종묘와 사직을 보존하는 데에 뜻이 있으며, 또 그 부친과 조부 또한 나라에 공로가 있으므로 마땅히 그 가업을 실추시키지 않고 마음과 힘을 다할 것이니, 어찌 이 사람을 보내지 않겠습니까."라고 하고 마침내 천거하여 아뢰었다. 채충순 등이 또 상의하여 아뢰기를, "받들어 맞이하러 가는데 군사들의 수가 많으면 행차가 분명 더딜 것이므로 간사한 무리들이 먼저 출발하여 그를 해치려고 할까 두렵습니다. 마땅히 10여 명으로 하여금 지름길로 가서 맞아오게 해야 할 것입니다."라고 하였다. 왕이 그 말을 옳다고 여기고 말하기를, "빨리 보내는 것이 좋겠고, 늦어서는 안 될 것이다. 내가 친히 선위를 하여 그에게 군사와 나라를 부촉하고자 한다. 만약 내가 병이 나아서 성종成宗께서 나를 세우셨던 전례와 같이 일찌감치 명분을 정해놓는다면 곧 틈을 엿보는 자들이 없게 될 것이다. 짐이 아들이 없어서 후계자를 아직 정하지 못하였기 때문에 뭇사람들의 마음이 동요하게 되었으니, 이는 나의 잘못이다. 종묘와 사직을 위한 큰 계획으로 이보다 더 큰 일은 없을 것이니, 경들은 각자 정성을 다하도록 하라."라고 하였다. 왕이 마침내 눈물을 흘리니, 채충순도 또한 눈물을 흘렸다. 왕이 채충순에게 명하여 대량원군에게 줄 글의 초안을 잡게 하고, 직접 먹을 갈았다. 채충순이 말하기를, "신이 먹을 갈아서 글을 쓸 것이니, 바라건대 성체聖體를 수고롭게 하지 마십시오."라고 하였다. 왕이 말하기를, "마음이 심히 조급하여 힘든 줄도 모르겠구나."라고 하였다. 글에서 말하기를, "예로부터 국가의 큰 일은 미리 정해놓은 명분이 있어야 사람들의 마음도 곧 안정되는 법이다. 지금 내가 병으로 침상에 눕자 간교하고 사특한 자들이 기회를 엿보고 있으니, 과인이 일찍이 이를 헤아리지 못하여 평소에 정해놓은 명분이 없어서 뭇사람들의 마음이 동요하였기 때문이다. 경은 태조의 적손嫡孫이니, 마땅히 속히 출발하도록 하라. 과인이 죽음에 이르기 전에 얼굴을 직접 대하고 종묘와 사직을 부촉하게 된다면 죽어서도 여한이 없을 것이다. 만약 남은 수명이 있다면, 동궁東宮에 머무르게 함으로써 여러 사람들의 마음을 안정되게 하겠노라."라고 하였다. 왕이 또 그 말미에 글을 쓰게 하면서 말하기를, "오는 길이 험난하니, 간사한 자가 숨어있어서 예기치 못한 변고가 일어날까 염려된다. 경계하고 조심하면서 와야 할 것이다."라고 하였다. 당시에 유행간은 〈대량원군을〉 맞아 세우는 것을 바라지 않았다. 왕이 일이 누설될까 염려하여 채충순에게 유행간이 이 일을 알지 못하게 하라고 경계시키고, 이 글을 황보유의와 낭장郎將 문연文演 등 10명에게 주어 신혈사에 가게 하였으며, 또 개성부 참군開城府 參軍 김연경金延慶에게 명하여 군졸 100명을 거느리고 교외에 나가 맞이하게 하였다. 김치양이 이 일을 알게 되었으나, 어찌 할 방도가 없어서 여러 날 동안 눈치만 보면서 거취를 결정하지 못하였다. 이보다 앞서서 왕은 이주정이 김치양에게 붙은 것을 알고는 임시로 서북면 도순검부사西北面 都巡檢副使를 제수하여 그날 바로 떠나게 하였고, 이어서 서북면 순검사西北面 巡檢使 강조康兆를 불러 궁궐로 들어와 호위하게 하였다. 강조가 왕의 명을 듣고 길을 떠나 동주洞州의 용천역龍泉驛에 이르렀다. 내사주부內史主書 위종정魏從正과 안북도호부安北都護府의 장서기掌書記 최창崔昌이 일찍이 어떤 사건에 말려들어 쫓겨난 일로 인해 조정에 대하여 깊은 원한을 가지고 항상 변란을 일으키고자 하였다. 두 사람이 함께 강조를 찾아와 거짓으로 말하기를, "주상께서 병이 위독하셔서 그 목숨이 경각에 달려있습니다. 태후께서 김치양과 더불어 사직을 찬탈하고자 모의를 하였는데, 공公이 외방에서 많은 군사들을 장악하고 있기 때문에 혹시 자신들의 뜻을 따르지 않을까 두려워하여 거짓으로 왕명을 꾸며 불러들인 것입니다. 족하足下께서는 속히 본도本道로 돌아가 의로운 병사들을 크게 일으켜서 나라와 몸을 보전하셔야 할 것이니, 시기를 놓치면 안됩니다."라고 하였다. 강조가 그 말을 옳다고 여겨 왕이 이미 훙서하였으며 조정은 모두 김치양에 의해 장악되었다고 생각하고는 곧장 본영本營으로 되돌아갔다. 태후는 강조가 오는 것을 꺼리어 내신內臣을 보내 절령岊嶺을 지키면서 오가는 사람들을 막게 하였다. 강조의 부친이 염려하여 글을 써서 대나무 지팡이 안에 넣고, 종으로 하여금 머리를 깎아 승려처럼 보이게 하여 거짓으로 묘향산의 승려라고 하면서 급히 강조에게 가서 "왕은 이미 세상을 떠나시고 간사하고 흉악한 무리들이 정사를 마음대로 하고 있으니, 병사를 이끌고 와서 나라의 변란을 평정하도록 하라."라고 알리게 하였다. 그 종은 밤낮으로 급히 달려 강조가 있는 곳에 이르러서 기력이 다하여 죽고 말았다. 강조가 지팡이 속의 편지를 찾고는 왕이 훙서하였다고 더욱 믿게 되었다. 마침내 부사副使 이부시랑吏部侍郎 이현운李鉉雲 등과 함께 무장한 병졸 5,000명을 거느리고 평주平州에 이르렀는데, 비로소 왕이 아직 훙서하지 않았음을 알게 되었다. 강조가 기운을 잃고 한참 동안 고개를 떨구었다. 여러 장수들이 말하기를, "일이 이미 왔으니, 멈출 수는 없습니다."라고 하였다. 강조가 말하기를, "그렇다."라고 하였다. 이에 왕을 폐위시키기로 결의하고, 왕이 이미 대량원군을 맞이하게 하였음을 알지 못한 채 분사 감찰어사分司監察御史 김응인金應仁을 보내어 병사들을 이끌고 가서 맞아오게 하였다.

  강조가 먼저 장계狀啓를 올려 아뢰기를,
  "성상께서는 병이 점점 깊어지시는데 나라의 근본은 아직 정해지지 않아서 간사한 무리들이 기회를 엿보고 있습니다. 또 유행간 등의 참소와 아첨만을 믿으셔서 상과 벌을 내림이 사리에 맞지 않았기에 지금의 이 위태롭고 어지러운 지경에 이르게 되었습니다. 이제 명분을 바로잡아 사람들의 마음을 붙잡아 매고, 악한 무리들을 제거하여 뭇사람들의 원통함을 씻어주고자 합니다. 이미 대량원군을 맞이하여 궁궐로 나아가고 있는데, 성상께서 놀라 동요하실까 두려우니, 바라건대 용흥사龍興寺나 귀법사에 나가 계시면 간사한 무리들을 소탕한 후에 맞아들일 것입니다."
라고 하였다. 왕이 말하기를, "아뢴 바에 대해 이미 알고 있다."라고 하였다. 이날에 황보유의와 김응인이 함께 신혈사에 도착하였다. 절의 승려가 간사한 무리가 보낸 것으로 의심하여 숨겨두고 내놓지 않았다. 황보유의 등이 맞이하여 왕으로 세울 뜻을 갖추어 말하자 이에 대량원군이 밖으로 나왔다. 황보유의 등이 마침내 받들고 돌아왔다. 기축. 태양의 빛이 붉은 장막을 드리운 것과 같았다. 이현운이 병사들을 거느리고 영추문迎秋門 안으로 들어가 크게 소란을 피웠다. 왕이 놀라고 두려워하여 유행간을 잡아서 강조가 있는 곳으로 보냈다. 탁사정과 하공진은 모두 곧바로 강조의 편으로 붙었다. 강조가 대초문大初門에 이르러 호상胡床에 걸터앉아 있었는데, 최항이 성省 밖으로 나오자 강조가 일어나 읍揖을 하였다. 최항이 말하기를, "옛날에도 이러한 일이 있었는가."라고 물었다. 강조는 대답을 하지 않았다. 이때 군사들이 난입하니, 왕이 피할 수 없음을 알고 태후와 더불어 하늘을 우러러 보며 목 놓아 울면서 궁인宮人·내시[小豎] 및 채충순·유충정 등을 거느리고 법왕사法王寺로 갔다. 강조가 건덕전乾德殿의 어탑御榻 앞에 앉았는데, 군사들이 만세를 불렀다. 강조가 놀라 일어났다가 무릎을 꿇고 앉아 말하기를, "왕위를 계승하실 임금[嗣君]께서 아직 도달하지 않으셨는데, 이것이 무슨 소리냐."라고 하였다. 잠시 후에 황보유의 등이 대량원군을 받들고 이르니, 마침내 연총전延寵殿에서 즉위하였다. 강조가 왕을 폐위시켜 양국

공양국공公讓國公으로 삼고 합문통사사인閤門通事舍人 부암傅巖 등으로 하여금 감시하게 하였으며, 병사를 보내어 김치양 부자와 유행간 등 7명을 죽이고, 그 당여黨與와 태후의 친속親屬 30여 명을 섬으로 유배 보냈다. 왕이 최항을 보내어 강조에게 말을 내어달라고 요청하였는데, 말을 1필만 보내주었으므로 또 인가人家에서 말 1필을 취하여 왕과 태후가 타고 선인문宣仁門으로 나갔다. 귀법사에 이르자 어의를 벗어 음식과 바꾸어 올렸다. 강조가 최항 등을 불러들였다. 왕이 최항에게 말하기를, "근자에 대부의 창고에 불이 나고 갑자기 변란이 일어난 것은 모두 내가 덕이 부족하였기 때문이니, 다시 무슨 원망할 것이 있겠는가. 다만 바라건대 시골에 내려가 노년을 보내고자 하니, 경이 새 왕에게 아뢰고, 또 그를 잘 보좌하도록 하라."라고 하고, 마침내 충주로 향하였다. 태후가 음식을 먹고자 하면 왕이 직접 그릇을 받들고, 태후가 말을 타고자 하면 왕이 직접 고삐를 잡았다. 행차가 적성현積城縣에 이르자 강조가 상약직장尙藥直長 김광보金光甫를 보내어 독약을 바쳤다. 왕이 마시지 않으려고 하자 김광보가 호종하던 중금군中禁軍의 안패安霸 등에게 말하기를, "강조가 말하기를, '만약 독을 먹이지 못하면 중금의 군사로 하여금 큰일를 치르게 한 후에 자살하였다고 보고하라.'라고 하였다. 그렇게 하지 않으면 나와 너희들은 모두 멸족滅族을 당할 것이다."라고 하였다. 그날 밤에 안패 등이 왕을 시해한 후 스스로 목숨을 끊었다고 아뢰고, 문짝을 뜯어 관을 만든 후 객사舍舍에 임시로 빈소를 차렸다[權厝]. 태후는 황주로 되돌아왔다. 그 다음 달에 현縣의 남쪽에서 화장을 하고, 능호陵號를 공릉恭陵이라고 하였으며, 시호諡號를 선령宣靈으로, 묘호廟號를 민종愍宗이라고 하였다. 신하와 백성으로서 원통해하고 분노하지 않는 이가 없었는데도 새 왕은 그러한 사실을 알지 못하였다. 거란이 군사를 일으켜 죄를 묻기에 이르러서야 왕이 시해되었음을 알고, 시호를 선양宣讓으로 고치고 묘호를 목종穆宗이라고 하였다.

이제현李齊賢이 찬贊하기를, "경보慶父가 노魯나라에서 예를 범하였고, 여불위呂不韋가 진秦나라에서 재앙을 남에게 전가시켰으므로, 제齊나라 환공桓公은 애강哀姜을 죽였고, 진시황秦始皇은 노애嫪毐를 찢어 죽였으나, 어찌 만세토록 남을 수치를 구제할 수 있었겠는가. 목종穆宗은 뒤집힌 수레의 바퀴자국[覆車之轍]을 경계로 삼아 초기에 대비하고 제어하지 않았기 때문에 아들과 어미가 함께 그 재앙에 걸려들고 사직이 거의 망할 지경에 이르게 되었다. 아아, 목종[宣讓]의 불행인가, 아니면 불행이 아닌 것인가."라고 하였다.

현종총서

현종원문대왕顯宗元文大王

휘는 순詢이고, 자는 안세安世이다. 안종安宗 왕욱王郁의 아들이며, 어머니는 효숙왕후孝肅王后 황보씨皇甫氏이다. 성종成宗 11년(992년) 임진 7월 임진 초하루에 태어났다. 성품이 총명하고 인자하였으며, 배움에 있어 명민하고 문장에 뛰어났다. 처음에 머리를 깎고 숭교사崇敎寺에 거처하니, 한 승려가 일찍이 꾼 꿈에서, 큰 별이 절 마당에 떨어져서 용으로 변하고 또다시 사람으로 변하였는데 곧 왕이었다. 이로 말미암아 대중들이 왕을 기이하게 여겼다. 신혈사神穴寺로 옮겨 머무를 때 또다시 꿈에 닭 울음소리와 다듬이질 소리를 듣고는 술사術士에게 물어보니, 우리말[方言]로 해몽하여 말하기를, "닭의 울음소리는 '꼬끼오[高貴位]'이고 다듬이질 소리는 '어근당[御近當]'입니다. 이는 왕위에 오르실 징조입니다."라고 하였다. 22년간 재위하였으며, 향년 40세였다.

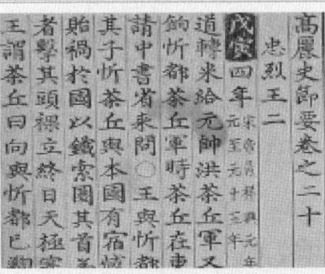

현종 즉위년(1009년)

－현종원문대왕－

王詢 ▶ 1009년 2월 4일 **중대성을 설치하다**

은대銀臺와 중추남원中樞南院·중추북원中樞北院을 혁파하고, 중대성中臺省을 설치하여 세 기관의 업무를 모두 귀속시켰다. 강조康兆를 중대사中臺使로 삼고, 이현운李鉉雲을 중대부사中臺副使로, 채충순蔡忠順을 직중대直中臺로, 윤여尹餘를 상서우승 겸 직중대尙書右丞 兼 直中臺로 삼았다.

王詢 ▶ 1009년 2월 **거란에 사신을 보내 왕위 계승을 알리다**

사농경 왕일경王日敬을 거란에 보내어 〈목종의〉 훙서와 새 왕의 즉위를 알렸다.

王詢 ▶ 1009년 2월 **교방의 궁녀를 해산시키다**

교방敎坊의 궁녀 100여 명을 해산시키고, 낭원정閬苑亭을 헐어 진기한 새와 짐승 및 거북이와 물고기 등을 산과 못에 풀어주었다.

王詢 ▶ 1009년 3월 **조모를 추존하여 신성왕태후라고 하다**

조모祖母를 추존하여 신성왕태후神成王太后라고 하였다.

王詢 ▶ 1009년 3월 문하시중 유윤부 등을 임명하다

유윤부柳允孚를 문하시중門下侍中으로 삼고, 유방헌柳邦憲을 문하시랑평장사門下侍郞平章事로, 강조康兆를 이부상서 참지정사吏部尙書 參知政事로, 진적陳頔을 형부상서 참지정사刑部尙書 參知政事로, 유진劉瑨과 왕동영王同穎을 각각 상서좌복야尙書左僕射와 상서우복야尙書右僕射로, 최항崔沆과 김심언金審言을 각각 좌산기상시左散騎常侍와 우산기상시右散騎常侍로, 채충순蔡忠順을 이부시랑 겸 좌간의대부吏部侍郞 兼 左諫議大夫로 삼았다.

王詢 ▶ 1009년 3월 과선을 만들어 동북쪽 해적을 방어하게 하다

과선戈船 75척隻을 만들어 진명구鎭溟口에 정박시켜 동북쪽의 해적을 방어하게 하였다.

王詢 ▶ 1009년 4월 거란에 사신을 보내 태후 생신을 하례하다

차공부시랑 이유항李有恒을 거란에 보내어 태후太后의 생신을 하례하였다.

王詢 ▶ 1009년 4월 왕욱을 추존하여 안종이라고 하다

돌아가신 아버지[皇考] 왕욱王郁을 추존하여 효목대왕孝穆大王이라고 하고, 묘호廟號를 안종安宗이라고 하였으며, 돌아가신 어머니 황보씨皇甫氏를 효숙왕태후孝肅王太后라고 하였다.

王詢 ▶ 1009년 4월 사면령을 내리고 진휼하며 공신을 포상하다

경내境內에 사면령을 내리고, 늙고 병든 이들을 봉양하였으며, 체납한 조세를 면제하여 주고, 요역徭役을 가볍게 하였다. 공신功臣들에게 상을 내리고, 어진 선비들을 포상하였으며, 훈공勳功 있는 옛 신하들을 녹용錄用하였다. 여악女樂을 없애고, 군량軍糧을 비축하였으며, 여러 명산群望의 신령들에게 각각 훈호勳號를 더하여 주고, 문무 관리들의 작질爵秩을 올려주었다.

王詢 ▶ 1009년 5월 **성종의 딸 김씨를 왕후로 들이다**

김씨金氏를 왕후王后로 들였으니, 성종成宗의 딸이다.

王詢 ▶ 1009년 5월 **사면령을 내리고 관원의 작을 올려주다**

도죄徒刑 이하를 사면하고, 문무 관리들의 작爵을 1급級씩 올려주었으며, 임기가 다 찬 관료들에게는 질秩을 더하여 주고, 경군京軍들에게는 차등 있게 포布를 내려주었다. 남쪽의 민호民戶로서 동東·북北 변방지역의 진鎭을 채웠던 자들을 고향으로 돌려보냈다.

王詢 ▶ 1009년 5월 **안창령 등이 급제하다**

안창령安昌齡 등 7인과 명경明經 2인에게 급제를 하사하였다.

王詢 ▶ 1009년 6월 **동북계에 황충이 덮치다**

동북계東北界에 누리떼[蝗]가 덮쳤다.

王詢 ▶ 1009년 7월 **교서를 내려 신하들의 직언을 구하다**

교서를 내려 널리 신하들의 직언을 구하면서 상참관常參官 이상의 문관文官으로 하여금 각자 봉사封事를 올려 시정득실을 다 말하게 하였다.

王詢 ▶ 1009년 7월 **구정에 임어하여 구휼하다**

구정毬庭에 임어하여 나이가 80세 이상인 남녀와 독질篤疾 635인을 모아놓고 술과 음식·베·비단·차·약을 차등 있게 내려주었다.

王詢 ▶ 1009년 7월 **한림학사 최항을 사부로 삼다**

한림학사翰林學士 최항崔沆을 사부師傅로 삼고 교서를 내려 이르기를,

"왕이 삼로三老를 아버지처럼 섬기고, 오경五更을 형처럼 따르는 것은 어진 이에게 의지하여 덕을 닦고자 한 까닭이다. 나는 어려서 우환스러운 흉상凶喪[閔凶]을 만나 법도와 훈계를 듣지 못하였으므로 옛날의 법식을 우러러 따르면서 적합한 인물을 얻고자 생각하였다. 한림학사 최항은 총명하고 식견이 있으며 재주가 남달라 동료들 가운데서도 진실로 뛰어나니, 정당문학政堂文學으로 제수하여 과인의 사부로 삼을만하도다."

라고 하였다.

王詢 ▶ 1009년 8월 **유방헌의 졸기**

문하시랑평장사門下侍郞平章事 유방헌柳邦憲이 사망하였다. 유방헌은 성품이 어질고 인자하였으며, 갑작스러운 상황에 처하더라도 일찍이 말을 급히 하거나 갑자기 안색이 바뀌는 일이 없었다. 유학儒學에 밝았고, 생업을 일삼지 않았다. 목종穆宗 때에 간관諫官이 되었는데, 어떤 이가 직언을 하지 않는다고 질책하자 유방헌이 느긋하게 대답하기를, "비방하는 것을 곧은 일이라고 여기는 것은 내가 취할 바가 아니다."라고 하였다.

王詢 ▶ 1009년 9월 **안개가 계속해서 이어지다**

계속 안개가 끼더니 겨울까지 이어졌다.

王詢 ▶ 1009년 10월 **문하시랑평장사 위수여 등을 임명하다**

위수여韋壽餘를 문하시랑평장사門下侍郞平章事로 삼고, 진적陳頔을 내사시랑평장사內史侍郞平章事로 삼았다.

王詢 ▶ 1009년 12월 **안개가 이어지기에 반성하는 교서를 내리다**

교서를 내려 이르기를,
"내가 외람되게 선조들의 대업을 이어받아 감히 한가하고 편안하지를 못하였다. 근자에 가을 안개가 재앙이 되었기에 대전大殿을 떠나 머물면서 반찬의 수를 줄이고, 나의 허물로 돌리어 스스로를 책망하였더니 과연 안개가 걷혀 하늘이 드러나게 되었다. 더욱 더 공경하고 두려워하여 마음을 가다듬고 더욱 힘써 정사를 돌보고자 한다. 그러나 천하의 온갖 정무는 혼자서 다스리기 어려운 법이다. 중요 요직에 있는 신하들은 여러 사람들이 우러러 보며 귀의하는 바이니, 바라건대 계책을 바쳐 부족하거나 빠진 점을 보좌하도록 하라. 인재를 선발하는 관리들은 민간을 두루 살펴 등용되지 않은 현명한 이가 없게 하라. 법규를 담당하는 관리들은 형벌을 잘 살펴서 옥사獄事를 처결하되 마음을 다하여 가엾게 여겨야 할 것이다. 모든 실무 담당자[執事]들은 각자 부지런히 그 직무에 임할 것이며, 수령守令들은 홀아비와 과부를 어루만져 돌보고, 장수들은 군사를 훈련시키고 정비하라. 마땅히 밤낮으로 열심히 직무에 힘써[夙夜匪懈] 처음부터 끝까지 변치 않아야 할 것이다."
라고 하였다.

王詢 ▶ 1009년 12월 **문무관의 상견례를 제정하다**

문무백관들이 길에서 서로 만났을 때의 예식을 정하였다.

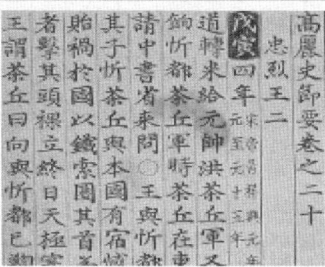

현종 1년(1010년)
-현종원문대왕-

王詢 ▶ 1010년 윤2월 **성종 이래로 폐지되었던 연등회를 다시 거행하다**

연등회燃燈會를 부활시켰다. 나라의 풍속에 왕궁과 도성에서부터 지방 고을에 이르기까지 정월 보름에는 이틀 밤 동안 등불을 밝혔는데, 성종成宗 이후로 폐지하여 거행하지 않다가 이때에 이르러서야 부활시킨 것이다.

王詢 ▶ 1010년 4월 **왕이 태묘에서 제사를 지내다**

친히 태묘太廟에서 제사를 지냈다.

王詢 ▶ 1010년 4월 **서숭 등에게 급제를 주고, 시무책은 과목에서 제외하다**

서숭徐崧 등 8인과 명경明經 3인에게 급제를 하사하였다. 지공거知貢擧 손몽주孫夢周가 아뢰어 시詩와 부賦만을 시험하고, 시무책時務策은 시험하지 않았다.

王詢 ▶ 1010년 5월 **함부로 여진인을 죽인 죄로 하공진과 유종을 유배보내다**

상서좌사낭중尙書左司郞中 하공진河拱辰과 화주방어낭중和州防禦郞中 유종柳宗을 멀리 떨어진 섬으로 유배 보냈다. 이보다 앞서 하공진이 일찍이 동계東界와 서계西界 두 지역에 종사하며 제멋대로 병사들을 징발해서 동여진東女眞의 부락部落을 침입하였다가 패배하니, 유종이 이 소식을 듣고 여진을 깊이 원망하였다. 때마침 여진 95인이 내조來朝하여 화주관和州館에 이르자 유종이 이들을 모두 살해하였으므로, 둘 다 유배 보낸 것이다. 여진이 또한 거란契丹에게 호소하니, 거란의 군주가 여러 신하들에게 말하기를, "고려高麗의 강조康兆가 임금 왕송王誦을 시해하고 왕순王詢을 세운 것은 대역 행위이다. 마땅히 병사를 일으켜 그 죄를 물어야만 한다."라고 하였다.

王詢 ▶ 1010년 7월 거란이 군사를 보내어 전왕의 죽음을 문책하다

거란契丹이 급사중給事中 양병梁炳과 대장군大將軍 야율윤耶律允을 보내어 전왕의 죽음에 대하여 물었다.

王詢 ▶ 1010년 7월 덕주에 성을 쌓다

덕주德州에 성을 쌓았다.

王詢 ▶ 1010년 8월 진적과 윤여를 거란에 파견하다

내사시랑內史侍郞 진적陳頔과 상서우승尙書右丞 윤여尹餘를 거란에 파견하였다.

王詢 ▶ 1010년 8월 승려와 비구니가 술을 빚는 것을 금지하다

승려와 비구니들이 술 빚는 것을 금지하였다.

王詢 ▶ 1010년 9월 김연보 등을 거란 및 거란 동경에 보내어 우호를 다지다

좌사원외랑左司員外郞 김연보金延保를 거란契丹에 보내어 가을철 문후인사를 올리고, 좌사낭중左司郞中 왕좌섬王佐暹과 장작승將作丞 백일승白日昇을 거란의 동경東京으로 보내어 우호를 다졌다.

王詢 ▶ 1010년 10월 강조와 안소광 등 6인으로 하여금 거란을 방비하게 하다

이부상서 참지정사吏部尚書 參知政事 강조康兆를 행영도통사行營都統使로 삼은 뒤 이부시랑吏部侍郎 이현운李鉉雲과 병부시랑兵部侍郎 장연우張延祐로 하여금 그를 보좌하게 하였고, 검교상서우복야 상장군檢校尚書右僕射 上將軍 안소광安紹光을 행영도병마사行營都兵馬使로 삼은 뒤 어사중승御史中丞 노정盧頲으로 하여금 그를 보좌하게 하였으며, 소부감少府監 최현민崔賢敏을 좌군병마사左軍兵馬使로, 형부시랑刑部侍郎 이방李昉을 우군병마사右軍兵馬使로, 예빈경禮賓卿 박충숙朴忠淑을 중군병마사中軍兵馬使로, 형부상서刑部尚書 최사위崔士威를 통군사統軍使로 삼아 병사 300,000명을 거느리고 통주通州에 주둔하며 거란契丹의 침략에 대비하게 하였다.

王詢 ▶ 1010년 10월 8일 거란이 군사를 일으키자 이예균, 왕동영을 보내어 화친을 청하다

거란契丹이 급사중給事中 고정高正과 합문인진사閤門引進使 한기韓杞를 보내어 군사를 일으켰음을 알려왔다. 참지정사參知政事 이예균李禮鈞과 우복야右僕射 왕동영王同穎이 거란으로 가서 화친을 청하였다.

王詢 ▶ 1010년 11월 동지절을 맞아 강주재를 거란에 보내다

기거랑起居郎 강주재姜周載를 거란契丹에 보내어 동지冬至를 하례하였다.

王詢 ▶ 1010년 11월 거란의 임금이 친정을 통보하다

거란契丹의 군주가 장군將軍 소응蕭凝을 보내어 친히 정벌에 나설 것임을 알렸다.

王詢 ▶ 1010년 11월 팔관회를 다시 설행하고, 왕이 거둥하여 연회를 관람하다

팔관회八關會를 부활시키고 왕이 위봉루威鳳樓에 임어하여 연악宴樂을 관람하였다. 과거에 성종成宗은 잡다한 기예가 불경하고 번잡하다는 이유로 모두 폐지하고,

다만 당일에 법왕사法王寺로 행차하여 행향行香하고는 돌아와 구정毬庭에 이르러서 문무 관리들의 조하朝賀만을 받았을 따름이다. 폐지한 지 거의 30년 되는 이때에 이르러서야 정당문학政堂文學 최항崔沆이 요청하므로 부활시켰다.

王詢 ▶ 1010년 11월 16일 **신묘 거란이 흥화진을 포위하자 양규 등이 성을 굳게 지키다**

거란契丹의 군주가 스스로 보병과 기병 400,000명을 거느리고 의군천병義軍天兵이라 호명하며 압록강鴨綠江을 건너와 흥화진興化鎭을 포위하였다. 순검사巡檢使인 형부낭중刑部郎中 양규楊規와 진사鎭使인 호부낭중戶部郎中 정성鄭成, 부사副使인 장작주부將作注簿 이수화李守和, 판관判官인 늠희령廩犧令 장호張顥와 더불어 성문을 닫고 굳게 지켰다.

王詢 ▶ 1010년 11월 17일 **최사위 등이 거란에 맞서 싸웠으나 거듭 패하다**

최사위崔士威 등이 군대를 나누어 구주龜州 북쪽의 육돈恧頓·탕정湯井·서성曙星의 세 길로 나가 거란契丹과 싸웠으나 거듭 패하였다.

王詢 ▶ 1010년 11월 **거란이 거듭 항복을 명하였으나 고려가 따르지 않자 진군을 시작하다**

거란契丹의 군주가 통주성通州城 밖에서 벼를 베던 남녀를 사로잡아 각각 비단옷을 하사하고 종이로 감싼 화살 하나를 준 뒤, 병사 300여 인으로써 흥화진興化鎭까지 호송하여 항복을 권유하였다. 화살을 감싼 종이에 글이 있어 이르기를,

"짐은 전왕 왕송王誦이 조정을 섬긴 지 오래되었는데 지금 역신逆臣 강조康兆가 임금을 시해하고 어린 왕을 세웠기 때문에 친히 정예병을 거느리고 와서 이미 국경에 이르렀다. 너희들이 강조를 잡아서 어가御駕 앞으로 보내온다면 곧 군대를 되돌리겠다. 그렇지 않으면 곧장 개경開京으로 들어가 너희 처자식들을 죽일 것이다."

라고 하였다. 계사. 또다시 칙서勅書를 화살에 묶어 성문에 꽂아두었는데, 이르기를,

"홍화진興化鎭의 성주城主와 군인 및 백성들에게 명한다. 짐이 생각하건대 전왕 왕송은 그 조상을 계승하여 복속한 뒤 우리의 번신藩臣이 되어 변방封陲을 지켜오던 도중 갑자기 간사하고 흉악한 자들에게 해를 당하였다. 짐은 정예병을 이끌고 와서 죄인들을 토벌하고자 하되, 여타 위협에 굴복하여 가담한 자들은 모두 용서할 것이다. 더욱이 너희들은 전왕이 안무해주던 은혜를 받았고 역대의 반역과 순종이 유래한 바를 알고 있으니, 의당 짐의 뜻을 체득하여 후회를 남기지 말도록 하라."

라고 하였다. 이날에 이수화李守和 등이 표문을 올려 아뢰기를,

"하늘을 이고 땅을 밟고 서있는 자는 마땅히 간사하고 흉악한 자를 제거해야 하고, 아비를 의지하고 임금을 섬기는 자는 모름지기 절개와 지조를 굳건히 해야 하니, 만약 이러한 이치를 어긴다면 반드시 그 재앙을 받게 될 것입니다. 엎드려 바라옵건대 민民의 심정을 굽어 살피시어 밝으신 지략을 거두어주십시오. 천망天網을 크게 펼쳐두고 어찌 참새와 같은 작은 새들이 먼저 뛰어들기를 바라십니까. 병거兵車에 올라가 통할하시면 비휴貔貅와 같은 용맹한 군대의 복종을 얻어내실 수 있을 것입니다."

라고 하였다. 갑오. 거란의 군주가 비단옷과 은그릇 등의 물품을 홍화진의 장수들에게 차등있게 하사하고 이윽고 칙서를 내려 이르기를,

"표문을 올려 아뢴 바를 모두 살펴보고서 잘 알았다. 짐은 다섯 성군聖君을 계승하여 천하에 임어한 이후로 충성스럽고 어진 자에게는 반드시 포상을 보였고 흉악하고 반역하는 자에게는 모름지기 형벌을 시행하였다. 강조는 옛 군주를 시해한 뒤 저 어린 군주를 끼고서 마음대로 간악한 권세를 부리며 크게 위압과 복덕을 보였다. 따라서 친히 죄인을 토벌하고 특별히 형전刑典의 명분을 바로잡고자 바야흐로 모든 군사를 이끌고 국경 근처까지 이른 것이다. 앞서 특별히 칙서綸旨를 반포한 것은 초유하려는 뜻을 드러내기 위함이었는데, 문득 올라온 글을 보니 귀부歸款하겠다는 말은 아뢰지 않았다. 진술하고 있는 바는 성심에서 우러나온 것이 아니며, 화려한 문장은 단지 공경하는 듯 보이려는 것일 뿐이다. 하물며 너희들은 일찍부터 관직[簪裾]에 포열하여 필시 반역과 순종에 대하여 알고 있을 터인데, 어찌 역당에게 계책

은 보태면서 전왕을 위해 설욕할 것은 생각하지 않는가. 의당 안위를 되돌아보면서 재앙과 복덕을 미리 분별해야 할 것이다."

라고 하였다. 을미. 이수화가 또다시 표문으로 회답하여 아뢰기를,

"신들은 지난 날 조서[詔泥]를 받들 때마다 번번이 굳건한 심정을 진술하였습니다. 허물을 보고 눈물 흘리는 은혜[泣辜之惠]를 내려주시기 바라고 그물을 풀어주는 인자함[解網之仁]을 간절히 기원합니다. 서리에도 버티고 눈을 감내하면서 백성의 마음을 더욱 편안하게 할 것이며, 뼈가 재로 변하고 몸이 가루가 되더라도 천년의 성업聖業을 영원히 받들 것입니다."

라고 하였다. 거란의 군주는 표문을 본 뒤 그들이 항복하지 않을 것임을 알아차렸다. 정유. 포위를 풀고 다시 칙서를 전하여 이르기를,

"너희들은 백성을 안무하며 기다리도록 하라. 200,000명의 병력을 인주麟州 남쪽의 무로대無老代에 주둔시키고, 200,000명의 병사들로 통주까지 진격할 것이다."

라고 하였다. 거란의 군주가 군사들을 동산銅山 아래로 이동시켰다.

王詢 ▶ 1010년 11월 24일 강조가 방심하다가 거란군에게 대패하여 붙잡혔으나, 끝내 절의를 꺾지 않다

강조康兆가 병사들을 이끌고 통주성通州城 남쪽으로 나가 군사들을 세 부대로 나누어 강을 사이에 두고 진을 쳤다. 한 부대는 통주의 서쪽에 진영을 만들어 삼수채三水砦에 주둔하였고, 강조가 그 가운데에 자리를 잡았다. 또 한 부대는 통주 인근의 산에 진영을 만들었고, 다른 한 부대는 통주성에 붙어서 진영을 만들었다. 강조가 검거劒車를 배치하여 거란契丹의 병사들이 침입하면 검거가 함께 공격하였으니, 쓰러지지 않는 자들이 없었다. 거란 병사들이 누차 패퇴하자 강조는 마침내 적을 경시하는 마음을 가지고 사람들과 바둑을 두었는데, 거란의 선봉장이었던 야율분노耶律盆奴가 상온詳穩 야율적로耶律敵魯를 거느리고 와서 세 강의 합류지점에 있던 진영을 격파하였다. 진주鎭主가 거란의 병사들이 이르렀다고 보고하였음에도 강조는 믿지 않고 말하기를, "입 속의 음식과 같아서 적으면 좋지 않으니, 많이들 들어오게 놔두

라."라고 하였다. 재차 급변을 보고하여 말하기를, "거란 병사가 이미 많이 들어왔습니다."라고 하니, 강조는 깜짝 놀라 일어나며 말하기를, "정말인가."라고 하였다. 마치 목종穆宗이 그 뒤에 서서 "네놈은 끝났다. 천벌을 어찌 면할 수 있겠는가."라고 그를 꾸짖는 모습을 보고 있는 양 몽롱한 상태가 되더니, 강조는 즉시 투구를 벗고 꿇어앉아 말하기를, "죽을 죄를 지었습니다. 죽을 죄를 지었습니다."라고 하였다. 말을 미처 다 마치기도 전에 거란 병사들이 들이닥쳐 강조를 결박하였다. 이현운李鉉雲과 도관원외랑都官員外郞 노전盧戩, 감찰어사監察御史 노의盧顗·양경楊景·이성좌李成佐 등은 모두 사로잡혔으며, 노정盧頲과 사재승司宰丞 서숭徐崧, 주부注簿 노제盧濟는 모두 전사하였다. 거란이 담요로 강조를 말아 싣고 가버림으로써 아군이 큰 혼란에 빠지니, 거란 병사들이 승기를 타고 수십 리를 추격하여 30,000여 급의 머리를 베었고, 버려진 식량·갑옷·무기들은 이루 다 셀 수 없을 정도였다. 거란의 군주가 강조의 결박을 풀어주고 묻기를, "너는 나의 신하가 되겠느냐."라고 하니, 〈강조는〉 대답하기를, "나는 고려高麗 사람이다. 어찌 다시 너희의 신하가 되겠는가."라고 하였다. 재차 물었으나 대답은 처음과 같았고, 다시 살을 찢으며 물었으나 대답은 또한 처음과 같았다. 〈거란의 군주가〉 이현운에게도 물어보니, 대답하기를, "두 눈이 이미 새로운 해와 달을 보았는데 하나의 마음으로 어찌 옛 산천을 생각하겠습니까."라고 하였다. 강조가 분노하여 이현운을 걷어차면서 말하기를, "너는 고려 사람인데, 어떻게 이런 말을 하는가."라고 하였다. 이때에 거란 병사들이 멀리까지 말을 달려 전진하였는데, 좌우기군장군左右奇軍將軍 김훈金訓·김계부金繼夫·이원李元·신영한申寧漢이 병사들을 완항령緩項嶺에 잠복시켰다가 모두 단병短兵을 집어 들고 갑자기 뛰어나와 패배시키니, 거란 병사들이 조금 물러났다.

> 王詢 ▶ 1010년 11월 **거란이 거듭 항복을 권하였으나, 양규 등이 받아들이지 않고 성을 굳게 지키다**

거란契丹이 거짓으로 강조康兆의 서신을 꾸며서 흥화진興化鎭에 발송하고는 항복을 권유하였다. 양규楊規는 말하기를, "나는 왕의 명령을 받고 온 것이지, 강조의 명령을 받았던 것이 아니다."라고 하며 항복하지 않았다. 〈이에〉 다시 노전盧戩과 합문사閤門使 마수馬壽로 하여금 격문을 가지고 통주通州에 이르러 항복을 권유하도록 하니, 성 안이 모두 두려워하였다. 중랑장中郞將 최질崔質과 홍숙洪淑이 소매를 떨치며 일어나 노전과 마수를 붙잡고, 이내 방어사防禦使 이원구李元龜, 부사副使 최탁崔卓, 대장군大將軍 채온겸蔡溫謙, 판관判官 시거운柴巨雲과 더불어 성 문을 닫아걸고 굳게 지키자 사람들의 마음이 곧 하나가 되었다.

王詢 ▶ 1010년 12월 6일 거란군이 곽주를 점령하자 조성유와 박섬이 도망가다

거란契丹의 병사들이 곽주郭州를 침입하였다. 방어사防禦使였던 호부원외랑戶部員外郞 조성유趙成裕는 밤에 도망쳤으며, 우습유右拾遺 승이인乘里仁과 대장군大將軍 대회덕大懷德·신영한申寧漢, 공부낭중工部郞中 이용지李用之, 예부낭중禮部郞中 간영언簡英彦은 모두 전사하였다. 성이 마침내 함락되자 거란은 병사 6,000여 인을 남겨 이곳을 지키게 하였다. 임자. 거란의 병사들이 청수강淸水江에 이르렀다. 안북도호부사安北都護府使였던 공부시랑工部侍郞 박섬朴暹이 성을 버리고 도망가니 고을의 민民들이 모두 흩어졌다.

王詢 ▶ 1010년 12월 화주에 주둔하던 지채문으로 하여금 서경을 구원하게 하다

처음에 왕은 거란契丹 병사들이 이르렀다는 소식을 듣고 중랑장中郞將 지채문智蔡文을 보내어 병사들을 거느리고 화주和州에 주둔하며 동북을 방비하게 하였다. 강조康兆가 패배하게 되자 지채문에게 명하여 병사들을 이동시키고 서경西京을 구원하게 하니, 지채문이 곧 군용사軍容使였던 시어사侍御史 최창崔昌과 더불어 진군하여 강덕진剛德鎭에 주둔하였다.

王詢 ▶ 1010년 12월 9일 거란군이 서경의 중흥사 탑을 불태우다

거란契丹의 병사들이 서경西京에 이르러 중흥사中興寺의 탑을 불태웠다.

王詢 ▶ 1010년 12월 10일 **지채문이 거란에 항복하려던 노의 등을 죽이고 서경을 지키다가 달아나다**

숙주肅州가 무너졌다. 이 날에 노의盧顗가 길 안내자[鄕導]가 되어 거란契丹 사람인 유경劉經과 함께 격문을 지니고 서경西京에 이르러 항복할 것을 권유하니, 부유수副留守 원종석元宗奭이 속관[僚佐] 최위崔緯·함질咸質·양택楊澤·문안文晏 등과 더불어 이미 항복하겠다는 표문을 지었다. 지채문智蔡文 등이 그 소식을 듣고 병사들을 이끌고 서경에 이르렀으나 성문은 닫혀있었다. 최창崔昌이 분대어사分臺御史 조자기曹子奇를 불러 말하기를, "우리들이 왕명을 받들고 길을 재촉하여 왔는데, 들여보내주지 않는 것은 어째서인가."라고 하니, 조자기가 노의와 유경이 항복을 권유한 일을 상세히 아뢰고는 마침내 성문을 열어주었다. 지채문은 입성하여 옛 궁궐의 남쪽 회랑에 주둔하였다. 최창이 원종석에게 노의 등을 구류하고 성을 굳게 지키라고 풍간하였으나 원종석은 이를 따르지 않았다. 최창은 은밀히 지채문과 의논한 후 병사들을 성의 북쪽으로 보내어 노의 등이 돌아가는 것을 기다렸다가 그를 급습하여 죽이고 그 표문을 빼앗아 불태웠다. 이때 성 안에서 의심하고 배반하려는 마음을 품자 지채문은 성 남쪽으로 나가 진을 쳤는데, 그를 따르는 자는 오직 대장군大將軍 정충절鄭忠節 뿐이었다. 얼마 후 동북계도순검사東北界都巡檢使 탁사정卓思政이 병사들을 거느리고 와서 드디어 군사들을 합쳐 다시 성 안으로 들어갔다.

왕은 삼군三軍이 패배하고 주군州郡이 모두 함락되었기 때문에 표문을 올려 조회할 것을 청하였다. 거란의 군주는 이를 허락하여 마침내 노략질을 금지하였고, 마보우馬保佑를 개성유수開城留守로 삼고 왕팔王八로 하여금 그를 보좌하게 하였으며, 을름乙凜을 보내어 기병 1,000명을 거느리고 마보우 등을 전송하게 하였다.

거란의 군주가 또다시 한기韓杞로 하여금 돌격 기병 200명을 이끌고 서경성西京城의 북문으로 가도록 하니 〈한기가〉 소리쳐 말하기를, "황제께서 어제 유경과 노의 등을 보내어 조서를 가져와 효유하도록 하셨는데 어찌하여 지금까지 전혀 소식이 없는가. 만약 명령을 거역하는 것이 아니라면 유수부의 관리들은 나와서 나의 명령을 듣도록 하라."라고 하였다. 탁사정이 한기의 말을 듣고 지채문과 상의한 후에 휘하의 정인鄭仁 등으로 하여금 날랜 기병들을 거느리고 돌격하게 하여 한기 등 100여 인을 쳐서 목을 베고 나머지는 모두 사로잡았으니, 한 사람도 돌아간 자가 없었다. 〈또한〉 탁사정이 지채문을 선봉으로 삼아 출진하여 을름과 전투를 벌인 결과 을름과 마보우가 패하여 달아났다. 이에 성 안의 인심이 차츰 안정되니, 탁사정은 돌아와서 성 안으로 들어왔고, 지채문은 이원李元과 더불어 자혜사慈惠寺로 나가서 주둔하였다. 거란의 군주는 또다시 을름을 보내어 공격하였다. 순찰하던 병졸이 적병들이 안정역安定驛에 와서 진을 쳤는데 그 형세가 매우 강성하다고 보고하니, 지채문은 말을 몰고 달려와 탁사정에게 보고하였다. 병진. 마침내 탁사정 및 승려 법언法言과 더불어 병사 9,000명을 거느리고 임원역林原驛 남쪽에서 맞서 공격하여 3,000여 급의 머리를 베었는데, 법언은 그곳에서 전사하였다. 다음날 지채문이 다시 나가 싸우자 거란의 병사들이 패배하여 달아났다. 이에 성 안의 장사將士들이 성에 올라 바라보다가 앞을 다투며 나와서 적군을 추격하여 마탄馬灘에 이렀는데, 거란이 군대를 돌려 그들을 격파하고 이어서 성을 포위하였으며 거란의 군주는 성의 서쪽 사원에 주둔하였다. 탁사정이 두려워하며 장군 대도수大道秀를 속여 말하기를, "그대가 동문으로, 내가 서문으로 나가서 앞뒤로 협공한다면 이기지 못할 리 없다."라고 하고는 마침내 휘하의 병사들을 거느리고 밤에 달아나버렸다. 대도수는 대동문大東門으로 나와서야 비로서 자신이 속았고 또한 힘써도 대적할 수 없다는 사실을 알아차리고는 결국 부대를 이끌고 거란에 항복하였다. 〈이에〉 여러 장수들이 모두 흩어지자 성 안이 흉흉해지면서 두려움에 떨었다.

통군녹사統軍錄事 조원趙元과 애수진장隘守鎭將 강민첨姜民瞻, 낭장郎將 홍협洪叶·방휴方休가 어찌할 바를 모르다가 이내 함께 신사神祠에 기도를 올렸는데, 점을 쳐서 길조吉兆를 얻었다. 이에 무리가 조원을 추대하여 병마사兵馬使로 삼고 흩어진 병졸들을 수습하여 성문을 닫고 굳게 지켰다.

王訓 ▶ 1010년 12월 16일 **양규가 통주와 곽주를 수복하고, 거란은 서경 공략에 실패하다**

양규楊規가 흥화진興化鎭으로부터 병사 700여 인을 거느리고 통주通州에 이르러 병사 1,000인을 수습하였다. 신유. 곽주郭州로 들어가 거란契丹의 남은 병사들을 공격하여 모두 목을 베고, 성 안의 남녀 7,000여 인을 통주로 옮겼다. 이날에 거란의 군주가 서경西京을 공격하였다가 함락시키지 못하자 포위를 풀고 동진하였다.

王訓 ▶ 1010년 12월 19일 **서경의 신사에서 돌풍이 일어나 거란군을 휩쓸다**

서경西京의 신사神祠에서 회오리바람이 홀연히 일어나니, 거란契丹의 군사와 말이 모두 쓰러졌다.

王訓 ▶ 1010년 12월 27일 **달아났던 지채문이 개경으로 돌아오다**

지채문智蔡文이 개경으로 급히 되돌아왔다.

王訓 ▶ 1010년 12월 28일 **강감찬의 권유로 왕이 지채문의 호종을 받아 남쪽으로 파천하다**

서경西京에서 패전한 군대의 상황을 아뢰자 여러 신하들이 항복하는 것에 대하여 의논하였다. 강감찬姜邯贊만이 홀로 말하기를, "지금의 일은 그 죄가 강조에게 있으니, 근심할 바가 아닙니다. 다만 많은 수의 군사를 맞아 적은 수의 군사는 적수가 되지 못하므로 마땅히 그 칼날을 피하였다가 서서히 부흥할 방안을 모색해야 합니다."라고 하고 마침내 왕에게 남쪽으로 피난할 것을 권하였다. 지채문이 요청하기를, "신이 비록 미련하고 나약하지만, 바라건대 좌우에 머물면서 개와 말과 같은 노고犬馬之勞를 바치고자 합니다."라고 하였다. 왕은 말하기를, "지난 날 이원李元과 최창崔昌이 급히 되돌아와 호종할 것을 자청하였으나 지금은 다시 보이지 않으니, 신하된 자의 의리가 결국 이러한 것인가. 이제 경이 이미 밖에서 수고하였음에도 또다시 호위하려고 하니, 그 충성을 매우 가상하게 여기노라."라고 하고 이내 술과 음식, 그리고 은으로 장식한 안장과 고삐를 하사하였다. 이날 밤에 왕이 후비 및 이부시랑吏部侍郎 채충순蔡忠順 등 금군禁軍 50여 인과 더불어 경성을 빠져나갔다.

王詢 ▶ 1010년 12월 29일 창화현의 이속들이 왕의 일행을 해하려 하였으나, 지채문이 물리치다

적성현積城縣 단조역丹棗驛에 이르자 무졸武卒인 견영堅英이 역인驛人들과 함께 활시위를 당겨 장차 행궁을 범하려고 하니, 지채문이 말을 몰면서 활을 쏘았다. 적도가 달아나 흩어졌다가 다시 서남쪽의 산으로부터 갑자기 튀어나와 길을 막자 지채문은 또다시 활을 쏘아 그들을 물리쳤다. 날이 저물어서야 왕이 창화현昌化縣에 이르렀는데, 어떤 아전이 말하기를, "왕께서는 저의 이름과 얼굴을 아십니까."라고 하였다. 왕이 못들은 척 하자 아전은 성을 내면서 장차 변란을 일으키고자 사람을 시켜 외치기를, "하공진河拱辰이 병사들을 이끌고 왔다."라고 하였다. 지채문이 말하기를, "무슨 연유로 왔다는 것인가."라고 하자 아전이 말하기를, "채충순과 김응인金應仁을 잡으려는 것일 뿐입니다."라고 하니, 김응인과 시랑侍郎 이정충李正忠, 낭장郎將 국근國近 등이 모두 달아났다. 밤에 적들이 다시 이르자 시종하던 신료·환관宦官·빈첩嬪御들이 모두 도망가 숨어버리고 오로지 현덕왕후玄德王后와 대명왕후大明王后 두 왕후와 시녀 2인, 승지承旨 양협良叶·충필忠弼 등만이 시종하였다. 지채문이 혹 나갔다가 혹 들어오면서 임기응변하자 적도들은 감히 가까이 오지 못하였다. 날이 밝아오자 지채문이 두 왕후에게 먼저 북문을 통해 빠져나갈 것을 청하고 직접 어마의 고삐를 잡아 사이로 난 길을 통하여 도봉사道峯寺에 들어가니, 적들이 알아차리지 못하였으며 채충순도 연이어 도달하였다. 지채문이 아뢰기를, "지난밤의 적들은 하공진이 아닐 것으로 의심되니, 신이 가서 뒤를 쫓아보겠습니다."라고 하였다. 왕은 그가 도망갈 것을 두려워하여 허락하지 않았다. 지채문은 아뢰기를, "신이 만약 군주를 배반하여 말과 실상이 어긋난다면 하늘이 반드시 저를 주살할 것입니다."라고 하였다. 왕이 이에 허락하자, 즉시 창화현으로 가다가 길에서 국근을 만났다. 국근은 말하기를, "저의 옷과 행장을 모두 적들에게 빼앗겼습니다."라고 하였다. 지채문은 말하기를, "너는 신하가 되어 충성을 바치지 못하였으니 머리를 보전한 것만으로도 충분할 것이다."라고 하였다. 때마침 하공진과 유종柳宗이 행재소로 가던 중이라 지채문이 길에서 그들을 만나 적들의 변란에 대해 상세히 말하며 이에 대하여 힐난하니, 과연 하공진의 소행이 아니었다. 하공진은 도중에 중군판관中軍判官 고영기高英起의 패전한 군대가 남쪽으로 달아나는 것을 보고 그들과 함께 오고 있었던 것이다. 이 당시 하공진이 거느리고 있던 군졸이 20여 인이었는데, 지채문은 마침내 그 군졸들을 데리고 창화현을 포위하여 적들이 탈취하였던 말 15필과 안장 10부部를 획득하여 가지고 돌아왔다. 지채문은 하공진 등에게 말하기를, "내가 그대들과 함께 가면 왕께서 분명히 놀라 동요하실 것입니다. 바라건대 그대들은 조금 뒤에 오십시오."라고 하고 이후 홀로 나아갔다. 충필이 절의 문 앞에서 바라보고 있다가 들어가서 지 장군智將軍이 왔다고 아뢰자 왕은 기뻐하며 문 밖으로 나와서 그를 맞이하였다. 지채문은 아뢰기를, "신이 적들이 탈취하여 숨겨둔 것들을 찾아내었는데, 실로 하공진의 소행이 아니었습니다. 그리고 하공진과 함께 왔습니다."라고 하였다. 왕이 하공진과 유종을 불러 보고, 그들을 위로하였다.

王詢 ▶ 1010년 12월 30일 **하공진을 거란 진영에 보내어 강화를 요청하다**

왕이 양주楊州에 머물렀다. 하공진河拱辰이 아뢰기를, "거란契丹이 본래 역적을 토벌하겠다는 것을 명분으로 삼아 지금 이미 강조康兆를 붙잡았으니, 만약 사신을 보내어 강화를 청한다면 저들이 반드시 군사를 돌릴 것입니다."라고 하였다. 왕이 점을 쳐서 길한 괘를 얻자 마침내 하공진과 고영기高英起를 보내어 표문表文을 받들고 거란의 진영으로 가게 하였다. 행렬이 창화현昌化縣에 이르자 표문을 낭장郎將 장민張旻과 별장別將 정열丁悅에게 주고 먼저 거란의 진영 앞으로 가서 아뢰기를, "국왕께서 진실로 와서 뵙기를 원하셨지만, 다만 군대의 위엄이 두렵고 또한 내란으로 인하여 강의 남쪽으로 피난을 가고 계시느라 배신 하공진 등을 보내어 사유를 아뢰도록 하였습니다. 하공진 역시 두려워 감히 앞으로 나아오지 못하고 있으니 청하건대 속히 병사들을 거두어 주십시오."라고 하게 하였으나, 장민 등이 미처 도착하기도 전에 거란 병사의 선봉이 이미 창화현에 이르렀다. 하공진 등은 일전의 뜻을 상세히 설명하였고, 거란의 병사들이 국왕이 어디에 있는지 묻자 대답하기를, "지금 강의 남쪽을 향하여 가고 계시는데, 계신 곳은 알지 못합니다."라고 하였다. 또다시 멀리 있는지 가까이 있는지를 묻자 대답하기를, "강의 남쪽은 매우 멀어서 몇 만 리가 되는지도 알지 못합니다."라고 하였다. 추격하던 병사들이 이에 되돌아갔다.

王詢 ▶ 1010년 12월 **하공진과 유종을 복위시키다**

하공진河拱辰과 유종柳宗을 소환하여 그 작爵을 회복시켜주었다.

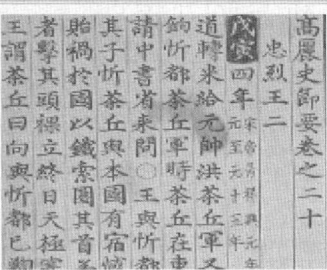

현종 2년(1011년)
−현종원문대왕−

王詢 ▶ 1011년 1월 1일 **거란이 개경을 점령하다**

거란契丹의 군주가 경성에 들어와 태묘大廟·궁궐·민가를 모두 불태워버렸다. 이 날에 왕이 광주廣州에 머물고 있다가 두 왕후가 있는 곳을 알 수 없어 지채문智蔡文으로 하여금 가서 찾아보게 하였는데, 요탄역饒呑驛까지 가서 이내 찾아 모시고 돌아오니, 왕이 기뻐하며 3일간 머물렀다.

王詢 ▶ 1011년 1월 3일 **하공진, 고영기가 거란에 철군을 요청하러 갔다가 억류당하다**

하공진河拱辰과 고영기高英起가 거란契丹의 진영에 이르러 군대를 돌리라고 간청하였다. 거란의 군주가 이를 허락하고는 곧이어 하공진 등을 억류하자, 호종하던 여러 신료들이 하공진 등이 붙잡혔다는 소식을 듣고 모두 놀라서 두려움에 떨며 흩어져 달아났다. 오로지 시랑侍郎 충숙忠肅·장연우張延祐·채충순蔡忠順·주저周佇·유종柳宗·김응인金應仁만은 떠나지 않았다.

王詢 ▶ 1011년 1월 4일 **적도들과의 구별을 위해 호종하는 군사들의 관모에 표식을 달게 하다**

왕이 광주廣州를 출발하여 비뇌역鼻腦驛에 머물렀다. 지채문智蔡文이 아뢰기를, "호종하던 장사將士들이 모두 처자식을 찾는다는 핑계로 사방으로 흩어졌으니, 어두운 밤에 간사한 적들의 도적질이 발생할까 염려됩니다. 청하건대 표식을 장사들의 관모에 나누어 꽂아 이로써 변별하게 하십시오."라고 하였다. 이를 따랐다.

王詢 ▶ 1011년 1월 5일 **유종과 김응인이 왕을 속이고 달아났으나, 지채문은 성심껏 왕을 보필하다**

유종柳宗이 아뢰기를, "양성陽城은 신의 적향籍鄕으로서 여기에서 거리가 멀지 않으니 청하건대 그곳으로 행차하십시오."라고 하였다. 왕이 기뻐하며 마침내 행차하였다. 밤에 유종과 김응인金應仁 등이 왕명을 조작하여 어마의 안장을 뜯어 고을 사람들에게 주었으며, 날이 밝아오자 현의 아전들은 모두 도망가 버렸다. 유종과 김응인 등은 또한 두 왕후를 각자 그 고향으로 보내고 호종하던 장수와 병졸들을 해산시켜 동쪽 변방으로 가서 위급상황에 대비하게 하자고 청하였다. 왕이 지채문智蔡文에게 자문을 구하자 지채문은 대성통곡을 하면서 말하기를, "지금 군주와 신하가 도리를 잃어버리고 뜻하지 않게 재앙을 당하여 이와 같이 피난을 오게 되었습니다. 마땅히 인의仁義에 따라 행동함으로써 인심을 수습하셔야 하는데, 왕후를 버리고서 살기를 구하는 짓을 차마 할 수 있겠습니까."라고 하였다. 왕은 말하기를, "장군將軍의 말이 옳다."라고 하였다.

이윽고 행렬이 사산현蛇山縣을 지날 때, 지채문은 여러 기러기들이 밭에 내려앉은 것을 보고는 왕의 마음을 위로하고 기쁘게 하기 위하여 말을 달려 앞으로 나아갔다. 기러기들이 놀라 날아오르자 몸을 돌려 올려다보며 활을 쏘았으며, 화살로 명중하여 떨어뜨렸다. 왕이 크게 기뻐하자 지채문은 말에서 내려 기러기를 들고 앞으로 나아와 말하기를, "이러한 신하가 있는데 어찌 도적을 염려하십니까."라고 하였다. 왕은 크게 웃으며 안심하고 칭찬하였다. 천안부天安府에 이르렀을 때, 유종과 김응인 등은 아뢰기를, "신들이 청하건대 먼저 석파역石坡驛에 가서 음식을 마련한 뒤 영접하겠습니다."라고 하고는 마침내 도망쳤다.

> 王詢 ▶ 1011년 1월 7일 **공주에서 김은부가 왕을 성심껏 모시다.**

공주公州에 머물렀다. 절도사節度使 김은부金殷傅가 예를 갖추어 교외에서 맞이하며 아뢰기를, "어찌 성상聖上께서 산을 넘고 물을 건너 서리와 눈을 맞아가며 이러한 극한 상황에 이르시게 될 것이라고 생각하였겠습니까."라고 한 뒤 이어서 의복·허리띠·토산물을 올리니, 왕이 기뻐하며 받아들여 옷을 갈아입고 토산물을 호종하던 관료들에게 나누어 주었다.

날이 저물어서야 파산역巴山驛에 이르렀는데, 역리驛吏들이 모두 도망가고 수라간御廚에는 먹을 것 하나도 없었으니, 김은부가 음식을 때에 맞추어 가져와서는 아침저녁으로 나누어 대접하였다. 왕이 지채문에게 말하기를, "현덕왕후玄德王后는 임신한 상태이기 때문에 멀리 가는 것이 마땅하지 않다. 본관本貫인 선주善州가 여기에서 멀지 않으니, 그곳으로 보내는 것이 좋겠다."라고 하였다. 지채문이 앞서 논의한대로 고집하였으나, 왕은 말하기를, "형세 상 어쩔 수 없다."라고 하고는 마침내 왕후를 보냈다.

〈왕이〉 여양현礪陽縣에 머물게 되자 장수와 병졸들이 배반할 마음을 품었다. 지채문은 아뢰기를, "성조聖祖, 태조께서 통합하시던 때에 공이 있는 자에게는 비록 조금일지라도 반드시 상을 내리셨습니다. 하물며 지금은 바야흐로 험난한 고비를 넘기기 위해 뭇 사람들의 마음을 얻을 필요가 있으니, 마땅히 먼저 넉넉하게 상을 내려주셔야 합니다."라고 하였다. 왕이 그 말을 좇아 현안지玄安之 등 16인을 중윤中尹으로 삼았다.

> 王詢 ▶ 1011년 1월 8일 **조용겸이 왕의 일행을 억류하려 하였으나, 지채문이 저지하다**

삼례역參禮驛에 이르자 전주절도사全州節度使 조용겸趙容謙이 야복野服을 입고 어가御

駕를 맞이하였는데, 박섬朴暹이 아뢰기를, "전주는 옛 백제百濟 땅이므로 성조 역시 이 곳을 싫어하셨습니다. 행차하지 마시기를 청합니다."라고 하였다. 왕은 이를 옳다고 여겨 곧장 장곡역長谷驛으로 가서 묵었다. 이날 저녁에 조용겸이 왕을 머물게 하여 옆에 끼고 위세를 부리고자 전운사轉運使 이재李載, 순검사巡檢使 최즙崔楫, 전중소감殿中少監 유승건柳僧虔과 더불어 흰 깃을 관모에 꼽고 북을 치며 떠들썩하게 나아왔는데, 지채문이 사람을 시켜 문을 닫아걸고 굳게 지키게 하자 적들은 감히 들어오지 못하였다. 왕은 왕후와 함께 말을 타고 역의 청사廳事에 머무르고 있었다. 지채문은 지붕에 올라가 묻기를, "너희들은 어째서 이와 같이 하는가. 유승건이 왔는가 안 왔는가."라고 하였다. 적들이 말하기를, "왔다."라고 하자 다시 묻기를, "너는 누구인가."라고 하니, 적들이 말하기를, "너 역시 누구냐."라고 하였다. 지채문이 다른 말을 하니 적당이 말하기를, "지智 장군이다."라고 하였다. 지채문이 그 목소리를 알아듣고 말하기를, "네가 친종親從 마한조馬韓兆로구나."라고 하고는 이윽고 왕명으로 유승건을 불러들였다. 유승건은 말하기를, "당신이 나오지 않으므로 나도 감히 들어갈 수 없습니다."라고 하였다. 〈이에〉 지채문이 문 밖으로 나가서 유승건을 불러 어가 앞으로 데려가자, 유승건이 울면서 아뢰기를, "오늘의 일은 조용겸이 한 짓입니다. 신은 알지 못합니다. 청하건대 왕명을 받들어 조용겸을 불러올 수 있게 해주십시오."라고 하였다. 왕이 이를 허락하자 유승건은 밖으로 나와 도망쳤다. 왕이 양협良叶에게 명하여 조용겸과 이재를 불러오도록 하였는데, 도착하자 여러 장수들이 그들을 죽이려고 하였다. 지채문은 꾸짖어서 그만두게 하고 이들 두 사람으로 하여금 대명궁주大明宮主의 말을 끌고 움직이게 하였다가 이후에 전주로 되돌려 보냈다.

王詢 ▶ 1011년 1월 11일 **거란군이 철수하다**

거란契丹의 병사들이 물러갔다.

王詢 ▶ 1011년 1월 13일 **왕이 나주에 도착하다**

정해. 왕이 노령蘆嶺을 넘어 나주羅州로 들어갔다.

> 王詢 ▶ 1011년 1월 16일 **송균언과 정열이 거란군의 철수를 아뢰는 서신을 가지고 오다**

밤중에 척후병[候]이 거란[契丹]의 병사들이 이르렀다고 잘못 보고하자 왕이 크게 놀라 밖으로 뛰쳐나왔다. 지채문[智蔡文]이 아뢰기를, "어가[御駕]가 밤중에 행차하면 백성들이 놀라 동요할 것입니다. 바라건대 행궁[行宮]으로 돌아가십시오. 신이 염탐하여 알아본 연후에 움직이셔도 충분할 것입니다."라고 하였다. 지채문이 나와서 살펴보고 있는데, 통사사인[通事舍人] 송균언[宋均彦]과 별장[別將] 정열[丁悅]이 거란의 선봉에 섰던 원수[元帥] 부마[駙馬]의 서신과 하공진[河拱辰]의 장계[狀啓]를 가지고 왔다. 지채문이 인솔하여 행궁에 이르자 왕은 하공진의 장계를 보고 적병이 이미 물러갔음을 알게 되었으며, 기뻐하면서 송균언을 도병마녹사[都兵馬錄事]로 삼고 정열을 친종낭장[親從郎將]으로 삼았다. 부마의 서신은 거란의 문자를 해독할 수 있는 자가 없어 누구도 그 내용을 밝히지 못하였다.

> 王詢 ▶ 1011년 1월 17일 **김숙흥과 보량이 구주에서 거란군을 격파하다**

구주[龜州]의 별장[別將] 김숙흥[金叔興]이 중랑장[中郎將] 보량[保良]과 함께 거란[契丹]의 병사들을 습격하여 10,000여 급의 머리를 베었다.

> 王詢 ▶ 1011년 1월 18일 **양규가 무로대와 이수에서 거란군을 격파하고 양민 포로들을 되찾다**

양규[楊規]가 무로대[無老代]에서 거란[契丹]의 병사들을 습격하여 2,000여 급의 머리를 베고 사로잡혔던 남녀 3,000여 인을 되찾아왔다. 계사. 양규가 또다시 이수[梨樹]에서 전투를 벌이다가 석령[石嶺]까지 추격하여 2,500여 급의 머리를 베고 사로잡혔던 남녀 1,000여 인을 되찾아왔다.

> 王詢 ▶ 1011년 1월 21일 **왕이 환도하여 복룡현에 머물다**

왕이 어가[御駕]를 되돌려 복룡현[伏龍縣]에 머물렀다.

王詢 ▶ 1011년 1월 22일 **양규가 여리참에서 거란군을 격파하고 양민 포로들을 되찾다**

양규가 또다시 여리참餘里站에서 전투를 벌여 1,000여 급의 머리를 베고 사로잡혔던 남녀 1,000여 인을 되찾아왔다. 이날에 세 번의 전투를 벌여 모두 승리하였다.

王詢 ▶ 1011년 1월 26일 **왕이 전주에 머물다**

전주全州에서 7일 동안 머물렀다.

王詢 ▶ 1011년 1월 28일 **양규와 김숙흥이 거란의 대군에 맞서 싸우다가 전사하다**

양규楊規가 다시 애전艾田에서 거란契丹의 선봉대를 급습하여 1,000여 급의 머리를 베었다. 얼마 후 거란의 군주가 이끄는 대군이 갑자기 공격해오자, 양규는 김숙흥金叔興과 더불어 종일토록 힘써 싸웠으나 군사와 화살이 다 떨어졌기에 모두 진영이 무너져 전사하였다. 양규는 고립된 군대를 데리고 한 달 사이에 총 7번의 전투를 치르는 동안 사살한 거란의 병사들이 매우 많았고, 사로잡혔던 백성 30,000여 구를 되찾았으며, 획득한 낙타·말·병장기[器械]들은 이루 다 셀 수조차 없을 정도였다. 거란의 병사들은 여러 장수들의 공격을 받은 데에다 또다시 큰 비를 만남으로써 말과 낙타가 지치고 갑옷과 병기들은 모두 산실되었다.

王詢 ▶ 1011년 1월 29일 **정성이 압록강에서 거란군을 격파하고 여러 성을 수복하다**

이에 〈거란군이〉 압록강渡鴨綠을 건너 돌아가는데, 진사鎭使 정성鄭成이 그들을 추격하여 절반 정도가 강을 건넜을 때 후미에서 공격하였으니, 거란의 병사로서 익사한 자들이 매우 많았고 여러 항복한 성들도 모두 수복되었다.

王詢 ▶ 1011년 1월 **중대성을 중추원으로 고치다**

중대성中臺省을 혁파하고 다시 중추원中樞院을 설치하였다.

王詢 ▶ 1011년 1월 도망갔던 박섬이 거란군 퇴각 후 다시 돌아와 사재경에 임명되다

채충순蔡忠順을 비서감秘書監으로 삼고, 박섬朴暹을 사재경司宰卿으로, 주저周佇를 예부시랑 중추원직학사禮部侍郞 中樞院直學士로 삼았다. 박섬은 안북安北에서 도성으로 도망쳐 들어와 그 가족을 데리고 자신의 고향인 무안현務安縣으로 갔는데, 도중에 어가御駕를 만나 나주羅州까지 뒤따라갔다가 얼마 후 사직하고 돌아갔다. 거란군이 퇴각하였다는 소식을 듣자 돌아와서 배알하였으므로 이에 이와 같은 명령이 내려진 것이니, 당시의 여론은 그를 비난하였다.

王詢 ▶ 1011년 2월 3일 왕이 공주에 머물면서 김은부의 장녀를 왕비로 들이다

전주全州를 출발하였다. 무신. 공주公州에 도착하여 6일 동안 머물렀다. 절도사節度使 김은부金殷傅가 장녀로 하여금 임금의 옷을 지어 바치게 하자 이 일로 인하여 그녀를 〈왕비로〉 들이게 되었으니, 그녀가 곧 원성왕후元成王后이다.

王詢 ▶ 1011년 2월 13일 왕이 청주에 머물다

청주淸州에 머물렀다.

王詢 ▶ 1011년 2월 16일 왕이 청주를 출발하여 도성에 도착하다

청주淸州를 출발하였다. 정묘. 도성으로 돌아와 수창궁壽昌宮에 들어갔다.

王詢 ▶ 1011년 2월 거란군에 항복한 유언경의 처자식을 유배보내다

형부刑部에서 아뢰기를,

"유언경劉彦卿은 대대로 나라의 은전恩典을 받았음에도 그 은혜에 보답하려는 생각은 하지 않고 앞장서서 적군에게 항복하였으니, 청하건대 처자식을 유배보내시기 바랍니다."

라고 하였다. 이를 따랐다.

王詢 ▶ 1011년 2월 감악신사에 대하여 감사하는 제사를 지내다

감찰어사監察御史 안홍점安鴻漸이 상언하기를,
"거란의 병사들이 장단長湍에 이르자 바람과 눈보라가 거세게 일어나 감악신사紺岳神祠에 마치 깃발旌旗·군사·말이 주둔하고 있는 것처럼 보였기에 거란 병사들이 두려워하며 감히 앞으로 나아가지 못하였습니다. 옛날 부진苻秦, 전진이 진晉을 정벌할 적에 팔공산八公山의 초목이 진의 병사들로 변하는 것을 멀리서 보고는 두려워하다가 물러났으니, 신명神明께서 도와주시는 바가 예나 지금이나 무엇이 다르겠습니까. 청하건대 해당 관청으로 하여금 보답하기 위한 제사報祀를 올리게 하십시오."
라고 하였다. 이를 따랐다.

王詢 ▶ 1011년 2월 연등회를 설행하다

행궁行宮에서 연등회를 열었다. 이후에 상례적으로 2월 보름이면 시행하였다.

王詢 ▶ 1011년 2월 양규와 김숙흥을 추증하다

양규楊規를 공부상서工部尙書로, 김숙흥金叔興을 장군將軍으로 추증하였다.

王詢 ▶ 1011년 2월 왕을 성심으로 호종한 공로로 지채문에게 토지를 하사하다

중랑장中郞將 지채문智蔡文에게 토지 30결結을 하사하였다. 교서를 내려 이르기를,
"짐이 도적을 피하다가 먼 길 위에서 곤경에 빠졌을 적에 호종하던 신료들 모두 도망가 흩어지지 않은 자가 없었는데, 오직 지채문만이 바람과 서리를 무릅쓴 채 산을 넘고 강을 건너면서 말고삐를 잡는 수고로움을 마다하지 않고 끝까지 소나무나 대나무 같은 절개를 지켰다. 특출한 공로를 생각하면 어찌 남다른 은전恩典을 아

끼겠는가."

라고 하였다.

王詢 ▶ 1011년 3월 유진과 조지린, 최사위를 관직에 임명하다

유진劉瑨을 내사시랑 평장사內史侍郞 平章事로 삼고, 조지린趙之遴과 최사위崔士威를 참지정사參知政事로 삼았다.

王詢 ▶ 1011년 4월 탁사정을 우간의대부로 삼다

탁사정卓思政을 우간의대부右諫議大夫로 삼았다.

王詢 ▶ 1011년 4월 비를 기원하면서 제사를 지내고 억울한 옥사와 궁핍한 백성을 살피다

종묘宗廟에서 비를 기원한 이후 시장을 옮기고 도살을 금지하였다. 〈또한〉일산과 부채를 사용하지 못하게 하고 억울한 옥사를 심사하였으며, 궁핍한 이들을 구휼하였다.

王詢 ▶ 1011년 4월 양규의 처에게 곡식을 하사하고, 그 아들을 교서랑에 임명하다

유사有司에 명하여 양규楊規의 처 은율군군殷栗郡君 홍씨洪氏에게 곡식을 지급하고 그 아들 양대춘楊帶春에게는 교서랑校書郞을 제수하였다. 왕이 친히 교서를 지어 홍씨에게 주며 이르기를,

"그대의 남편은 재주가 온전하여 장수로서의 지략이 있었고, 겸하여 다스림의 도리를 잘 알았으며, 절개를 본받아 정성을 다하였으니, 그 충정은 비할 곳이 없다. 지난 날 북쪽 변경에서 나라를 침범한 적들을 추격하여 붙잡아 여러 성과 진鎭이 온전할 수 있었고 누차 많은 승리를 거두었으나 이내 죽음에 이르고 말았다. 항상 그의 공을 생각하면서 죽을 때까지 해마다 그대에게 곡식 100섬을 내려주도록 하겠다."

라고 하였다.

王詢 ▶ 1011년 4월 노정을 추증하다

노정盧頲을 예빈경禮賓卿으로 추증하였다.

王詢 ▶ 1011년 4월 전사한 채온겸, 신영한 등의 집에 부의를 보내다

대장군大將軍 채온겸蔡溫謙·신영한申寧漢과 낭장郎將 원태元泰, 별장別將 최원崔元, 습유拾遺 승이인乘里仁, 태사승太史丞 유인택柳仁澤이 전사하였으므로 그들의 집에 쌀과 베를 차등있게 부의賻儀하였다.

王詢 ▶ 1011년 4월 전사한 자들의 유해를 수습하고 제사를 지내주게 하다

유사有司에게 명하여 중앙과 지방에서 전사한 자들의 유해를 수습하여 묻어주고, 제사를 지내게 하였다.

王詢 ▶ 1011년 4월 재상들에게 군신의 의리를 강조하는 교서를 내리다

재상들에게 교서를 내려 이르기를,

"『논어論語』에서 말하기를, '위태로운데도 지탱하지 않고 넘어졌는데도 부축하지 않는다면, 그러한 재상을 장차 어찌 쓰겠는가.'라고 하였고,『서경書經』에서는 말하기를, '무릇 나무가 먹줄을 따르면 반듯해지고 임금이 간언을 좇으면 성군聖君이 된다.'고 하였으니, 군신간의 의리에 있어 마음을 다하여 잘못된 일을 바로잡지 않을 수 있겠는가. 짐은 외람되이 왕위를 차지한 이래로 험난함과 위태로움을 두루 거치며 밤낮으로 두려워하고 부끄러워하며 이 허물을 면하기만을 생각하였다. 경들은 부족함을 힘써 보좌하고 또한 면전에서만 따르는 일이 없도록 하라."

라고 하였다.

王詢 ▶ 1011년 4월 송악에서 기우제를 지내자 큰 비가 내리다

송악松岳에서 비를 빌었더니, 큰 비가 내렸다.

王詢 ▶ 1011년 4월 왕첨을 거란에 보내어 철군에 대해 사례하다

공부낭중工部郎中 왕첨王瞻을 거란契丹에 보내어 군대를 돌린 것에 대하여 사례하였다.

王詢 ▶ 1011년 4월 사신을 접대하기 위해 영빈관과 회선관을 설치하다

영빈관과 회선관會仙館 두 관사를 설치하여 여러 나라의 사신들을 접대하였다.

王詢 ▶ 1011년 5월 동북여진이 토산물을 바치다

동북여진東北女眞의 추장酋長 서을두鉏乙豆가 그 무리 70인을 거느리고 와서 토산물을 헌상하였다. 각각에게 의복과 은그릇을 하사하였다.

王詢 ▶ 1011년 5월 평양의 여러 신명들에게 훈호를 더하다

평양平壤의 목멱木覓·교연橋淵·도지암道知巖·동명왕東明王 등의 신에게 훈호勳號를 더하였다.

王詢 ▶ 1011년 5월 위수여가 치사를 요청하였으나, 허락하지 않다

문하시랑평장사門下侍郎平章事 위수여韋壽餘가 나이를 이유로 은퇴를 청하였으나, 허락하지 않고 궤장几杖을 하사하였다.

王詢 ▶ 1011년 7월 최사위와 장연우, 채충순을 관직에 임명하다

최사위崔士威를 서북면행영도통사西北面行營都統使로 삼고, 장연우張延祐와 채충순蔡

忠順을 아울러 중추사中樞使로 삼았다.

王詢 ▶ 1011년 7월 도성에서 군사를 조직하였다가 적군에 패한 백행린을 제명하다

형부刑部에서 아뢰기를,

"낭중郎中 백행린白行隣은 어가[車駕]가 남쪽으로 피난하던 때를 당하자 경성에 그대로 머물면서 스스로 어사중승御史中丞이라 칭하고 이인례李因禮·거정巨貞 등과 더불어 종들을 불러모아 군사를 조직하였으나, 적을 만나자 싸워보지도 못하고 무너졌습니다. 제명하실 것을 청합니다."

라고 하였다. 이를 따랐다.

王詢 ▶ 1011년 7월 전사한 승려 법언을 수좌로 추증하다

교서를 내려 이르기를,

"작년 거란契丹이 서경西京을 포위했을 적에 사문沙門 법언法言이 의로움을 보고 용맹함을 떨쳐 살기를 잊어버리고 순국하였으니 수좌首座로 추증할 만하다."

라고 하였다.

王詢 ▶ 1011년 8월 피천 중 동요를 일으킨 조용겸 등을 제명하여 유배보내다

형부刑部에서 아뢰기를,

"조용겸趙容謙·유승건柳僧虔·이재李載·최즙崔楫·최성의崔成義·임탁林卓은 어가御駕가 남쪽으로 피난하던 시기에 행궁行宮을 놀라 동요하게 만들었습니다. 청하건대 제명한 뒤 유배를 보내십시오."

라고 하였다. 이를 따랐다.

王詢 ▶ 1011년 8월 문인위와 장연우를 관직에 임명하다

문인위文仁渭를 우복야右僕射로 삼고, 장연우張延祐를 판어사대사로 삼았다.

王詢 ▶ 1011년 8월 강조의 당여인 탁사정 등을 유배보내다

강조康兆의 당여黨與들을 논죄하여, 탁사정卓思政·박승朴昇·최창崔昌·위종정魏從政·강은康隱을 섬으로 유배 보냈다.

王詢 ▶ 1011년 8월 전사한 김숙흥의 모친에게 곡식을 하사하다

교서를 내려 이르기를,

"장군將軍으로 추증된 김숙흥金叔興은 변경의 성을 스스로 지키며 용맹하게 적과 맞서 이미 파죽지세破竹之勢와 같은 공을 이루었으나 끝내 활시위에 쓰러져 목숨을 잃었다. 옛 공을 생각한다면 마땅히 후한 상을 더해주어야 할 것이다. 그 모친 이씨李氏에게 죽을 때까지 해마다 곡식 50석을 지급하도록 하라."

라고 하였다.

王詢 ▶ 1011년 8월 최원신을 거란에 보내다

호부시랑戶部侍郞 최원신崔元信을 거란契丹에 보냈다.

王詢 ▶ 1011년 8월 불우한 백성들에게 음식과 물품을 하사하다

관인전寬仁殿 문에 임어하여 기로耆老·고아·독거노인·독질篤疾에게 음식을 베풀고 차등있게 물품을 하사하였다.

王詢 ▶ 1011년 8월 최사위를 서경유수에 임명하다

참지정사參知政事 최사위崔士威를 서경유수西京留守로 삼았다.

王詢 ▶ 1011년 8월 송악성을 보수하다

송악성松岳城을 증축하여 보수하였다.

王詢 ▶ 1011년 8월 서경에 황성을 쌓다

서경西京에 황성皇城을 쌓았다.

王詢 ▶ 1011년 8월 동여진이 경주를 침략하다

동여진東女眞의 〈전함〉 100여 척이 경주慶州를 침략하였다.

王詢 ▶ 1011년 8월 청하, 흥해 등 5개 지역에 성을 쌓다

청하淸河·흥해興海·영일迎日·울주蔚州·장기長鬐에 성을 쌓았다.

王詢 ▶ 1011년 9월 조지린이 사망하다

참지정사參知政事 조지린趙之遴이 사망하였다. 조지린은 관리로서의 재간이 있었으며, 성품이 술을 좋아하여 밤낮으로 즐겼다. 목종穆宗 시기에 이부시랑 지은대사吏部侍郎 知銀臺事에 제수되었는데, 당시에 붕당을 만들어 수탈을 일삼는다고 하여 그를 기롱하였다.

王詢 ▶ 1011년 9월 탐라에 주기를 하사하다

탐라耽羅에서 주군州郡의 예에 의거해 주기朱記를 하사해달라고 청하니, 이를 허락하였다.

王詢 ▶ 1011년 10월 유방을 참지정사 서경유수로 삼다

유방庾方을 참지정사 서경유수 겸 서북면행영도병마사參知政事 西京留守 兼 西北面行營都兵馬使로 삼았다.

王詢 ▶ 1011년 10월 동지절을 맞아 김숭의를 거란에 보내다

도관낭중都官郎中 김숭의金崇義를 거란契丹에 보내어 동지冬至를 하례하였다.

王詢 ▶ 1011년 10월 **궁궐을 수리하다**

궁궐을 수리하였다.

王詢 ▶ 1011년 11월 **김은부를 거란에 보내어 생신을 하례하다**

형부시랑刑部侍郎 김은부金殷傅를 거란契丹에 보내어 생신을 하례하였다.

王詢 ▶ 1011년 12월 **문인위를 참지정사에 임명하다**

문인위文仁渭를 참지정사參知政事로 삼았다.

王詢 ▶ 1011년 12월 **각 관청에 교서를 내려 궁핍한 백성들을 구휼하게 하다**

교서를 내려 이르기를,
"옛날 선대의 현명한 왕들은 민民을 보는 것을 자식과 같이 하였으니, 짐은 백성들을 다스리는 자리에 앉아 있으면서 감히 마음을 다하지 않을 수 없다. 바야흐로 흉년[歉歲]을 만난 데에다 또한 혹한기[祈寒]에 들어섰으니 오로지 환과고독鰥寡孤獨이 굶주림과 추위를 면하지 못할까 염려된다. 그 소재 관청으로 하여금 의복과 식량을 진급賑給하게 하여 〈이들이〉 의지할 곳을 잃지 않게 하라."
라고 하였다.

王詢 ▶ 1011년 12월 **주기의 건의에 따라 진사시의 시험방식을 정하다**

이해에 예부시랑禮部侍郎 주기周起가 진사시進士試에서 호명糊名하는 시험방식을 아뢰어 정하였다.

王詢 ▶ 1011년 12월 **하공진이 거란의 회유를 거부하며 절의를 지키다가 죽임을 당하다**

거란契丹이 하공진河拱辰을 죽였다. 처음에 하공진이 억류되어 속으로는 귀국하기를 도모하면서 겉으로 충성과 근실함을 보였더니, 거란의 군주가 더욱 총애하고 우대하였다. 하공진은 고영기高英起와 더불어 은밀히 모의하고는 아뢰기를, "본국이 지금 이미 망하였으니, 신들은 원하건대 병사를 거느리고 가서 점검한 뒤에 돌아오고자 합니다."라고 하였다. 거란의 군주가 이를 허락하였는데, 이윽고 왕이 도성으로 돌아갔다는 소식이 들리자 고영기를 중경中京에 거주하게 하고 하공진은 연경燕京에 거주하게 하면서 모두 양가의 딸을 처로 삼도록 하였다. 〈이에〉 하공진은 좋은 말을 많이 사두어 동쪽으로 난 길에 잇따라 배치하고는 이로써 돌아갈 계책을 삼자, 어떤 사람이 그의 계책을 아뢰어서 거란의 군주가 그를 국문하게 되었다. 하공진은 사실대로 갖추어 대답하고 또한 말하기를, "신은 본국에 대하여 감히 두 마음을 품을 수 없습니다. 죄는 마땅히 만 번 죽을 것에 해당하지만, 살아서 대조大朝를 섬기는 것은 원하지 않습니다."라고 하였다. 거란의 군주는 그를 의롭게 여겨 용서한 이후 절의를 바꾸어 충성을 바치도록 만들고자 회유하였다. 하공진은 사양하고 더욱 강경하게 순종하지 않았으며, 마침내 죽임을 당하였다.

현종 3년(1012년)

−현종원문대왕−

王詢 ▶ **1012년 1월 승려의 복식을 정하게 하다**

교서를 내려 이르기를,

"근래에 보건대 사문沙門들의 의복이 점점 사치스럽고 참람해져 속인들과 다를 바가 없게 되었다. 유사有司로 하여금 그들의 복식을 정하게 하라."
라고 하였다.

王詢 ▶ **1012년 1월 동경유수·절도사를 폐지하고 경주방어사·5도호·75도안무사를 설치하다**

동경유수東京留守를 혁파하고 경주방어사慶州防禦使를 두었다. 또한 12주의 절도사節度使를 폐지하고 5도호都護와 75도안무사安撫使를 두었다.

王詢 ▶ **1012년 1월 궁올산에 성을 쌓다**

궁올산弓兀山에 성을 쌓았다.

王詢 ▶ **1012년 2월 서북지역 백성들에게 양식과 종자를 지급하게 하다**

교서를 내려 이르기를,

"서북지역의 주진州鎭은 병란을 겪은 이래로 민民들이 물자와 식량이 부족해져 이제 봄철농사[東作] 시기에 이르렀음에도 개간하여 〈작물을〉 심을 방도가 없다. 해당 도의 관리들로 하여금 식량과 종자를 지급하게 함으로써 〈민들이〉 생업을 잃게 만드는 일이 없게 하라."
라고 하였다.

王詢 ▶ 1012년 2월 여진이 토종말을 바치다

여진女眞의 추장酋長 마시저麻尸底가 30성姓 부락의 자제들을 거느리고 와서 토종말을 헌상하였다.

王詢 ▶ 1012년 2월 교서를 내려 상선을 줄이게 하다

교서를 내려 이르기를,
"『논어論語』에서 말하기를, '백성들이 풍족하지 못하면 군주가 누구와 더불어 풍족하겠는가.'라고 하였다. 근래에 전쟁으로 인해 민民들이 농업을 잃어 길에 굶어 죽은 자들이 널려있다. 백성[黎庶]들이 이와 같음을 생각한다면 어찌 군부君父가 되어 홀로 편안할 수 있겠는가. 상식대관尙食大官으로 하여금 상선常膳을 줄이게 하라."
라고 하였다.

王詢 ▶ 1012년 2월 위수여, 유진, 최사위 등을 관직에 임명하다

위수여韋壽餘를 문하시중門下侍中으로 삼고 유진劉瑨을 문하시랑門下侍郎으로 삼았으며, 최사위崔士威를 내사시랑평장사內史侍郎平章事로, 최항崔沆을 이부상서 참지정사吏部尙書 參知政事로, 박충숙朴忠淑을 상서좌복야尙書左僕射로, 채충순蔡忠順을 예부상서禮部尙書로 삼았다.

王詢 ▶ 1012년 3월 3일 **경주에 지진이 일어나다**

경주慶州에 지진이 일어났다.

王詢 ▶ 1012년 3월 **송인 왕복 등이 내투하다**

송宋 사람 왕복王福 등 7인이 내투來投하였다.

王詢 ▶ 1012년 3월 **왕정이 사망하다**

태자첨사太子詹事 왕정王禎이 사망하였으니, 태조太祖의 서손庶孫이었다. 그의 아버지 동양군東陽君은 음험하고 사나워 군소群小와 사귀면서 몰래 반역하려는 의도를 품었으므로 광종光宗이 그를 사사하였는데, 왕정과 그의 형이었던 좌복야左僕射 왕림王琳은 나이가 어려서 화를 면하고 민간으로 도망쳐 숨어버렸으며, 구걸하면서 삶을 이어나갔다. 강조康兆가 권력을 잡아 종실을 다시 부흥시키자고 건의하면서 왕정 형제에게 작위를 수여하고 노비[臧獲]와 토지를 지급할 것을 아뢰니, 비로소 종적宗籍에 들어오게 되었다. 사망하자 시호를 온결溫潔이라고 하였다. 동양군은 곧 효은태자孝隱太子이다.

王詢 ▶ 1012년 3월 **각 도의 장인의 수를 감축하여 농업에 종사하게 하다**

교서를 내려 이르기를,

"「홍범洪範」의 팔정八政에서는 먹는 것을 최우선으로 꼽았으니, 이것이 진실로 부국강병을 위한 도道이기 때문이다. 근자에는 사람들의 습속이 가볍고 사치스러워져서 본업을 버리고 말단만을 좇아 농사짓는 법을 알지 못한다. 여러 도의 금기방錦綺坊·잡직방雜織坊·갑방甲坊의 장인[匠手]들은 모두 선별하여 감축하고 이들로써 농업에 나아가게 하라."라고 하였다.

王詢 ▶ **1012년 3월 김은부가 귀국 도중 거란에 붙잡혀가다**

김은부金殷傅가 귀환하면서 내원성來遠城에 이르자, 거란契丹이 여진女眞을 꺼려하여 그를 붙잡아서 돌아갔다.

王詢 ▶ **1012년 4월 비단부채의 매매를 금지하다**

비단綾絹으로 된 부채를 사고 파는 것을 금하였다.

王詢 ▶ **1012년 4월 위수여가 사망하다**

문하시중門下侍中 위수여韋壽餘가 사망하였다. 위수여는 단정하고 성실하여 법도를 잘 지켰다. 광종光宗 시기부터 사선司膳으로 있으며 오랫동안 관직을 옮기지 않았는데, 왕이 즉위한 후 위수여가 조정의 신하들 가운데 가장 나이가 많다 하여 이에 큰 벼슬에 등용하였다.

王詢 ▶ **1012년 4월 거란이 왕의 친조를 요구하다**

거란契丹에서 왕이 친히 조회할 것을 명하였다.

王詢 ▶ **1012년 5월 동여진이 청하현 일대를 침략하자 문연 등으로 하여금 격퇴하게 하다**

동여진東女眞이 청하현淸河縣·영일현迎日縣·장기현長鬐縣을 침략하였다. 도부서都部署 문연文演·강민첨姜民瞻·이인택李仁澤·조자기曹子奇를 보내어 주군州郡의 병사들을 독려하여 격퇴시키도록 하였다.

王詢 ▶ **1012년 5월 경주의 조유궁을 헐어 황룡사 탑을 수리하다**

경주의 조유궁朝遊宮을 철거하여 그 재목으로 황룡사皇龍寺의 탑을 수리하였다.

王詢 ▶ 1012년 5월 **왕이 원릉을 배알하다**

원릉元陵에 배알하였으니, 〈바로〉 효숙태후孝肅太后의 능이었다.

王詢 ▶ 1012년 5월 **교서를 내려 서경의 백성들을 진휼하게 하다**

교서를 내려 이르기를,

"지난해 서경西京에서 홍수와 가뭄이 재앙을 일으켜 곡식 가격이 폭등하였으므로 민民들이 곤궁하고 궁핍하게 되었다. 짐이 아침에 일어나 밤에 잠자리로 들기까지 이를 생각하며 측은하게 여기고 있으니, 그 해당 관청으로 하여금 창고를 열어 진휼하게 하라."

라고 하였다.

王詢 ▶ 1012년 6월 **용진진의 민가가 불에 타다**

용진진龍津鎭에서 340여 호가 불탔다.

王詢 ▶ 1012년 6월 **상참관의 알현 횟수를 줄이다**

임시로 머무는 궁정이 협소하였기 때문에 상참관常參官들로 하여금 5일에 한 번 알현하도록 하였다.

王詢 ▶ 1012년 6월 **송인 섭거전 등이 내투하다**

송宋 사람인 섭거전葉居腆·임덕林德·왕호王皓가 내투來投하였다.

王詢 ▶ 1012년 6월 **왕이 자신의 생일에 대하여 하례를 금하고 축수도량만을 허락하다**

예관禮官이 중앙과 지방으로 하여금 생신을 하례하도록 명할 것을 청하였다. 교서를 내려 이르기를,

"과인은 일찍이 상사凶閟를 만나 영원히 공양할 길에서 멀어졌기에 매번 〈어머니께서〉 출산으로 수고로우셨던 날에 이를 때마다 더욱 추모하는 마음이 간절해진다. 차마 슬픔을 품고 경사스러운 잔치를 열 수는 없으니, 양경兩京과 여러 도에서는 하례를 올리는 것을 일절 금하고 다만 축수도량祝壽道場만을 열어 영구히 항식으로 삼으라."

라고 하였다.

王詢 ▶ 1012년 6월 감찰어사 이인택을 면직시키다

감찰어사監察御史 이인택李仁澤을 면직시켰다. 이인택이 동북면행영병마사東北面行營兵馬使 강감찬姜邯贊과 사이가 벌어져 논란과 소송을 그치지 않았으므로 그를 면직시킨 것이다.

王詢 ▶ 1012년 6월 가뭄으로 인하여 옥사를 살피고 산천에 제사를 지내다

날이 가물었으므로 유사有司에 명하여 억울한 옥사冤獄를 다스리고 가벼운 죄를 지은 자는 풀어주게 하였으며, 산천에서 제사를 올렸다.

王詢 ▶ 1012년 6월 왕이 친조하지 않으므로 거란 임금이 고려를 침공하겠다는 조서를 내리다

형부시랑刑部侍郞 전공지田拱之를 거란契丹에 보내어 여름철 문후를 올리고 또한 왕이 병에 걸려 친히 조회하러 올 수가 없었다고 아뢰게 하였다. 거란의 군주가 분노하여 흥화성興化城·통주성通州城·용주성龍州城·철주성鐵州城·곽주성郭州城·구주성龜州城 등 6개의 성을 차지하겠다는 조서를 내렸다.

王詢 ▶ 1012년 7월 즉위 전에 왕을 보필한 언효와 효질에게 토지를 하사하다

교서를 내려 이르기를,

"짐이 옛날 사수泗水에 머무를 적에 언효彦孝와 효질孝質 두 사람이 좌우에서 보좌하면서 일찍부터 근실함과 노고를 보였다. 좋은 토지를 하사하여 그 노고를 포상할 만하다."

라고 하였다.

王詢 ▶ 1012년 8월 일식이 일어나다

일식이 있었다.

王詢 ▶ 1012년 8월 일본인 반다 등이 내투하다

일본국日本國의 반다潘多 등 35인이 내투來投하였다.

王詢 ▶ 1012년 8월 탐라에서 배를 바치다

탐라耽羅에서 큰 배 2척을 헌상하였다.

王詢 ▶ 1012년 8월 경주에 성을 쌓다

경주慶州에 성을 쌓았다.

王詢 ▶ 1012년 9월 문유령을 거란 내원성으로 보내다

서두공봉관西頭供奉官 문유령文儒領을 거란契丹의 내원성來遠城으로 보냈다.

王詢 ▶ 1012년 10월 송인 육세영 등이 토산물을 바치다

송宋의 초楚 지방 사람인 육세영陸世寧 등이 와서 토산물을 헌상하였다.

王詢 ▶ 1012년 윤10월 **여진의 모일라 등이 와서 화의를 간청하므로 허락하다**

여진女眞의 모일라毛逸羅와 서을두鉏乙豆가 30성姓의 부락을 이끌고 화주和州에 이르러 화의和議를 간청하니, 이를 허락하였다.

王詢 ▶ 1012년 윤10월 **장영과 유징필을 거란에 파견하다**

공부상서工部尙書 장영張瑩과 예부시랑禮部侍郎 유징필劉徵弼을 거란에 파견하였다.

王詢 ▶ 1012년 윤10월 **전왕을 다시 장례지내고 능호와 시호, 묘호를 고쳐 올리다**

민종愍宗을 성의 동쪽에서 다시 장례지내고 능을 의릉義陵이라고 하였으며, 시호도 고쳐서 선양宣讓이라 하고 묘호는 목종穆宗이라고 하였다. 처음 목종이 시해되었을 적에 올렸던 시호와 묘호는 모두 강조康兆가 지은 것이었다. 이때에 이르러서야 그것들을 바꾸었다.

王詢 ▶ 1012년 윤10월 **김은부가 거란으로부터 돌아오다**

김은부金殷傅가 거란契丹으로부터 돌아왔다.

王詢 ▶ 1012년 윤10월 **거란에서 한빈을 보내다**

거란契丹의 사신인 태위太尉 한빈韓邠이 왔다.

王詢 ▶ 1012년 12월 14일 정축 **경주에 지진이 일어나다**

경주慶州에서 지진이 일어났다.

王詢 ▶ 1012년 12월 **피폐해진 종묘에 임시로 나무 신주를 세우게 하다**

교서를 내려 이르기를,

"옛날 진晉 조정에서는 태실大室이 불에 타 무너지자, 두예杜預와 사곤謝鯤 등이 아뢰어 가덕문嘉德門을 수리한 후 임시로 신주神主를 안치하여 제례를 행하였다. 지금 과인이 부덕하여 종묘淸廟를 잿더미로 만드는 지경에 이르렀으므로 괴로움과 슬픔이 비록 깊지만, 영건사업을 시작하기에는 겨를이 없다. 이에 우선 나무 신주를 만들어 재방齋坊에 안치하고자 하니, 예관禮官으로 하여금 논의하여 아뢰게 하라."
라고 하였다.

王詢 ▶ 1012년 12월 **거란에서 인진사가 오다**

거란契丹의 사신으로 인진사引進使 이연홍李延弘이 왔다.

王詢 ▶ 1012년 12월 **목멱사에 신상을 세우다**

서경西京의 목멱사木覓祠에 신상神像을 만들었다.

王詢 ▶ 1012년 12월 **장주 등에 성을 쌓다**

장주長州와 금양金壤에 성을 쌓았다.

현종 4년(1013년)

−현종원문대왕−

王詢 ▶ **1013년 1월 장계를 거란에 파견하다**

예빈소경禮賓少卿 장계張洎를 거란契丹에 파견하였다.

王詢 ▶ **1013년 1월 송인 대익이 내투하자 수궁령으로 삼다**

송宋의 민閩 지역 사람인 대익戴翼이 내투來投하니, 유림랑 수궁령儒林郞守宮令을 제수하고 의복·기물·토지를 하사하였다.

王詢 ▶ **1013년 2월 20일 경주에 지진이 일어나다**

2경주慶州에서 지진이 일어났다.

王詢 ▶ **1013년 2월 교서를 내려 천재지변을 멈추게 할 방도를 구하다**

교서를 내려 이르기를,

"짐이 보잘 것 없는 몸[眇躬]으로 황송하게도 원수元首가 되었기에 허물과 죄악이 쌓여 천재지변이 잇따르고 있다. 전傳에서 '재앙은 함부로 일어나지 않는다.'고 말하지 않았는가. 이로써 근심과 두려움으로 감히 평안해질 수가 없다. 마땅히 유사有

司로 하여금 재앙을 멈추게 할 방도를 강구하여 아뢰도록 하라."
라고 하였다.

王詢 ▶ 1013년 2월 채충순을 거란에 파견하다

중추원사中樞院使 채충순蔡忠順을 거란契丹에 파견하였다.

王詢 ▶ 1013년 3월 소나무와 잣나무의 벌목을 금지하다

소나무와 잣나무를 베는 것을 금지하였다.

王詢 ▶ 1013년 3월 10일 금주에 지진이 일어나다

금주金州에서 지진이 일어났다.

王詢 ▶ 1013년 3월 거란이 사신을 보내어 흥화성 등 6개 성을 요구하다

거란契丹의 사신인 좌감문위대장군左監門衛大將軍 야율행평耶律行平이 와서 흥화성興化城 등 6개의 성을 요구責取하였다.

王詢 ▶ 1013년 4월 장영을 서경유수로 삼다

참지정사參知政事 장영張瑩을 서경유수西京留守로 삼았다.

王詢 ▶ 1013년 5월 거란이 연호를 바꾸다

거란契丹이 연호를 개태開泰로 바꾸었다고 알려왔다.

王詢 ▶ 1013년 5월 여진이 거란군을 인도하여 국경을 침범하려 하자 김승위가 물리치다

여진女眞이 거란契丹의 병사들을 인도하여 장차 압록강鴨綠江을 건너려고 하자 대장군大將軍 김승위金承渭 등이 공격하여 물리쳤다.

王詢 ▶ 1013년 5월 경장태자의 딸을 왕비로 들이다

경장태자敬章太子의 딸을 왕비로 삼았다. 경장태자는 대종戴宗의 셋째 아들이다.

王詢 ▶ 1013년 6월 김작빈을 거란에 보내 개원을 하례하다

상서우승尙書右丞을 차함借銜한 김작빈金作賓을 거란契丹에 보내어 연호를 바꾼 것에 대하여 하례하였다.

王詢 ▶ 1013년 7월 거란이 다시 사신을 보내어 6개 성을 요구하다

거란契丹의 사신 야율행평耶律行平이 다시 와서 6개의 성을 요구하였다.

王詢 ▶ 1013년 8월 왕이 의릉을 배알하고 사면령을 내리다

의릉義陵에 배알하고 사면령을 내렸다.

王詢 ▶ 1013년 9월 임유간 등에게 급제를 주다

임유간林維幹 등 8인과 명경明經 1인에게 급제를 하사하였다.

王詢 ▶ 1013년 9월 송능과 유손의 관계를 더하여 주다

교서를 내려 이르기를,
"보국대장군輔國大將軍 송능宋能과 표기대장군驃騎大將軍 유손庾孫은 태조太祖를 모시고 종군하여 공을 세웠고 이미 100세[期頤]에 이르렀으니, 그들에게 각각 대광大匡의 관계官階를 더하도록 하라."
라고 하였다.

王詢 ▶ 1013년 9월 **최항과 김심언 등 6인을 관직에 임명하다**

이부상서 참지정사吏部尚書 參知政事 최항崔沆을 감수국사監修國史로, 예부상서禮部尚書 김심언金審言을 수국사修國史로, 예부시랑禮部侍郎 주저周佇와 내사사인內史舍人 윤징고尹徵古, 시어사侍御史 황주량黃周亮, 우습유右拾遺 최충崔沖을 아울러 수찬관으로 삼았다.

王詢 ▶ 1013년 12월 1일 **일식이 일어나다**

일식이 있었다.

현종 5년(1014년)

―현종원문대왕―

王詢 ▶ 1014년 1월 25일 **혜성이 오거성에 나타나다**

혜성이 오거성五車星에 나타났다.

王詢 ▶ 1014년 1월 **궁궐 수리가 완료되다**

궁궐이 완성되었다.

王詢 ▶ 1014년 2월 **혜성이 대릉성으로 이동하다**

혜성이 대릉성大陵星으로 들어갔다.

王詢 ▶ 1014년 2월 **철리국에서 사신을 보내 물품을 바치다**

철리국鐵利國 추장酋長 나사那沙의 사신인 여진女眞 만두萬豆가 와서 말과 초서貂鼠·청서靑鼠 가죽을 헌상하였다.

王詢 ▶ 1014년 2월 **70세 이상의 백성들에게 자급을 더하여 주다**

민民으로서 나이가 70세 이상이며 관직이 없는 자들에게 모두 정위급正位의 자급을 더해줄 것을 교敎하였다.

王詢 ▶ 1014년 4월 비수의 착용을 금지하다

백성들이 비수를 착용하는 것을 금지하였다.

王詢 ▶ 1014년 4월 왕이 제방에서 제사를 지내고 목종을 합사하다

친히 재방齋坊에서 체제禘祭를 지내고 존시尊諡를 더하여 올렸다. 당시 태묘大廟가 아직 완성되지 않아 매번 시제時祭를 지낼 때마다 각각 해당 능에 관리를 보내어 일을 진행하였는데, 제방을 수리하고 임시로 신주를 안치하도록 하면서 비로소 목종穆宗을 합사하고 유배형 이하를 사면하였다.

王詢 ▶ 1014년 4월 유진과 최사위, 김심언을 관직에 임명하다

유진劉瑨을 검교태사 수문하시중檢校太師 守門下侍中으로 삼고, 최사위崔士威를 문하시랑평장사門下侍郞平章事로, 김심언金審言을 내사시랑평장사內史侍郞平章事로 삼았다.

王詢 ▶ 1014년 4월 우현부 등에게 급제를 주다

우현부禹玄符 등 11인에게 급제를 하사하였다.

王詢 ▶ 1014년 5월 전공지가 사망하다

중추원부사中樞院副使 전공지田拱之가 사망하였다. 〈전공지는〉 외교문서[辭命]를 잘 지었으며, 20여 년 동안 관직을 역임하면서 근면함과 신중함으로 칭송을 받았다.

王詢 ▶ 1014년 6월 타지에서 사망한 군인과 상인의 유해 처리방식을 정하다

교서를 내려 이르기를,

"군인으로서 국경을 지키다가 만약 길에서 죽는다면 관청에서 장사지낼 도구를 지급하고 그 유골을 함에 담아 역마로 집에 보내주도록 하라. 행상을 하다가 죽은 자로서 그 성명과 본관이 기록되어 있지 않은 경우에는 소재지의 관청에서 임시로 가매장하되, 그 나이와 용모를 기록하여 둠으로써 의혹이나 오류가 없도록 하라."
라고 하였다.

王詢 ▶ 1014년 6월 폭락한 곡식의 가격을 조정하게 하다

삼사三司에서 아뢰기를,
"물가가 폭등하여 추포麤布 1필의 값이 쌀 8두에 달합니다. 비록 풍년[歲稔]으로 인한 것이라지만 곡식의 가격이 폭락한 것을 어떻게 해야 하겠습니까. 청하건대 경중을 헤아리시어 값을 올리거나 내리십시오."
라고 하였다. 이를 따랐다.

王詢 ▶ 1014년 6월 거란에 억류된 진적, 이예균 등의 관직을 높여주다

진적陳頔과 이예균李禮均을 높여 문하시랑평장사門下侍郎平章事로 삼고, 왕동영王同穎을 내사시랑평장사內史侍郎平章事로, 윤여尹餘를 사재경司宰卿으로, 왕좌섬王佐暹을 장작소감將作少監으로 삼았으니, 거란契丹에 사신으로 갔다가 억류되어서 돌아오지 못하였기 때문이다.

王詢 ▶ 1014년 7월 강감찬의 요청으로 사직단을 수리하고 의전을 논의하게 하다

중추사中樞使 강감찬姜邯贊이 사직단社稷壇을 수리하고 예사禮司로 하여금 제도[儀注]를 의논하여 정하게 할 것을 청하니, 이를 따랐다.

王詢 ▶ 1014년 8월 윤징고를 송에 보내어 다시 귀부할 뜻을 전하다

내사사인內史舍人 윤징고尹徵古를 송宋에 보내어 금실로 용·봉황을 짜넣은 안복鞍㡌과 비단에 용·봉황을 수놓은 안복 각각 2량兩과 말 22필을 바치고, 이어서 예전처럼 귀부할 것을 요청하였다. 송 황제가 등주登州에 조서를 내려 해안가에 관사館舍를 설치하게 하고 이들을 접대하였다.

王詢 ▶ 1014년 8월 김심언을 서경유수로 삼다

평장사平章事 김심언金審言을 서경유수西京留守로 삼았다.

王詢 ▶ 1014년 9월 거란이 또다시 6개 성을 요구하다

거란契丹이 장군將軍 이송무李松茂를 보내어 또다시 6개의 성을 요구하였다.

王詢 ▶ 1014년 10월 거란이 흥화진을 침략하자 정신용과 주연이 맞서 싸우다

거란契丹이 국구國舅인 상온詳穩 소적렬蕭敵烈을 보내어 통주通州의 흥화진興化鎭을 침략하니, 장군將軍 정신용鄭神勇과 별장別將 주연周演이 그들을 공격하여 700여 급의 머리를 베었으며, 강물에 빠져 죽은 자도 매우 많았다.

王詢 ▶ 1014년 11월 1일 김훈과 최질 등이 궁궐에 난입하여 장연우와 황보유의를 유배보내다

상장군上將軍 김훈金訓과 최질崔質 등이 여러 위衛의 군사들을 거느리고 반란을 일으켜 중추원사中樞院使 장연우張延祐와 일직日直 황보유의皇甫兪義를 유배 보냈다. 경술1010의 병란이 일어난 이후 군사들의 정원을 늘리자 이로 말미암아 백관의 녹봉이 부족해졌는데, 황보유의 등이 건의하여 경군京軍의 영업전永業田을 거두어 녹봉에 충당하게 하니 무관들이 자못 불공평하다고 여겼다. 최질은 더욱이 변경에서의 공적으로 누차 무관직에 제수되었으나 문관직은 얻지 못하였기 때문에 항상 불만스러운 상태였다. 이때에 이르러 김훈과 최질, 그리고 박성朴成·이협李恊·이상李翔·이섬李暹·석방현石邦賢·최가정崔可貞·공문恭文·임맹林猛 등은 땅을 빼앗은 일을 가지고 여러 사람들의 분노를 격화시켰으며, 여러 위의 군사들을 꾀어내어 북을 치면서 소란스럽게 궁궐[禁中]로 난입하고서는 장연우와 황보유의를 포박하고 매질하여 거의 다 죽게 만들었고, 합문閤門 안으로 들어가 면전에서 호소하기를, "황보유의 등이 우리의 토지를 점탈한 것은 실로 자신의 이익을 도모하고자 한 것이지 조정[公家]의 이익을 위한 것이 결코 아닙니다. 만약 발을 깎아서 신발에 끼워 맞춘다면 사지가 어떻게 되겠습니까? 여러 군사들이 흉흉하여 분노와 원망을 이길 수 없었던 것이니, 청하건대 나라의 좀벌레들을 제거함으로써 여러 사람들의 심정을 풀어주십시오."라고 하였다. 왕은 여러 사람들의 뜻을 거스르기가 조심스러웠으므로 일단 그들의 청을 따라 마침내 〈두 사람을〉 제명除名하고 유배 보냈다.

王詢 ▶ 1014년 11월 3일 상참 이상의 무관은 문관을 겸하게 하고, 금오대와 도정서를 설치하다

김훈金訓 등이 상참常參 이상의 무관武官은 모두 문관文官을 겸하게 할 것을 청하였다. 또한 어사대御史臺를 혁파하고 금오대金吾臺를 설치할 것과 삼사三司를 혁파하고 도정서都正署를 설치할 것을 청하였다. 이를 따랐다.

王詢 ▶ 1014년 11월 승려들이 병사를 일으켰다는 소문이 돌자 경성의 경계를 강화하다

거짓 소문에서 말하기를, "북산北山에 있는 여러 사찰의 승려들이 병사를 일으켜 오고 있다."라고 하자, 경성이 크게 놀라 경계를 삼엄하게 하였다.

王詢 ▶ 1014년 12월 사면령을 내리고 각종 은전을 베풀다

사면령을 내렸으나, 오직 황보유의皇甫兪義와 장연우張延祐만은 사면하지 않았다. 이 해의 조세 절반을 감면하였고, 태조太祖 시기 공신功臣들의 후손을 녹용하였으며, 중앙과 지방에 차등있게 은전恩典을 베풀었다.

현종 6년(1015년)
−현종원문대왕−

王詢 ▶ 1015년 1월 22일 **거란이 흥화진을 포위하고 통주를 침략하다**

거란契丹의 병사들이 흥화진興化鎭을 포위하니, 장군將軍 고적여高積餘와 조익趙弋 등이 공격하여 물리쳤다. 갑진. 〈거란이〉 또다시 통주通州를 침략하였다.

王詢 ▶ 1015년 1월 **거란이 압록강에 성을 쌓자 공격하였으나 이기지 못하다**

거란契丹이 압록강鴨綠江에 다리를 건설한 후 다리를 끼고 동·서에 성을 쌓았다. 장수를 보내어 공격해 격파하도록 하였으나 이기지 못하였다.

王詢 ▶ 1015년 3월 **왕이 서경에 행차하다**

서경西京에 행차하였다.

王詢 ▶ 1015년 3월 **연회를 틈타 김훈 등 무신 19인을 주살하다**

장락궁長樂宮에서 여러 신하들에게 연회를 베풀며 김훈金訓·최질崔質·이협李恊·최가정崔可貞·석방현石邦賢·이섬李暹·김정열金貞悅·효암孝嵒·임맹林猛·최구崔龜 등 19인을 주살하였다. 이 당시 무신들이 정권을 잡고 문관직을 겸하여 정사가 많은 문외한들에게서 나오게 되니[政出多門], 조정의 기강이 문란해졌다. 전 화주방어사和州防禦使 이자림李子琳은 은밀히 일직日直 김맹金猛에게 말하기를, "왕께서는 어찌 한漢 고조高祖가 운몽雲夢에서 노닐었던 일을 본받지 않으시는 것인가."라고 하였다. 김맹이 그 뜻을 깨닫고 은밀히 아뢰자, 왕이 이를 받아들이고는 이자림이 일찍이 서경西京의 장서기掌書記가 되어 자못 인심을 얻었다고 하여 곧 서경유수판관西京留守判官을 임시로 제수한 뒤 곧바로 명령을 내려 먼저 가서 준비를 갖추게 하였다. 이때에 이르자 김훈 등이 취한 틈을 타서 병사들로 기습하여 그들을 죽였다. 최구는 유생[儒士]으로서 병부낭중兵部郎中이 되어 호종을 맡았는데, 성품이 거칠고 비루하여 최질 등과 교류하였기 때문에 죽임을 당하였다.

王詢 ▶ 1015년 3월 거란이 용주를 침략하다

거란契丹이 용주龍州를 침략하였다.

王詢 ▶ 1015년 3월 구두포에 침입한 여진을 격파하다

여진女眞이 배 20척으로 구두포狗頭浦를 노략질하니, 진명도도부서鎭溟道都部署에서 공격하여 격파하였다.

王詢 ▶ 1015년 4월 거란이 6개 성을 요구하며 보낸 야율행평을 억류하다

거란契丹의 사신인 장군將軍 야율행평耶律行平이 와서 또다시 6개의 성을 요구하니, 그를 억류하고 돌려보내지 않았다.

王詢 ▶ 1015년 4월 왕이 서경으로부터 돌아오다

왕이 서경西京으로부터 돌아왔다.

🔸王詢 ▶ **1015년 5월 김은부를 지중추사로 삼다**

김은부金殷傅를 지중추사知中樞事로 삼았다.

🔸王詢 ▶ **1015년 6월 1일 일식이 일어나다**

일식이 있었다.

🔸王詢 ▶ **1015년 윤6월 사수현을 사주로 승격시키다**

윤사수현泗水縣을 승격시켜 사주泗州로 삼았다.

🔸王詢 ▶ **1015년 윤6월 송인 구양징이 내투하자 우습유에 임명하다**

송宋 천주泉州 사람인 구양징歐陽徵이 내투來投하였다. 이윽고 우습유右拾遺를 제수하였다.

🔸王詢 ▶ **1015년 7월 금오대를 혁파하고 사헌대를 설치하다**

금오대金吾臺를 혁파하고 사헌대司憲臺를 설치하였다. 무관이 세우자고 청한 것들을 모두 혁파하였다.

🔸王詢 ▶ **1015년 7월 변방에서 공을 세운 군사들의 자급을 올려주다**

도병마사都兵馬使에서 아뢰기를, "장군將軍 정신용鄭神勇과 임영함林英含 및 군사 12,500여 인은 모두 변경에서의 공적이 있으니, 청하건대 그 자급資級을 올려 이로써 포상해주십시오."라고 하였다. 이를 따랐다.

🔸王詢 ▶ **1015년 8월 유윤부가 사망하다**

내사령內史令 유윤부柳允孚가 사망하였다.

王詢 ▶ 1015년 9월 12일 거란이 통주를 공격하자 정신용 등이 맞서 싸우다 전사하다

거란契丹이 와서 통주通州를 공격하였다. 흥화진興化鎭의 대장군大將軍 정신용鄭神勇과 별장別將 주연周演, 산원散員 임억任億, 교위校尉 양춘楊春, 태의승太醫丞 손간孫簡, 태사승太史丞 강승영康承頴 등이 병사들을 이끌고 거란군의 뒤쪽으로 가서 공격하여 700여 급을 죽였으나, 정신용 등 6인은 이때에 전사하였다.

王詢 ▶ 1015년 9월 20일 거란이 영주성을 공격하다

거란契丹이 영주성寧州城을 공격하였으나 함락시키지 못하고 퇴각하였다. 대장군大將軍 고적여高積餘와 장군將軍 소충현蘇忠玄·고연적高延迪, 산원散員 김기金己, 별장別將 광참光參 등이 추격하다가 전사하였다. 거란의 병사들은 병마판관兵馬判官 왕좌王佐와 녹사錄事 노현좌盧玄佐를 사로잡아 가버렸다.

王詢 ▶ 1015년 9월 거란이 이송무를 보내어 6개 성을 요구하다

거란契丹의 사신인 감문장군監門將軍 이송무李松茂가 와서 6개의 성을 요구하였다.

王詢 ▶ 1015년 11월 장연우가 사망하다

호부상서戶部尙書 장연우張延祐가 사망하였다. 신라新羅 말엽에 그의 아버지 장유張儒는 혼란을 피하여 오월吳越 지역으로 갔다가 중국어[華語]를 익혀서 돌아왔는데, 광종光宗이 누차 객성客省의 관리로 임명하여 매번 중국中國의 사신이 올 때마다 장유로 하여금 그들을 접대하게 하였다. 장연우는 실무[吏事]에서 으뜸이었으므로 주요 관직을 두루 역임하면서 능력이 있다고 칭송받았다.

王詢 ▶ 1015년 거란이 선화진과 정원진을 점령하다

이 해에 거란契丹이 선화진宣化鎭과 정원진定遠鎭 두 곳을 취하여 성을 쌓았다.

王詢 ▶ 1015년 곽원을 송에 보내어 거란의 침공을 알리다

민관시랑民官侍郎 곽원郭元을 송宋에 보내어 방물을 바치고, 이어서 거란契丹이 해마다 침공해오고 있음을 알렸다.

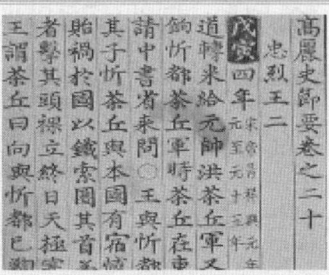

현종 7년(1016년)
-현종원문대왕-

王詢 ▶ 1016년 1월 5일 **거란이 곽주를 침략하다**

거란契丹의 야율세량耶律世良과 소굴렬蕭屈烈이 곽주郭州를 침략하였다. 아군이 그들과 전투를 벌여 전사한 자가 수만 인이었으며, <거란은> 군수품[輜重]을 노획하여 싣고 돌아갔다.

王詢 ▶ 1016년 1월 9일 **거란에서 사신이 왔으나, 받아들이지 않다**

거란契丹의 사신 10인이 압록강鴨綠江에 이르렀으나 받아들이지 않았다.

王詢 ▶ 1016년 1월 **정신용, 주연 등을 추증하고, 정균백을 관직에 임명하다**

정신용鄭神勇을 상서우복야 상주국尙書右僕射 上柱國으로, 주연周演을 장군將軍으로, 임억任億을 중랑장中郎將으로, 양춘楊春을 낭장郎將으로, 손간孫簡을 상약봉어尙藥奉御로, 강승영康承穎을 태사령太史令으로 추증하였으며, 정신용의 아들 정균백鄭均伯에게는 낭장 겸 상승봉어郎將 兼 尙乘奉御를 제수하였다.

王詢 ▶ 1016년 1월 변경에서 공을 세운 진명 등의 작을 올려주다

병부兵部에서 아뢰기를,

"낭장郞將 진명秦明·유고가柳高價·강효康孝 등 74인에게는 청하건대 작爵을 1급 올려주어 변경에서의 공적을 포상하시기 바랍니다."
라고 하였다. 이를 따랐다.

王詢 ▶ 1016년 1월 남쪽의 백성들에게 양식과 종자를 지급하게 하다

교서를 내려 이르기를,

"강남의 군현에서는 지난해에 곡식이 영글지 않아 백성들이 많이들 굶주리고 있다. 소재지의 관청에서는 양식과 종자를 지급하여 농경을 권장하도록 하라."
라고 하였다.

王詢 ▶ 1016년 1월 고연적의 집에 부의를 보내다

고 장군故將軍 고연적高延迪이 사망한 일을 이유로 그의 집에 쌀 50석과 보리 30석, 베 100필을 부의賻儀하였다.

王詢 ▶ 1016년 1월 포주 등 19개 현의 세금을 감면하다

포주抱州 등 19개 현의 금년도 조세와 공물租調을 감면해주었다.

王詢 ▶ 1016년 1월 태조를 현릉에 다시 장사지내다

태조太祖의 재궁梓宮을 받들어 현릉顯陵에서 다시 장사지냈다. 경술1010의 병란 때에 부아산負兒山의 향림사香林寺로 옮겨 안장하였다가 이때에 이르러 다시 이장한 것이다.

王詢 ▶ 1016년 1월 **곽원이 송의 협조를 얻지 못한채 돌아오다**

곽원郭元이 송宋으로부터 돌아왔다. 곽원이 송에 들어갔을 적에 때마침 여진女眞 또한 거란契丹으로 인해 소동을 겪어 여러 해 동안 조회하지 못하였음을 호소하였다. 황제는 거란과 이미 맹약을 맺었기 때문에 답변을 곤란하게 여겼는데, 학사學士 전유연錢惟演이 조서의 초고를 써서 이르기를,

"짐은 다스리는 자리에 있으면서 민民을 편안하게 하는 데에 뜻을 두었다. 비록 영역을 나눔으로써 다른 점이 있게 되었다고는 하나 오로지 성심을 다하여 대우함에 있어서는 간극이 없어야 하는데, 그대의 본도本道를 생각하면 진실로 마음에 깊은 슬픔이 따르지만 이웃한 나라를 돌아보건대 또한 오랫동안 화친의 맹약을 좇아왔으니, 바라는 바는 화목하게 지내서 백성[黎蒸]들을 편안하게 하는 것뿐이다."

라고 하였다. 황제가 그것을 보고 기뻐하며 말하기를, "이와 같다면 비록 거란이 이것을 본다 할지라도 무방할 것이다."라고 한 뒤, 곽원에게 칙령을 내려 개보사開寶寺를 유람하게 하고 은밀히 관반館伴이었던 원외랑員外郞 장사덕張師德으로 하여금 잘 타이르게 하였다. 장사덕은 곽원과 더불어 탑에 올라가서 조용히 말하기를, "현재 도성의 높고 큰 건물들은 모두 군영이 되었습니다. 지금 폐하께서는 천하를 통일하셨음에도 오히려 다시 군졸들을 양성하고 날마다 전투 기술을 익히게 함으로써 북방의 변란에 대비하고 계십니다. 천자天子께서도 오히려 이렇게 하시는데, 하물며 귀국은 국경을 맞대고 있는 상황이니 화친을 맺어 민民을 쉬게 하는 것이 멀리 내다보는 계책이 될 것입니다."라고 하였다.

王詢 ▶ 1016년 2월 **전공을 세운 채굉 등의 작을 올려주다**

병부兵部에서 아뢰기를,

"중랑장中郞將 채굉蔡宏과 이강李康 등 159인은 모두 전공을 세웠으니, 청하건대 작爵을 1급씩 올려주시기 바랍니다."

라고 하였다. 이를 따랐다.

王詢 ▶ 1016년 2월 거란인 왕미 등이 도망쳐 오다

거란契丹의 왕미王美와 연상延相 등 7인이 도망쳐 왔다.

王詢 ▶ 1016년 2월 연좌된 김훈의 가족들을 사면하다

김훈金訓 등의 부모·처·자매·조부·손자·형제[叔伯]로서 연좌된 자들을 모두 풀어 주었으며, 그 아들은 동복[同産] 형제와 마찬가지로 본관本貫으로 돌려보내되 상례적으로 시행되는 사면에서 용서받지 못하게 하였다.

王詢 ▶ 1016년 2월 태백성이 하늘을 가로지르다

신축. 태백성太白星 하늘을 가로질렀다.

王詢 ▶ 1016년 2월 전공을 세운 황호맹 등의 작을 올려주다

병부兵部에서 아뢰기를,
"장군將軍 황호맹黃虎猛 등 39인이 모두 전공을 세웠으니, 청하건대 작爵을 1급씩 올려주시기 바랍니다."
라고 하였다. 이를 따랐다.

王詢 ▶ 1016년 2월 거란인 조은 등이 내투하다

거란契丹의 조은曹恩과 고홀高忽 등 6인이 내투來投하였다.

王詢 ▶ 1016년 5월 2일 왕자 왕흠이 태어나다

왕자 왕흠王欽이 태어났다.

> 王詢 ▶ 1016년 5월 **재물을 빼돌린 관리는 제명하여 유배보내게 하다**

형부刑部에서 아뢰기를,

"관리로서 감림監臨하면서 스스로 도적질한 자는 장물의 많고 적음을 따지지 않고 모두 제명하여 본관本貫으로 유배를 보내십시오."

라고 하였다. 이를 따랐다.

> 王詢 ▶ 1016년 5월 **거란인 마아 등이 내투하다**

거란契丹의 마아馬兒·보량保良·왕보王保 등 13호가 내투來投하였다.

> 王詢 ▶ 1016년 5월 **구주에서 모반을 일으킨 귤선과 영몽을 참수하다**

구주龜州의 군사 귤선橘儒과 영몽永夢이 모반하였으므로 그들을 참수하였다.

> 王詢 ▶ 1016년 5월 **거란인 요두 등이 내투하다**

거란契丹의 요두要豆·지보志甫 등 6인이 내투來投하였다.

> 王詢 ▶ 1016년 6월 **거란인 장렬 등이 내투하다**

거란의 장렬張烈·공현公現·신두申豆·유아乳兒·왕충王忠 등 30호가 내투來投하였다.

> 王詢 ▶ 1016년 7월 **통주 전투에 참가했던 자들의 작을 올려주다**

도병마사都兵馬使에서 아뢰기를,

"장군將軍 고적여高積餘와 중랑장中郞將 서긍徐肯, 낭장郞將 수암守嵒 등 3,108인은 일찍이 통주通州의 전투에서 죽이거나 사로잡은 수가 매우 많았으니, 청하건대 생존에 구애받지 말고 작爵을 1급씩 올려주십시오."

라고 하였다. 이를 따랐다.

王詢 ▶ 1016년 7월 **김현 등 14인에게 급제를 주다**

김현金顯 등 9인과 명경明經 5인에게 급제를 하사하였다.

王詢 ▶ 1016년 7월 **이주헌을 상서우복야로 삼다**

이주헌李周憲을 상서우복야尚書右僕射로 삼았다.

王詢 ▶ 1016년 7월 **거란인 유도 등이 내투하다**

거란契丹의 유도由道·고종高宗 등 9인이 내투來投하였다.

王詢 ▶ 1016년 7월 **황충의 피해가 발생하자 옥사를 신중히 처리하게 하다**

교서를 내려 이르기를,

"근래에 들건대 추수가 장차 시작되려던 때에 누리[飛蝗]가 해를 입혔다고 한다. 이것은 형정刑政이 혹 어그러져 문득 재앙과 요기가 그렇게 만든 것인가. 안팎의 죄수들 가운데 도형徒刑과 유형流刑 이하는 보증인을 찾은 후 옥에서 내보내고, 분별해서 처리할 것은 속히 해결하도록 하라."

라고 하였다.

王詢 ▶ 1016년 8월 **거란인 주간 등이 내투하다**

거란契丹의 주간朱簡·종도從道 등 8인이 내투來投하였다.

王詢 ▶ 1016년 9월 **남쪽 지방에 황충과 가뭄 피해가 발생하자 상선을 줄이고 주악을 금지하다**

남계南界 주현州縣에 누리떼[蝗蟲]와 가뭄이 들었으므로 정전을 피하고 상선常膳을 감소시켰으며, 여러 궁원에서 술을 마시거나 음악을 연주하는 것을 금지하였다.

`王詢` ▶ **1016년 9월 거란인 나간 등이 내투하다**

거란契丹의 나간羅墾 등 5인이 내투來投하였다.

`王詢` ▶ **1016년 9월 이주헌을 서경유수로 삼다**

이주헌李周憲을 서경유수西京留守로 삼았다.

`王詢` ▶ **1016년 9월 관내의 창고를 열어 기근이 든 강남지역을 구휼하다**

삼사三司에서 아뢰기를,
"강남에 기근이 들었으니, 청하건대 관내關內의 창고 곡식을 옮겨서 진휼하시기 바랍니다."
라고 하였다. 이를 따랐다.

`王詢` ▶ **1016년 9월 거란인 봉대 등이 내투하다**

거란契丹의 봉대奉大와 고리高里 등 19인이 내투來投하였다.

`王詢` ▶ **1016년 10월 남쪽 지방의 강도를 엄중히 추포하게 하다**

교敎하기를,
"남계南界에 강도가 자못 많으니, 여러 주현州縣으로 하여금 엄중히 추포하도록 하라."
라고 하였다.

`王詢` ▶ **1016년 11월 정신용의 집에 토지를 하사하다**

정신용鄭神勇의 집에 좋은 토지 20결을 하사하였다.

王詢 ▶ 1016년 11월 **최항과 유방을 관직에 임명하다**

최항崔沆을 내사시랑평장사內史侍郞平章事로 삼고, 유방庾方을 형부상서 참지정사刑部尙書 參知政事로 삼았다.

王詢 ▶ 1016년 11월 **여러 명산에서 눈을 빌다**

여러 명산[群嶽]에서 눈이 내리기를 빌었다.

王詢 ▶ 1016년 11월 **거란인 광예아 등이 내투하다**

거란契丹의 광예아匡乂兒 등 10인이 내투來投하였다.

王詢 ▶ 1016년 12월 **강감찬의 토지를 군호에게 지급하다**

이부상서吏部尙書 강감찬姜邯贊이 아뢰기를,

"신이 개령현開寧縣에 좋은 토지 12결을 가지고 있으니, 청하건대 군호軍戶에게 지급해주십시오."

라고 하였다. 이를 따랐다.

王詢 ▶ 1016년 12월 **거란인 슬불달 등이 내투하다**

거란契丹의 슬불달瑟弗達 등 6인이 내투來投하였다.

王詢 ▶ 1016년 **송의 연호를 다시 사용하다**

이 해에 다시 송宋의 연호를 사용하였다.

현종 8년(1017년)

−현종원문대왕−

王詢 ▶ 1017년 1월 **장영의 퇴직 요청을 받아들이다**

참지정사參知政事 장영張塋이 표문을 올려 퇴직을 간청하니, 이를 따랐다.

王詢 ▶ 1017년 1월 **방화 후 도적질을 하는 무리를 잡아들이도록 명하다**

중앙과 지방의 관리들로 하여금 고의로 남의 집을 불태우고 재물을 훔치는 자들을 잡아들이게 하였다.

王詢 ▶ 1017년 1월 **집을 절로 삼거나 부녀자가 출가하는 것을 재차 금하다**

개인이 집을 희사하여 절로 삼거나 부녀자가 비구니가 되는 것을 다시 금지하였다.

王詢 ▶ 1017년 3월 **정배걸 등에게 급제를 주다**

정배걸鄭倍傑 등 8인에게 급제를 하사하였다.

王詢 ▶ **1017년 4월 안종을 사주에서부터 건릉으로 이장하다**

문하평장사門下平章事 최항崔沆과 중추부사中樞副使 윤징고尹徵古를 사주泗州에 보내어 안종安宗의 재궁梓宮을 받들어 옮겨오게 하였다. 왕이 법가法駕를 준비하여 동쪽 교외에서 맞이하고는 건릉乾陵에 안치하였다.

王詢 ▶ **1017년 5월 이공을 관직에 임명하다**

이공李龔을 지중추사知中樞事로 삼았다.

王詢 ▶ **1017년 5월 김은부가 사망하다**

중추사中樞使 김은부金殷傅가 사망하였다. 김은부는 성품이 부지런하고 검소하였으며, 원성왕후元成王后·원혜왕후元惠王后·원평왕후元平王后 세 왕후가 모두 그의 딸이었다. 후에 시중侍中으로 추증되었다.

王詢 ▶ **1017년 6월 배추벌레의 피해가 발생하다**

배추벌레[蝛]가 발생하였다.

王詢 ▶ **1017년 7월 거란인 광정 등이 내투하다**

거란契丹의 광정光正 등 7호가 내투來投하였다.

王詢 ▶ **1017년 7월 이용봉, 임술광 등의 향작을 올려주다**

병부兵部에서 아뢰기를,

"정보正甫 이용봉李龍奉과 정조正朝 임술광任述光 등 30인은 모두 변경에서의 공적이 있으니, 청하건대 향작鄕爵을 1급씩 올려주십시오."

라고 하였다. 이를 따랐다.

王詢 ▶ 1017년 7월 송인 임인복 등이 토산물을 바치다

송宋 천주泉州 사람인 임인복林仁福 등 40인이 와서 토산물을 헌상하였다.

王詢 ▶ 1017년 7월 경성의 빈민을 구휼하다

경성의 빈민들을 진휼하였다.

王詢 ▶ 1017년 7월 내조한 여진말갈의 목사에게 작위와 물품을 하사하다

여진말갈女眞靺鞨의 목사木史가 부락을 이끌고 내조來朝하자, 작爵을 하사하고 이어서 의복과 물품을 하사하였다.

王詢 ▶ 1017년 7월 거란인 매슬 등이 내투하다

거란契丹의 매슬買瑟·다을多乙·정신鄭新 등 14인이 내투來投하였다.

王詢 ▶ 1017년 7월 서눌을 송에 보내다

형부시랑刑部侍郞 서눌徐訥을 송宋에 보내어 방물을 헌상하였다.

王詢 ▶ 1017년 7월 안소광이 사망하다

상서우복야尙書右僕射 안소광安紹光이 사망하였다. 안소광은 무관 집안의 자손으로서 체격과 용모가 우람하고 또한 기세를 부렸으며, 매와 말을 특히 좋아하였다. 목종穆宗이 즉위하여 〈자신을〉 보좌하고 추대한 공로를 이유로 숙위를 관장하게 하였으니, 총애하고 우대하는 바가 월등히 뛰어났다.

王詢 ▶ 1017년 8월 거란인 과허이 등이 내투하다

거란契丹의 과허이果許伊 등 3호가 내투來投하였다.

王詢 ▶ 1017년 8월 **건릉에 배알하다**

건릉乾陵에 배알하였다.

王詢 ▶ 1017년 8월 **동여진의 개다불 등이 내투하다**

동여진東女眞의 개다불蓋多弗 등 4인이 내투來投하여 변방에서 공을 세울 수 있게 해 주기를 청하니, 이를 허락하고 예물을 후하게 하사하였다.

王詢 ▶ 1017년 8월 **서여진인 개신이 거란 동경의 승려 도준을 잡아오다**

서여진西女眞의 개신揩信이 거란契丹 동경東京의 승려 도준道遵을 사로잡아 왔다.

王詢 ▶ 1017년 8월 **견일, 홍광, 고의가 흥화진에서 거란군에 승리를 거두다**

거란契丹의 소합탁蕭合卓이 흥화진興化鎭을 포위하고 9일 동안 공격하였으나 이기지 못하였다. 장군將軍 견일堅一·홍광洪光·고의高義가 나가 싸워서 크게 무찔렀으니, 목을 베거나 사로잡은 수가 매우 많았다.

王詢 ▶ 1017년 8월 **흑수말갈 아리불 등이 내투하다**

흑수말갈黑水靺鞨의 아리불阿離弗 등 6인이 내투來投하니, 강남의 주현州縣에 나누어 거처시켰다.

王詢 ▶ 1017년 9월 **거란인 군기와 여진인 고저 등이 내투하다**

거란契丹의 군기群其·곤기昆伎와 여진女眞의 고저孤這 등 10호가 내투來投하였다.

王詢 ▶ 1017년 9월 **거란인 오두 등이 내투하다**

거란契丹의 오두烏豆 등 8인이 내투來投하였다.

王詢 ▶ 1017년 9월 선정전에서 병사들을 사열하다

선정전宣政殿에 임어하여 병사들을 사열하였다.

王詢 ▶ 1017년 9월 가뭄과 황충의 피해가 발생하다

가뭄과 누리떼[蝗蟲]가 들었으므로 왕이 정전을 피하고 상선常膳을 줄였다.

王詢 ▶ 1017년 11월 5일 태백성이 나타나다

태백성太白星이 하늘을 가로질렀다.

王詢 ▶ 1017년 12월 채충순을 관직에 임명하다

채충순蔡忠順을 중추사中樞使로 삼았다.

王詢 ▶ 1017년 12월 현릉에 배알하다

현릉顯陵에 배알한 뒤 사면령을 내렸다.

王詢 ▶ 1017년 12월 고구려, 신라, 백제 왕들의 능묘를 보수하다

교敎하기를,
"고구려高句麗·신라新羅·백제百濟 왕들의 능묘는 소재지의 주현州縣으로 하여금 보수하게 하고, 땔나무의 채취를 금하며, 지나가는 자들은 말에서 내리도록 하라."
라고 하였다.

현종 9년(1018년)
―현종원문대왕―

王詢 ▶ 1018년 1월 **서경의 태조 진영에 제사를 지내다**

서경西京에 사신을 보내어 태조太祖의 성용전聖容殿에서 제사를 지내게 하였으니, 초상을 거듭 새롭게 하였기 때문이다.

王詢 ▶ 1018년 1월 **서여진인 미알달 등이 물품을 바치다**

서여진西女眞의 미알달未閼達 등 7인이 와서 갑옷과 투구, 그리고 말을 헌상하였다.

王詢 ▶ 1018년 1월 **정안국인 골수가 도망쳐오다**

정안국定安國 사람인 골수骨須가 도망쳐왔다.

王詢 ▶ 1018년 1월 **신하들이 정전으로 돌아가 상선을 복구할 것을 청하였으나, 허락하지 않다**

재신宰臣들이 백관百官을 거느리고 표문表文을 올려 〈왕에게〉 정전正殿으로 돌아가고 〈끼니 때 올리는〉 음식의 〈가짓수를 종전대로〉 회복시킬 것을 청하였으나, 〈왕이 이를〉 허락하지 않았다.

王詢 ▶ 1018년 1월 **동여진인 서율불과 서여진인 아주 등이 물품을 바치다**

동여진東女眞의 서율불鋤栗弗과 서여진西女眞의 아주阿主 등 40여 명이 와서 말과 갑옷·투구, 군용 깃발, 초서貂鼠와 청서靑鼠의 가죽을 헌상하였다.

王詢 ▶ 1018년 1월 **흥화진의 백성들에게 면포와 소금, 장을 지급하다**

흥화진興化鎭에서 근래에 전란[兵荒]으로 인하여 민民들 대다수가 추위와 굶주림을 겪고 있었기 때문에 면포綿布·소금·장醬을 지급하였다.

王詢 ▶ 1018년 1월 **상선을 복구하라는 신하들의 요청을 받아들이다**

여러 신하들이 누차 상선常膳을 복구할 것을 청하였으므로 이를 허락하였다.

王詢 ▶ 1018년 2월 **해군과 노군의 군사들에게 물품을 하사하다**

해군과 노군弩軍 두 군대의 교위校尉와 선군船軍 이하에게 차와 베를 차등있게 하사하였다.

王詢 ▶ 1018년 2월 **안무사를 혁파하다**

여러 도의 안무사安撫使를 혁파하고 4도호都護·8목牧·56지주군사知州郡事·28진장鎭將·20현령縣令을 두었다.

王詢 ▶ 1018년 2월 **서여진인 능거 등이 물품을 바치다**

서여진西女眞의 능거凌擧와 거이渠伊 등이 와서 가죽·철갑옷·말을 헌상하였다.

王詢 ▶ 1018년 2월 **선화문에서 활쏘기를 검열하다**

선화문宣化門에 임어하여 활쏘기를 검열하였다.

王詢 ▶ 1018년 2월 월령에 따라 옥사를 살피도록 명하다

교서를 내려 이르기를,

"『예기禮記』에서 말하기를, '3월[季春]에는 감옥[圜圄]을 살펴보고 차꼬와 수갑을 풀어준다.'라고 하였다. 안팎의 법사法司는 마땅히 「월령月令」을 준수하여 양화陽和를 유도하고 이로써 항식을 삼도록 하라."

라고 하였다.

王詢 ▶ 1018년 2월 동여진인 노어가 물품을 바치다

동여진東女眞의 노어獹於가 부락을 이끌고 와서 말과 초서貂鼠의 가죽을 헌상하니, 의복과 물품을 하사하였다.

王詢 ▶ 1018년 2월 흥화진의 백성들에게 관청의 소를 빌려주다

도병마사都兵馬使에서 아뢰기를,

"흥화진興化鎭이 도적에 의한 변란을 겪은 이래로 민호에 모두 소와 가축이 없어졌습니다. 청하건대 관청의 소를 빌려주어 농경을 도와주십시오."

라고 하였다. 이를 따랐다.

王詢 ▶ 1018년 2월 박명금의 관계와 관직을 그의 아버지에게 대신 주다

용주龍州의 교위校尉 박명금朴鳴金이 변경에서의 공로로 받은 관계官階와 관직을 그의 아버지에게 대신 제수할 것을 청하니, 이를 따랐다.

王詢 ▶ 1018년 2월 산천의 신령들에게 훈호를 더해주다

국내 산천山川의 신기神祇들에게 훈호勳號를 더하였다.

王詢 ▶ 1018년 2월 **서여진인 마문 등이 말을 바치다**

서여진西女眞의 마문麻抻과 마알달麻閼達 등이 와서 말을 헌상하니, 재화와 물품을 하사하였다.

王詢 ▶ 1018년 2월 **거란인 장정 등이 내투하다**

거란契丹의 장정張正 등 4인이 내투來投하였다.

王詢 ▶ 1018년 3월 **거란인 송광습 등이 내투하다**

거란契丹의 송광습宋匡襲·이개伊蓋 등 10여 인이 내투來投하였다.

王詢 ▶ 1018년 3월 **굶어죽은 자들의 시신을 묻어주도록 명하다**

교외와 경기 일대에서 굶어죽은 사람들의 유골을 수습하여 묻어주도록 명하였다.

王詢 ▶ 1018년 3월 **동여진인 아리고와 서여진인 능거 등이 물품을 바치다**

동여진東女眞의 아리고阿梨古와 서여진西女眞의 능거凌渠 등 100여 인이 와서 방물을 헌상하니, 모두 작爵을 하사하고 또한 비단匹段을 하사하였다.

王詢 ▶ 1018년 4월 5일 **무진 원정왕후 김씨가 훙서하다**

왕후 김씨가 훙서하였다. 시호를 원정元貞이라고 하고 화릉和陵에 안장하였다.

王詢 ▶ 1018년 4월 7일 **경성에 장역이 돌자 의원을 보내어 치료하게 하다**

누런 안개가 사방을 에워싸기를 무릇 4일 동안 하여 경성에서 많은 사람들이 장역瘴疫을 앓으니, 의원을 나누어 보내어 치료하였다.

王詢 ▶ 1018년 4월 **동여진인 구타라와 서여진인 거일 등이 물품을 하사하다**

동여진東女眞의 구타라仇陁羅와 서여진西女眞의 거일渠逸 등 20여 인이 와서 말·병장기·의장儀仗을 헌상하니, 의복과 물품을 하사하였다. 서여진의 목사木史와 목개木開 등 200호가 내투來投하였다.

王詢 ▶ 1018년 윤4월 **월령과 옥관령에 의거하여 옥사를 다스리게 하다**

문하시중門下侍中 유진劉瑨 등이 아뢰기를,

"서민[民庶]들에게 역병[疫癘]이 돌고 음양이 조화를 잃은 것은 모두 형정刑政이 때에 맞추어 이루어지지 않았기 때문입니다. 삼가 「월령月令」을 살펴보건대, 3월의 절기에는 감옥[囹圄]을 살펴보고 차꼬와 수갑[桎梏]을 제거하며, 함부로 매질하지 않고 송사[獄訟]를 중지한다고 하였습니다. 4월의 중기中氣에는 중죄를 지은 죄인은 너그럽게 다스리고 가벼운 죄를 지은 자를 내보내며, 7월의 중기에는 감옥을 보수하고 차꼬와 수갑을 갖추어 가벼운 형을 처단하고 작은 죄를 판결한다고 하였습니다. 또한 「옥관령獄官令」을 살펴보건대, 입춘立春에서부터 추분秋分에 이르기까지는 사형을 아뢰어 판결하지 않되, 악역惡逆을 저지른 경우에는 이 법령에 구애되지 않는다고 하였습니다. 그러나 형법을 맡은 관리들이 아직 자세히 살피는 것을 다하지 못하였을까 염려됩니다. 청하건대 지금 이후로는 안팎의 담당 관청으로 하여금 모두 〈이에〉 의거하여 시행하게 하십시오."

라고 하였다. 이를 따랐다.

王詢 ▶ 1018년 윤4월 **동여진의 아로대 등이 물품을 바치다**

동여진東女眞의 추장酋長 아로대阿盧大 등이 와서 말과 초서貂鼠의 가죽을 헌상하니, 의복과 물품을 하사하였다.

王詢 ▶ 1018년 윤4월 송인 왕숙자 등이 토산물을 바치다

송宋 강남江南 사람인 왕숙자王肅子 등 24인이 와서 토산물을 헌상하였다.

王詢 ▶ 1018년 윤4월 개국사 탑을 수리하고 3천여 명을 승려로 삼다

개국사開國寺의 탑을 수리하고, 3,200여 인을 승려로 삼았다.

王詢 ▶ 1018년 5월 거란인 사부가 내투하다

거란契丹의 사부史夫가 내투來投하였다.

王詢 ▶ 1018년 5월 승려 십만 명에게 반승하다

100,000명에게 반승飯僧하였다.

王詢 ▶ 1018년 5월 동여진인 우나 등이 물품을 바치다

동여진東女眞의 우나牛那·특오特烏·이불伊弗 등 30여 인이 와서 말과 병장기를 헌상하니, 모두 작爵·의복·물품을 하사하였다.

王詢 ▶ 1018년 5월 강감찬을 서경유수 내사시랑평장사로 삼다

강감찬姜邯贊을 서경유수 내사시랑평장사西京留守 內史侍郎平章事로 삼았다. 왕이 손수 고신告身의 뒤에 써서 이르기를, "경술년1010 중 외적의 침입[虜塵]이 있게 되자 창과 방패가 한강漢江의 물가까지 깊이 침투해 들어왔다. 당시에 강공姜公의 계책을 쓰지 않았다면 온 나라가 모두 오랑캐[左袵]가 되었을 것이다."라고 하였다. 세상의 많은 사람들이 이를 영예롭게 여겼다.

王詢 ▶ 1018년 5월 강윤봉 등의 작을 올려주다

좌윤佐尹 강윤봉康閏奉 등 19인에게 전공을 이유로 작爵을 1급씩 더해주었다.

王詢 ▶ 1018년 5월 서북계에 배추벌레 피해가 발생하다

서북계西北界에 배추벌레[蝨]가 발생하였다.

王詢 ▶ 1018년 5월 전공을 세운 군사들과 전사한 자들에게 포상과 부의를 하사하다

교敎하기를,
"을묘년1015에 거란이 침략하였을 적에 여러 주와 진鎭의 장군과 병졸들로서 공적을 쌓은 자는 자급資級을 높여주고, 전사한 자에게는 부의[賻贈]를 넉넉하게 더해주도록 하라."
라고 하였다.

王詢 ▶ 1018년 5월 황정 등에게 급제를 주다

황정黃靖 등 9인과 명경明經 10인에게 급제를 하사하였다.

王詢 ▶ 1018년 5월 서여진인 타억 등이 물품을 바치다

서여진西女眞의 타억陁億·실불實弗 등 10인이 와서 말·갑옷·투구를 헌상하니, 모두 관직을 올려주고 물품을 하사하였다.

王詢 ▶ 1018년 6월 19일 혜성이 나타나다

혜성이 북두 자리에 나타났는데, 길이가 4장 정도 되었다.

> 王詢 ▶ **1018년 6월 채충순을 이부상서 참지정사로 삼다**

채충순蔡忠順을 이부상서 참지정사吏部尙書 參知政事로 삼았다.

> 王詢 ▶ **1018년 6월 서북여진의 가을불 등이 물품을 바치다**

서북여진西北女眞의 가을불加乙弗 등 30인이 와서 말과 병장기를 헌상하였다.

> 王詢 ▶ **1018년 6월 현화사를 창건하다**

비로소 현화사玄化寺를 창건하여 돌아가신 아버지와 어머니의 명복을 빌기 위한 바탕으로 삼았다.

> 王詢 ▶ **1018년 6월 동여진인 이골이와 서여진인 제모 등이 내조하다**

동여진東女眞의 이골이尼骨伊와 서여진西女眞의 제모諸毛 등이 내조來朝하였다.

> 王詢 ▶ **1018년 6월 전공을 세운 양악 등의 작을 올려주다**

병부兵部에서 아뢰기를,
"장군將軍 양악楊渥과 중랑장中郞將 함진咸進 등 449인은 모두 변경에서의 공적이 있으니, 작爵을 1급씩을 올려주십시오."
라고 하였다. 이를 따랐다.

> 王詢 ▶ **1018년 7월 17일 왕자 왕형이 태어나다**

왕자 왕형王亨이 태어났다.

> 王詢 ▶ **1018년 7월 동여진의 오두주 등이 물품을 바치다**

동여진東女眞의 오두주烏頭朱 등 30여 인이 와서 말과 병장기를 헌상하니, 모두 의

복과 물품을 하사하였다.

王詢 ▶ 1018년 8월 **전사한 자들의 유가족에게 물품을 하사하다**

교教하기를,

"을묘년1015 이래로 북쪽 변경에서 전사한 장수와 병졸들의 부모 및 처자식에게는 물품을 차등있게 하사하도록 하라."

라고 하였다.

王詢 ▶ 1018년 9월 **삼위군, 응양군, 공신 자손 등의 무예를 시험하다**

선화문宣化門에 임어하여 삼위군三衛軍과 응양군鷹揚軍, 공신의 자손 및 문반 6품 이하로서 무예가 있는 자들을 모아놓고 시험을 쳐서 등수를 정하였다.

王詢 ▶ 1018년 9월 **김심언이 사망하다**

내사시랑평장사內史侍郎平章事 김심언金審言이 사망하였다. 김심언은 처음에 상시常侍 최섬崔暹을 좇아 배웠는데, 최섬이 앉아서 졸다가 김심언의 정수리 위에서 화기火氣가 솟구쳐 하늘로 올라가는 꿈을 꾸고는 마음속으로 그를 기이한 인물이라고 여겨 자신의 딸을 처로 삼게 하였다. 과거에 급제한 후에는 대성臺省의 관직을 두루 거쳤으며, 외방의 주州로 다스리러 나갔을 적에는 농경에 힘쓰고 민民을 사랑하여 당시의 칭찬을 두텁게 얻었다.

王詢 ▶ 1018년 9월 **내조한 동여진인 이우불의 향직을 올려주다**

동여진東女眞의 이우불尼于弗이 내조來朝하니, 향직鄕職을 올려서 제수하였다.

王詢 ▶ 1018년 9월 **윤징고를 중추사로 삼다**

윤징고尹徵古를 중추사中樞使로 삼았다.

王詢 ▶ 1018년 9월 사면령을 내리다

사면령을 내렸다.

王詢 ▶ 1018년 10월 김노현이 사망하다

우복야右僕射 김노현金老玄이 사망하였다. 김노현은 근면함과 재간으로 칭송을 받았으므로 매번 영건하는 일이 생기면 반드시 〈그에게〉 감독을 맡도록 하였다.

王詢 ▶ 1018년 10월 적을 사로잡은 여진의 목사 등에게 물품을 하사하다

구주龜州에 있는 여진女眞의 목사木史 등 34인에게 견주絹紬와 베 500여 필로 적을 잡아 온 공로를 포상하였다.

王詢 ▶ 1018년 10월 강감찬을 서북면행영도통사로 삼다

내사시랑평장사內史侍郞平章事 강감찬姜邯贊을 서북면행영도통사西北面行營都統使로 삼았다.

王詢 ▶ 1018년 10월 동여진과 서여진의 추장 염지거, 이나 등이 물품을 바치다

동여진東女眞·서여진西女眞의 추장會長 염지거鹽之渠·이나伊那·서을나徐乙那 등 50인이 와서 말·갑옷·투구·병장기를 헌상하니, 모두 의복과 물품을 하사하였다.

王詢 ▶ 1018년 10월 원영을 거란에 보내어 화친을 청하다

예빈소경禮賓少卿 원영元永을 거란契丹에 보내어 화친을 청하였다.

王詢 ▶ 1018년 11월 정전으로 돌아가 상선을 복구하라는 신하들의 요청을 받아들이다

재상[輔臣]들이 혜성이 이미 사라졌으므로 표문을 올려 정전에 임어하고 상선常膳

을 복구할 것을 청하였다. 이를 따랐다.

王詢 ▶ 1018년 11월 전보인을 상서좌복야로 삼다

전보인全輔仁을 상서좌복야尚書左僕射로 삼았다.

王詢 ▶ 1018년 11월 우산국 백성들에게 농기구를 하사하다

우산국于山國이 동북여진東北女眞에 의해 노략질을 당하여 농업이 피폐해졌으므로 농기구를 하사하였다.

王詢 ▶ 1018년 12월 10일 강감찬 등이 거란의 소손녕에게 맞서 대승을 거두다

거란契丹의 부마駙馬 소손녕蕭遜寧이 군사들을 거느리고 와서 침략하면서 100,000명의 군대라 칭하였다. 왕은 평장사平章事 강감찬姜邯贊을 상원수上元帥로 삼고 대장군大將軍 강민첨姜民瞻으로 하여금 그를 보좌하게 하여 병사 208,300명을 거느리고 영주寧州에 주둔하게 하였다. 흥화진興化鎭에 이르자 기병 12,000명을 선발하여 산골짜기 한가운데에 매복시키고 또한 굵은 줄로 쇠가죽을 꿰어서 성 동쪽의 큰 강을 막고서 적군을 기다리다가, 적군이 이르자 막았던 강을 터뜨리고 복병들을 내보내서 적을 크게 격파하였다. 소손녕이 병사들을 이끌고 곧장 경성으로 달려가자 강민첨이 추격하여 자주慈州의 내구산來口山에 이르러 그들을 크게 패배시켰다. 시랑侍郞 조원趙元도 또한 마탄馬灘에서 공격하여 만여 급의 목을 베거나 사로잡았다.

王詢 ▶ 1018년 12월 26일 경성의 경계를 강화하다

경인. 경성 안에 경계를 엄중히 하였다.

王詢 ▶ 1018년 12월 29일 혜성이 나타나다

혜성이 천시원天市垣에 나타났다.

王詢 ▶ **1018년 12월 동북여진의 아차, 오을불 등이 물품을 바치다**

동북여진의 아차阿次·오을불烏乙弗 등 14인이 와서 말과 병장기를 헌상하였다.

王詢 ▶ **1018년 12월 거란인 왕수가 내투하다**

거란契丹의 왕수王遂가 내투來投하였다.

王詢 ▶ **1018년 12월 태조의 재궁을 향림사에 안치하다**

태조太祖의 재궁梓宮을 받들어 부아산負兒山 향림사香林寺로 옮겨 안치하였다.

王詢 ▶ **1018년 12월 사면령을 내리고 미납된 조세를 감면하다**

유형流刑 이하의 죄인들에게 사면령을 내리고, 주군州郡의 2년 이전에 미납된 조세를 감면해주었다.

현종 10년(1019년)

−현종원문대왕−

王詢 ▶ 1019년 1월 2일 **거란군이 도성에 접근하자 강감찬이 경계를 강화하다**

강감찬姜邯贊은 거란契丹의 병사들이 도성 가까이에 이르자 병마판관兵馬判官 김종현金宗鉉을 보내어 병사 10,000명을 거느리고 길을 서둘러 가서 경성으로 들어가 호위하게 하였다. 동북면병마사東北面兵馬使 또한 병사 3,300명을 보내어 지원하였다.

王詢 ▶ 1019년 1월 3일 **경성 근처에서 소손녕의 척후병을 격파하다**

소손녕蕭遜寧이 신은현新恩縣에 이르렀는데, 경성과의 거리가 100리에 불과하였다. 왕이 성 밖의 민호를 거두어 안쪽으로 들인 후 들판을 비워놓고 적군을 기다리도록 명하였다. 소손녕은 야율호덕耶律好德을 보내어 서신을 가지고 통덕문으로 가서 군사를 돌릴 것이라고 알리게 하고는 몰래 척후기병[候騎] 300여 기를 금교역金郊驛으로 보냈다. 우리가 병사 100명을 보내서 밤을 틈타 급습하여 이들을 죽였다.

王詢 ▶ 1019년 1월 23일 **연주, 위주에서 강감찬이 거란군을 격파하다**

거란契丹이 군사를 되돌려 연주漣州·위주渭州에 이르니, 강감찬姜邯贊 등이 급습하여 500여 급의 머리를 베었다.

1019년 1월 동여진인 우나 등이 내조하다

동여진東女眞의 추장酋長 우나于邢 등이 내조來朝하였다.

1019년 2월 1일 강감찬, 김종현 등이 귀주에서 거란군에 대승을 거두다

거란契丹의 병사들이 구주龜州를 지나가자 강감찬姜邯贊 등이 동쪽 교외에서 격전을 벌였으나 양쪽 진영이 서로 대치하여 승패가 나지 않았다. 〈이때〉 김종현金宗鉉이 병사들을 이끌고 도달하였는데, 홀연히 비바람이 남쪽으로부터 불어와 깃발들이 북쪽을 향해 휘날렸다. 아군이 그 기세를 타고 분발하여 공격하니, 용맹한 기운이 배가 되었다. 거란군이 북쪽으로 달아나자 아군이 그 뒤를 쫓아가서 공격하였는데, 석천石川을 건너 반령盤嶺에 이르기까지 쓰러진 시체가 들을 가득 채우고, 노획한 포로·말·낙타·갑옷·투구·병장기는 이루 다 셀 수가 없었으며, 살아서 돌아간 적군은 겨우 수천 인에 불과하였다. 거란의 병사들이 패배한 것이 이때처럼 심한 적이 없었다. 거란의 군주가 그 소식을 듣고 크게 노하여 사자를 보내어 소손녕을 책망하며 말하기를, "네가 적을 가볍게 보고 깊이 들어감으로써 이 지경에 이르게 되었으니, 무슨 면목으로 나를 볼 것인가? 짐이 마땅히 너의 낯가죽을 벗겨낸 이후에 죽일 것이다."라고 하였다.

1019년 2월 6일 강감찬 등에게 연회를 베풀고 포상하다

삼군三軍이 승리하고 돌아와 노획물을 바치니, 왕이 친히 영파역迎波驛에서 맞이하고, 채붕을 엮고 음악을 준비하여 장수들과 병사들에게 연회를 베풀어 주었다. 금으로 만든 꽃 8가지를 친히 강감찬姜邯贊의 머리에 꽂아준 후 오른손에는 금으로 된 술잔을, 왼손에는 강감찬의 손을 잡고서 위로하고 찬탄하기를 그치지 않으니, 강감찬이 절을 올려 감사의 뜻을 표하면서 몸 둘 바를 몰라 하였다. 이어서 영파를 흥의興義로 바꾸고 역리驛吏들에게 공복冠帶을 하사하여 주현州縣의 아전들과 동등하게 해주었다.

王詢 ▶ 1019년 2월 **장수들에게 연회를 베풀어 노고를 치하하다**

명복전明福殿에서 장수들에게 연회를 베풀고, 아울러 삼군三軍의 노고를 치하하였다.

王詢 ▶ 1019년 2월 **전보인이 사망하다**

우복야右僕射 전보인全輔仁이 사망하였다. 〈전보인은〉 성품이 경솔하고 조급하였으나, 명경明經 출신으로서 여러 차례 학관學官에 제수되었으므로 당시의 사람들이 학식이 높은 선비[宿儒]라고 칭송하였다.

王詢 ▶ 1019년 3월 **일식이 일어나다**

일식이 있었다.

王詢 ▶ 1019년 3월 **문인위가 사망하다**

상서좌복야尙書左僕射 문인위文仁渭가 사망하였다. 문인위는 진솔하고 꾸밈이 없었다. 목종穆宗 때에 천추궁사千秋宮使가 되었는데, 김치양金致陽이 주살되자 천추궁의 요속들 대부분이 연좌되어 죽거나 유배되었으나 문인위만은 홀로 강조康兆의 비호를 받아 화를 면하였다.

王詢 ▶ 1019년 3월 **전사한 유백부 등을 추증하고, 유가족에게 부의를 하사하다**

통주도부서通州都部署의 유백부庾伯符 등 173인이 힘써 싸우다가 전사하였으므로, 관직을 추증하고 그 집에 쌀과 보리를 차등있게 하사할 것을 명하였다.

王詢 ▶ 1019년 3월 **철리국의 사신 아로대가 물품을 바치다**

철리국鐵利國 추장酋長 나사那沙의 사신인 아로대阿盧大가 와서 말을 헌상하였다.

王詢 ▶ **1019년 3월 왕궁의 호위병들이 봄에 철갑옷을 입는 것을 금하다**

예사禮司에서 아뢰기를,
"청하건대 왕궁을 호위하는 사졸들이 봄철에 쇠로 만든 갑옷을 입는 것을 금하십시오."
라고 하였다. 이를 따랐다.

王詢 ▶ **1019년 4월 수안현, 상산현 등의 백성들에게 식량과 종자를 지급하다**

수안현遂安縣·상산현象山縣·협계현峽溪縣·신은현新恩縣 등지의 백성들이 거란契丹의 병사들로 인하여 곤궁해졌으므로 관청에서 식량과 종자를 지급하였다.

王詢 ▶ **1019년 4월 강감찬이 차사를 청하였으나, 허락하지 않다**

강감찬姜邯贊이 표문을 올려 나이를 이유로 은퇴를 청하였으나, 윤허하지 않고 궤장几杖을 하사하였다.

王詢 ▶ **1019년 4월 해적선을 나포하여 일본인 포로들을 돌려보내다**

진명선병도부서鎭溟船兵都部署의 장위남張渭男 등이 해적선 8척을 붙잡았다. 공역령供驛令 정자량鄭子良을 일본日本에 보내어 해적들이 사로잡았던 사람들 259인을 되돌려 보냈다.

王詢 ▶ **1019년 5월 장산현, 해안현 등의 조세를 감면하다**

장산현獐山縣·해안현解顏縣 등지의 금년 조세를 감면해주었다.

王詢 ▶ **1019년 5월 거란 동경의 오장공이 알현하러 오다**

거란契丹 동경東京의 문적원소감文籍院少監 오장공烏長公이 와서 알현하였다.

王詢 ▶ 1019년 5월 **가뭄으로 인하여 죄수들을 풀어주다**

가물었으므로 죄수들을 풀어주었다慮囚.

王詢 ▶ 1019년 5월 **철리국에 사신을 보내다**

사신을 철리국鐵利國으로 보내어 보빙報聘하였다.

王詢 ▶ 1019년 6월 **동여진인 나사불 등이 내조하다**

동여진東女眞의 추장酋長 나사불那沙弗 등이 무리를 거느리고 내조來朝하였다.

王詢 ▶ 1019년 6월 **곽원의 요청으로 진사시의 시험방식을 바꾸다**

한림학사翰林學士 곽원郭元이 아뢰기를,

"청하건대 진사시에서 대책對策을 없애고 논論으로 시험하되, 반드시 『예기禮記』 중에 있는 뜻으로써 시제試題를 삼으십시오."

라고 하였다. 이를 따랐다.

王詢 ▶ 1019년 6월 **영평진에 성을 쌓다**

영평진永平鎭에 성을 쌓았다.

王詢 ▶ 1019년 7월 **이응보와 이원을 관직에 임명하다**

이응보異膺甫와 이원李元을 좌복야左僕射와 우복야右僕射로 삼았다.

王詢 ▶ 1019년 7월 **송인 진문궤 등이 토산물을 바치다**

송宋 천주泉州 사람인 진문궤陳文軌 등 100인이 와서 토산물을 헌상하였다.

王詢 ▶ 1019년 7월 **서여진의 아라불 등이 말을 바치다**

서여진西女眞의 추장酋長 아라불阿羅弗이 무리를 거느리고 와서 말을 헌상하였다.

王詢 ▶ 1019년 7월 **송인 우선 등이 물품을 바치다**

송宋 복주福州 사람인 우선虞瑄 등 100여 인이 와서 향료와 약재를 헌상하였다.

王詢 ▶ 1019년 7월 **거란과의 전투에서 공을 세운 자들의 관계와 관직을 올려주다**

도병마사都兵馬使에서 아뢰기를,
"이제 전쟁터에서 거란契丹을 막아 전공이 있는 자 9,472인에게는 각각 관계官階와 관직을 올려주십시오."
라고 하였다. 이를 따랐다.

王詢 ▶ 1019년 7월 **피난을 왔던 우산국의 백성들을 돌려보내다**

우산국于山國의 민호로서 일찍이 여진女眞의 침략을 피하여 도망쳐 온 자들을 모두 돌아가게 하였다.

王詢 ▶ 1019년 7월 **신규 급제자들의 영친식을 정하다**

새로 급제한 이들이 친지들에게 영화를 돌리는 의식[榮親式]을 정하였다.

王詢 ▶ 1019년 8월 **신정을 맞아 최원신과 이수화를 송에 보내다**

예부경禮部卿 최원신崔元信과 이수화李守和를 송宋에 보내어 신정을 하례하였다.

王詢 ▶ 1019년 8월 **거란에서 동경가 오다**

거란契丹의 동경사東京使인 공부소경工部少卿 고응수高應壽가 왔다.

王詢 ▶ 1019년 8월 **이인택을 거란 동경으로 보내다**

고공원외랑考功員外郞 이인택李仁澤을 거란契丹의 동경東京에 파견하였다.

王詢 ▶ 1019년 8월 **유진이 사망하다**

문하시중 유진劉瑨이 사망하였다. 유진은 충주忠州 대원현大原縣 사람이다. 후비 가운데 성이 유씨劉氏인 자들은 모두 그의 종宗에서부터 나왔으므로 세상에서 왕실의 친척[戚里]이라고 여겼다. 사람됨이 청렴하고 결백하였으며, 아름다운 풍채가 있었다. 광종光宗 이래로 항상 〈왕과〉 가까운 직책에 거하며 일찍이 외방으로 보임된 적이 없었다. 비록 간언[獻替]한 일은 없었으나 자못 대신[公輔]들의 신망을 얻었다.

王詢 ▶ 1019년 8월 **동여진의 모일라가 내조하다**

동여진東女眞의 모일라毛逸羅가 무리를 이끌고 내조來朝하니, 그 관계官階와 관직을 올려주었다.

王詢 ▶ 1019년 9월 1일 **일식이 있을 것이라고 하였으나 구름에 가려 보이지 않다**

태사太史가 일식이 있을 것이라고 아뢰었으나, 구름에 가려져 보이지 않았다.

王詢 ▶ 1019년 9월 **양규와 김숙흥에게 공신녹권을 하사하다**

양규楊規와 김숙흥金叔興에게 공신녹권을 하사하였다.

王詢 ▶ 1019년 11월 **강감찬에게 관직과 봉작을 하사하다**

강감찬姜邯贊을 검교태위 문하시랑 동내사문하평장사 천수현개국남 식읍300호 檢校太尉 門下侍郞 同內史門下平章事 天水縣開國男 食邑三百戶로 삼았다.

王詢 ▶ 1019년 11월 강남의 정호를 상산현, 이천현 등지로 옮기다

강남 주현州縣의 정호丁戶들을 옮겨서 상산현象山縣·이천현伊川縣·수안현遂安縣·신은현新恩縣·협계현峽溪縣·우봉현牛峯縣 등지를 채웠다.

王詢 ▶ 1019년 11월 태조의 재궁을 다시 현릉에 안장하다

태조太祖의 재궁梓宮을 받들어 다시 현릉顯陵에 안장하였다.

王詢 ▶ 1019년 12월 1일 왕자 왕서가 태어나다

왕자 왕서王緖가 태어났다.

王詢 ▶ 1019년 12월 29일 혜성이 나타나다

혜성이 나타났다.

王詢 ▶ 1019년 12월 동흑수의 구돌라가 물품을 바치다

동흑수東黑水의 추장酋長 구돌라仇突羅가 와서 말과 병장기를 헌상하였다.

王詢 ▶ 1019년 12월 최사위, 강감찬, 유방, 채충순에게 공신호를 하사하다

최사위崔士威를 추충좌리동덕공신 청하현개국남 식읍300호推忠佐理同德功臣 淸河縣開國男食邑三百戶로 삼고, 강감찬姜邯贊을 추충협모안국공신推忠恊謀安國功臣으로, 유방庾方을 추성좌리보국공신 천승현개국남 식읍300호推誠佐理輔國功臣 千乘縣開國男食邑三百戶로, 채충순蔡忠順을 추충진절위사공신 제양현개국남 식읍300호推忠盡節衛社功臣 濟陽縣開國男食邑三百戶로, 강민첨姜民瞻을 추성치리익대공신推誠致理翊戴功臣으로 삼았다.

王詢 ▶ 1019년 12월 현릉에 배알하다

현릉顯陵에 배알하였다.

현종 11년(1020년)
−현종원문대왕−

王詢 ▶ 1020년 1월 **진함조를 관직에 임명하다**

진함조晉含祚를 우복야右僕射로 삼았다.

王詢 ▶ 1020년 1월 **흑수말갈의 알시경 등이 토산물을 바치다**

흑수말갈黑水靺鞨의 알시경閼尸頃과 고지문高之門 등 24인이 와서 토산물을 헌상하였다.

王詢 ▶ 1020년 1월 **최항에게 공신호를 하사하다**

최항崔沆에게 추충진절위사공신推忠盡節衛社功臣의 호를 하사하였다.

王詢 ▶ 1020년 1월 **서여진의 고두화가 토산물을 바치다**

서여진西女眞의 추장酋長 고두화高豆化가 와서 토산물을 헌상하였다.

王詢 ▶ 1020년 2월 **전사한 군인들의 집에 물품을 하사하다**

수안현遂安縣의 군인 혁연赫然·이증李曾과 구주龜州의 군인 시음달柴音達이 전사하였으므로 그들의 집에 후하게 하사품을 내렸다.

王詢 ▶ 1020년 2월 동여진의 검불라 등이 말을 바치다

동여진東女眞의 검불라黔弗羅 등 7인이 와서 말을 헌상하였다.

王詢 ▶ 1020년 2월 거란에 억류된 진적, 이예균 등의 유가족에게 물품과 봉작 및 관직을 하사하다

문하시랑門下侍郎 진적陳頔과 이예균李禮均, 내사시랑內史侍郎 왕동영王同穎, 사재경司宰卿 윤여尹餘, 장작소감將作少監 왕좌섬王佐暹, 소부승少府丞 김덕화金德華, 장작주부將作注簿 김징호金徵祜, 태의감太醫監 김득굉金得宏이 거란契丹에 억류되었으므로 그들의 처에게 각각 미곡을 차등있게 하사하였으며, 왕좌섬의 처는 개성군군開城郡君으로 봉하고 그 아들 왕이보王夷甫에게는 예부주사禮部主事를 제수하였다.

王詢 ▶ 1020년 2월 송인 회지 등이 토산물을 바치다

송宋 천주泉州 사람인 회지懷贄 등이 와서 토산물을 헌상하였다.

王詢 ▶ 1020년 2월 거란에 사신을 보내어 관계 복구를 요청하다

이작인李作仁으로 하여금 표문을 받들고 거란으로 가게 하여 예전과 같이 번국藩國을 칭하고 공물을 바치게 해줄 것을 요청하였으며, 이어서 억류하고 있던 야율행평耶律行平 등을 돌려보냈다.

王詢 ▶ 1020년 3월 거란에서 사신이 오다

거란契丹의 사신인 검교사도檢校司徒 한소옹韓紹雍이 왔다.

王詢 ▶ 1020년 3월 여진인 불나 등이 내조하다

여진女眞의 귀덕장군歸德將軍 불나弗那가 무리를 거느리고 내조來朝하였다.

王詢 ▶ 1020년 3월 전공을 세운 팽홍패 등의 자급을 올려주다

장군將軍 팽홍패彭共霸 등 10인이 변경에서의 공적이 있었으므로 모두 1급씩 올려주었다.

王詢 ▶ 1020년 3월 노부모를 봉양해야 하는 자들의 군역 부담을 면제 또는 경감시키다

채충순蔡忠順이 청하기를,

"군사들 중에 나이 80세 이상의 부모가 있는 자들은 군역을 면제시켜서 부모를 봉양하게 하며, 여러 문무 관료로서 70세 이상의 부모가 있으나 다른 형제가 없는 이들은 외직에 보임되는 것을 윤허하지 마시고, 부모가 병에 걸렸을 경우에는 200일의 말미를 주어 돌보게 하십시오."

라고 하였다. 이를 따랐다.

王詢 ▶ 1020년 3월 정신용의 집에 곡식을 하사하다

정신용鄭神勇의 집에 곡식 300석을 하사하였다.

王詢 ▶ 1020년 4월 왕자 왕흠을 연경군으로 봉하다

왕자 왕흠王欽을 책봉하여 개부의동삼사 검교태사 수사도 겸 내사령 상주국 숭인광효보운공신開府儀同三司 檢校太師 守司徒 兼 內史令 上柱國 崇仁廣孝輔運功臣으로 삼고 연경군延慶君으로 봉하였다.

> 王詢 ▸ 1020년 4월 **상참 이상의 문무관리들에게 물품을 하사하다**

문무 상참常參 이상에게 명복전明福殿에서 연회를 베풀고 물품을 차등있게 하사하였다.

> 王詢 ▸ 1020년 4월 **거란에 사신을 보내어 왕자 책봉을 알리다**

예부상서禮部尙書 양진梁稹과 형부시랑刑部侍郞 한거화韓去華를 거란契丹에 보내어 왕자를 책봉하였음을 알리려고 하자 재신宰臣 유방庾方 등이 간언하여 이를 저지하였으나, 받아들이지 않았다.

> 王詢 ▸ 1020년 4월 **동여진인 달로 등이 쌀을 바치다**

동여진東女眞의 추장酋長 달로達魯가 무리를 이끌고 와서 쌀 300석을 헌상하였다.

> 王詢 ▸ 1020년 5월 **유사가 노부모를 둔 변방 군인들의 군역을 면제해달라고 요청하다**

유사有司에서 아뢰기를,
"이전의 제도에서 무릇 나이가 80이상인 자와 독질篤疾인 자에게는 시정侍丁 1명을 지급하고, 90세 이상인 자에게는 2명, 100세인 자에게는 5명을 지급하게 하였는데, 오직 변방을 지키는 자들에게만 지급하지 않았습니다. 청하건대 이제 변방을 지키는 군인들도 또한 군역을 면제시켜 부모를 봉양하게 하시기 바랍니다."
라고 하였다.

> 王詢 ▸ 1020년 5월 **이원현 등에게 급제를 주다**

이원현李元顯 등 10인과 명경明經 3인에게 급제를 하사하였다.

王詢 ▶ 1020년 5월 **흑수말갈의 오두나 등이 토산물을 바치다**

흑수말갈黑水靺鞨의 오두나烏頭那등 70여 인이 와서 토산물을 헌상하였다.

王詢 ▶ 1020년 5월 **사신으로서 그릇된 행실을 했다는 이유로 최원신과 이수화를 유배보내다**

최원신崔元信과 이수화李守和가 사명使命을 받든 채로 더럽고 욕된 일을 했다고 하여 모두 유배 보냈다.

王詢 ▶ 1020년 6월 **서북계에 황충의 피해가 발생하다**

서북계西北界에 누리떼[蝗蟲]가 발생하였다.

王詢 ▶ 1020년 6월 **노집중을 거란 동경에 파견하다**

사재소경司宰少卿을 차함借銜한 노집중盧執中을 거란의 동경東京으로 파견하였다.

王詢 ▶ 1020년 6월 **불내국의 사가문이 토산물을 바치다**

불내국弗柰國의 추장酋長 사가문沙訶問이 여진女眞의 노울달奴鬱達을 보내어 토산물을 헌상하였다.

王詢 ▶ 1020년 6월 **강감찬의 치사를 허락하다**

문하시랑 강감찬姜邯贊이 표문으로 치사致仕를 요청하니, 이를 따랐다. 이어서 특진검교태부 천수현개국자 식읍500호特進檢校太傅 天水縣開國子 食邑五百戶를 더하였다.

王詢 ▶ 1020년 7월 **가뭄으로 인하여 죄수들을 방면하다**

오랫동안 날이 가물었으므로 죄수들을 풀어주었대[慮囚].

> 王詢 ▶ 1020년 8월 **현화사에 둔전을 하사하다**

안서도安西道의 둔전 1,240결을 현화사玄化寺에 시주하였다. 양성兩省에서 두세 차례나 논박하였으나, 받아들이지 않았다.

> 王詢 ▶ 1020년 8월 **최치원을 내사령으로 추증하고 묘정에 배향하다**

신라新羅의 집사성시랑執事省侍郎 최치원崔致遠을 내사령內史令으로 추증하고, 옛 성인들의 묘정에 배향하였다.

> 王詢 ▶ 1020년 9월 **신하들에게 연회를 베풀어 주다**

관인전寬仁殿에서 여러 신하들에게 연회를 베풀었다.

> 王詢 ▶ 1020년 9월 **왕이 현화사에 행차하여 새로 주조한 종을 치다**

왕이 현화사玄化寺에 가서 새로 주조한 종을 친히 쳤다. 또한 여러 신료들에게 명하여 종을 치게 하고, 각자 의복·물품·비단匹段을 희사하게 하였다.

> 王詢 ▶ 1020년 **최제안과 김맹을 각각 거란과 송에 보내다**

이 해에 최제안崔齊顔을 거란契丹에 보내어 천령절千齡節을 하례하고, 김맹金猛을 송宋에 보냈다.

현종 12년(1021년)

−현종원문대왕−

王詢 ▶ 1021년 1월 **흑수말갈의 아두타불 등이 물품을 바치다**

흑수말갈의 추장酋長 아두타불阿豆陁弗 등이 와서 말·활·화살을 헌상하였다.

王詢 ▶ 1021년 2월 **거란이 요거신을 사신으로 보내다**

거란이 어사대부御史大夫 요거신姚居信을 보내어 내빙來聘하였다.

王詢 ▶ 1021년 2월 **안주 지역의 요역과 조세를 감면하다**

안주安州의 민호를 2년 동안 복호復戶하고 경술년1010 이래로 체납된 조세의 절반을 감면하였다.

王詢 ▶ 1021년 2월 **인수문 바깥 민가가 불에 타다**

인수문仁壽門 바깥에서 2,000호가 불탔다.

王詢 ▶ 1021년 2월 **동여진의 마저개 등이 내조하다**

동여진東女眞의 회화장군懷化將軍 마저개摩底介가 무리를 거느리고 내조來朝하였다.

王詢 ▶ 1021년 2월 **경성의 90세 이상 남녀에게 물품을 하사하다**

경성의 남녀로서 90세 이상인 자에게 술·음식·차·약·베·비단을 차등있게 하사하였다.

王詢 ▶ 1021년 3월 **유방과 주덕명을 관직에 임명하다**

유방庾方을 내사시랑평장사內史侍郎平章事로 삼고, 주덕명朱德明을 상서좌복야尙書左僕射로 삼았다.

王詢 ▶ 1021년 3월 **서여진의 모일라 등이 물품을 바치다**

서여진西女眞의 모일라毛逸羅와 나홀라那忽邏 등이 와서 말과 초서貂鼠의 가죽을 헌상하였다.

王詢 ▶ 1021년 3월 **철리국에서 종전대로 귀부하기를 요청하다**

철리국鐵利國에서 사신과 표문을 보내어 예전과 같이 귀부할 수 있기를 청하였다.

王詢 ▶ 1021년 3월 **거란 동경사가 내빙하다**

거란契丹의 동경사東京使인 산기상시散騎常侍 장징악張澄岳이 내빙來聘하였다.

王詢 ▶ 1021년 5월 **고선사와 창림사의 금라가사와 불정골, 불아를 내전에 안치하다**

상서좌승尙書左丞 이가도李可道에게 명하여 경주慶州에 가서 고선사高僊寺의 금라가사金羅袈裟와 부처님의 정수리뼈, 창림사昌林寺의 부처님 치아를 가져오게 한 후 모두 내전內殿에 안치하였다.

王詢 ▶ 1021년 6월 **승려들의 음주와 음악 연주를 금지하다**

사헌대司憲臺에서 아뢰어 여러 사찰의 승려들이 술을 마시고 음악을 연주하는 것을 금지하였다.

王詢 ▶ 1021년 6월 **장영을 치사하게 하고, 주정을 관직에 임명하다**

장영張瑩을 상서좌복야 동내사문하평장사 상주국尙書左僕射 同內史門下平章事 上柱國으로 삼고, 이어서 치사致仕하도록 하였다. 주정周佇을 한림학사 승지 숭문보국공신 좌산기상시 상주국翰林學士 承旨 崇文輔國功臣 左散騎常侍 上柱國으로 삼았다.

王詢 ▶ 1021년 6월 **한조를 송에 보내다**

한조韓祚를 송宋에 보내어 사은하였다.

王詢 ▶ 1021년 7월 1일 **일식이 일어나다**

일식이 있었다.

王詢 ▶ 1021년 7월 **탐라에서 물품을 바치다**

탐라耽羅에서 방물을 헌상하였다.

王詢 ▶ 1021년 7월 **동여진 흑수의 거울마두개가 오다**

동여진東女眞 흑수黑水의 추장酋長 거울마두개居蔚摩頭蓋가 왔다.

王詢 ▶ 1021년 7월 **사찰의 양조 행위를 금지하다**

사원에서 술을 빚는 것을 다시 금지하였다.

王詢 ▶ 1021년 8월 김인위를 치사하게 하다

김인위金因渭를 상서우복야尙書右僕射로 삼고, 이어서 치사致仕하게 하였다.

王詢 ▶ 1021년 8월 왕이 현화사 비의 전액을 쓰고, 주저에게 비문을 짓게 하다

왕이 현화사玄化寺에 가서 비석을 세우는 것을 보고 친히 전액篆額을 썼다. 일찍이 한림학사翰林學士 주저周佇에게 명하여 비문을 짓게 하였다.

王詢 ▶ 1021년 8월 왕자 왕흠에게 공신호를 내리고, 최사위와 최항을 관직에 임명하다

왕자 왕흠王欽에게 호국공신護國功臣의 호를 더하고, 최사위崔士威를 검교태사 수문하시중檢校太師 守門下侍中으로, 최항崔沆을 검교태부 수문하시랑 동내사문하평장사檢校太傅 守門下侍郞 同內史門下平章事로 삼았다.

王詢 ▶ 1021년 8월 조패 등에게 급제를 주다

조패趙覇 등 7인과 명경明經 4인에게 급제를 하사하였다.

王詢 ▶ 1021년 8월 동여진의 실빈과 아리고가 내조하다

동여진東女眞의 실빈實彬과 아리고阿梨古가 내조來朝하였다.

王詢 ▶ 1021년 9월 이공을 중추사로 삼다

이공李䇢을 중추사中樞使로 삼았다.

王詢 ▶ 1021년 9월 흑수말갈의 소물개와 고지문이 토산물을 바치다

흑수말갈黑水靺鞨의 소물개蘇勿蓋와 고지문高之門이 와서 토산물을 헌상하였다.

王詢 ▶ 1021년 9월 **이공과 유종을 거란에 사신으로 보내다**

중추사中樞使 이공李龔과 병부시랑兵部侍郞 유종柳宗을 거란契丹에 보내어 책봉을 받은 일에 대하여 하례하였다.

王詢 ▶ 1021년 10월 **이주헌을 관직에 임명하다**

이주헌李周憲을 상서좌복야 참지정사 주국尙書左僕射 參知政事 柱國으로 삼았다.

王詢 ▶ 1021년 10월 **동여진과 서여진의 아로대, 아개 등이 내조하다**

동여진東女眞과 서여진西女眞의 추장 아로대阿盧大와 아개阿蓋 등이 내조來朝하였다.

王詢 ▶ 1021년 11월 **강민첨이 사망하다**

지중추사知中樞事 강민첨姜民瞻이 사망하였다. 강민첨은 진주晉州 진강현晉康縣 사람으로, 서생書生으로 출세하였기 때문에 활쏘기나 말타기는 잘 하지 못하였다. 그러나 의지와 기개가 굳세고 과감하여 누차 전공을 세웠다.

王詢 ▶ 1021년 12월 **윤징고가 사망하다**

중추사中樞使 윤징고尹徵古가 사망하였다. 윤징고는 수주樹州 수안현守安縣 사람으로서 성품이 신중하고 엄숙하였으며, 풍채가 아름답고 해서楷書를 잘 썼다. 과거에 오른 후 여러 차례 대관臺官이 되었는데, 판단하고 처리함에 있어 공평하고 사리에 맞았다. 입으로 다른 사람의 단점을 말하지 않았으므로 사람들은 그를 존경하고 사모하였다. 부고가 들려오자 왕은 말하기를, "세상에 어찌 이러한 사람이 다시 있겠는가. 짐은 장차 누구에게 의지할 것인가."라고 하면서 여러 번 탄식하고 애석해하였다. 상서우복야尙書右僕射로 추증하고 시호를 장경莊景이라 하였다.

王詢 ▶ 1021년 12월 **최사위의 시정 논의를 받아들이다**

시중侍中 최사위崔士威가 상소하여 시정時政의 잘잘못에 대하여 논하니, 유사有司에 명하여 상의해서 시행하게 하였다.

현종 13년(1022년)

−현종원문대왕−

王詢 ▶ 1022년 1월 **흑수의 사일라 등이 내조하다**

흑수黑水의 추장酋長 사일라沙逸羅와 만투불曼投弗 등이 내조來朝하였다.

王詢 ▶ 1022년 1월 **설총을 홍유후로 추증하고 묘정에 배향하다**

신라新羅의 한림翰林 설총薛聰을 홍유후弘儒侯로 추증하고, 옛 성인들의 묘정에 배향하였다.

王詢 ▶ 1022년 2월 **서여진의 저라가 토산물을 바치다**

서여진西女眞의 저라這羅가 와서 토산물을 헌상하였다.

王詢 ▶ 1022년 2월 **궁장으로 이속된 사주지역의 민전을 공전으로 보충하다**

호부戶部에서 아뢰기를,

"사주泗州는 제왕의 고향豊沛입니다. 전에 민전을 뽑아내어 궁장宮莊에 소속시키자 민民들이 징수하는 세금을 감당하지 못하고 있으니, 간청하건대 사주의 경내에 있는 공전을 측량하여 〈궁장의〉 액수만큼 보상해주십시오."

라고 하였다. 이를 따랐다.

王詢 ▶ 1022년 2월 탐라에서 토산물을 바치다

탐라耽羅에서 토산물을 헌상하였다.

王詢 ▶ 1022년 2월 김인유를 거란에 사신으로 보내다

군기소감軍器少監 김인유金仁裕를 거란契丹에 보내어 봄철 문후를 올렸다.

王詢 ▶ 1022년 2월 거란인 맹류 등이 도망쳐오다

거란契丹의 맹류孟流와 연거演擧 등 4인이 도망쳐왔다.

王詢 ▶ 1022년 2월 박충숙과 이경을 거란으로 파견하다

참지정사 박충숙朴忠淑과 국자사업國子司業 이경李瓊을 거란契丹에 파견하였다.

王詢 ▶ 1022년 3월 이가도를 동지중추사로 삼다

이가도李可道를 동지중추사同知中樞事로 삼았다.

王詢 ▶ 1022년 3월 이주헌이 사망하다

상서우복야尙書右僕射 이주헌李周憲이 사망하였다. 이주헌은 아전[小吏]으로 출세하여 자못 부지런하고 유능하다고 칭송받았다. 성종成宗은 일찍이 '쇠 중에서 가장 소리가 맑다[鐵中錚錚].'라고 하였다.

王詢 ▶ 1022년 4월 거란이 사신을 보내어 왕을 책봉하다

거란契丹이 어사대부御史大夫 소회례蕭懷禮 등을 보내어 왕을 개부의동삼사 수상서령 상주국 고려국왕 식읍 10,000호 식실봉 1,000호開府儀同三司守尚書令 上柱國高麗國王 食邑一萬戶食實封一千戶로 책봉하고 이어서 수레·의복·의물儀物을 하사하였다. 이때부터 다시 거란의 연호를 시행하였다.

王詢 ▶ 1022년 4월 주현 장리의 칭호를 정비하다

최사위崔士威가 아뢰기를, "여러 주현州縣에서 장리長吏들의 칭호가 혼잡합니다. 이제부터는 군현 이상은 호장戶長이라 칭하고, 향鄕·부곡部曲·진구津口·정역亭驛의 향리들은 다만 장長이라고만 칭하십시오."라고 하였다. 이를 따랐다.

王詢 ▶ 1022년 4월 채충순을 관직에 임명하다

채충순蔡忠順을 내사시랑평장사 겸 서경유수內史侍郞平章事 兼 西京留守로 삼았다.

王詢 ▶ 1022년 5월 한조가 송 황제의 하사품을 가지고 돌아오다

한조韓祚가 송宋으로부터 돌아왔다. 송 황제가 『성혜방聖惠方』·『음양이택서陰陽二宅書』·『건흥력乾興曆』과 대장경釋典 1질을 하사하였다.

王詢 ▶ 1022년 5월 연경군 왕흠을 왕태자로 책봉하다

맏아들 연경군延慶君 왕흠王欽을 책봉하여 왕태자로 삼았다.

王詢 ▶ 1022년 5월 흑수말갈인 소의 등이 내조하다

흑수말갈黑水靺鞨의 소의疎意 등 30여 인이 내조來朝하였다.

王詢 ▶ 1022년 6월 왕자 왕형과 왕서를 책봉하다

아들 왕형王亨을 책봉하여 평양군平壤君으로 삼고, 왕서王緖를 낙랑군으로 삼았다.

`王詢` ▶ 1022년 6월 **유방을 문하시랑평장사로 삼다**

유방庾方을 문하시랑평장사門下侍郞平章事로 삼았다.

`王詢` ▶ 1022년 6월 **동궁에 관리를 배치하다**

동궁東宮에 관속을 배치하였다.

`王詢` ▶ 1022년 6월 30일 **연덕궁주 김씨가 사망하다**

연덕궁주延德宮主 김씨金氏가 사망하였다. 시호를 원혜元惠라고 하고 회릉懷陵에 안장하였다.

`王詢` ▶ 1022년 7월 **우산국의 피난민들을 예주 호적에 편입하다**

도병마사都兵馬使에서 아뢰기를, "우산국于山國의 민民으로서 침략당해 도망쳐 온 자들을 예주禮州에 거주시키고 영구히 호적에 편입하십시오."라고 하였다. 이를 따랐다.

`王詢` ▶ 1022년 7월 **동여진과 서여진의 아라대 등이 토산물을 바치다**

동여진東女眞과 서여진西女眞의 아라대阿羅大 등이 와서 토산물을 헌상하였다.

`王詢` ▶ 1022년 8월 **거란에서 사신을 보내어 문후사 파견 방식을 알리다**

거란契丹의 동경지례사東京持禮使 이극방李克方이 와서 말하기를,
"이제부터는 봄철과 여름철에 문후를 올리는 사신問候使을 모두 한 차례만 보내되 천령절千齡節과 설날正旦을 하례하는 사신과 동행시키고, 가을철과 겨울철에 문후를 올리는 사신도 모두 한 차례만 보내되 태후의 생신을 하례하는 사신과 동행시키십시오."라고 하였다.

王詢 ▶ 1022년 8월 송인 진상중 등이 토산물을 바치다

송宋 복주福州 사람인 진상중陳象中 등이 와서 토산물을 헌상하였다.

王詢 ▶ 1022년 8월 철리국의 나사가 토산물을 바치다

철리국鐵利國의 추장酋長 나사那沙가 흑수黑水의 아부간阿夫間을 보내어 토산물을 헌상하였다.

王詢 ▶ 1022년 8월 서눌의 딸을 왕비로 삼다

국자좨주國子祭酒 서눌徐訥의 딸을 들여 숙비淑妃로 삼았다.

王詢 ▶ 1022년 9월 경성의 불우한 백성들에게 물품을 하사하다

경성의 남녀로서 80세 이상인 자와 독질篤疾·폐질癈疾인 자들에게 술·음식·차·베를 차등있게 하사하였다.

王詢 ▶ 1022년 9월 거란에서 동경사가 오다

거란契丹의 동경사東京使 왕수영王守榮이 왔다.

王詢 ▶ 1022년 9월 윤종원을 거란에 사신으로 보내다

도관낭중都官郎中 윤종원尹宗元을 거란契丹에 보내어 태후의 생신을 하례하였다.

王詢 ▶ 1022년 9월 곽원과 왕서를 거란으로 파견하다

좌산기상시 곽원郭元과 상서우승尙書右丞 왕서王諝를 거란契丹에 파견하였다.

🔲 王詢 ▶ 1022년 9월 **거란인 수우매 등이 내투하다**

거란契丹의 수우매首于昧와 오어을烏於乙 등 19인이 내투來投하였다.

🔲 王詢 ▶ 1022년 10월 **연경궁주 김씨를 왕비로 책봉하다**

연경궁주延慶宮主 김씨金氏를 왕비로 책봉하였다.

🔲 王詢 ▶ 1022년 10월 **서눌과 이가도, 주저, 이작인을 관직에 임명하다**

서눌徐訥을 중추사 우산기상시中樞使 右散騎常侍로, 이가도李可道를 중추사 국자좨주 中樞使 國子祭酒로, 주저周佇를 예부상서로, 이작인李作仁을 사헌대부司憲大夫로 삼았다.

🔲 王詢 ▶ 1022년 11월 **사헌대에서 최사위와 박충숙을 탄핵하였으나, 받아들이지 않다**

사헌대司憲臺에서 시중侍中 최사위崔士威와 좌복야左僕射 박충숙朴忠淑이 구정毬庭에서 열린 예식에서 술에 취해 춤을 춤으로써 예에 어긋나고 불경하였다며 탄핵하고 그들을 논죄할 것을 청하였으나, 윤허하지 않았다.

🔲 王詢 ▶ 1022년 11월 **거란에서 동경사가 오다**

거란契丹의 동경사東京使 고장윤高張胤이 왔다.

🔲 王詢 ▶ 1022년 12월 **거란인 불대 등이 내투하다**

거란의 불대弗大 등 11인이 내투來投하였다.

🔲 王詢 ▶ 1022년 12월 **서여진인 어니저의 고모를 고향으로 돌려보내다**

서여진西女眞의 어니저魚尼底가 와서 말하기를, "고모[親姑]가 일찍이 투화한 매나昧

那를 따라와 개경[京都]에 거주한 지 이미 여러 해가 지났으나 본고장을 생각하고 그리워하고 있으니, 간청하건대 토종말로 대속代贖할 수 있게 해주십시오."라고 하였다. 즉시 돌아가게 해줄 것을 명하고 그 말은 되돌려주었다.

王詢 ▶ 1022년 12월 동여진인 사빈이 물품을 바치다

동여진東女眞의 수령首領 사빈史彬이 와서 말·활·화살을 헌상하였다.

현종 14년(1023년)

−현종원문대왕−

王詢 ▶ 1023년 1월 **내전에서 연회를 베풀다**

내전內殿에서 재추宰樞에게 연회를 베풀었다.

王詢 ▶ 1023년 1월 **채충순과 서눌, 곽원, 유방을 관직에 임명하다**

채충순蔡忠順을 태자소사太子少師로 삼고, 서눌徐訥을 참지정사參知政事로, 곽원郭元을 중추사中樞使로, 유방庾方을 서북면행영도통사西北面行營都統使로 삼았다.

王詢 ▶ 1023년 1월 **거란인 초복 등이 내투하다**

거란契丹의 초복焦福 등 11호가 내투來投하였다.

王詢 ▶ 1023년 1월 **진함조와 주덕명을 관직에 임명하다**

진함조晉含祚와 주덕명朱德明을 상서좌복야尙書左僕射와 상서우복야尙書右僕射로 삼았다.

王詢 ▶ 1023년 1월 **흑수말갈의 오사불 등이 토산물을 바치다**

흑수말갈黑水靺鞨의 오사불烏沙弗 등 80인이 와서 토산물을 헌상하니, 각각 베와 비단을 하사하였다.

王詢 ▶ 1023년 2월 **이공을 서경유수로 삼다**

이공李龔을 서경유수西京留守로 삼았다.

王詢 ▶ 1023년 2월 **최치원을 문창후로 추봉하다**

최치원崔致遠을 문창후文昌侯로 추봉追封하였다.

王詢 ▶ 1023년 2월 **동여진의 아로불과 서여진의 나알개가 내조하다**

동여진東女眞의 추장酋長 아로불阿盧弗과 서여진西女眞의 나알개那閼蓋가 내조來朝하였다.

王詢 ▶ 1023년 3월 **유징필을 거란에 파견하다**

비서감秘書監 유징필劉徵弼을 거란契丹에 파견하였다.

王詢 ▶ 1023년 4월 **거란에서 사신을 보내어 태자 왕흠을 책봉하다**

거란契丹이 좌산기상시左散騎常侍 무백武白과 야율극공耶律克恭을 보내어 태자 왕흠王欽을 보국대장군 검교태사 수태보 겸 시중 고려국공輔國大將軍 檢校太師 守太保 兼 侍中 高麗國公으로 책봉하였다.

王詢 ▶ 1023년 4월 **여진말갈의 군두 등이 말을 바치다**

여진말갈女眞靺鞨의 군두羣豆 등 70여 인이 와서 말을 헌상하였다.

王詢 ▶ 1023년 5월 13일 **금주에 지진이 일어나다**

금주金州에 지진이 일어났다.

王詢 ▶ 1023년 5월 **거란인 마허저 등이 내투하다**

거란契丹의 마허저麻許底 등 13호가 내투來投하였다.

王詢 ▶ 1023년 5월 **조회 의례에서 백관의 몸가짐을 엄중히 하게 하다**

사헌대司憲臺에서 아뢰기를,

"백관이 조회할 때에 무릎을 꿇고서 사사로운 이야기를 하거나 혹은 한 번 절하고는 일어나버리면서 반열을 어그러뜨려 조회 의례를 크게 상실하고 있습니다. 더욱 엄중하게 금지해주시기를 청합니다."

라고 하였다. 이를 따랐다.

王詢 ▶ 1023년 5월 **문무 참관들에게 연회를 베풀고 말을 하사하다**

문무 참관參官들에게 천복전天福殿에서 연회를 베풀고 사람마다 말을 1필씩 하사하였다.

王詢 ▶ 1023년 5월 **거란의 대세노 등이 내투하다**

거란契丹의 대세노大世奴와 제화나齊化那 등 8인이 내투來投하였다.

王詢 ▶ 1023년 5월 **여진인 이우불이 내조하다**

여진女眞의 추장酋長 이우불尼于弗이 내조來朝하였다.

王詢 ▶ 1023년 6월 **가뭄으로 인하여 죄수들을 방면하다**

날이 가물었으므로 죄수들을 풀어주었다[慮囚].

王詢 ▶ 1023년 6월 **장교 등에게 급제를 주다**

장교張喬 등 4인과 명경明經 2인에게 급제를 하사하였다.

王詢 ▶ 1023년 7월 **거란에서 사신을 보내어 왕의 생신을 하례하다**

거란契丹이 태보太保 황신黃信을 보내어 생신을 하례하였다.

王詢 ▶ 1023년 7월 **전언의 효행을 기려 관직을 올려주다**

이부吏部에서 아뢰기를,
"전 대상재랑大常齋郎 전언全彦은 어머니의 상례에서 뒷날 상복을 입음으로써 효행으로 소문이 났습니다. 청하건대 차례에 따라 관직을 더함으로써 후세를 장려하십시오."
라고 하였다. 이를 따랐다.

王詢 ▶ 1023년 9월 **말갈의 아령주가 내조하다**

말갈靺鞨의 수령首領 아령주阿슈朱가 내조來朝하였다.

王詢 ▶ 1023년 윤9월 **거란의 사신이 내빙하다**

윤거란契丹의 사신 율수상栗守常이 내빙來聘하였다.

王詢 ▶ 1023년 윤9월 **거란에서 동경사가 오다**

거란契丹의 동경사東京使 고인수高仁壽가 왔다.

王詢 ▶ 1023년 윤9월 **여러 주현의 의창을 함부로 사용하지 못하도록 명하다**

교敎하기를,

"여러 주현州縣의 의창義倉은 본래 위급한 자들을 구제하기 위한 것이니, 함부로 사용할 수 없다."

라고 하였다.

王詢 ▶ 1023년 11월 **흑수의 야힐라 등이 내조하다**

흑수黑水의 추장酋長 야힐라耶䭿羅 등이 내조來朝하였다.

王詢 ▶ 1023년 11월 **송인 진억이 내투하다**

송宋 천주泉州 사람인 진억陳億이 내투來投하였다.

王詢 ▶ 1023년 12월 **재추와 상장군에게 연회를 베풀다**

재추宰樞 및 상장군上將軍에게 건덕전乾德殿에서 연회를 베풀었다.

王詢 ▶ 1023년 12월 **유방과 이공, 이원을 관직에 임명하다**

유방庾方을 태자태보太子太保로 삼고, 이공李龔을 내사시랑평장사 감수국사內史侍郞平章事 監修國史로, 이원李元을 검교태자태보檢校太子太保로 삼았다.

현종 15년(1024년)

−현종원문대왕−

王詢 ▶ 1024년 1월 **거란인 마사도 등이 내투하다**

거란의 마사도馬史刀 등 3인이 내투來投하였다.

王詢 ▶ 1024년 1월 **도병마사에서 서경과 경기의 부곡민을 농민으로 충원하도록 요청하다**

도병마사都兵馬使에서 아뢰기를,
"서경西京과 경기지역 안에 있는 하음河陰의 부곡민部曲民 100여 호를 징발하여, 가주嘉州 남쪽의 둔전이 있는 곳으로 옮겨서 농민으로 충원해주십시오."
라고 하였다.

王詢 ▶ 1024년 1월 **경흥원주 김씨를 덕비로 책봉하다**

경흥원주景興院主 김씨金氏를 책봉하여 덕비德妃로 삼았다.

王詢 ▶ 1024년 3월 **이자연 등에게 급제를 주다**

이자연李子淵 등 9인과 명경明經 10인에게 급제를 하사하였다.

王詢 ▶ 1024년 3월 서여진인 고두로와 동여진인 슬불달 등이 내투하다

서여진의 고두로高豆老와 동여진의 슬불달瑟弗達 등 90인이 내투來投하였다.

王詢 ▶ 1024년 4월 흑수말갈인 고도매 등이 토산물을 바치다

흑수말갈黑水靺鞨의 고도매古刀買 등이 와서 토산물을 헌상하였다.

王詢 ▶ 1024년 4월 양규와 김숙흥에게 공신호를 하사하다

양규楊規와 김숙흥金叔興에게 삼한후벽상공신三韓後壁上功臣의 호를 하사하였다.

王詢 ▶ 1024년 5월 1일 일식이 예견되었으나, 일어나지 않다

5월 정해 초하루. 일식이 마땅히 나타나야 했으나 나타나지 않았다.

王詢 ▶ 1024년 5월 왕이 비를 빌자 큰 비가 내리다

민民 가운데 무리를 이루어 하늘을 향해 부르짖으면서 비가 내리기를 기원하는 자들이 있었다. 왕이 그 소리를 듣고는 음식을 물리쳤으며, 깨끗하게 목욕하고 향을 피운 후 궁궐의 뜰에 서서 하늘을 우러러보면서 기원하기를,

"과인에게 허물이 있다면, 청하건대 즉시 벌을 내려주십시오. 만민에게 허물이 있다면 과인이 또한 이를 감당하겠습니다. 간청하건대 비의 은택[膏澤]을 드리워 온 백성을 구제해주십시오."

라고 하였다. 마침내 큰 비가 내렸다.

王詢 ▶ 1024년 5월 동여진인 아알나가 내조하다

동여진東女眞의 회화장군懷化將軍 아알나阿關那가 내조來朝하였다.

王詢 ▶ 1024년 5월 **주저가 사망하다**

　　예부상서禮部尙書 주저周佇가 사망하였다. 주저는 품성이 겸손하고 공손하였으며, 글을 잘 지었다. 처음에 주저가 왔을 때, 학사學士 채충순蔡忠順이 그의 재주를 알아보고 은밀히 아뢰어 그를 머무르게 하였으니, 몇 개월 지나지 않아 마침내 제고制誥를 담당하게 되었다. 왕이 남쪽으로 행차하였을 적에 호종하면서 공을 세웠으므로 공신功臣의 칭호를 하사하였고, 이로 말미암아 크게 현달하여 두 조정에서 사신이 왕래할 때의 외교문서[辭命]가 대다수 그의 손에서부터 나왔으며, 은전恩典과 대우는 비할 바가 없었다.

王詢 ▶ 1024년 6월 **최항이 사망하다**

　　문하시랑평장사門下侍郞平章事 최항崔沆이 사망하였다. 최항은 최언위崔彦撝의 손자이다. 성품은 총명하고 차분하였으며, 말수가 적고 결단을 잘 내렸다. 어려서 과거에 급제한 후로 두 차례 과거[禮闈]를 담당하였는데, 선발한 인물 중에는 이름이 알려진 선비들이 많았다. 대대로 유학을 업으로 삼으면서 청렴함으로 집안을 돌보았기에, 오랫동안 주요 직책[秉鈞]에 있으면서 사소한 것도 남에게서 취하지 않았고, 달수를 계산하여 봉록을 청하였기 때문에 집에는 한 항아리만큼의 저축도 없었다. 〈그러나〉 벼슬살이 하는 것을 즐기지 않아서 나이 70세가 되기도 전에 표문으로 치사致仕를 청하였고, 누차 기용되었음에도 나아가지 않았다. 다만 불교[浮屠]를 너무 믿었기 때문에 황룡사皇龍寺의 탑을 수리할 것을 청한 후 몸소 가서 감독하며 자못 농업에 피해를 입혔고, 또한 자신의 집에 경전과 불상을 만들어 놓았으며, 끝내는 〈집을〉 희사하여 절로 삼았다. 병에 걸리게 되자 왕이 친히 찾아가서 문병하고는 그 아들 최유부崔有孚에게 비서성교서랑秘書省校書郞을 제수하고 그 사위 이작충李作忠에게 장복章服을 하사함으로써 마음을 위로하였다. 부음이 들리자 왕은 깊이 슬퍼하면서 비단 300필과 베 500단, 쌀과 보리 각각 1,000석을 부의賻儀하였는데, 최유부가 아버지의 유명遺命을 이유로 굳이 사양하며 받지 않았다. 시호는 절의節義이며, 후에 왕의 묘정에 배향되었다.

王詢 ▶ 1024년 7월 **거란이 사신을 보내어 왕의 생신을 하례하다**

거란契丹이 검교사도檢校司徒 고수高壽를 보내어 생신을 하례하였다.

王詢 ▶ 1024년 7월 **서여진인 도라와 동여진인 노을견 등이 말을 바치다**

서여진西女眞의 추장酋長 도라閭羅와 동여진東女眞의 노을견奴乙堅 등이 와서 말을 헌상하였다.

王詢 ▶ 1024년 7월 **서눌을 서북면행영도통으로 삼다**

서눌徐訥을 서북면행영도통西北面行營都統으로 삼고, 곽원郭元으로 하여금 그를 보좌하게 하였다.

王詢 ▶ 1024년 7월 **탐라의 주물과 고몰 부자를 관직에 임명하다**

탐라耽羅의 추장酋長 주물周勿과 아들 고몰高沒을 아울러 운휘대장군 상호군雲麾大將軍 上護軍으로 삼았다.

王詢 ▶ 1024년 9월 **김인위를 치사하게 하다**

김인위金因渭를 상서좌복야 참지정사尙書左僕射 參知政事로 삼고 이어서 치사致仕하게 하였다.

王詢 ▶ 1024년 9월 **흑수말갈인 아리고가 오다**

흑수말갈黑水靺鞨 아리고阿里古가 왔다.

王詢 ▶ 1024년 9월 **대식국의 열라자 등이 토산물을 바치다**

서역 대식국大食國의 열라자悅羅慈 등 100인이 와서 토산물을 헌상하였다.

王詢 ▶ 1024년 10월 **거란이 이정륜을 보내다**

거란契丹이 검교좌복야檢校左僕射 이정륜李正倫을 보냈다.

王詢 ▶ 1024년 11월 1일 **일식이 예견되었으나, 일어나지 않다**

11월 을유 초하루. 일식이 마땅히 나타나야 했으나 나타나지 않았다.

王詢 ▶ 1024년 11월 **이공을 관직에 임명하다**

이공李龔을 상서좌복야 동내사문하평장사尚書左僕射同內史門下平章事로 삼았다.

王詢 ▶ 1024년 11월 **상주에 지진이 일어나다**

기유. 상주尚州에서 지진이 일어났다.

王詢 ▶ 1024년 **경성에 5부와 방리를 정하다**

이 해에 경성의 5부五部와 방리坊里를 정하였다.

현종 16년(1025년)

−현종원문대왕−

王詢 ▶ 1025년 1월 **여진인 야고가 등이 내조하다**

여진女眞의 회화장군懷化將軍 야고가耶古伽와 귀덕장군歸德將軍 아골타로阿骨陁老 등이 내조來朝하니, 각각 작爵과 의복·품품을 하사하였다.

王詢 ▶ 1025년 1월 **유방과 채충순을 관직에 임명하다**

유방庾方을 판상서병부사判尙書兵部事로, 채충순蔡忠順을 판상서예부사判尙書禮部事로 삼았다.

王詢 ▶ 1025년 1월 **피위종 등을 유배에서 풀어주다**

피위종皮渭宗 등 6인을 소환하여 그 작爵을 회복시켰다. 처음에 피위종은 병부낭중兵部郞中으로서 변경 바깥쪽을 순행하던 중 거란契丹의 장군將軍 야율살할耶律撒割이 사냥하고 있는 것을 보고 주부注簿 정민의鄭民義 등 5인과 더불어 말을 타고 나가서 그의 목을 베고 돌아와 이로써 공을 세워 포상을 받고자 하였는데, 해당 관청에서는 병사를 함부로 움직여 요새를 나갔다고 하여 먼 지방으로 유배를 보냈다. 이때에 이르러서야 풀어주고 돌려보낸 것이다.

王詢 ▶ 1025년 1월 **내조한 여진인 모일라에게 관직을 제수하다**

여진女眞의 추장酋長 모일라毛逸羅가 내조來朝하니, 변경에서 공을 세웠다고 하여 대광大匡을 추가로 제수하고 의복과 물품을 후하게 하사하였다.

王詢 ▶ 1025년 2월 **한식을 맞아 관리들에게 연회를 베풀다**

한식寒食을 맞아 내전內殿에서 문무 상참常參 이상의 관리들에게 연회를 베풀었다.

王詢 ▶ 1025년 3월 **모든 공사를 중지시키다**

모든 공사를 중지시키고 농민들을 보내주었다.

王詢 ▶ 1025년 4월 20일 **영남도에 지진이 일어나다**

신미. 영남도嶺南道의 10개 현에서 지진이 일어났다.

王詢 ▶ 1025년 4월 **가뭄으로 인하여 상선을 줄이고 명산에 기도를 올리다**

가뭄이 들었으므로 정전正殿을 피하고 상선常膳을 줄였으며, 도살을 금지하고 기악[樂懸]을 물리친 뒤 억울한 옥사를 살피고 여러 명산에 기도를 올렸다.

王詢 ▶ 1025년 4월 **사석에서의 예를 규찰하는 어사대의 격식을 완화하다**

예부禮部에서 말하기를,

"오늘날 어사대御史臺의 새로운 격식에서는 양반 관리들이 조문朝門이나 거리, 공적인 장소에서 사사로운 예禮로 절하며 엎드리는 것을 즉시 규찰해서 처벌하도록 하고 있습니다. 삼가 『예기禮記』를 살펴보건대, '군자는 예를 행함에 있어 풍속을 바꾸려 하지 않는다.'라고 하였는데, 만약 어사대의 격식과 같이 한다면 어떻게 상하와 장유의 질서를 변별할 수 있겠습니까. 청하건대 조정이나 묘정에서의 예식에서 품

계대로 서는 경우를 제외하고 그 나머지 사사로운 예는 편의대로 따르게 하는 것이 마땅할 것입니다."

라고 하였다. 이를 따랐다.

王詢 ▶ 1025년 5월 남해 용신을 사전에 올리도록 명하다

교서를 내려 이르기를,

"해양도海陽道의 정안현定安縣에서 재차 산호수珊瑚樹를 진상하였으니, 남해南海 용신을 의당 사전祀典에 올려서 그 현묘한 공을 표창하라."

라고 하였다.

王詢 ▶ 1025년 6월 여러 관사로 하여금 월령에 따라 직무를 처리하도록 명하다

교서를 내려 이르기를,

"하늘을 본받고 때에 순응한 연후에야 재앙을 막고 화평을 이룰 수 있다. 이제 내사문하성內史門下省 및 여러 관사에서 무릇 아뢰고 시행하는 바들에 대해서는 마땅히 각자 마음을 다하고 「월령月令」을 힘써 따름으로써 나의 뜻에 부응하도록 하라."

라고 하였다.

王詢 ▶ 1025년 6월 강민첨과 하공진의 아들들을 관직에 임명하도록 명하다

교서를 내려 이르기를,

"강민첨姜民瞻과 하공진河拱辰의 공로가 모두 뚜렷한데도 공로를 표창함에 있어서 아직 넉넉하지 못하였다. 각각 그 아들에게 가관加官하도록 하라."

라고 하였다.

王詢 ▶ 1025년 7월 거란에서 사신을 보내어 왕의 생신을 하례하다

거란契丹이 감문위대장군監門衛大將軍 한춘韓椿을 보내어 생신을 하례하였다.

王詢 ▶ **1025년 7월 경주, 상주, 청주 등지에 지진이 일어나다**

정해. 경주慶州·상주尙州·청주淸州·안동安東·밀성密城에서 지진이 일어났다.

王詢 ▶ **1025년 9월 대식국의 하선라자 등이 토산물을 바치다**

대식국大食國의 하선라자夏詵羅慈 등 100인이 와서 토산물을 헌상하였다.

王詢 ▶ **1025년 9월 서민들이 용과 봉황 문양을 사용하는 것을 금하다**

중앙과 지방의 서민[民庶]들에게 의복과 기물의 용·봉황 문양을 금지하였다.

王詢 ▶ **1025년 11월 1일 일식이 예견되었으나, 일어나지 않다**

태사太史가 아뢰기를,
"일식이 마땅히 나타나야 했으나 나타나지 않았습니다."
라고 하니, 여러 신하들이 표문을 올려 하례하였다.

王詢 ▶ **1025년 11월 보성군에서 산호수를 바치다**

보성군寶城郡에서 산호수珊瑚樹 2그루를 헌상하였다.

王詢 ▶ **1025년 12월 죄를 지어 직전을 몰수당한 관리들을 사면하다**

교敎하기를,
"무릇 죄를 범하여 직전職田을 몰수당한 자들은 사면을 받게 하되, 진도眞盜 및 공사 문서를 위조하거나, 재물을 받아 법을 그르치거나, 감림監臨하는 중에 스스로 도적을 하거나, 아첨하고 간사함을 부려 범한 바가 있는 경우를 제외한다면, 모두 환급해주도록 하라." 라고 하였다.

王詢 ▶ **1025년 상음현에 성을 쌓다**

이 해에 상음현霜陰縣에 성을 쌓았다.

현종 17년(1026년)

−현종원문대왕−

王詢 ▶ 1026년 1월 **이단을 어사대부로 삼다**

이단李端을 어사대부御史大夫로 삼았다.

王詢 ▶ 1026년 1월 **동여진의 거려울 등이 오다**

동여진東女眞의 귀덕장군歸德將軍 거려울居閭鬱 등이 왔다.

王詢 ▶ 1026년 2월 **거란인 이지순이 내빙하다**

거란契丹이 태부太傅 이지순李知順을 보내어 내빙來聘하였다.

王詢 ▶ 1026년 2월 **순덕에 성을 쌓다**

순덕順德에 성을 쌓았다.

王詢 ▶ 1026년 3월 **최황 등에게 급제를 주다**

최황崔貺등 11인과 명경明經 1인에게 급제를 하사하였다.

王詢 ▶ 1026년 4월 지채문을 우복야로 삼다

지채문智蔡文을 우복야右僕射로 삼았다.

王詢 ▶ 1026년 윤5월 동여진과 서여진의 추장 등이 물품을 바치다

동여진東女眞과 서여진西女眞의 추장酋長이 각각 부락의 자제들을 거느리고 와서 말·활·쇠뇌[弩]를 헌상하였다.

王詢 ▶ 1026년 윤5월 거란이 동북여진으로 가는 길을 빌려달라고 요청하였으나, 받아들이지 않다

거란契丹이 어원판관御院判官 야율골타耶律骨打를 보내어 길을 빌려서 장차 동북여진東北女眞으로 갈 것을 청하였으나, 윤허하지 않았다.

王詢 ▶ 1026년 6월 이단과 황보유의를 관직에 임명하다

이단李端을 지중추사知中樞事로, 황보유의皇甫兪義를 어사대부로 삼았다.

王詢 ▶ 1026년 7월 4일 경성에 홍수가 발생하다

큰 비가 내렸다. 경성의 민가 중 떠내려가고 무너진 것이 매우 많았다.

王詢 ▶ 1026년 7월 거란에서 사신을 보내어 왕의 생신을 하례하다

거란契丹이 감문위대장군監門衛大將軍 왕문간王文簡을 보내어 생신을 하례하였다.

王詢 ▶ 1026년 8월 송인 이문통 등이 토산물을 바치다

송宋 광남廣南 사람인 이문통李文通 등이 와서 토산물을 헌상하였다.

王詢 ▶ 1026년 9월 7일 **서경에 홍수가 발생하다**

9월 기유. 서경西京에 큰 물난리가 나서 떠내려가고 무너진 민가가 80여 호에 이르렀다.

王詢 ▶ 1026년 9월 22일 **왕이 해주 신광사에 행차하다**

해주海州의 신광사神光寺에 행차하였다.

王詢 ▶ 1026년 10월 1일 **일식이 일어나다**

일식이 있었다.

王詢 ▶ 1026년 10월 10일 **왕이 해주로부터 돌아오다**

해주海州로부터 돌아왔다.

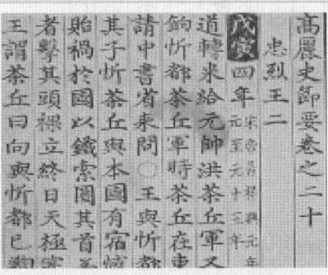

현종 18년(1027년)

-현종원문대왕-

王詢 ▶ 1027년 1월 **최사위와 채충순, 이공 등을 관직에 임명하다**

최사위崔士威를 태자태사太子太師로 삼고, 채충순蔡忠順과 이공李龔을 아울러 문하시랑門下侍郞으로, 서눌徐訥을 내사시랑內史侍郞으로, 곽원郭元과 이가도李可道를 아울러 참지정사參知政事로, 이단李端과 김맹金猛을 아울러 중추사中樞使로, 양진梁稹을 좌복야左僕射로 삼았다.

王詢 ▶ 1027년 1월 **동여진인 창부가 토산물을 바치다**

동여진東女眞의 추장酋長 창부昌夫 등이 와서 토산물을 헌상하였다.

王詢 ▶ 1027년 1월 **유방의 치사 요청을 받아들이다**

문하시랑평장사門下侍郞平章事 유방庾方이 나이를 이유로 은퇴를 청하니, 이를 허락하고, 특진문하시중特進門下侍中을 더하였다.

王詢 ▶ 1027년 1월 **거란에서 사신을 보내다**

거란契丹의 사신 이정윤李正允이 왔다.

`王詢` ▶ **1027년 2월 태묘를 수리하고 신주를 안치하다**

태묘大廟를 수리하여 신주를 다시 안치하였다.

`王詢` ▶ **1027년 2월 흑수말갈인 아골과 아가가 물품을 바치다**

흑수말갈黑水靺鞨의 귀덕대장군歸德大將軍 아골阿骨과 아가阿駕가 와서 말·기물·의장儀仗을 헌상하였다.

`王詢` ▶ **1027년 2월 현덕진에 성을 쌓다**

현덕진顯德鎭에 성을 쌓았다.

`王詢` ▶ **1027년 3월 여진인 슬불달 등이 내조하다**

여진女眞의 수령首領 슬불달瑟弗達 등 100인이 내조來朝하였다.

`王詢` ▶ **1027년 4월 왕이 태묘에서 제사를 지내다**

친히 태묘大廟에서 제사를 지내며 존시尊諡를 더하여 올리고, 사면령을 내렸다.

`王詢` ▶ **1027년 5월 가뭄으로 인하여 상선을 줄이고 옥사를 살피다**

가뭄이 들었으므로 정전正殿을 피하고 상선常膳을 줄였으며, 옥에 갇힌 죄수들을 너그럽게 처결하였다[疏決].

`王詢` ▶ **1027년 5월 공주에 서리가 내리다**

공주公州에서 서리가 내려 모를 죽였다.

王詢 ▶ 1027년 5월 **왕자 왕형과 왕서를 관직에 임명하다**

왕자 왕형王亨을 개부의동삼사 검교태사 겸 내사령開府儀同三司檢校太師兼內史令으로 삼고, 왕서王緖를 개부의동삼사 검교태부 겸 상서령開府儀同三司檢校太傅兼尚書令으로 삼았다.

王詢 ▶ 1027년 6월 **양주를 금한 법령을 어긴 승려들을 처벌하다**

양주楊州에서 아뢰기를, "장의사莊義寺·삼천사三川寺·청연사靑淵寺 등의 승려들이 술 빚는 것을 금지한 법령을 어기고 쌀 360여 석을 사용하였으니, 청하건대 율에 의거하여 그 죄를 처단하십시오."라고 하였다. 이를 따랐다.

王詢 ▶ 1027년 6월 **사면을 받은 유품렴 등을 다시 관직에 임용하도록 명하다**

교서를 내려 이르기를,

"전 공부시랑工部侍郎 유품렴庾禀廉 등 143인은 비록 아첨하고 간사함을 부린 죄를 범하였으나 이미 여러 차례의 사면을 거쳤으니, 모두 그 죄명을 삭제하고 관직에 임용하라."

라고 하였다.

王詢 ▶ 1027년 6월 **탐라에서 물품을 바치다**

탐라耽羅에서 방물을 헌상하였다.

王詢 ▶ 1027년 6월 **동여진인 모일라 등이 내조하다**

동여진東女眞의 추장酋長 모일라毛逸羅 등 20여 인이 내조來朝하였다.

王詢 ▶ 1027년 7월 **거란에서 사신을 보내어 왕의 생신을 하례하다**

거란이 태부太傅 이광일李匡一과 야율호도곤을 보내어 생신을 하례하였다.

王詢 ▶ 1027년 7월 영광군에서 산호수를 바치다

영광군靈光郡에서 산호수珊瑚樹를 헌상하였는데, 높이가 8척이었다.

王詢 ▶ 1027년 8월 거란에서 동경사가 오다

거란契丹의 동경사東京使 고연高延이 왔다.

王詢 ▶ 1027년 8월 송인 이문통 등이 서책을 바치다

송宋 강남江南 사람인 이문통李文通 등이 와서 서책 총 597권을 헌상하였다.

王詢 ▶ 1027년 8월 승려들의 복식을 규제하다

승려들이 흰 적삼[白衫]과 말두바지[襪頭袴], 비단띠[綾羅勒], 비단으로 두른 난삼[帛旋襴衫], 가죽신[皮鞋], 채색모자[彩冒], 갓[笠子], 갓끈[冠纓]을 착용하는 것을 금지하였다.

王詢 ▶ 1027년 9월 혜일중광사의 창건을 명하다

혜일중광사慧日重光寺를 창건할 것을 명하고 인부와 장인들을 징발하자 보신輔臣과 간관諫官들이 모두 아뢰기를, "백성을 수고롭게 하는 폐단이오니, 공사를 일으키는 것은 마땅하지 않습니다."라고 하였다. 좌승선左承宣 이괴李瓌만이 홀로 아뢰기를, "부처님을 위하여 사원을 짓는 것은 그 공덕이 무량하니, 백성들을 수고롭게 한들 무슨 해가 되겠습니까."라고 하였으므로 당시의 여론이 그를 비난하였다.

현종 19년(1028년)

－현종원문대왕－

王詢 ▶ 1028년 1월 **여진인 만두 등이 내조하다**

여진女眞의 귀덕장군歸德將軍 만두萬豆 등 70여 인이 내조來朝하였다. 골부骨夫는 부락 500호를 이끌고 와서 귀부하였다.

王詢 ▶ 1028년 2월 **김가를 거란 동경으로 파견하다**

예부원외랑禮部員外郞 김가金哿를 거란契丹의 동경東京으로 보냈다.

王詢 ▶ 1028년 2월 **승려와 비구니들이 역마로 재물을 실어나르는 행위를 금하다**

교서를 내려 이르기를,

"승려와 비구니들이 어리석은 민民들을 속이고 꾀어 재물을 긁어모은 뒤 역마로 실어 나르니, 폐해가 이보다 더 클 수 없다. 관사로 하여금 엄중히 금지시키도록 하라."

라고 하였다.

王詢 ▶ 1028년 2월 **김작빈을 거란에 파견하다**

대부경大府卿 김작빈金作賓을 거란契丹에 보냈다.

王詢 ▶ 1028년 3월 **정재원 등에게 급제를 주다**

정재원鄭在元 등 10인과 명경업明經業 1인에게 급제를 하사하였다.

王詢 ▶ 1028년 3월 **거란의 사신이 내빙하다**

거란契丹이 장군將軍 야율소耶律素 등을 보내어 내빙來聘하였다.

王詢 ▶ 1028년 3월 **동여진인 아골이 오다**

동여진東女眞의 귀덕장군歸德將軍 아골阿骨이 왔다.

王詢 ▶ 1028년 5월 **여진이 평해군을 침공하다**

여진女眞이 평해군平海郡을 침공하였으나 이기지 못하고 돌아갔다. 뒤쫓아 가서 적의 선박 4척을 사로잡고 모두 죽였다.

王詢 ▶ 1028년 윤6월 **북여진인 아홀 등이 귀부하다**

윤북여진北女眞의 추장酋長 아홀阿忽 등 57인이 와서 귀부하였다.

王詢 ▶ 1028년 7월 22일 **원성왕후 김씨가 훙서하다**

왕비 김씨金氏가 훙서하였다. 시호를 원성왕후元成王后라고 하고 명릉明陵에 안장하였다.

王詢 ▶ **1028년 7월 동여진과 서여진의 이오불, 두로개 등이 토산물을 바치다**

동여진東女眞과 서여진西女眞의 추장酋長 이오불尼烏弗과 두로개豆盧蓋 등 200여 인이 와서 토산물을 헌상하였다.

王詢 ▶ **1028년 7월 거란이 사신을 보내어 왕의 생신을 하례하다**

거란契丹이 심주자사瀋州刺史 소경蕭瓊을 보내어 생신을 하례하였다.

王詢 ▶ **1028년 7월 동여진인 쾌발 등이 귀부하다**

동여진東女眞의 쾌발噲拔이 부락 300여 호를 거느리고 와서 귀부하였다.

王詢 ▶ **1028년 8월 서북계에 황충의 피해가 발생하다**

서북계西北界에 누리떼[蝗蟲]가 발생하였다.

王詢 ▶ **1028년 9월 송인 이전 등이 토산물을 바치다**

송宋 천주泉州 사람인 이전李顓 등 30여 인이 와서 토산물을 헌상하였다.

王詢 ▶ **1028년 9월 임복을 거란에 사신으로 보내다**

좌사낭중左司郞中 임복林福을 거란契丹에 보내어 황후의 생신을 하례하였다.

王詢 ▶ **1028년 9월 고주를 봉화산 남쪽으로 옮기다**

봉화산鳳化山 남쪽에 성을 쌓아 고주高州를 이사시켰다.

王詢 ▶ **1028년 10월 정장을 거란에 사신으로 보내다**

상서우승尙書右丞 정장鄭莊을 거란契丹에 보내어 사은하였다.

王詢 ▶ 1028년 10월 **동여진이 고성과 용진진을 침공하다**

동여진東女眞의 적선 15척이 고성高城을 노략질하고 또 용진진龍津鎭에 침공하여 중랑장中郎將 박흥언朴興彦 등 70여 인을 잡아갔다.

王詢 ▶ 1028년 11월 **왕희걸과 이유량을 거란에 사신으로 보내다**

태복경太僕卿 왕희걸王希傑과 전중시어사殿中侍御史 이유량李惟亮을 거란契丹에 보내어 생신을 하례하였다.

王詢 ▶ 1028년 12월 **동여진인 사일라 등이 말을 바치다**

동여진東女眞의 사일라沙逸羅 등이 와서 말을 헌상하였다.

현종 20년(1029년)

-현종원문대왕-

王詢 ▶ 1029년 1월 3일 **천추태후 황보씨가 훙서하다**

천추태후千秋太后 황보씨皇甫氏가 훙서하니, 유릉幽陵에 안장하였다.

王詢 ▶ 1029년 2월 **왕의 이름을 피휘하여 순씨를 손씨로 바꾸다**

왕의 혐명嫌名으로 인하여 사람들의 성인 순筍을 손孫으로 바꾸었다.

王詢 ▶ 1029년 윤2월 **문신관료들에게 활쏘기를 연습하게 하다**

윤처음으로 문관 4품 이하로서 나이가 아직 60세가 되지 않은 자들로 하여금 매번 쉬는 날마다 동교東郊와 서교西郊에서 활쏘기를 연습하게 하였다.

王詢 ▶ 1029년 윤2월 **동쪽 변경을 침략한 여진의 적선을 패퇴시키다**

여진女眞의 적선 30여 척이 동쪽 변경에 와서 노략질을 하였다. 선병도부서판관船兵都部署判官 조윤정趙閏貞이 공격하여 패주시켰다.

王詢 ▶ 1029년 윤2월 **군사들이 청탁을 통해 정역에서 벗어나는 행위를 금하다**

중앙과 지방의 군사들이 청탁하여 정역征役에서 벗어나고자 꾀하는 것을 금지하였다.

王詢 ▶ 1029년 윤2월 **동여진과 서여진의 아홀, 사일 등이 물품을 바치다**

동여진東女眞과 서여진西女眞의 아홀阿忽·사일라沙一羅·골개骨蓋 등 100여 인이 와서 말과 병장기를 바치니, 작爵을 1급씩 올려주었다.

王詢 ▶ 1029년 3월 **명주를 침략한 동여진의 적선을 패퇴시키다**

동여진東女眞의 적선 10척이 명주溟州를 노략질하였다. 병마판관兵馬判官 김후金厚가 공격하여 물리쳤다.

王詢 ▶ 1029년 4월 **장경도량을 베풀고 반승을 시행하다**

회경전會慶殿에서 장경도량藏經道場을 베풀고, 구정毬庭에서 10,000명에게 반승飯僧하였다.

王詢 ▶ 1029년 4월 **거란이 야율연녕 등을 보내어 내빙하다**

거란契丹이 대장군大將軍 야율연녕耶律延寧 등을 보내어 내빙來聘하였다.

王詢 ▶ 1029년 4월 **거란인 조올이 가족과 함께 도망쳐오다**

거란 사람인 조올曹兀이 가족들을 데리고 도망쳐왔다.

王詢 ▶ 1029년 4월 **태묘의 제기를 늘리려다가 예부의 반대로 그만두다**

태묘太廟의 제기[邊豆]를 늘리는 일에 대하여 논의하니, 예부禮部가 「왕제王制」에서 풍년이라고 사치스럽게 하지 않고 흉년이라고 검소하게 하지 않는다는 한 뜻에 의 거하여 불가하다고 고집하였다. 이에 그만두었다.

王詢 ▶ 1029년 5월 동여진이 동산현을 노략질하다

동여진東女眞의 400여 인이 동산현洞山縣을 노략질하였다.

王詢 ▶ 1029년 5월 곽원의 건의에 따라 여진을 강경하게 진압하기로 하다

왕이 재상들에게 말하기를, "여진女眞이 누차 변경을 침범하여 피해를 입히는 것이 점점 심해지고 있다. 마땅히 그들 우두머리를 초유하여 후하게 상을 내려주어야 할 것이다. 이것이 이른바 덕으로써 사람을 품는다는 것이다."라고 하였다. 참지정사參知政事 곽원郭元이 아뢰기를, "여진은 사람의 얼굴에 짐승과 같은 마음을 갖고 있습니다. 은혜로써 그들을 포용하는 것이 어찌 위엄으로써 진압하는 것만 하겠습니까."라고 하자 왕이 그 말을 옳게 여겼다.

王詢 ▶ 1029년 6월 내조한 탐라의 세자에게 관직을 제수하다

탐라耽羅의 세자 고오노孤烏弩가 내조來朝하니, 유격장군游擊將軍을 제수하고 도포 1벌을 하사하였다.

王詢 ▶ 1029년 6월 용호군으로 하여금 황주의 도적떼를 잡아들이게 하다

황주黃州의 산간지역에 도적떼가 일어나니, 용호군龍虎軍의 장교將校를 보내어 잡아들이게 하였다.

王詢 ▶ 1029년 6월 대처승을 징발하여 중광사 공사에 동원하다

처가 있는 승려들을 징발하여 중광사重光寺의 역도役徒로 충원하였다

王詢 ▶ 1029년 7월 **거란에서 사신을 보내어 왕의 생신을 하례하다**

거란契丹이 장군將軍 야율관녕耶律管寧 등을 보내어 생신을 하례하였다.

王詢 ▶ 1029년 7월 **탐라에서 물품을 바치다**

탐라耽羅에서 방물을 헌상하였다.

王詢 ▶ 1029년 7월 **삭방도 여러 현의 조세를 감면하다**

삭방도朔方道의 등주登州와 명주溟州 관내에 있는 19개의 현이 모두 번적蕃賊의 침략을 당하였으므로 특별히 조세租賦를 감면하였다.

王詢 ▶ 1029년 7월 **일본에 표류했던 탐라인 정일 등이 돌아오다**

탐라耽羅의 민民 정일貞一 등이 일본日本으로부터 돌아왔다. 처음에 정일 등 21인은 바다에 나갔다가 풍랑을 만나 표류하여 동남쪽 끝의 먼 섬에 도달하였는데, 그 섬사람들은 장대하고 온 몸에 털이 났으며 쓰는 말이 매우 달랐다. 7개월 동안 억류되어 있다가 정일 등 7인이 작은 배를 훔쳐서 동북쪽으로 일본의 나사부那沙府에 이르렀으니, 이에 살아서 돌아올 수 있었다.

王詢 ▶ 1029년 8월 1일 **일식이 일어나다**

일식이 있었다.

王詢 ▶ 1029년 8월 17일 **왕이 서쪽 지역을 순행하다**

왕이 서쪽으로 순행을 나갔다.

王詢 ▶ 1029년 8월 동여진인 쾌발 등이 내투하다

동여진東女眞의 대상大相 쾌발會拔이 그 족속 300호를 거느리고 내투來投하니, 발해渤海의 옛 성이 있던 땅을 하사하여 그곳에서 살게 하였다.

王詢 ▶ 1029년 8월 송인 장문보 등이 토산물을 바치다

송宋 광남廣南 사람인 장문보莊文寶 등 80인이 와서 토산물을 헌상하였다.

王詢 ▶ 1029년 8월 개경에 나성을 쌓다

참지정사參知政事 이가도李可道와 좌복야左僕射 이응보異膺甫, 어사대부御史大夫 황보유의皇甫兪義, 상서좌승尙書左丞 황주량黃周亮에게 명하여 정부丁夫 238,938인과 장인 8,450인을 징발해서 개경開京에 나성羅城을 쌓도록 하였다. 이보다 앞서 평장사平章事 강감찬姜邯贊이 도읍[京都]에 성곽이 없다고 하여 이를 축성할 것을 청하니, 왕가도가 먼저 성터를 정하고는 사람들로 하여금 일산을 들고 둘러서게 한 뒤 높은 곳에 올라가 그들을 나아가거나 물러나게 하며 면적을 고르게 하였다. 둘레는 10,660보이고 높이는 27척이었으며 낭옥廊屋은 4,910칸이었다.

王詢 ▶ 1029년 9월 9일 왕이 염주와 해주에 행차하다

염주鹽州에 행차하였다. 도중에 친히「중양영국시重陽詠菊詩」1수를 짓고는 한림학사翰林學士 이하에게 널리 보인 후 곧 화답하여 바치도록 하였다. 정묘. 이어서 해주海州에 행차하였다. 염주와 해주의 금년 조세의 절반을 감면하였으며, 지나쳐왔던 주현州縣의 60세 이상 늙은이[耆年]와 독질篤疾에게는 술·음식·포화布貨를 차등있게 하사하였다.

王詢 ▶ 1029년 9월 발해의 후손 대연림이 흥요국을 세우다

거란契丹의 동경장군東京將軍 대연림大延琳이 대부승大府丞 고길덕高吉德을 보내어 나라를 세웠음을 알리고 더불어 원조를 요청하였다. 대연림은 발해渤海의 시조始祖였던 대조영大祚榮의 7대손이다. 거란을 배반하고 국호를 흥요興遼라고 하였으며 연호를 세워 천흥天興이라 하였다.

王詢 ▶ 1029년 9월 궁원 소속 장호의 요역을 감면하도록 명하다

교서를 내려 이르기를,
"근자에 들건대 궁원宮院에 소속된 장호莊戶들의 요역이 번다하고 무거워 민民들이 도무지 살 수가 없다고 한다. 전중성殿中省에서는 사실대로 조사하여 구제하도록 하라."
라고 하였다.

王詢 ▶ 1029년 9월 왕을 호종한 관료들에게 연회를 베풀어주다

호종하던 문무 상참常參 이상의 관료들에게 연회를 베풀고 물품을 차등있게 하사하였다.

王詢 ▶ 1029년 10월 9일 왕이 해주로부터 돌아오다

왕이 해주海州로부터 돌아왔다.

王詢 ▶ 1029년 11월 나성과 중광사 조성도감 관원들의 작을 올려주다

개경開京의 나성羅城 및 중광사重光寺의 조성도감造成都監 관원들에게 작爵을 1급씩 내려주었다.

王詢 ▶ 1029년 11월 서눌과 이단을 관직에 임명하다

평장사平章事 서눌徐訥을 판서경유수사判西京留守事로, 상서좌복야尚書左僕射 이단李端을 서경유수사西京留守使로 삼았다.

王詢 ▶ 1029년 11월 **이가도에게 공신호와 왕씨 성을 하사하고, 장원을 지급하다**

이가도李可道에게 검교태위 수충창궐치성공신檢校太尉輸忠創闕致盛功臣을 더하고 왕씨王氏를 사성賜姓한 뒤 개성현開城縣의 장원을 지급하였다.

王詢 ▶ 1029년 11월 **곽원이 사망하다**

참지정사參知政事 곽원郭元이 사망하였다. 곽원은 성품이 청렴하고 문장을 잘 지었다. 대성臺省의 직위를 두루 거치면서 실무 능력으로 칭송을 받았는데, 자중하지 않고 이작인李作仁과 매우 친하게 지냈으므로 사람들이 이 일로써 그를 기롱하였다. 흥요국興遼國이 모반하였을 때에는 은밀히 아뢰기를, "압록강鴨江 동쪽에 있는 거란契丹의 요새保障를 지금 기회를 틈타 빼앗을 수 있습니다."라고 하였다. 최사위崔士威·서눌徐訥·김맹金猛 등이 모두 상서하여 불가하다고 하였으나 곽원이 고집하여 병사들을 파견해 공격하였는데, 이기지 못하자 부끄럽게 여기면서 원망하다가 등창이 나서 사망하였다.

王詢 ▶ 1029년 11월 **동여진인 구두 등이 내조하다**

동여진東女眞의 구두求頭 등 30여 인이 내조來朝하였다.

王詢 ▶ 1029년 12월 **흥요국이 거란과 싸우면서 원조를 요청하였으나, 받아들이지 않다**

흥요국興遼國의 태사太師 대연정大延定이 동북여진東北女眞을 이끌고 거란契丹과 서로 공격하면서 사신을 보내어 원조를 청하니, 왕이 여러 보신輔臣들과 상의하였다. 시중侍中 최사위崔士威와 평장사平章事 채충순蔡忠順은 말하기를, "전쟁은 위험한 일이므로 삼가지 않을 수 없습니다. 저들이 서로 공격하는 것이 우리에게 이득이 아닐 수도 있음을 어찌 알겠습니까. 단지 성곽과 해자를 보수하고 봉수烽燧를 조심하면서 그 변화를 살피는 것만이 가당할 것입니다."라고 하였다. 왕이 그 말을 따랐다. 이로부터 길이 막혀서 거란과 통교하지 못하였다.

王詢 ▶ 1029년 12월 **유소를 기복시켜 흥요국의 보복에 대비하게 하다**

서북면판병마사西北面判兵馬事 유소柳韶를 기복起復시켜 진鎭으로 보냈다. 이때 흥요국興遼國이 원조를 요청하였는데 이를 허락하지 않았으므로 유소를 보내어 대비하였던 것이다.

현종 21년(1030년)

−현종원문대왕−

王詢 ▶ 1030년 1월 **동여진인 오을나 등이 말을 바치다**

동여진東女眞의 오을나烏乙那 등 50인이 와서 말을 헌상하였다.

王詢 ▶ 1030년 1월 **흥요국에서 사신을 보내어 군사를 요청하다**

흥요국興遼國에서 수부원외랑水部員外郞 고길덕高吉德을 보내어 표문을 올려 군사를 요청하였다.

王詢 ▶ 1030년 2월 **채충순, 이작인, 유소를 관직에 임명하다**

채충순蔡忠順을 판서경유수사判西京留守事로, 이작인李作仁을 참지정사參知政事로, 유소柳韶를 중추사中樞使로 삼았다.

王詢 ▶ 1030년 2월 **동여진인 모일라가 말을 바치다**

동여진東女眞의 모일라毛逸羅가 와서 말을 헌상하였다.

王詢 ▶ 1030년 2월 **인주에 성을 쌓다**

인주麟州에 성을 쌓았다.

王詢 ▶ 1030년 4월 **책력과 월식 예측에 오류가 있었으므로 술가들을 추국하게 하다**

교서를 내려 이르기를,
"지난해 12월을 송宋의 책력에서는 30일에 끝나는 달[大盡]로 하였으나, 우리나라의 태사太史가 올린 책력에서는 29일에 끝나는 달[小盡]로 하였다. 또한 금년 정월 15일에 큰 월식[陰食]이 있을 것이라고 아뢰었으나 끝내 일어나지 않았다. 이는 필시 술가術家들이 정밀하지 못한 것이니, 어사대御史臺에서는 추국하여 아뢰도록 하라."
라고 하였다.

王詢 ▶ 1030년 4월 **동여진인 만투 등이 군수품을 바치다**

동여진東女眞의 만투曼鬪 등 60여 인이 와서 싸리화살[楛矢]과 과선戈船 4척을 헌상하였다.

王詢 ▶ 1030년 4월 **최유선 등에게 급제를 주다**

최유선崔惟善 등 18인에게 급제를 하사하였다. 왕이 친히 시를 지어 그들에게 하사함으로써 특별히 더욱 장려[獎異]하였다.

王詢 ▶ 1030년 4월 **철리국에서 물품을 바치며 책력을 요청하다**

철리국鐵利國의 추장酋長 나사那沙가 여진女眞 계타한計陀漢 등을 보내어 초서貂鼠의 가죽을 헌상하고 책력을 요청하니, 이를 윤허하였다.

王詢 ▶ 1030년 5월 동여진인 소물개 등이 군수품을 바치다

동여진東女眞의 봉국대장군奉國大將軍 소물개蘇勿蓋 등이 와서 말과 싸리화살[楛矢], 병장기와 의장儀仗, 그리고 과선戈船 3척을 헌상하였다.

王詢 ▶ 1030년 5월 거란인 대도 등이 내투하다

거란契丹의 수군지휘사水軍指麾使인 호기위虎騎尉 대도大道와 이향李鄕 등 6인이 내투來投하였다. 이로부터 거란과 발해渤海이 와서 귀부하는 일이 매우 많았다.

王詢 ▶ 1030년 5월 강감찬에게 문하시중을 더하여 주다

강감찬姜邯贊에게 문하시중門下侍中을 더하였다.

王詢 ▶ 1030년 6월 사면령을 내리고 세금을 감면하다

사면령을 내리고, 경성에서 부역에 동원된 자들에게 올해의 조포調布를 감면해 주었으며, 여러 주현州縣의 결손액[逋欠]을 무진년1028을 상한으로 하여 감면하였다.

王詢 ▶ 1030년 7월 흥요국에서 사신을 보내어 원군을 요청하다

흥요국興遼國의 행영도부서行營都部署 유충정劉忠正이 영주자사寧州刺史 대경한大慶翰으로 하여금 표문表文을 가지고 와서 원군을 요청하게 하였다.

王詢 ▶ 1030년 7월 송인 노준 등이 토산물을 바치다

송宋 천주泉州 사람인 노준盧遵 등이 와서 토산물을 헌상하였다.

王詢 ▶ 1030년 7월 진함조가 사망하다

내사시랑內史侍郞 진함조晉含祚가 사망하였다. 진함조는 술수術數를 잘 다루었기에 매번 국가에 일이 있을 때마다 번번이 도참圖讖으로써 대답하여 마침내 크게 중용되기에 이르렀다. 〈이에〉 당시의 여론에서는 그를 경시하였다.

王詢 ▶ 1030년 8월 **왕가도를 관직에 임명하다**

왕가도王可道를 내사시랑 판삼사사內史侍郎 判三司事로 삼았다.

王詢 ▶ 1030년 9월 **탐라에서 물품을 바치다**

탐라耽羅에서 방물을 헌상하였다.

王詢 ▶ 1030년 9월 **흥요국이 멸망하다**

흥요국興遼國의 영주자사郢州刺史 이광록李匡祿이 와서 위급한 상황임을 알렸는데, 얼마 지나지 않아 나라가 망했다는 소식을 듣자 결국 체류하면서 돌아가지 않았다.

王詢 ▶ 1030년 9월 **거란에 사신을 보내어 동경 수복을 하례하다**

김가金哿를 거란契丹에 보내어 동경東京을 수복한 것에 대하여 하례하였다.

王詢 ▶ 1030년 9월 **거란이 사신을 다시 파견할 것을 요구하다**

거란契丹이 천우장군千牛將軍 나한노羅漢奴를 보내어 조서를 내려 이르기를,
 "근래에 사신[差人]이 왕래하지 못한 것은 아마도 길이 막혔기 때문이었을 것이다. 이제 발해渤海의 가짜군주[偽主]가 모두 포위되어 이미 항복하였으니, 마땅히 배신陪臣을 속히 우리나라로 보낸다면 필시 우려할 일은 없을 것이다."
라고 하였다.

王詢 ▶ 1030년 9월 **영덕진에 성을 쌓다**

영덕진寧德鎭에 성을 쌓았다.

王詢 ▶ 1030년 10월 한조를 관직에 임명하다

한조韓祚를 지서경유수사知西京留守事로 삼았다.

王詢 ▶ 1030년 10월 거란인 해가와 발해의 유민들이 내투하다

거란契丹의 해가奚哥와 발해渤海의 민民 500여 인이 내투來投하니, 그들을 강남의 주군州郡에 거주시켰다.

王詢 ▶ 1030년 11월 서여진인 만두 등이 귀부하다

서여진西女眞의 만두曼頭 등 27호가 와서 귀부하니, 그들을 동계東界에 거주시켰다.

王詢 ▶ 1030년 11월 어사대에서 이작인을 탄핵하다

어사잡단御史雜端 최연수崔延壽가 탄핵하여 아뢰기를,

"참지정사參知政事 이작인李作仁은 태조공신太祖功臣의 후손임을 사칭하면서 자신의 아들에게 음직蔭職을 주었으니, 그를 면직시키십시오."

라고 하였다.

王詢 ▶ 1030년 12월 채충순의 사직 요청을 받아들이지 않다

문하평장사門下平章事 채충순蔡忠順이 병을 이유로 표문을 올려 사직을 청하였으나, 윤허하지 않았다.

王詢 ▶ 1030년 12월 서눌을 관직에 임명하다

서눌徐訥을 문하시랑 동평장사 판상서이부사門下侍郎同平章事 判尙書吏部事로 삼았다.

王詢 ▶ 1030년 12월 **김맹이 사망하다**

중추사中樞使 김맹金猛이 사망하였다.

王詢 ▶ 1030년 12월 **최사위의 치사 요청을 받아들이지 않다**

문하시중門下侍中 최사위崔士威가 나이를 이유로 사직을 청하였으나, 윤허하지 않고 5일에 한 번 조정에 나올 것을 명하였다.

王詢 ▶ 1030년 12월 **최제안과 황주량을 관직에 임명하다**

최제안崔齊顔을 중추사中樞使로 삼고 황주량黃周亮을 중추부사中樞副使로 삼았다.

王詢 ▶ 1030년 12월 **동여진인 목사아골 등이 군수품을 바치다**

동여진東女眞의 영새장군寧塞將軍 목사아골睦史阿骨과 유원장군柔遠將軍 알나閼那, 귀덕장군歸德將軍 아개주阿箇朱가 와서 말·철갑옷·싸리화살[楛矢]을 헌상하였다.

현종 22년(1031년)

-현종원문대왕-

王詢 ▶ 1031년 1월 **동여진인 이오불이 군수품을 바치다**

동여진東女眞의 이오불尼牛弗이 와서 말·병장기·의장儀仗을 헌상하였다.

王詢 ▶ 1031년 1월 **왕이 적전을 갈고 사면령을 내리다**

친히 적전籍田을 경작하고 사면령을 내렸다.

王詢 ▶ 1031년 1월 **채충순이 사직하다**

문하시랑평장사門下侍郎平章事 채충순蔡忠順이 질병을 이유로 사직하였다.

王詢 ▶ 1031년 2월 **상참 이상 관리들에게 연회를 베풀다**

문덕전文德殿에서 문무 상참常參 이상의 관리들에게 연회를 베풀었다.

王詢 ▶ 1031년 2월 **무예가 있는 문반을 장교로 임명하다**

문반으로서 무예가 있는 자들을 장교將校로 바꾸어 제수하였다.

王詢 ▶ 1031년 2월 **동여진인과 서여진인이 토산물을 바치다**

동여진東女眞과 서여진西女眞 80여 인이 와서 토산물을 헌상하였다.

王詢 ▶ 1031년 3월 **여진인 사일라 등이 말을 바치다**

여진女眞의 사일라沙逸羅 등 40여 인이 와서 말을 헌상하였다.

王詢 ▶ 1031년 3월 **거란과 발해 유민들이 내투하다**

거란契丹과 발해渤海의 민民 40여 인이 내투來投하였다.

王詢 ▶ 1031년 4월 28일 **왕의 몸이 편치 않다**

왕이 편찮았다.

王詢 ▶ 1031년 4월 **이단을 참지정사로 삼다**

이단李端을 참지정사參知政事로 삼았다.

王詢 ▶ 1031년 5월 25일 **왕이 훙서하다**

왕의 병이 위독해지자 태자 왕흠王欽을 불러 뒷일을 부탁하였다. 얼마 지나지 않아 중광전重光殿에서 훙서하니, 시호를 올려 원문元文이라 하고 묘호를 현종顯宗으로 하였다. 태자가 즉위하여 익실翼室에 머물면서 아침저녁으로 거애[哀臨]하였다.
사신史臣 최충崔冲은 말하기를, "전傳에서 이르기를, '하늘이 장차 일으키려고 하는데, 누가 그것을 막을 수 있겠는가.'라고 하였다. 천추태후千秋太后가 스스로 방종하고 음란하여 몰래 왕위 찬탈을 도모하였으나, 목종穆宗은 백성들의 바람을 알았기에 천추태후의 악한 당여黨與를 물리치고 멀리 사명使命을 전달함으로써 왕위[神器]를 물려주어 혈통[本支]을 굳건하게 하였으니, 이른 바 하늘이 장차 일으키려고 하는데 누가 그

것을 막을 수 있겠는가라는 말을 어찌 믿지 않을 것인가. 하지만 이모가 재앙을 남겼기에 무신이 반역을 꾸미고 강대한 이웃이 틈을 엿보아서 경성의 궁궐이 모두 불타버리고 어가乘輿은 파천하게 되었으니, 곤경艱否이 극에 달하였다. 반정反正한 이후에는 오랑캐와 화친하여 우호를 맺음으로써 전쟁을 멈추고 문文을 닦았으며, 부세를 감면하고 요역을 가볍게 하였고, 뛰어나면서 어진 자들을 등용하고 숭상하여 정사를 닦음에 있어 공평하였다. 안팎이 이에 평안하였고 농상農桑이 언제나 풍요로웠으니, 가히 중흥을 이룬 군주라고 할 만하다."라고 하였다.

이제현은 말하기를, "최충이 말하는 것은 세상에서 이야기하는 천명天命이다. 구천句踐은 쓸개를 맛보며 회계산會稽山에서의 치욕을 씻었으나, 소백小白은 거莒에서의 일을 잊었기 때문에 제齊에 후환을 남겼다. 인군이 천명이 있음을 믿고 마음대로 하면서 법도를 무너뜨린다면, 비록 그것을 얻었더라도 반드시 잃게 된다. 이 때문에 군자는 잘 다스려질 때에도 어지러워질 것을 생각하고 편안할 때에도 위태로움을 생각하여, 끝을 처음과 같이 삼감으로써 하늘의 아름다운 도리[天休]에 응답한다. 현종顯宗과 같은 경우가 이른바 '나는 비판할 거리가 없다.'는 것이로구나."라고 하였다.

王詢 ▶ 1031년 5월 유소와 황보유의를 관직에 임명하다

유소柳韶를 이부상서 참지정사吏部尚書 參知政事로, 황보유의皇甫兪義를 중추사中樞使로 삼았다.

王詢 ▶ 1031년 5월 최사위를 치사하게 하고, 이공을 관직에 임명하다

최사위崔士威를 내사령內史令으로 삼고 이어서 치사致仕하도록 하였으며, 이공李龔을 사공좌복야 판동경유수사司空左僕射 判東京留守事로 삼았다.

王詢 ▶ 1031년 5월 사면령을 내리고, 빌린 곡식의 이자를 면제하다

공죄公罪에서의 도형徒刑 이하에게 사면령을 내렸다. 공적으로나 사적으로 민民에게 곡식을 빌려준 경우에는 다만 본전만 받도록 하고 그 이자는 감면하였다.

덕종총서

덕종경강대왕德宗敬康大王

휘는 흠欽이며, 자는 원량元良이다. 현종顯宗의 맏아들로, 어머니는 원성태후元成太后 김씨金氏이다. 현종 7년(1016년) 병진 5월 을사에 태어났다. 성품은 강단과 집념이 있었다. 3년간 재위하였고, 향년 19세였다.

덕종 즉위년(1031년)

-덕종경강대왕-

王欽 ▶ 1031년 5월 28일 **새 왕과 신하들이 상복을 입다**

왕이 여러 신하들을 거느리고 상복을 입었으며, 백성들은 검은 관을 쓰고 흰 옷을 입었다.

王欽 ▶ 1031년 6월 20일 **선왕을 선릉에 장사지내다**

선릉宣陵에서 장사를 지낸 후 여러 신하들에게 공무를 중지시켰다.

王欽 ▶ 1031년 6월 22일 **왕이 상복을 벗다**

왕이 상복을 벗었다.

王欽 ▶ 1031년 6월 **경령전에 배알하여 즉위를 고하다**

경령전景靈殿에 배알하며 즉위를 알린 이후 사면령을 내렸다.

王欽 ▶ 1031년 6월 **서눌과 강감찬을 관직에 임명하다**

서눌徐訥을 검교태사檢校太師로 삼고, 강감찬姜邯贊을 특진 검교태사 시중 천수군개국후特進 檢校太師 侍中 天水郡開國侯로 삼았다.

`王欽` ▶ 1031년 6월 **서여진인 아지대 등이 말을 바치다**

서여진의 영새대장군寧塞大將軍 아지대阿志大 등 27인이 와서 말을 헌상하였다.

`王欽` ▶ 1031년 6월 **묘릉에서의 축문 양식을 개정하게 하다**

유사有司에 명하여 태묘大廟와 3릉三陵의 축문 양식을 개정하도록 하였다.

`王欽` ▶ 1031년 6월 **동여진인 사이라 등이 말을 바치다**

동여진東女眞의 장군將軍 대완大完 사이라沙伊羅 등 58인이 와서 말을 헌상하였다.

`王欽` ▶ 1031년 6월 **철리국의 무나사가 초서 가죽을 바치다**

철리국鐵利國의 추장酋長 무나사武邢沙가 약오자若吾者 등을 보내어 초서貂鼠의 가죽을 헌상하였다.

`王欽` ▶ 1031년 7월 **보신들에게 말을 하사하다**

보신輔臣들에게 여러 도에서 진상한 말을 하사하였다.

`王欽` ▶ 1031년 7월 **유소를 관직에 임명하다**

유소柳韶를 중군병마원수中軍兵馬元帥로 삼았다.

`王欽` ▶ 1031년 7월 **거란에서 보애사가 와서 성종의 붕어를 알리다**

거란契丹의 보애사報哀使인 공부낭중工部郎中 남승안南承顔이 와서 성종聖宗이 붕어하였음을 알리고 현종顯宗의 반혼당返魂堂에서 조서를 선포하였다. 왕이 보애사를 인도하여 내전內殿에서 거애하였다.

王欽 ▶ 1031년 7월 발해 유민 대도행랑 등이 내투하다

발해渤海의 감문군監門軍 대도행랑大道行郎 등 14인과 제군판관諸軍判官 고진상高眞祥, 공목孔目 왕광록王光祿이 내투來投하였다.

王欽 ▶ 1031년 7월 거란에서 사신을 보내어 선왕의 생신을 하례하다

거란契丹의 하선왕생신사賀先王生辰使 야율온덕耶律溫德과 조상현趙象玄이 와서 반혼당返魂堂에서 명령을 전하였다.

王欽 ▶ 1031년 8월 동여진인 고어부 등이 토산물을 바치다

동여진東女眞의 장군將軍 고어부古於夫 등 30인이 와서 토산물을 헌상하였다.

王欽 ▶ 1031년 8월 내투한 여진인 아두간을 동번으로 보내다

제서를 내려 이르기를,

"여진女眞의 장군將軍 아두간阿豆間 등 340호가 내투來投하였으므로 가주嘉州와 철주鐵州 두 곳에 억류시켰는데, 아두간은 본래 동번東蕃 자항사子項史의 족속이니 마땅히 동번으로 보내야 할 것이다."

라고 하였다.

王欽 ▶ 1031년 8월 왕가도가 왕비를 들이도록 청하다

왕가도王可道가 왕비를 들일 것을 청하였다.

王欽 ▶ 1031년 8월 이단을 관직에 임명하다

이단李端을 좌복야 참지정사左僕射 參知政事로 삼았다.

王欽 ▶ 1031년 8월 강감찬이 사망하다

시중侍中으로 치사致仕한 강감찬姜邯贊이 사망하였다. 강감찬은 금주衿州 사람으로서, 성품이 청렴하여 살림을 돌보지 않았고, 어려서부터 학문을 좋아하여 기묘한 계략이 많았다. 체격과 용모가 작고 초라하였으며 의복은 때가 끼고 해져 보통사람[中人]과 다를 바 없었으나, 엄정한 안색으로 조정에 서서 큰일에 임할 때마다 위대한 계책을 결정하며 굳건하게 나라의 기둥과 주춧돌이 되었다. 나이 70세가 되자 궤장几杖을 하사하고 3일에 한 번 조정에 나오도록 하였으나, 결국 사직하고 도성 남쪽의 별장으로 돌아갔다. 나이 84세에 사망하니, 〈왕이〉 애도하면서 부의賻儀를 매우 후하게 보내주었고, 시호를 인헌仁憲이라고 하였으며, 백관에게 명하여 장례에 참례하도록 하였다. 현종顯宗의 묘정廟庭에 배향되었다.

사신史臣은 말하기를, "두텁도다, 하늘이 이 민民을 사랑하심이여. 국가에 장차 재앙禍殃이 닥쳐오려고 하면 반드시 세상에 이름난 현자를 낳아 대비하시는구나. 기유년1009과 경술년1010에 역신逆臣들이 변란을 꾸미고 강대한 적이 침입해 와서 안팎이 어지럽고 혼란해져 나라의 운명[國步]이 위급해졌는데, 이때에 강공姜公이 없었다면 장차 어떻게 나라를 다스렸을지 알 수가 없다. 공은 들어와서는 모의에 참여하고 나가서는 정벌을 담당하며 재앙과 변란을 평정하고 삼한三韓을 회복하여 이로써 종묘·사직社稷과 생민들이 영원히 힘입도록 하였으니, 하늘이 낳으신 자를 통하여 이 사람들의 재앙을 대비한 것이 아니라면 그 누가 능히 이와 같이 할 수 있었겠는가. 아아, 성대하도다. 세상에 전하기를, '한 사신使臣이 밤중에 시흥군始興郡에 들어왔는데 큰 별이 인가로 떨어지는 것을 보고 아전을 보내어 살펴보게 하였더니, 마침 그 집의 부인이 아들을 낳았다. 사신이 마음속으로 이를 기이하게 여겨 데리고 돌아와 길렀으니, 그가 바로 강감찬이었다. 후에 송宋의 사신이 그를 보고 자신도 모르게 내려가 절하며 말하기를, '문곡성文曲星이 보이지 않은지가 오래되었는데, 지금 여기에 있구나.'라고 하였다.'라고 한다. 이 이야기는 황당한 것 같지만, 부설傅說은 기수箕宿와 미수尾宿의 정기를 받았고 신백申伯과 보후甫侯는 숭악崧嶽이 강신한 바였으니, 유독 강감찬에 대해서만 어찌 의심하겠는가."라고 하였다.

王欽 ▶ 1031년 9월 왕이 외제석원에 행차하다

외제석원外帝釋院에 행차하였다.

王欽 ▶ 1031년 9월 동여진인 오어나 등이 토산물을 바치다

동여진東女眞의 회화장군懷化將軍 오어나烏於那와 개로開老 등 67인이 와서 토산물을 헌상하였다.

王欽 ▶ 1031년 9월 죽은 곽원, 김맹, 윤징고의 아들을 관직에 임용하다

교서를 내려 이르기를,
"죽은 참지정사參知政事 곽원郭元과 김맹金猛, 중추사中樞使 윤징고尹徵古는 모두 공훈이 있으므로 짐의 마음에서 잊혀지지 않는다. 곽원의 아들 곽증郭拯과 김맹의 아들 김덕부金德符, 윤징고의 아들 윤희단尹希旦을 모두 발탁하여 임용하도록 하라."
라고 하였다.

王欽 ▶ 1031년 10월 서눌과 왕가도, 유소를 관직에 임명하다

서눌徐訥을 문하시중門下侍中으로 삼고, 왕가도王可道와 유소柳韶를 아울러 문하시랑 동내사문하평장사門下侍郞 同內史門下平章事로 삼았다.

王欽 ▶ 1031년 10월 거란인 왕수남 등이 내투하다

거란契丹의 왕수남王守男 등 19인이 내투來投하자 그들을 남쪽 지방에 거주시켰다.

王欽 ▶ 1031년 10월 재상들의 요청으로 상선을 복구하다

재상宰輔들이 표문을 올려 상선常膳을 회복할 것을 청하니, 이를 윤허하였다.

王欽 ▶ 1031년 10월 **국로들에게 음식을 베풀다**

국로國老들에게 구정毬庭에서 음식을 베풀면서 음악은 연주하지 않았다.

王欽 ▶ 1031년 10월 **왕가도의 딸을 왕비로 들이다**

왕가도王可道의 딸을 들여 왕비로 삼았다.

王欽 ▶ 1031년 10월 **거란에 사신을 보내어 성종의 장례에 참석하게 하고, 새 황제의 즉위를 하례하다**

공부낭중工部郞中 유교柳喬를 거란契丹에 보내어 장례에 참례하게 하고, 김행공金行恭으로 하여금 즉위를 하례하도록 하였다. 왕가도王可道가 아뢰기를,

"거란은 우리와 우호를 맺고 예물을 주고받고 있지만, 땅을 합치려는 뜻을 가지고 있습니다. 이제 저들의 군주가 훙서하자 부마였던 필제匹梯가 동경東京을 거점으로 반란을 일으키고 있으니, 마땅히 이때를 틈타 압록강鴨綠江에 쌓은 성과 다리를 허물고 억류된 우리의 사신들을 돌려보내달라고 청해야 합니다. 만약 들어주지 않는다면 그들과의 통교를 끊는 것이 좋습니다."

라고 하였다. 이에 표문을 부쳐 이대로 청하였다.

王欽 ▶ 1031년 10월 **동여진인 개로 등이 내조하다**

동여진東女眞의 원보元甫 개로開老 등 46인이 내조來朝하였다. 작爵을 올려주고 물품을 하사하였다.

王欽 ▶ 1031년 10월 **어사대의 요청으로 이공을 논죄하다**

어사대御史臺에서 아뢰기를,

"판동경유수사判東京留守事 이공李龔이 함부로 재물을 거두어 들이고 또한 집안의 종으로 하여금 역마驛馬를 빌려서 타게 하였으니, 법에 따라 논죄하시길 청합니다."

라고 하였다. 이를 따랐다.

王欽 ▶ 1031년 10월 **구정에서 반승을 하다**

구정毬庭에 행차하여 30,000명에게 반승飯僧하였다.

王欽 ▶ 1031년 10월 **이응보와 김여탁의 관직을 올려 주다**

좌복야左僕射 이응보異膺甫에게 수사도守司徒를 더하고, 우복야右僕射 김여탁金如琢에게 수사공守司空을 더하였다.

王欽 ▶ 1031년 윤10월 **국자감시를 실시하다**

국자감시國子監試를 실시하여 정공지鄭功志 등 60인을 선발하였는데, 부賦와 6운·10운의 시로 시험을 보았다. 국자감시가 이때부터 시작되었다.

王欽 ▶ 1031년 윤10월 **왕가도에게 조회 참석을 면제해주다**

문하시랑평장사門下侍郎平章事 왕가도王可道가 병에 걸렸으므로 조정에 나오는 것을 면제해주었다.

王欽 ▶ 1031년 11월 **이작인이 사망하다**

동경유수사 호부상서東京留守使 戶部尚書 이작인李作仁이 사망하였다.

王欽 ▶ 1031년 11월 **내투한 자들에게 의복과 솜을 하사하다**

유사有司에 명하여 여러 나라에서 내투來投한 자들에게 의복과 솜[綿絮]을 내려주도록 하였다.

王欽 ▶ 1031년 11월 **동여진인 모이라가 말을 바치고, 선왕의 능침에 배알하다**

동여진東女眞의 장군將軍 모이라毛伊羅가 와서 말을 헌상하고 또한 말하기를, "미개

한 땅[蕃地]이 외지고 멀어 장례식에 참석하지 못하였습니다. 원하건대 능침陵寢에 배알하게 해주십시오."라고 하였다. 이를 윤허하였다.

王欽 ▶ 1031년 11월 동여진인 오두내 등이 토산물을 바치다

동여진東女眞의 오두내烏頭乃 등 40여 인이 와서 토산물을 헌상하였다.

王欽 ▶ 1031년 11월 현종을 호종한 지채문의 공적을 기록하여 전하게 하다

교서를 내려 이르기를,

"죽은 좌복야 지채문은 일찍이 현종顯宗께서 남쪽으로 피난하실 적에 호종하였으니, 그 공이 으뜸이다. 마땅히 공적[功科]을 기록하여 후세를 장려해야 한다."라고 하였다.

王欽 ▶ 1031년 11월 거란에 대하여 하정사 파견을 중지하다

김행공金行恭이 거란契丹으로부터 돌아와서, 아뢴 바를 〈거란이〉 따라주지 않았다고 말하였다. 〈이에〉 평장사平章事 서눌徐訥 등 29인은 요청을 들어주지 않았으므로 마땅히 사신을 보내지 말아야 한다고 주장하였고, 중추사中樞使 황보유의皇甫兪義 등 33인은 만약 교류를 중단하면 그 해가 고단한 민民에게 미칠 것이니 우호를 이어 나가 민民을 쉬게 하는 것만 못하다고 주장하였다. 왕은 서눌과 왕가도의 주장을 따라 하정사賀正使를 정지시키고 이어서 성종聖宗의 태평太平 연호를 사용하게 하였다.

王欽 ▶ 1031년 12월 치사한 최사위에게 다시 조정에 나오도록 명하다

시중侍中으로 치사致仕한 최사위崔士威에게 명하여 5일에 한 번 조정에 나아와서 성省에 들어가 정사를 보도록 하였다.

덕종 1년(1032년)

—덕종경강대왕—

王欽 ▶ 1032년 1월 **어사대에서 왕희걸 등을 탄핵하다**

어사대御史臺에서 탄핵하기를, "대부경大府卿 왕희걸王希傑, 우사낭중右司郎中 유백인柳伯仁, 예부낭중禮部郎中 최복규崔復珪, 원외랑員外郎 이응년李膺年은 서경西京 분사分司를 맡으며 밭을 요구하고 재물을 늘렸으니, 파면하시기를 청합니다."라고 하였다. 이를 따랐다.

王欽 ▶ 1032년 1월 **성을 쌓아 거란에 대비하다**

거란契丹의 유류사遺留使가 와서 내원성來遠城에 이르렀으나 받아들이지 않고 마침내 삭주朔州·영인진寧仁鎭·파천현派川縣 등에 성을 쌓아 대비하였다.

王欽 ▶ 1032년 1월 **왕이 외제석원에 가다**

외제석원外帝釋院에 행차하였다.

王欽 ▶ 1032년 1월 **왕의 생일을 응천절로 고치다**

왕의 생일인 인수절仁壽節을 고쳐 응천절應天節로 하였다.

王欽 ▶ 1032년 1월 **서여진인과 발해인이 내투하다**

서여진西女眞의 자곤者昆 등 8인과 발해渤海의 사지沙志·명동明童 등 29인이 내투來投하였다.

王欽 ▶ 1032년 2월 **김거 등에게 낭장직을 주다**

통주진위부위通州振威副尉인 호장戶長 김거金巨에게 낭장郎將을 더해주고, 별장別將 수견守堅에게 낭장郎將을 추증해 주었다. 김거 등은 일찍이 거란契丹의 난에서 성벽을 견고히 하고 굳게 지켰으며, 또한 그 대부大夫 마수馬首를 사로잡는 데에 공이 있었다.

王欽 ▶ 1032년 2월 **발해의 사통 등이 내투하다**

발해渤海의 사통史通 등 17인이 내투來投하였다.

王欽 ▶ 1032년 2월 **철리국에서 사신이 오다**

철리국鐵利國에서 사신을 보내어 우호를 닦았다.

王欽 ▶ 1032년 2월 **황보유의를 참지정사로 삼다**

황보유의皇甫兪義를 참지정사參知政事로, 황주량黃周亮을 중추사中樞使로 삼았다.

王欽 ▶ 1032년 3월 **백가이 등에게 급제를 하사하다**

백가이白可易 등 9인과 은사恩賜 4인에게 급제를 하사하였다.

王欽 ▶ 1032년 3월 **거란 관리들이 내투하다**

거란契丹의 전직殿道 고선오高善悟, 전전殿前 고진성高眞成 등 15인과 좌상도지휘사左廂都指揮使 대광大光, 보주회화군사판관保州懷化軍事判官 최운부崔運符, 향공진사鄕貢進士 이

운형李運衡 등이 도망쳐 왔다.

王欽 ▶ 1032년 3월 상사봉어가 혁거 등의 제작을 요청하다

상사봉어尙舍奉御 박원작朴元綽이 청하기를, "유사有司로 하여금 혁거革車·수질노繡質弩·뇌등석포雷騰石砲를 제작하게 하십시오."라고 하였다. 이를 따랐다.

王欽 ▶ 1032년 3월 왕가도 등을 관직에 임명하다

왕가도王可道를 감수국사監修國史로, 이단李端을 내사시랑 동내사문하평장사內史侍郞 同內史門下平章事로, 황주량黃周亮을 수국사修國史로, 유징필劉徵弼을 상서좌복야尙書左僕射로 삼았다.

王欽 ▶ 1032년 3월 경술년 이래 전사한 자들을 추증하다

경술년(1010년)이래로 전쟁에서 사망한 사람들의 공을 논하여, 반희악潘希岳을 소부감少府監으로, 김연경金延慶을 군기감軍器監으로, 전인영田仁穎을 예빈소경禮賓少卿으로, 유백부庾伯夫를 위위소경衛尉少卿으로, 김양좌金良佐를 소부소감少府少監으로, 양백梁伯을 전중승殿中丞으로 추증하였다.

王欽 ▶ 1032년 3월 가뭄으로 봉은사와 중광사의 역부를 풀어주다

가뭄 때문에 봉은사奉恩寺와 중광사重光寺 두 절의 역부役夫를 풀어주었다.

王欽 ▶ 1032년 4월 어선을 줄이고 도살을 금하며 죄수를 방면하다

정전正殿을 피하고 어선御膳을 줄였으며, 도살을 금하고 가벼운 죄로 수감된 죄수를 방면하였다.

王欽 ▶ 1032년 4월 동여진인들이 와서 와서 토산물을 바치다

동여진東女眞의 원윤元尹인 고두로古豆老 등이 와서 토산물을 헌상하였다.

王欽 ▶ 1032년 4월 거란인 27명이 내투하다

거란契丹 해가奚家의 내을고內乙古 등 27인이 내투來投하였다.

王欽 ▶ 1032년 4월 왕이 초제를 지내 비를 빌다

구정毬庭에서 친히 초제醮祭를 지내 비를 빌었다.

王欽 ▶ 1032년 5월 발해인 15명이 내투하다

발해渤海의 살오덕薩五德 등 15인이 내투來投하였다.

王欽 ▶ 1032년 6월 서여진인 8인이 내조하므로 작을 더해주다

서여진西女眞의 회화장군懷化將軍 이동尼冬 등 8인이 내조來朝하였다. 작爵을 1급씩 더해주었다.

王欽 ▶ 1032년 6월 발해인들이 내투하다

발해渤海의 우음亐音·약이若己 등 12인과 소을사所乙史 등 17인이 내투來投하였다.

王欽 ▶ 1032년 6월 동여진 장군 등이 와서 토산물을 바치다

동여진東女眞의 귀덕장군歸德將軍 야어포也於浦 등 8인이 와서 토산물을 헌상하였다.

王欽 ▶ 1032년 6월 왕이 보살계를 받다

왕이 응건전膺乾殿에서 보살계菩薩戒를 받았다.

王欽 ▶ 1032년 7월 거란에 구류된 이예균 등의 처자에 물품을 하사하다

이예균李禮均 등 8인을 거란契丹에 사신으로 보냈다가 구류되자 처와 자식들에게 물품을 차등있게 하사하였다.

王欽 ▶ 1032년 7월 서여진인과 동여진인이 와서 토산물을 바치다

서여진西女眞의 대상大相인 야반也半 등 25인과 동여진東女眞의 정조正朝 가이로加伊老 등 91인이 와서 토산물을 헌상하였다.

王欽 ▶ 1032년 7월 발해인 20명이 내투하다

발해渤海의 고성高城 등 20인이 내투來投하였다.

王欽 ▶ 1032년 8월 주오를 기시하다

대상大相 주오主烏가 어머니를 구타하였으므로 기시棄市하였다.

王欽 ▶ 1032년 8월 동여진인 20명이 와서 토산물을 바치다

동여진東女眞의 정보正甫 두어보豆於甫 등 20인이 와서 토산물을 헌상하였다.

王欽 ▶ 1032년 8월 이단과 황보유의를 관직에 임명하다

이단李端을 평장사平章事로, 황보유의皇甫俞義를 이부상서 참지정사吏部尚書 參知政事로 삼았다. 옛 제도에서는 집에서 선마宣麻를 행하였으나 이때에 이르러 백관을 모아두고 건덕전乾德殿에서 선마하였다.

王欽 ▶ 1032년 8월 동여진인 3명이 내조하다

동여진東女眞의 보윤甫尹인 대유大由 등 3인이 내조來朝하였다.

王欽 ▶ 1032년 9월 **동여진인들이 내조하다**

　동여진東女眞의 대상大相인 야을한也乙漢 등 30인과 봉국대장군奉國大將軍인 요을내要乙乃 등 50인이 내조來朝하였다.

王欽 ▶ 1032년 9월 **도죄 이하를 사면하다**

　도죄徒罪 이하를 사면하였다.

王欽 ▶ 1032년 10월 **발해인 10명이 도망쳐 오다**

　발해渤海 압사관押司官인 이남송李南松 등 10인이 도망쳐 왔다.

王欽 ▶ 1032년 10월 **박원작이 팔우노와 24반병기를 변방 성에 둘 것을 청하다**

　박원작朴元綽이 팔우노八牛弩와 24반병기二十四般兵器를 변방의 성에 둘 것을 청하였다. 이를 따랐다.

王欽 ▶ 1032년 10월 **상주계 10여 현에서 지진이 발생하다**

　상주계尙州界의 10여개 현에서 지진이 일어났다.

王欽 ▶ 1032년 10월 **거란인 15명이 도망쳐 오다**

　거란契丹의 유신사劉信思 등 15인이 도망쳐 왔다.

王欽 ▶ 1032년 11월 **9도에서 군사를 선발하다**

　9도에 사자를 보내어 군사를 선발하였다.

王欽 ▶ 1032년 11월 **우릉성주가 아들을 보내어 토산물을 바치다**

우릉성주羽陵城主가 아들 부어잉다랑夫於仍多郞을 보내어 토산물을 헌상하였다.

王欽 ▶ 1032년 11월 **서여진인들이 와서 토산물을 바치다**

서여진의 정조正朝 대포고지문大浦古之門 등 14인이 와서 토산물을 헌상하였다.

王欽 ▶ 1032년 12월 **거란인 10명이 내투하다**

거란契丹의 나골羅骨 등 10인이 내투來投하였다.

덕종 2년(1033년)

−덕종경강대왕 −

王欽 ▶ 1033년 1월 **동여진인 25명이 내조하다**

동여진東女眞의 장군將軍 개다간開多間 등 25인이 내조來朝하였다.

王欽 ▶ 1033년 1월 **철리국에서 사신을 보내어 물품을 바치니 회사하다**

철리국鐵利國에서 사신을 보내어 말과 초서피貂鼠皮를 헌상하였다. 답례[回賜]를 매우 넉넉하게 하였다.

王欽 ▶ 1033년 1월 **송인 14명이 도망쳐 오다**

송宋의 유수전劉守全 등 14인이 도망쳐 왔다.

王欽 ▶ 1033년 1월 **황주량을 판어사대사로 삼다**

황주량黃周亮을 판어사대사判御史臺事로 삼았다.

王欽 ▶ 1033년 1월 **동여진인 113명이 와서 토산물을 바치다**

동여진의 장군將軍 보기아어내寶伎阿於乃 등 113인이 와서 토산물을 헌상하였다.

王欽 ▶ 1033년 1월 거란인 18명이 도망쳐 오다

거란契丹의 구내仇乃 등 18인이 도망쳐 왔다.

王欽 ▶ 1033년 1월 거란 병사를 잡아 온 오행 등에게 직 1급을 하사하다

좌우위맹교위左右衛猛校尉 오행吳幸·이황李璜·신선립申先立 등이 거란 병사 7인을 붙잡아왔다. 직職 1급을 하사하였다.

王欽 ▶ 1033년 2월 서여진인과 거란인이 토산물 등을 바치다

서여진西女眞의 지인持印 고음파古音波 및 거란契丹의 대사大師 고성환古省奐 등 11인이 와서 토산물과 병장기를 헌상하였다.

王欽 ▶ 1033년 2월 동여진인 49명이 내조하다

동여진東女眞의 회화장군懷化將軍인 거어울居於蔚 등 49인이 내조來朝하였다.

王欽 ▶ 1033년 3월 정3품 이상과 중추원 관원의 선제 규정을 정하다

교서를 내리기를,

"근래에 유사有司가 논하여 청하기를, '관고官告를 선송宣送하는 것을 그만두십시오.'라고 하였지만 은례恩禮가 이로부터 점차 소원해질까 염려된다. 지금 이후로는 문·무 정3품 이상과 중추원中樞院의 관원은 모두 차인差人으로 하여금 집에 도착해서 선제宣制하게 하라."

라고 하였다.

王欽 ▶ 1033년 3월 서여진 장군이 와서 토산물을 바치다

서여진西女眞의 장군將軍 이우불尼亐弗이 와서 토산물을 헌상하였다.

王欽 ▶ **1033년 3월 간성현을 노략질하는 해적 50인을 사로잡다**

해적이 간성현扞城縣 백석포白石浦를 노략질하므로 50인을 사로잡았다.

王欽 ▶ **1033년 3월 최희목 등에게 급제를 하사하다**

최희목崔希穆 등 8인과 명경明經 2인, 은사恩賜 2인에게 급제를 하사하였다.

王欽 ▶ **1033년 3월 거란인 11명이 내투하니 강남에 거처하게 하다**

거란契丹 해가奚家의 고요古要 등 11인이 내투來投하였다. 그들을 강남江南에 거처시켰다.

王欽 ▶ **1033년 4월 발해인들이 내투하다**

발해渤海의 수을분首乙分 등 18인과 가수可守 등 3인이 내투來投하였다.

王欽 ▶ **1033년 4월 동여진 장군 등이 와서 토산물을 바치다**

동여진의 귀덕장군歸德將軍 고어부古於夫 등 26인이 와서 토산물을 헌상하였다.

王欽 ▶ **1033년 4월 삼척현을 노략질하는 해적 40여 인을 사로잡다**

해적이 삼척현三陟縣을 노략질하므로 40여 인을 사로잡았다.

王欽 ▶ **1033년 5월 서여진인 3명이 내조하다**

서여진西女眞의 정위正位 사어하沙於下 등 3인이 내조來朝하였다.

王欽 ▶ **1033년 6월 9일 안동부와 합주에서 지진이 발생하다**

안동부安東府와 합주陜州에서 지진이 일어났다.

王欽 ▶ **1033년 6월 서여진인들이 내조하거나 내투하고 토산물을 바치다**

서여진西女眞의 회화대장군懷化大將軍 거이라居伊羅 등 24인이 내조來朝하였고, 중윤中尹인 고사古舍 등 6인이 내투來投하였다. 고모한古毛漢 등 25인은 와서 토산물을 헌상하였다.

王欽 ▶ **1033년 6월 송인 12명이 도망쳐 오다**

송宋의 신류申流 등 12인이 도망쳐 왔다.

王欽 ▶ **1033년 6월 동여진인 41명이 내조하다**

동여진東女眞의 대상大相 고지문古之門 등 41인이 내조來朝하였다.

王欽 ▶ **1033년 6월 발해인 7명이 내투하다**

발해渤海의 선송先宋 등 7인이 내투來投하였다.

王欽 ▶ **1033년 7월 동여진인들이 와서 토산물을 바치다**

동여진의 좌윤左尹인 아포阿浦 등 43인이 와서 토산물을 헌상하였다.

王欽 ▶ **1033년 8월 송 상인들이 와서 토산물을 바치다**

송宋 천주泉州의 상인인 도강都綱 임애林藹 등 55인이 와서 토산물을 헌상하였다.

王欽 ▶ **1033년 8월 현종을 태묘에 합사하다**

현종顯宗을 태묘大廟에 합사하였다.

`王欽` ▶ **1033년 8월 북쪽 경계에 관방을 새로 설치하게 하다**

평장사平章事 유소柳韶에게 명하여 북쪽 경계에 관방關防을 새로 설치하도록 하였으니, 서해西海 연안 옛 국내성國內城 인근에 압록강鴨綠江이 바다로 들어가는 곳에서부터 시작하여 동쪽으로 위원진威遠鎭·흥화진興化鎭·정주靜州·영해진寧海鎭·영덕진寧德鎭·영삭진寧朔鎭·운주雲州·안수진安水鎭·청새진淸塞鎭·평로진平虜鎭·영원진寧遠鎭·정융진定戎鎭·맹주孟州·삭주朔州 등 13개의 성을 거쳐 요덕진耀德鎭·정변진靜邊鎭·화주和州 등 3개의 성을 지나, 동쪽으로 바다에 닿았다. 사방으로 뻗은 길이[延袤]가 천여 리나 되고, 돌로 성을 쌓았는데 높이와 두께는 각각 25척이었다.

`王欽` ▶ **1033년 10월 동여진인과 서여진인이 내조하다**

동여진東女眞의 귀덕장군歸德將軍 요빈要賓 등 37인과 원보元甫인 오두나烏豆那 등 63인, 서여진西女眞의 대사大師 아각팔阿角八 등 14인이 내조來朝하였다.

`王欽` ▶ **1033년 10월 선대 공신의 작을 더하다**

선대 공신功臣들의 작爵을 추가로 증직하였다.

`王欽` ▶ **1033년 10월 거란이 정주를 침략하다**

거란契丹이 정주靜州를 침략하였다.

`王欽` ▶ **1033년 10월 사면령을 내리다**

교서를 내려 말하기를,

"짐이 외람되이 선대의 유업을 계승하여 삼한三韓을 통치하고 있으니, 뜻은 도탑게 나라를 다스려 민民을 편안히 하는 데 있고 마음은 절실히 선대를 모시며 효를 생각하는 데 있다. 이제 협향祫享해야 하는 시기를 맞이하였으므로 친행親行하는 예禮를 정리하고 준비할 것이며 특별한 은혜를 펴뜨려 안팎으로 함께 즐기고자 한다.

나라 안에 대사면령을 내리는 것이 가하니, 불충不忠·불효不孝·좌장坐贓·간도奸盜를 제외한 유죄流罪 이하는 모두 사면하고 참죄斬罪와 교죄絞罪는 유인도에 유배하며, 일찍이 유배된 자는 양이量移하고 속전贖錢을 거둔 자는 방면하도록 하라."
라고 하였다.

王欽 ▶ 1033년 10월 정주 등에 성을 쌓다

정주靜州 및 안융진安戎鎭·간성현杆城縣에 성을 쌓았다.

王欽 ▶ 1033년 11월 서여진인 우화 등에게 작 1급을 더해주다

서여진西女眞의 우화亐火 등 156인이 관성關城을 개척할 때에 모두 공로가 있었다고 하여 작爵 1급을 더해주었다.

王欽 ▶ 1033년 11월 서여진인 39명이 와서 토산물을 바치다

서여진西女眞의 보윤甫尹인 보실甫失 등 39인이 와서 토산물을 헌상하였다.

王欽 ▶ 1033년 11월 문무 품관이 길을 가는 중 만났을 때의 예를 정하다

문·무의 각 품관이 길을 가는 도중 서로 만났을 때의 예禮를 정하였다.

王欽 ▶ 1033년 11월 발해인 11명이 내투하니 남쪽 당에 거처하게 하다

발해渤海의 기질화奇叱火 등 11인이 내투來投하였다. 그들을 남쪽 땅에 거처시켰다.

덕종 3년(1034년)

― 덕종경강대왕 ―

王欽 ▶ 1034년 1월 **상의국과 양반에 검약을 위한 교서를 내리다**

교서를 내려 이르기를,

"검소함을 따르며 씀씀이를 절약하는 것은 민民을 풍족하게 하는 방법이다. 상의국尚衣局에서 어의御衣를 염색하는 홍지초紅芝草는 1년 동안 지출하여 쓸 것을 계산한 것 이외에 더 많이 거두지 말라. 양반이 관청에서 근무할 때 늘 자색 옷을 입는 것은 일에 유익한 바가 없다. 만약 호종하는 일이 아니라면, 모두 조삼皁衫을 착용하도록 하라."

라고 하였다.

王欽 ▶ 1034년 1월 **동여진인 58명이 와서 토산물을 바치다**

동여진東女眞의 정조正朝 다로간多老間 등 58인이 와서 토산물을 헌상하였다.

王欽 ▶ 1034년 1월 **황주량을 정당문학 판한림원사로 삼다**

황주량黃周亮을 정당문학 판한림원사政堂文學 判翰林院事로 삼았다.

🔲 王欽 ▶ **1034년 2월 동여진인들이 와서 토산물을 바치다**

동여진東女眞의 유원대장군柔遠大將軍 주달主達 등 36인과 좌윤佐尹 아도간阿刀間 등 42인이 와서 토산물을 헌상하였다.

🔲 王欽 ▶ **1034년 2월 현종의 딸을 후비로 삼다**

현종顯宗의 딸을 들여 후비로 삼았다.

🔲 王欽 ▶ **1034년 3월 장극맹과 이작충을 관직에 임명하다**

장극맹蔣劇孟을 상서우복야尚書右僕射로, 이작충李作忠을 어사대부 지한림원사御史大夫 知翰林院事로 삼았다.

🔲 王欽 ▶ **1034년 3월 동여진 장군 등이 와서 토산물을 바치다**

동여진의 봉국장군奉國將軍 아도간阿刀間 등 32인이 와서 토산물을 헌상하였다.

🔲 王欽 ▶ **1034년 3월 주현 관리에게 농시를 빼앗지 말도록 하다**

교서를 내려 이르기를,
"농사와 양잠은 옷과 음식의 근본이다. 여러 도의 주현 관리는 조정의 명령을 힘써 준수하여 세 시기[三時]를 빼앗지 말고 이로써 만백성을 평안하게 하라."
라고 하였다.

🔲 王欽 ▶ **1034년 3월 유소에게 추충척경공신을 하사하고 연회를 베풀다**

여러 신하들에게 문덕전文德殿에서 연회를 베풀어 유소柳韶 등이 관성關城을 개척한 수고를 위로하고 유소에게 추충척경공신推忠拓境功臣을 하사하였다.

王欽 ▶ 1034년 4월 **관청에 설원의 글귀를 다시 적어 게시하게 하다**

동지중추원사同知中樞院事 최충崔冲이 아뢰기를,

"성종成宗 당시 중앙과 지방의 지방의 여러 관청의 벽에는 모두『설원說苑』중 6정 6사六正六邪의 글귀와 한漢 자사6조刺史六條의 조례를 적어두게 하셨습니다. 세대가 이미 멀어졌으니, 청컨대 다시 써서 이를 게시하도록 하시어 관직에 있는 자들로 하여금 삼가고 힘써야 할 바를 알게 하십시오."

라고 하였다. 이를 따랐다.

王欽 ▶ 1034년 4월 **양반 등의 전시과를 개정하다**

양반 및 군인·한인閑人의 전시과田柴科를 개정하였다.

王欽 ▶ 1034년 4월 **동여진 장군 등이 와서 토산물을 바치다**

동여진東女眞의 회화장군懷化將軍 이라伊羅 등 25인이 와서 토산물을 헌상하였다.

王欽 ▶ 1034년 5월 **동여진 장군 등이 와서 토산물을 바치다**

동여진의 귀덕장군歸德將軍 골보骨甫 등 27인이 와서 토산물을 헌상하였다.

王欽 ▶ 1034년 5월 **왕가도가 사망하다**

문하시랑평장사門下侍郎平章事 왕가도王可道가 사망하였다. 왕가도는 일찍이 은퇴하기를 간청하고는 자신의 향리鄕里인 청주淸州로 돌아가서 병을 치료하였다. 사망하자 관청에서 상사喪事를 처리하였다. 시호는 영숙英肅이라고 하였으며, 현종顯宗의 묘정廟庭에 배향配享하였다.

王欽 ▶ 1034년 5월 **박유인과 진현석을 관직에 임명하다**

한림학사翰林學士 박유인朴有仁을 평양군 문학平壤君 文學으로, 중추원직학사中樞院直學士 진현석秦玄錫을 낙랑군 문학樂浪君 文學으로 삼았다.

王欽 ▶ 1034년 6월 **동여진 장군 등이 와서 토산물을 바치다**

동여진의 영새장군寧塞將軍 이구도尼仇刀 등 30인이 와서 토산물을 헌상하였다.

王欽 ▶ 1034년 6월 **제왕에게 5일에 한번 조회에 참석하게 하다**

제왕諸王에게 5일에 한 번 조회에 참석하도록 하였다.

王欽 ▶ 1034년 7월 **서여진인들이 와서 토산물을 바치다**

서여진西女眞의 원윤元尹 모오毛烏 등 22인이 와서 토산물을 헌상하였다.

王欽 ▶ 1034년 7월 **이단 등을 임명하다**

이단李端을 문하시랑평장사門下侍郎平章事로, 민가거閔可擧와 유징필劉徵弼을 상서좌복야尙書左僕射·상서우복야尙書右僕射로, 황보유의皇甫兪義를 내사시랑 동내사문하평장사內史侍郎 同內史門下平章事로, 최충崔冲을 형부상서 중추사爲刑部尙書 中樞使로 삼았다.

王欽 ▶ 1034년 7월 **사형죄의 일부를 감형하게 하다**

교서를 내려 이르기를,

"형부刑部에서 심의하고 아뢴[奏議] 참형·교형에 대한 글을 살펴보니, 법으로는 반드시 주살에 처해야 할 것들이었다. 하지만 죄가 의심스러우면 오로지 가볍게 하고[罪疑惟輕] 형벌 내리기를 삼간다[惟刑之恤]는 것이 전왕들의 아름다운 법도이다. 주인[家主]을 구타한 자 및 계획적으로 살인하거나 남을 죽이고 강도짓을 한 자는 장형을 가하여 무인도에 유배를 보내라. 설령 강도짓을 범하며 다른 사람을 다치게 하였을지라도 막대기를 가지고 한 경우와 그 이하의 죄는 유인도로 내치도록 하라."

라고 하였다. 이에 서울의 옥에서 사형을 감면받은 자가 69인이었다.

王欽 ▶ 1034년 9월 **왕이 훙서하다**

9월 계묘. 왕이 병으로 몸져누웠다가 동생인 평양군平壤君 왕형王亨에게 왕위를 전하고 연영전延英殿에서 훙서하였다. 이 날에 평양군이 즉위하였다. 시호를 경강敬康, 묘호를 덕종德宗이라고 올렸으며, 겨울 10월 경오에 숙릉肅陵에 안장하였다.

이제현李齊賢은 찬하기를, "경릉慶陵, 충렬왕 시기에 두타산인頭陁山人 이승휴李承休가 『제왕운기帝王韻記』를 올렸는데 그 안에서 이르기를, '덕종은 어찌 4년에 그쳤는가, 봉황새가 와서 상서로움을 보였거늘.'이라고 하였으나 실록을 살펴보아도 그러한 일은 보지 못하였다. 오로지 떠도는 말을 서로 전하기를, '봉황새가 위봉문威鳳門으로 와서 의용을 뽐냈는데, 뭇 까마귀들이 따라와서 지저귀니 봉황새가 날아가 버렸다. 국인들이 까마귀를 증오하여 젊은이며 늙은이며 활을 들고 화살을 날렸으므로 덕종의 한 시대에는 경성에 까마귀가 없었다.'라고 한다. 무릇 봉황새는 날개 달린 족속의 수장이니, 뭇 까마귀들에게 쫓겨났다면 어찌 봉황새라 하겠는가. 대개 『제왕운기帝王韻記』가 근거 없는 말을 한 것이다. 덕종은 초상을 치르며 능히 자식으로서의 효를 다하였고 정치를 하면서는 아버지의 도道를 고치지 않았다. 옛 신하인 서눌徐訥·왕가도王可道·최충崔沖·황주량黃周亮의 무리를 임용하였으니, 조정에 속이고 숨기는 것이 없어 민民이 그들의 삶을 평안히 할 수 있었다. 비록 봉황새가 아니었다고 해도 존호를 덕德이라 한 것은 또한 마땅하지 아니한가."라고 하였다.

정종靖宗 총서

정종용혜대왕靖宗容惠大王

휘는 형亨, 자는 신소申炤이며, 덕종德宗의 동모제[母弟]이다. 현종顯宗 9년(1018년) 무오 7월 무인에 태어났다. 인자하고 효성스러우면서 관대하였고, 뛰어나게 슬기로우면서 과단성이 있었으며, 작은 절의에 구애받지 않았다. 12년 간 재위하였고, 향년 32세였다.

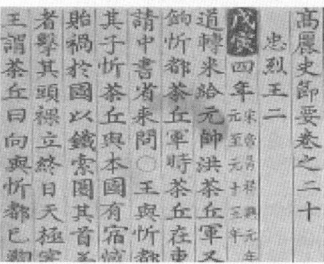

정종 즉위년(1034년)

−정종용혜대왕−

王亨 ▶ 1034년 11월 대사면령을 내리다

신봉루神鳳樓에 나아가 대사면령을 내렸다.

王亨 ▶ 1034년 11월 팔관회를 열다

팔관회八關會를 열었다. 신봉루神鳳樓에 나아가 백관에게 연회를 베풀고 법왕사法王寺에 행차하였다. 다음날에는 큰 법회를 열어 또다시 연회를 베풀고 풍악을 관람하였다. 중앙과 지방에서 표表를 올려 진하陳賀하였다. 송宋의 상인들과 동번東蕃·서번西蕃·탐라耽羅가 토산물을 진헌하니, 자리를 내려주어 예식에 참석하게 하였으며, 후에 이를 상례로 삼았다.

王亨 ▶ 1034년 12월 왕서 등을 관직에 임명하다

왕의 동생인 왕서王緖를 수태사 겸 내사령守太師兼內史令으로, 왕기王基를 수태보守太保로 삼고, 황주량黃周亮을 예부상서 참지정사禮部尙書參知政事로, 최제안崔齊顏을 이부상서吏部尙書로 삼았다.

정종 1년(1035년)

—정종용혜대왕—

王亨 ▶ 1035년 1월 **최충을 중추사 형부상서로 삼다**

최충崔沖을 중추사 형부상서中樞使 刑部尚書로 삼았다.

王亨 ▶ 1035년 1월 **동여진 장군 등이 내조하니 물품을 주다**

동여진東女眞의 회화장군懷化將軍 모이라毛伊羅 등 57인이 내조來朝하였다. 물품을 차등있게 내려주었다.

王亨 ▶ 1035년 2월 **진주 민 득렴의 세 아들에게 조 40석씩을 하사하다**

진주晉州의 민民 득렴得廉의 처가 한 번에 세 아들을 낳았다. 예전의 사례에 준하여 세 아들에게 조租를 각각 40석씩 하사하였다.

王亨 ▶ 1035년 2월 **서여진 추장과 동여진 장군 등이 내조하다**

서여진西女眞의 추장 가아고哥兒古와 동여진東女眞의 봉국장군奉國將軍 고지문高之問 등 47인이 내조來朝하였다.

王亨 ▶ 1035년 3월 이단과 황부유의를 관직에 임명하다

이단李端을 문하시랑 동내사문하평장사門下侍郞 同內史門下平章事로, 황보유의皇甫兪義를 내사시랑 동내사문하평장사 판상서이부사內史侍郞 同內史門下平章事 判尙書吏部事로 삼았다.

王亨 ▶ 1035년 3월 김무체 등에게 급제를 하사하다

김무체金無滯 등 14인과 명경明經 1인에게 급제를 하사하였다.

王亨 ▶ 1035년 3월 연흥궁주 한씨를 혜비로 삼고 사면령을 내리다

연흥궁주延興宮主 한씨韓氏를 책봉하여 혜비惠妃로 삼고, 사면령을 내렸다.

王亨 ▶ 1035년 4월 왕이 80세 이상 국로들에게 연회를 베풀다

국로國老로서 나이 80세 이상의 남녀에게 구정毬庭에서 친히 연회를 베풀었다.

王亨 ▶ 1035년 4월 경성 명산에서 땔나무 채취를 금하다

경성의 명산에서 땔나무 채취하는 것을 금하고, 두루 수목을 심었다.

王亨 ▶ 1035년 5월 거란에서 첩을 보내어 조공할 것을 요구하다

거란契丹의 내원성來遠城에서 흥화진興化鎭에 첩牒을 보내어 말하기를,
"삼가 생각건대 귀국貴國은 본래 부용附庸이 되었기에 선제先帝, 거란 성종께서는 매번 넉넉하게 덕을 베풀어주셨습니다. 세월이 오래되도록 오고감梯航을 게을리 하지 않았는데, 지난 번 죄인을 토벌하던 해부터 조정에 오는 예禮가 막히기에 이르렀습니다. 이미 흉악한 역도들을 제거하였으니 마땅히 조공을 계속해야 할 것인데 어찌하여 여러 해가 넘도록 옛 우호를 생각하지 않고 석성石城을 쌓아 큰 길을 막으

려 하며 나무 울타리를 세워 기병奇兵을 방해하려 하십니까. 촉국蜀國의 안에 별도로 석우石牛가 다니는 지름길이 있었던 것을 알지 못하십니까. 이번 일이 있고 나면 심하게 꾸짖음을 얻게 될 것입니다. 지금 황상皇上, 거란 흥종께서는 여러 성군들의 기반을 이어 세상의 모든 국경을 통치하고 계십니다. 남하南夏의 황제[帝主]는 의義를 사모하여 우호를 나누고 있으며 서쪽 땅의 여러 왕들은 길이 우러러 사모하며 납관納款하고 있습니다. 오로지 동해의 땅만이 아직 북극의 존귀한 황제에게 사신을 보내지 않으니, 혹 격노하시어 벼락을 내려치신다면 어찌 백성[黎庶]들을 평안히 할 수 있겠습니까. 어길 것인지 따를 것인지는 스스로 변통하십시오."
라고 하였다.

王亨 ▶ 1035년 6월 **경성에서 지진이 발생하다**

6월 병진. 경성에서 지진이 발생하였다.

王亨 ▶ 1035년 6월 **동여진인 27명이 내조하다**

동여진東女眞 오어고烏於古 등 27인이 내조來朝하였다.

王亨 ▶ 1035년 6월 **영덕진에서 거란 내원성에 첩을 보내어 답변하다**

영덕진寧德鎭에서 거란契丹의 내원성來遠城에 첩牒을 돌려주며 이르기를,
"보내온 첩문에 이르기를, '지난 번 죄인을 토벌하던 해부터 조정에 오는 예禮가 막히기에 이르렀으나 이미 흉악한 역도들을 제거하였으니 마땅히 조공을 계속해야 할 것이다'라고 하였습니다. 삼가 생각건대 나라에서는 대연림大延琳이 반란을 일으켰던 초창기, 즉 대국大國에서 군대를 일으켰던 시기를 당하여 길이 막히자 사신을 중지하게 되었습니다. 그 후 내사사인內史舍人 김가金哿는 동도東都를 수복한 것을 경하하였고, 호부시랑戶部侍郞 이수화李守和는 연이어 나아가 토산물[方物]을 헌상하였습니다. 선대왕先大王, 덕종이 승하하였을 때에는 합문사閤門使 채충현蔡忠顯이 명을 받

들어[將命] 사망을 고하였으며, 선황제거란 성종께서 승하하셨을 때에는 상서좌승尙書左丞 유교柳喬가 급히 가서 장례에 참석하였습니다. 지금 황제거란 흥종께서 대통을 이으시자 급사중給事中 김행공金行恭은 사신으로 가서 조하朝賀하였습니다. 그러한즉 요동遼東을 평정하신 이래로 날마다 서로 이어졌는데, 어찌 조정으로 오는 예禮가 막히기에 이르렀다고 말할 수 있겠습니까.

그리고 '석성石城을 쌓아 큰 길을 막으려 하고 나무 울타리를 세워 기병을 방해하려 한다'라고 언급하였는데, 『주역[羲爻]』에서 요해처에 방비시설을 두는 것은 군주의 통상적인 규범이며 노국魯國에서 관문을 닫는 것은 식자들이 매우 경계하였던 바입니다. 그러므로 저 성채를 늘어세운 것은 우리의 봉토[提封]를 정비한 행위로, 대개 변방의 백성[邊民]들을 안식시키고자 도모하였던 것일 뿐 황제의 교화를 저버리고 막으려 했던 것이 아닙니다.

또한 '오로지 동해의 땅만이 아직 북극의 존귀한 황제에게 사신을 보내지 않는다'라고 이야기하였으나, 예전에 오고간 여섯 명의 사신이 상국上國의 안에 억류되어 있고 선주宣州와 정주定州의 두 성이 우리 강역 안으로 들어와 축조되어 아직도 반환되지 않았기에 바야흐로 간절히 기도하고 있었습니다. 다행히도 폐하께서 국운을 열어 쇄신하시면서 민民과 더불어 다시 시작하셨기에 천자의 은택이 사방에 스며들고 천자의 곁에서 상소[章劾]가 연이어 아뢰어지는 때를 만났으니, 사신을 방환하고 아울러 침범된 땅을 돌려주시기를 간청하였으나 청한 것을 얻지 못하고 지금에 이르렀습니다. 만일 정성껏 진실대로 응답하셨다면 감히 즐겁게 조공하는 예禮를 게을리 하였겠습니까. 단지 은혜로운 명령에 달린 것이니, 어찌 번거롭게 책망하는 말을 하십니까.

또 이르기를, '혹 격노하시어 벼락을 내려치신다면 어찌 백성[黎庶]들을 평안히 할 수 있겠느냐'고 언급하셨는데, 엎드려 생각건대 지금 황상皇上, 거란 흥종께서는 작은 것을 아끼는 마음이 깊고 낮은 자의 말을 경청하는 재간이 광범하여 이에 화목하게 교류해야 할 지역을 돌보면서 반드시 은혜를 더하여 베푸실 것이니, 무고한 우리에게 어찌 크게 분노하시겠습니까. 보내온 가르침을 상세히 보니 아마도 농담을 하신 것 같습니다."
라고 하였다.

王亨 ▶ 1035년 7월 이습의 관직을 회복하였다가 다시 파면하다

이부吏部에서 아뢰기를,
"전 상서좌복야尙書左僕射 이습李襲은 일찍이 〈자기 직책을〉 더럽히고 욕되게 한 죄를 범하였으나 누차 사면[赦宥]을 거쳤습니다. 청컨대 그의 관직을 회복시켜주십시오."
라고 하니, 이를 따랐다. 어사대御史臺에서 논핵論劾하였으므로 얼마 뒤에 파면하였다.

王亨 ▶ 1035년 7월 황보영을 중추사 겸 어사대부로 삼다

황보영皇甫穎을 중추사 겸 어사대부中樞使 兼 御史大夫로 삼았다.

王亨 ▶ 1035년 7월 왕의 생일을 장녕절로 삼다

왕의 생일을 장녕절長齡節로 삼았다.

王亨 ▶ 1035년 7월 참형과 교형을 받은 자들을 장을 쳐서 유배 보내게 하다

제서를 내려 이르기를,
"선왕의 복상服喪 기간이 아직 끝나지 않았으나, 참죄斬罪를 지은 자는 장杖을 쳐서 무인도에 유배하고 교죄絞罪를 범한 자는 장杖을 쳐서 유인도에 유배하라."
라고 하였다.

王亨 ▶ 1035년 8월 경성에 지진이 발생하다

경성에서 지진이 발생하였다.

王亨 ▶ 1035년 8월 **서여진과 동여진인들이 내조하다**

서여진西女眞의 대장군大將軍인 이우불尼干弗 등 44인과 동여진東女眞의 대완大完인 개다한皆多漢 등 52인이 내조來朝하였다.

王亨 ▶ 1035년 9월 **동번 장군 등 23명이 내조하다**

동번東蕃의 귀덕장군歸德將軍인 오다吳多 등 23인이 내조來朝하였다.

王亨 ▶ 1035년 9월 **경주 등에서 지진이 발생하다**

계묘. 경주慶州 등 19개의 주에서 지진이 발생하였다.

王亨 ▶ 1035년 9월 **서북로에 장성을 쌓다**

장성長城을 서북로西北路의 송령松嶺에서 동쪽으로 쌓아 변방 도적의 요충지를 막았다. 또한 재전梓田에 성을 쌓아 민民을 이주시켜 이곳을 채우고 창주昌州라 호명하였다.

王亨 ▶ 1035년 10월 **동여진 수령 등 6명이 내조하다**

동여진東女眞의 수령首領인 어불로魚弗老 등 6인이 내조來朝하였다.

王亨 ▶ 1035년 11월 **동여진 추장 등 65명이 내조하다**

동여진東女眞의 추장酋長인 아로간阿盧幹 등 65인이 내조來朝하였다.

王亨 ▶ 1035년 12월 **동번인 35명이 내조하다**

동번東蕃의 대완大完인 고도화高陶化 등 35인이 내조來朝하였다.

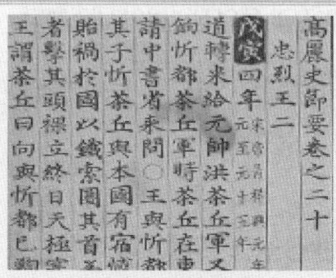

정종 2년(1036년)
-정종용혜대왕-

王亨 ▶ **1036년 1월 동여진 장군 등 83명이 내조하다**

동여진東女眞의 회화장군懷化將軍인 사라沙羅 등 83인이 내조來朝하였다.

王亨 ▶ **1036년 1월 어사대에서 외관들을 감찰하여 평가할 것을 청하다**

어사대御史臺에서 말하기를,
"여러 도의 외관外官들이 민民을 아무 때나 사역시켜 농사에 방해가 됩니다. 청컨대 사자를 파견하여 살펴 감찰하고 〈외관을〉 평가黜陟하십시오."
라고 하였다. 이를 따랐다.

王亨 ▶ **1036년 1월 공무상 도형과 장형 등을 받은 일부 죄인을 사면하다**

공무상의 죄로 도형徒刑을 받은 자와 사사로운 죄로 장형을 받은 자 이하, 그리고 여러 속전贖錢을 징수할 자들을 모두 사면原免하도록 하였다.

王亨 ▶ **1036년 2월 왕이 정전에서 조회하고 백관에게 녹패를 하사하다**

정전에 임어하여 조회를 보고 백관에게 녹패祿牌를 하사하였다.

王亨 ▶ 1036년 2월 **유소 등을 관직에 임명하다**

유소柳韶를 문하시랑 동내사문하평장사門下侍郞 同內史門下平章事로, 최제안崔齊顔을 상서좌복야 중추사尙書左僕射 中樞使로, 이작충李作忠을 이부상서 한림학사 승지吏部尙書 翰林學士 承旨로 삼았다. 이 날에 제서를 내려 이르기를,

"치사致仕한 태위 상서좌복야太尉 尙書左僕射 이응보異鷹甫는 나이 때문에 치사하였으나 사직에 공이 있어 내가 감히 잊을 수 없다. 그 자손으로서 관직이 없는 자에게는 헤아려서 초직初職을 제수하라."

라고 하였다.

王亨 ▶ 1036년 2월 **동여진인들이 내조하고 낙타와 말을 바치다**

동여진의 수령首領 대신大信 등이 와서 낙타를 헌상하였다. 영새장군寧塞將軍 아골阿骨 등 135인이 내조來朝하였고, 장군將軍 개로開路 등 71인은 와서 말을 헌상하였다.

王亨 ▶ 1036년 2월 **동여진 적들이 노략질하니 40여명을 사로잡아 참수하다**

동여진東女眞의 적들이 배를 타고 삼척현三陟縣 동진수桐津戍를 노략질하여 인민들을 사로잡았다. 수장守將이 풀숲에 복병을 두고 적들이 돌아가는 틈을 엿보다가 북을 치며 갑자기 습격하니, 사로잡고 참수한 것이 40여 급이었다.

王亨 ▶ 1036년 3월 **황보유의 등을 관직에 임명하다**

황보유의皇甫兪義를 문하시랑 동내사문하평장사 판호부사門下侍郞 同內史門下平章事 判戶部事로, 유징필劉徵弼을 참지정사 겸 서경유수사參知政事 兼 西京留守使로 삼았다.

王亨 ▶ 1036년 3월 **동여진 추장 등이 말을 바치다**

동여진東女眞의 추장酋長인 귀정貴正 등 82인이 와서 말을 헌상하였다.

王亨 ▶ 1036년 4월 **입하절이라 얼음을 진상하다**

입하절立夏節이므로 얼음을 진상하자 제制하여 이르기를,

"올해는 일찍 더워지지 않았으니, 5월을 기다렸다가 얼음을 올리도록 하라."

라고 하였다. 유사有司가 아뢰기를,

"해가 북륙北陸에 있으면 얼음을 저장하고 서륙西陸에 있으면 내어서 새끼 양을 바치고 여는 것입니다. 그것을 저장함에 있어 알맞게 하고 사용함에 있어 널리 미치게 한다면, 음양이 조화를 잃어[愆] 처참해지는 재앙은 없을 것입니다. 따라서 무릇 얼음을 사용하는 법은 춘분春分에서부터 입추立秋까지 완수해야 합니다. 만약 5월에 비로소 진상하게 된다면 옛 법에 어긋나게 되니, 음양을 조절하는 방법이 아닙니다. 청컨대 입하에 진상하기를 바랍니다."

라고 하였다. 이를 따랐다.

王亨 ▶ 1036년 4월 **동여진 추장과 동북여진 수령 등이 내조하다**

동여진東女眞의 추장酋長인 오부하烏夫賀 등 86인과 동북여진東北女眞의 수령首領인 태사太史 아도간阿道間 등 59인이 내조來朝하였다. 유사有司가 말하기를,

"태사는 거란契丹의 관직명입니다. 아도간은 지금 이미 귀화하였으니, 청컨대 정보正甫로 고쳐 제수하시기 바랍니다."

라고 하였다. 이를 따랐다.

王亨 ▶ 1036년 4월 **채충순이 사망하다**

문하시랑평장사門下侍郎平章事로 치사致仕한 채충순蔡忠順이 사망하였다. 시호를 정간貞簡이라고 하였다.

王亨 ▶ 1036년 4월 **이공의 관직을 회복시킨 뒤 치사하게 하다**

제서를 내려 이르기를,

"전 상서좌복야尚書左僕射 이공李龔은 비록 거듭 탄핵을 받았으나, 선조先朝의 재상으로서 오랫동안 문한文翰의 임무를 맡았다. 그의 관직을 회복시킨 뒤 치사致仕하도록 하는 것이 가하다."

라고 하였다.

王亨 ▶ 1036년 5월 중앙과 지방의 명산에서 땔나무 채취를 금하다

중앙과 지방의 명산에서 땔나무를 채취하는 것을 금지하였다.

王亨 ▶ 1036년 5월 왕이 기우를 위해 정전을 피하고 상선을 줄이다

유사有司가 아뢰기를,

"봄부터 비가 적게 왔습니다. 청컨대 옛 법식에 의거하여 억울한 옥사를 살펴 다스리시고 궁핍한 자들을 진휼하시며 길가의 시신을 묻어주시기 바랍니다. 악진해독岳鎭海瀆과 여러 산천 가운데 구름을 일으켜 비를 내리게 할 수 있는 곳에 먼저 북교北郊에서 기도하십시오. 다음으로는 종묘宗廟에 기도하시되, 매 7일마다 한 번 기도를 하셔도 비가 내리지 않으면 다시 처음과 같이 악진해독을 따르십시오. 가뭄이 심해지면, 기우제를 올리고 시장을 옮긴 뒤 일산과 부채를 그만 쓰고 도살을 금지하며, 관청의 말에게 곡식을 먹이지 마십시오."

라고 하였다. 왕이 이를 따라 정전正殿을 피하고 상선常膳을 줄였다.

王亨 ▶ 1036년 6월 21일 경성 등에 지진이 발생하여 집들이 훼손되다

무진. 경성과 동경東京, 상주尙州·광주廣州의 2주, 그리고 안변부安邊府 등의 관내 주현에 지진이 발생하여 집을 많이 훼손하였다.

王亨 ▶ 1036년 6월 문하시중으로 치사한 유방 등에게 얼음을 하사하다

유사有司가 아뢰기를,

"문하시중門下侍中으로 치사致仕한 유방庾方 등 17인에게는 청컨대 입추立秋를 기한으로 하여 매 10일마다 한 번 얼음을 하사하시기 바랍니다."
라고 하였다. 이를 따랐다.

王亨 ▶ 1036년 6월 홍수가 난 밀성지역에 1년 간 조세를 면제해 주다

삼사三司에서 말하기를,
"지난해에 밀성密城 관내의 뇌산부곡牢山部曲 등 세 곳에 홍수가 나서 곡식들을 떠내려 보내고 손상시켰습니다. 청컨대 1년의 조세를 면제해주시기 바랍니다."
라고 하였다. 이를 따랐다.

王亨 ▶ 1036년 6월 왕이 초제를 올려 비가 내리다

왕이 직접 초제[醮]를 올리니 비가 내렸다.

王亨 ▶ 1036년 6월 왕이 정전에 가고 상선을 회복하다

보신輔臣이 상언하기를,
"옛날에 훌륭하고 총명한 제왕[聖帝明王]들도 모두 재이를 면할 수는 없었으니, 오로지 덕을 닦으면서 정사를 행함으로써 재이를 변화시켜 복으로 만들 수 있었습니다. 오늘날 봄부터 가뭄의 기운이 더욱 심각해지자 성상聖上께서는 정전正殿을 피하고 상선常膳을 줄이시면서 새벽부터 밤까지 부지런하게[宵旰] 걱정하고 노력하셨으며, 자신을 탓하고 스스로 성찰하셨습니다. 알맞은 비가 때에 맞게 내려 밭과 들을 널리 적셨으니, 풍년을 가히 기약할 수 있겠습니다. 엎드려 청하건대 정전에 임어하시고 상선을 회복하시어 예전처럼 일을 보십시오."라고 하였다. 제서를 내려 이르기를, "과인이 덕이 없어 이러한 가뭄을 불러왔다. 지금 비록 비가 내렸지만 그래도 이후를 걱정하는 마음이 있지만, 대신의 부탁을 어길 수는 없겠다."
라고 하였다. 이에 따랐다.

王亨 ▶ 1036년 7월 24일 **혜비 한씨가 훙서하니 현릉에 안장하다**

혜비惠妃 한씨韓氏가 훙서하였다. 용신왕후容信王后라 시호를 내리고 현릉玄陵에 안장하였다.

王亨 ▶ 1036년 7월 **사신 김원충이 송에 가던 중에 돌아오다**

진봉 겸 고주사進奉兼告奏使인 상서우승尙書右丞 김원충金元冲이 송宋에 가다가 옹진瓮津에 이르러 배가 망가져 돌아왔다.

王亨 ▶ 1036년 7월 **인삼 300근을 진상하라는 명령을 철회하다**

중추원中樞院에서 아뢰기를,

"엎드려 제지制旨를 살펴보니, 인삼 300근斤을 진상하라고 명령하셨습니다. 근래에 진상한 1,000근도 어용御用으로 공급하기에 충분합니다. 국부國府의 공물은 모두 민民의 고혈이니, 함부로 거둘 수 없습니다. 간청하건대 다시 진상하라고 명하지 마십시오."

라고 하였으므로 왕이 좋아하지 않았다. 문하성에서는 논박하여 아뢰기를,

"옛날의 제왕은 향락적인 욕구를 절제하고 사치를 멀리하면서 자기를 공손히 하고 몸을 닦아 허심탄회하게 간언을 받아들였으니, 이로써 민民을 양육하고 태평의 업에 이르렀습니다. 오늘날 재변이 거듭 일어나니, 마음을 재계하고 스스로를 책망하는 것이 마땅하거늘, 어찌 무익한 물품을 잘못 낭비하여 민民의 고혈을 손상시키십니까. 밀원密院에서 아뢴 바대로 따르시기를 간청합니다."

라고 하였다. 이를 따랐다.

王亨 ▶ 1036년 7월 **송 상인 등이 와서 토산물을 바치다**

송宋의 상인인 진량陳諒 등 67인이 토산물을 헌상하였다.

王亨 ▶ **1036년 7월 재변을 경계하기 위해 신료들의 근면을 장려하다**

제서를 내려 이르기를,

"근자에 천지가 변괴를 보이니, 부덕함을 경계하고 매일매일 더욱 신중하여[日愼一日] 감히 한가하게 편안할 수가 없다. 여러 대신과 관료들은 휴가나 조회를 정지할 때를 제외하면 정무를 보는 데 있어 태만하지 않음으로써 재변을 막도록 하라."

라고 하였다. 또한 이르기를,

"여러 위衛의 군인들 가운데 집이 가난하여 명전名田이 부족한 자가 자못 많다. 지금 변경에 전쟁이 그치지 않으니, 구휼하지 않을 수 없다. 호부戶部에 명하여 공전公田을 나누어 추가로 지급하도록 하라."

라고 하였다.

王亨 ▶ **1036년 7월 강승영을 추증하고 아들에게 초직을 제수하다**

제서를 내려 이르기를,

"을묘년에 거란契丹이 변경을 침범했을 적에 강승영康承穎이 선봉이 되었다가 전사하였으니, 그 공을 기념할 만하다. 군기소감軍器少監을 추증하고, 그의 아들인 강화康和에게는 초직初職을 제수하도록 하라."

라고 하였다.

王亨 ▶ **1036년 7월 일본에서 우리의 표류인 11명을 돌려보내다**

일본국日本國이 우리의 표류인 겸준謙俊 등 11인을 돌려보냈다.

王亨 ▶ **1036년 8월 23일 동경 등에 지진이 발생하다**

동경東京 관내의 주현 및 금주金州·밀성密城에 지진이 발생하였다.

王亨 ▶ 1036년 8월 **황보영 등을 관직에 임명하다**

황보영皇甫穎을 병부상서兵部尚書로, 이작충李作忠을 중추원사中樞院使로, 곽신郭紳을 어사대부로 삼았다.

王亨 ▶ 1036년 8월 **구정에서 1만 명에게 반승하다**

구정毬庭에서 10,000명에게 반승飯僧하였다.

王亨 ▶ 1036년 8월 **참형과 교형을 감면하여 유배보내게 하다**

제서를 내려 이르기를,

"전에 형부刑部에서 아뢴 참죄斬罪·교죄絞罪 두 죄를 살펴보았다. 짐이 바야흐로 상중[憂服]에 있고 거듭 변괴가 생기니, 살려주는 것을 좋아하는 덕을 베풀어 민民을 불쌍히 여기는 마음을 보이고자 한다. 참죄斬罪·교죄絞罪 두 죄를 지은 자는 형을 면제하고 무인도에 유배하라. 비록 두 죄를 지었다고 해도, 정황을 불쌍히 여길만한 자는 유인도에 유배하라."

라고 하였다. 이에 사형을 면한 자가 116인이었다.

王亨 ▶ 1036년 9월 **동여진인 135명이 말을 바치다**

동여진東女眞의 장군將軍인 아골阿骨 등 135인이 와서 말을 헌상하였다.

王亨 ▶ 1036년 10월 **동여진인 74명이 내조하다**

동여진東女眞의 봉국장군奉國將軍 요야要耶 등 74인이 내조來朝하였다.

王亨 ▶ 1036년 11월 **동여진인 78명이 내조하다**

동여진東女眞의 장군將軍 오을야吾乙耶 등 78인이 내조來朝하였다.

王亨 ▶ 1036년 11월 **동대비원을 수리하여 빈한한 자들에게 의식을 주다**

동대비원東大悲院을 수리하여, 굶주리고 추위에 떨거나 질병에 시달리면서 의지할 곳이 없는 자들을 거처하게 하고 옷과 먹을 것을 주었다.

王亨 ▶ 1036년 12월 **동여진인 74명이 내조하다**

동여진東女眞의 봉국대장군奉國大將軍 요을도姚乙道 등 74인이 내조來朝하였다.

王亨 ▶ 1036년 12월 **덕종을 태묘에 합사하다**

덕종德宗을 태묘太廟에 합사하였다. 처음에 왕이 소목昭穆의 제도를 보신輔臣들에게 묻자 서눌徐訥과 황주량黃周亮 등은 말하기를,

"현종顯宗을 태묘에 합사할 때에 형제는 소목을 같이 한다는 글에 따라 혜종惠宗·정종定宗·광종光宗은 반열을 같이 하여 소가 되었습니다. 경종景宗과 성종成宗은 목이 되고 목종穆宗은 소가 되었는데, 현종을 목종의 묘에 합사하자 2소·2목이 태조太祖의 묘와 더불어 다섯이 되었습니다. 지금 덕종을 합사하면 수가 5묘를 넘게 됩니다. 청컨대 혜종·정종·광종 세 분을 옮겨 태조묘의 서쪽 벽에 두십시오. 대종戴宗은 추증된 왕의 신주神主이니, 그 능으로 옮겨 제사를 지내시는 것이 좋겠습니다."라고 하였고, 유징필劉徵弼은 말하기를, "태조께서 증조부의 항렬에 계시니 아직 친진親盡하지 않았습니다. 따라서 혜종·정종·광종 세 분을 반드시 옮길 필요는 없습니다. 오직 대종만을 능으로 옮기시고 덕종은 차실次室에 부묘하시는 편이 좋겠습니다."

라고 하였다. 황주량 등은 말하기를,

"유징필이 아직 친진하지 않았다는 명분을 논한 것 역시 일시에 네 묘를 옮겨 헐기 어렵기 때문에 그 말이 이와 같았던 것입니다. 신이 듣건대 옛 전거에서는 이르기를, '친함이 고조高祖를 넘어가면 그 묘를 헐어버린다.'라고 하였습니다. 이로써 본다면 아버지·조부·증조부·고조부로부터 그 위로 친진인지 아닌지를 논하는 것이지 방계 친족으로써 논하는 것이 아닙니다. 혜종·정종·광종은 종조부의 항렬에

계시므로 친조부와 비길 수 없습니다. 옛날 진晉의 종아鍾雅가 경황제景皇帝에게 아뢰기를, '백조부를 종묘에서 제사지낼 수는 없으니, 의당 백조伯祖라는 문구를 삭제해야 합니다.'라고 하자 조정에서 이를 따랐으니, 즉 종조부는 종묘에 들어가지 않는 것이 명백합니다. 혜종·정종·광종·대종은 모두 마땅히 옮겨 헐어야 합니다."

라고 하였다. 그 후 왕은 일시에 네 신주를 옮기는 것은 마음에 미안하다고 생각하여 유징필이 아뢴 바대로 다시 따르려고 하였다. 황주량은 다시 말하기를,

"태조가 1묘가 되고, 혜종·정종·광종·대종이 소로서 1묘가 되면서 경종·성종이 목으로서 1묘가 되고, 목종이 소가 되면서 현종이 목이 되면, 5묘의 수가 이에 갖추어집니다. 만약 파계派系의 순서로 논한다면 현종은 목종에게 숙부가 되므로 만약 먼저 즉위하였다면 경종·성종과 함께 하나의 항렬이 되었을 것이지만, 목종을 계승하여 즉위하였기 때문에 현종은 목종 아래의 제2목 자리에 모시게 됩니다. 지금 덕종을 합사한다면 혜종·정종·광종·대종의 네 신주는 옮겨 헐어야 할 것입니다. 유징필은 오로지 네 묘를 옮겨 헐어버리는 것의 어려움만을 이야기하고 소목의 수는 논하지 않고 있습니다. 종묘의 예禮는 나라의 큰일이니, 어찌 억측하여 판단할 수 있겠습니까. 만약 덕종을 소로 삼는다면 3소·2목이 태조와 더불어 6묘가 되니, 옛 제도가 아닙니다. 만약 파계의 순서를 논하여 현종을 제1목으로 삼아 경종·성종의 위치 다음에 두고 목종을 그 아래로 낮추게 된다면, 곧 『공양전公羊傳』에서 말하는 '희공僖公과 민공閔公의 제사 순서가 뒤집힌 일'이 됩니다."라고 하였다. 서눌은 말하기를, "황주량이 아뢴 것이 옛 제도에는 부합하지만 노국魯國은 제후로서 소목 이외에도 문세실文世室과 무세실武世室이 있었으니, 혜종·정종·광종 세 분 역시 옮겨 헐 수는 없습니다."

라고 하였다. 이를 따랐다.

王亨 ▶ **1036년 12월 금주 관내 주현에 큰비가 내려 금년 조세를 감해주다**

유사有司가 아뢰기를,

"금주金州 관내의 주현에 큰 비가 갑자기 내려 제방이 무너지고 넘쳤으며, 집을 무너뜨리고 전답을 훼손시켰습니다. 금년의 조세租稅는 모두 감면하시는 것이 합당하겠습니다. 청컨대 사자를 보내어 위로하십시오."

라고 하였다. 이를 따랐다.

〈2권에 계속됩니다.〉

MEMO

MEMO